U0032382

世界鋼琴家訪問錄四

遊藝黑白

THE COLORS BETWEEN BLACK AND WHITE

焦元溥 著

CONTENTS

第一章　1968-1976

第二章　1976-1990

第　一　章

01
CHAPTER

1968-1976

前言

迎向無國界的地球村

本書第四冊分爲兩章。除了兩位例外，各以筆者出生年（1978年）爲界：在第一章的鋼琴家，年齡大筆者2至10歲；在第二章的，則與筆者同年或小筆者1至12歲。

如此不成歸類的任性區分，其實反映幾項事實。主觀而言，鋼琴家的成長與教育背景，自然和其藝術與人生息息相關。至少俄國鋼琴教育，多數仍維持具有明顯傳統特色的技巧訓練。然而無論就風格或曲目，收錄於本冊的鋼琴家，整體而言較前輩展現出更大的融合性，學派與地域對其演奏風格的影響也愈來愈淡，以此分類意義不若過去顯著。

比方說薩洛是法國指標性鋼琴家，也畢業於巴黎高等音樂院，但他現在的技巧概念，卻得益於俄國大師蘇可洛夫；貝瑞佐夫斯基，絕對是當今俄國鋼琴學派的頂尖代表，卻相當欣賞傳統法式「似珍珠的」演奏，當然他心中的聲響並非昔日法式，但追求輕盈、優雅、美麗、精緻，仍是其美學目標。安德謝夫斯基的曲目雖可溯及他波蘭與匈牙利的家庭背景，但其演奏主力仍在德奧作品。安斯涅，本書唯一的挪威受訪者，曲目當然包括葛利格與西貝流士等北歐作曲家，但接受捷克鋼琴家指導的他，也甚早就研究楊納捷克。至於橫山幸雄與列夫席茲，曲目廣到驚人，學派背景對他們而言，像是遙遠的過去。當然，也有像費爾納與弗格特，曲目多以自身文化爲主的鋼琴家，但他們的詮釋角度也更面向世界，和過去傳統相當不同。至於英國鋼琴家路易士的習樂與習琴歷程，陳毓襄與劉孟捷的技巧發展，更幾無前例可循。他們每位都有精彩故事，值得讀者與聽眾細心品味。

在本章訪問中，最特別的或許是梅尼可夫。雖然也論及其他，整篇核心實爲蕭士塔高維契《二十四首前奏與賦格》。這是他極受好評也極富心得的曲目，或許也是本書受訪者中，對此曲有最突出見解的名家。這並非我陌生的作品，但爲了訪問，我仍準備了兩個月以上。十分感謝他的熱情分享，也希望這篇訪問能幫助大家更理解這部謎樣的精彩創作。

至於最「爲讀者量身訂製」的訪問，要屬布雷利與紀新。我和布雷利相識超過十年，卻選在截稿前才正式訪問他。以長期積累的友誼與默契爲底，訪談自可充分涵蓋我們希望討論的議題與傳達的想法。同樣認識超過十年，此次收錄的紀新訪問，是我們以他在本書舊版訪問的英文稿爲基礎，來回通信增加內容。某種程度而言，這其實是我們的共同作品，格外感謝紀新對訪問的重視。

至於爲何要以1978年爲分界，還請讓我留到第二章的前言再說……

布雷利 1968-

FRANK BRALEY

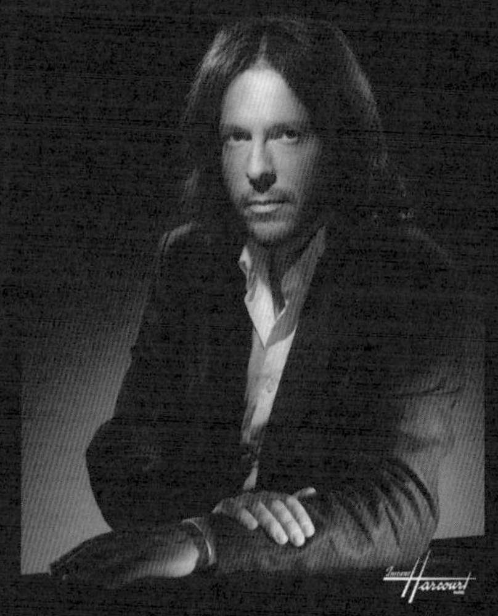

Photo credit: Studio Harcourt Paris

1968年2月4日出生於法國柯貝埃松（Corbeil-Essonnes），布雷利3歲多跟著母親學習鋼琴，10歲和法國廣播愛樂合作協奏曲，18歲進入巴黎高等音樂院，三年後以鋼琴與室內樂一等獎畢業。1991年他獲得伊麗莎白大賽冠軍，展開國際演出事業，參加各大音樂節演出。2011年起布雷利擔任巴黎高等音樂院的鋼琴教授，2014年則擔任比利時華洛因皇家室內樂團（Orchestre Royal de Chambre de Wallonie）的音樂總監。除了繁忙的獨奏演出，他也是室內樂好手，堪稱該領域中法國當代最傑出的名家，錄音包括貝多芬小提琴與大提琴奏鳴曲全集，以及舒伯特和拉威爾的諸多室內樂名作，持續活躍於世界樂壇。

關鍵字 —— 自然學習、胡米耶、1991年伊麗莎白大賽、貝多芬《第四號鋼琴協奏曲》、職業演奏生活、室內樂、貝多芬《第四號大提琴與鋼琴奏鳴曲》、法國作曲家共通點、繪畫、法國風格、德布西、流行音樂和爵士音樂、爵士樂與巴洛克音樂、蓋希文、和聽眾講解、音樂會服儀、文學與音樂、古典音樂的意義、寂靜、音樂教育

焦元溥（以下簡稱「焦」）：我知道您3歲多的時候就開始學鋼琴。這是家人刻意想栽培您成爲音樂家嗎？

布雷利（以下簡稱「布」）：一點也不。其實是我主動要學。家母是業餘鋼琴家，教些朋友的小孩。我看別的孩子彈，就吵著也要學。但我太小，我媽不知道怎麼教，就先教我讀譜，像遊戲一樣讓我認識音樂，到我快4歲才教我彈琴。我媽很聰明，從來沒有強迫我學，一年之後幫我另找老師，找到在我們家附近音樂院的阿蘭（Jean Allain）。這眞是我的幸運。阿蘭是指揮家，和孟許在巴黎音樂學院管弦樂團（Orchestre de la Société des Concerts du Conservatoire）工作過，1963年還首演了法朗克的《耶穌宣道八福》。我實在不知道爲何他最後會在

這個小音樂院教鋼琴，可能因爲健康不好吧。他是眞正的音樂家，有豐厚的知識與見聞。他跟柯爾托上過課，甚至認識拉威爾，還聽過他演奏，告訴我好多二戰之前的巴黎音樂生活。也因爲他不是眞正的鋼琴老師，他沒有要求我做技術練習，沒有音階琶音，只是教我巴赫的音樂，後來更對我解釋管弦樂的聲響與色彩，即使我才5、6歲。

焦：您後來也一直這樣學習嗎？

布：幾乎都是如此。當他退休，幫我找了新老師，但我還是照這個方式，沒單獨做技術練習，就是練樂曲。接下來的十年，我雖然一直樂在音樂，念的卻是一般學校而非音樂院。我沒有練視唱聽寫，也持續熱衷運動，尤其喜歡網球和足球。我也學其他樂器，7歲開始學了6年小提琴，後來也學鼓和薩克斯管。對我而言，音樂就是興趣。媽媽也沒有逼我練琴，今天我若不想練，朋友又來邀踢足球，她會說：「那就明天練吧。」當然我也曾動過放棄鋼琴的念頭，我媽只說：「還是學吧，否則你將來會後悔。」我也就繼續下去。

焦：您練琴的時間多嗎？

布：我青少年時期練很少，一天只練一小時。我個性很懶，總希望趕快把事情做完，所以很有效率，在最短時間完成進度。我視譜和讀譜都很好。有時不想練琴，我就讀樂譜，像看書一樣，這也能算是某種練習吧。

焦：我聽您在台灣的兩場獨奏會，技術非常扎實，即使是很困難的作品也掌握得面面俱到。您如何發展出這樣的技巧？

布：我不覺得我的技巧特別堅實，但的確很自然、訴諸直覺，流暢、放鬆而不壓迫鍵盤。這可能和我愛視奏有關，視奏不可能彈出所有小細節：我學會如何快速看出音樂走向，流暢地維持旋律線，並給予樂句明確的方向。

焦：您在音樂上這麼有天分，也很有興趣，爲何小時候沒想讀音樂院呢？

布：我10歲的時候贏了一些比賽，得以和樂團合作，還上了電視。老師覺得我很有天分，就推了一把，於是我11歲考了巴黎高等音樂院。非常非常幸運，我沒有考上！所以我就持續自己課外的音樂學習。我13歲停止學小提琴，但仍在學生樂團拉，還當第二部的首席。鋼琴仍然是興趣，我持續打球，還迷上天文物理學，過著快樂的生活。但到了17歲，我想或許該試試看正式學音樂，畢竟我彈鋼琴都很快樂。我用了一年時間準備巴黎高等入學考，……嗯，那段時光眞的不是很快樂。我得認眞練技巧，練琴時間變成一天3到4小時，還得減少和朋友的相處時間。我平常和朋友聊的和聽的，都是搖滾、重金屬、龐克和流行音樂，古典音樂像是我的祕密花園。我的哥哥吹長號，常帶我聽爵士樂演出和唱片，這也影響我很大。我想，如果成功考上，我就試試看；如果失敗，我就專心念天文物理，當業餘鋼琴愛好者就好了。後來雖然考上，我還是很想念天文物理，一度想雙修。但我很懶，最後還是放棄了。

焦：您在巴黎高等音樂院的學習又是如何呢？是否能接受音樂院的制度化學習？

布：這又是我的大幸運。我的老師德法揚（Pascal Devoyon, 1953-）、伊瓦迪和胡米耶都是很好的音樂家，也是很開明的老師。第一天見胡米耶，我就說我不想每週上課，想把曲子學完了，能呈現完整想法之後，再給老師聽。「沒問題。」胡米耶說：「我給你這樣的自由。但你若沒有紀律，我就回到一般的上課方式。」因此我的學習相當自治自主。老師幫助我很大，但像是嚮導。我因爲非常想念智識性的科目，還到索邦大學念了一年哲學。

焦：您1986年進入巴黎高等音樂院，1989年得到鋼琴與室內樂一等獎，隔年考入高級班，但在1991年得到伊麗莎白大賽冠軍，還是首次參加國際比賽就得獎。我很好奇您當時爲何想參加國際比賽，又爲何首度參賽就挑這麼大的賽事？

布：這其實是個誤會，哈哈。我之所以想參加，是想知道我能否在音樂界有事情做。如果參加幾個都不成功，我就繼續念大學，音樂可以只是愛好。但我並沒有那麼大的野心，一開始就參加伊麗莎白大賽。我本來選了兩個良好但規模並非最大的比賽。首先是1990年9月的日內瓦大賽。我很認眞準備，但比賽前一個月，不愼在泳池弄傷手指。雖不嚴重，但得休息一個月，於是我就過了一個愉快的夏天。接下來是1991年5月的都柏林比賽。那時我只是個就讀巴黎高等高級班的學生，沒有什麼資歷。1991年1月15日，我收到都柏林的拒絕函，而那天剛好是伊麗莎白大賽報名的截止日，兩者時間幾乎相同，要求曲目也差不多。我清楚記得，我那天打了電話問是否還能寄申請表？就這樣，伊麗莎白成了我第一個國際比賽。

焦：我最近又聽了您在決賽演奏的貝多芬《第四號鋼琴協奏曲》（貝四），眞的非常精彩。這首鋼琴部分有大量的音階、琶音、三度等等基本技巧，許多很好也很有經驗的鋼琴家，彈它都不能完全避免些許技巧練習的影子，您的演奏卻能完全不見痕跡。現在我知道爲什麼了……

布：因爲我從來不練音階、琶音或三度，哈哈。好啦，我在開玩笑。我當然會琢磨技巧，但都從樂曲裡練。我彈蕭邦《練習曲》與李斯特《奏鳴曲》，但不彈純粹展技，或以技巧爲主軸的作品。演奏好貝四的祕訣，在於永遠要看旋律線，而非音階、琶音、三度。我們要看「文本的精神」而非文本。就像德布西的作品旨在寫意，演奏要追求印象、光影、色彩，絕非個別的音。在樂曲中見到音階，也不能把那當成音階，要看成句子、歌唱、效果等等。我現在也教學，一般學生看到八度，尤其是八度加上強奏，心裡就預設要彈得轟隆作響。我都說請往管弦樂團想——管弦樂沒有「八度」，而是兩件不同樂器演奏同一線條，只是音高不同。鋼琴作品中的八度，也可作如是觀，重點是線條。魯普和布倫德爾都不是毫無窒礙的技巧聖手，但他們永遠演奏音樂，以音樂的解答來對付技巧問題。演奏者必須讓技巧充滿音樂的意義，不然貝四就會像徹爾尼練習曲。

焦：但我還是非常好奇，您怎麼敢選這首當決賽曲目？現在要在比賽得名，決賽往往都選柴可夫斯基、拉赫曼尼諾夫和普羅高菲夫的炫技名作。這既可「展示火力」，詮釋爭議也比較小。您不但沒選這些著名「戰馬」，還挑了音樂最深邃動人，但也最模稜曖昧、解釋最多元的貝四。這是怎麼回事？

布：我準備日內瓦大賽的時候，心裡確實想贏得獎項，所以選了拉赫曼尼諾夫《第三號鋼琴協奏曲》。當我參加伊麗莎白，一方面協奏曲選項非常自由，我可選任何我想選的作品；另一方面，老師們都告訴我，我在伊麗莎白沒有機會——這是給技巧高超的職業鋼琴家，尤其是超技俄國學派鋼琴家的比賽，我能進入第二輪就偷笑了。既然如此，我告訴自己，如果我不可能在比賽中獲獎，但萬一萬一，真的進了決賽，能和很好的樂團在很好的場地合作協奏曲，說不定也是我一生唯一的機會——或許我以後就改行念天文物理了——那我要彈什麼？想了想，我心裡只有一個答案，那就是貝多芬《第四號鋼琴協奏曲》。那時我甚至還沒彈過它，我完全基於這個心願而選了貝四。

焦：這實在太有趣也太特別了。但最有趣也最特別的，是您最後贏得首獎！

布：這是一連串不可預知事件的總和。由於只預期要得個參賽經驗，我也沒有選什麼華麗炫技大曲目，第二輪我彈了李斯特《佩脫拉克第一二三號十四行詩》和舒伯特鋼琴奏鳴曲，完全是我覺得自己能彈得最好的作品。我又極其幸運，是十二名決賽選手中的最後一號。在我之前的是非常成熟的岡茲（Brian Ganz），他和非常年輕的梅尼可夫（Alexander Melnikov, 1973-）是當時輿論的最愛，沒什麼人討論我。我還得到些負評：有評論覺得我「太輕鬆」，不像是來比賽。因爲焦點在別人身上，我就更輕鬆。岡茲選了普三，標準的戰馬。我想，比賽最被看好的選手選了炫技名曲，我又在他之後彈，那更不會有人關心我。既然如此，我就好好享受這人生可能唯一的經驗，好好演奏貝四吧！然而一如我們所想的，決賽大家幾乎都選戰馬曲目，結果就是在我之前，評審已經聽了四次柴一、兩次拉三、兩次普三，實在受夠了。怎知就在比賽要結束之際，居然有個年輕小伙子，以全然放鬆的方式和充滿感恩喜悅的態度，演奏協奏曲中最深刻美麗的貝多芬第四——我完全可以想像，評審只會想要擁抱這個男孩，對他說謝謝。我想這眞的是機運，畢竟伊麗莎白大賽至今，也只有我彈貝四獲得首獎。

焦：這眞的很幸運，但您也太客氣了，因爲您的貝四眞的非常優秀。

布：我前些日子又看了當年的決賽實況。我就不假謙虛了：我確實彈得很好。如果不好，評審的驚喜應該會轉變成失望與憤怒，給我最後一名。但那場演出最特別的，是我第一次演奏貝四，音樂裡充滿了天眞、純粹、新鮮的氣質。相較於其他身經百戰的參賽者，如此氣質在比賽中又格外珍貴。我現在也當過兩次伊麗莎白大賽評審，非常能體會。我另一個大幸運是，那年是莫札特紀念年，因此協奏曲前的獨奏曲，那屆規定要選莫札特的鋼琴奏鳴曲，而這讓演奏者無所遁逃——你是不是好的音樂家，在莫札特裡一聽就知。此外，那年的決賽指定新作並不困難（每位選手僅有一週時間學習），我只花三天就學會了，因此可以專注在莫札特與貝多芬，這也幫助很大。

焦：根據大賽出版的錄音解說，當您聽到自己獲得首獎，「像是癱瘓，必須要人推到台上才能領獎」——現在我也知道爲什麼了。既然您完全沒有準備，得獎之後又如何調適呢？

布：那真是一段很辛苦的時光，好像沒帶工具憋氣潛水。說來好笑，我之前甚至沒開過獨奏會——我在準決賽的演奏，就是我人生第一次在公眾面前彈一個小時的琴！我之前有的演出經驗，是一年三、四次，在音樂院和朋友合作室內樂。聽到首獎是我，第二秒，我就感受到壓力，好像大賽冠軍的名牌重重地烙印在我額頭上。那個夏天我給自己兩個月時間準備，完全沒演出，之後我每天都在學曲子、演奏、學曲子、演奏。每年我必須學七、八首協奏曲，還都是第一次上台，也必須彈得夠水準，試著達到人們對伊麗莎白大賽冠軍的期待，不能失去比賽的顏面。畢竟那幾年大家不是來聽布雷利，而是來聽一個大比賽的新得主。從學生一下子要面對如此高密度的演出，實在不容易，但這也是成爲職業演奏家唯一的方法。我遇過很多技藝皆精的音樂家，什麼都好，就是無法承受旅行和演奏的生活型態與壓力。學習承受身心壓力，並能堅持，這只有從做中學。不過我也沒有接過多演出，一年大概60場。如此連續一年半，我的手臂出現疼痛，不嚴重，但我知道這是警訊，於是取消了兩個月的音樂會——啊，這是很大的解脫，我終於有時間好好喘口氣。當我再開始演奏，感覺變得完全不同。我對曲目更有取捨，知道如何獲得平衡、如何對邀約說不，也演奏更多室內樂。

焦：您在室內樂上的成就有目共睹，可否談談您心中的室內樂？

布：我認爲室內樂是音樂的基礎。這是和伙伴一起演奏，分享音樂與想法。獨奏會狀況好的時候像飛行，可以隨心所欲、御風而行；但殘酷的事實是，它常常像是跑馬拉松，困難、孤單、辛苦、時間又長。室內樂像是週日聚會，朋友聊天打球，對我而言和度假沒兩樣。有時我甚至覺得，我「度假」還能得到酬勞，實在很奇怪。此外，離開學校與老師之後，聆聽音樂會和演奏室內樂，可說是精進自己、持續學習的最好方法，尤其是室內樂。和不同音樂家演奏，就是聆聽、學習、交流、發展想法，我的伙伴就是老師。我開始演奏愈來愈多的室內樂，得到太多太多養分。我現在也涉獵指揮，但我的指揮其實是室內樂的延伸，曲目也以室內樂團能表現的爲主。

焦：室內樂對您是怎樣的藝術？您演奏室內樂又有怎樣的目標？我聽您和卡普松（Renaud Capuçon, 1976-）合作的貝多芬第九號小提琴與鋼琴奏鳴曲《克羅采》，您完全不搶小提琴的風采，但也知道如何表現自己；音樂有自然的平衡，彼此並不競爭互鬥，但也不失該有的緊張感。

布：我和各式各樣的音樂家合作過室內樂。有些很合，有些則否，而我會選擇能和自己產生化學作用的伙伴合作，我必須喜歡這個人以及這位音樂家。但無論如何，我對室內樂的方式都是友善、自然、溫柔。身爲大賽得主，有時我必須向世界證明自己的能力；室內樂不需要證明什麼，只需要服務，爲音樂也爲伙伴服務。對我而言這也是很大的解脫。我常用跳舞比喻室內樂：那是力道和感情的交流，彼此要親密融合。呼吸和動作都要在一起，但不是用言語，完全靠感受與了解。雖然有排練，但在場上就是即興，敏銳地接受訊息又給予回應。你也不會想要證明，你是比你的伙伴更好的舞者。室內樂還比舞蹈更好，因爲當中每個人都有機會可以帶領。你能表達意見、主導方向，也要能支持伙伴或消失在織體之中。有時我聽人評論某小提琴與鋼琴奏鳴曲的演奏，說某段小提琴不是很清楚——是啊，那段本來就不該清楚，因爲鋼琴才是主角，小提琴只是伴奏。室內樂就是這樣有趣且有機的合作，我實在樂此不疲。

焦：有些作品相當難以解讀，比方說貝多芬《第四號大提琴與鋼琴奏鳴曲》，您如何和伙伴得到一致的觀點？又或者某些作品您已和熟悉的伙伴建立了很好的詮釋，但遇到其他演奏者，提出具信服力但截然不同的詮釋，您會如何調適？

布：這首眞是我心中最奇特、最困難，甚至可用神祕莫測來形容的室內樂了。它常讓我想到佛瑞的某些作品，像迷宮一樣迴折盤繞，不知道要往哪裡去。它的氛圍和色彩都很微妙，好像貝多芬在探索自己個性中的祕密。有些貝多芬作品可以用意志和能量來應對，或者對抗，但這首你必須被這音樂邀請，才能進入它的世界。順利時一切都好，不順時就像沙子跑進鞋子裡——你仍然可以走，但絕對不自然也不舒服。我想無論是誰，都必須花很多時間才能找到演奏之法。至於詮釋調適，我並不是固守己見的人。就像我買衣服也願意試從未穿過的款式，如果伙伴的想法很具說服力，爲何不試試看？愈是熟悉的作品，我反而愈能接受新觀點。這就像我突然決定走不同的路回家，可能多花了些時間，但必然可以看到新景色，也會有新靈感。

焦：有些室內樂作品，樂器間的比重並不對等，比方說法朗克的《小提琴與鋼琴奏鳴曲》和蕭頌《重奏曲》，鋼琴份量都很重。您會有調適問題嗎？或是必須刻意壓低鋼琴的份量？

布：其實不必。雖然鋼琴份量很重，但畢竟不是華格納，而且聲響仍然有法國音樂的光亮與透明感。只要小提琴家能有這樣的音色與穿透力，鋼琴並不會造成妨礙。

焦：法國作曲家中有的風格古典，有的筆法厚重，有的和聲新奇，您覺得若把聖桑、法朗克、蕭頌、佛瑞、德布西、拉威爾放在一起看，他們是否有共通點，比方說您剛剛提到的「光亮與透明感」？

布：在光亮與透明感之外，我覺得還有更大的共通性。有的音樂像說話、像語言，比方說巴赫；有的像歌唱，例如莫札特和舒伯特；有的如戲劇，像是貝多芬和浪漫派諸多作曲家。如果我要比擬，我會說法國音樂像繪畫，只是這是3D繪畫，在空間中作畫。畫不只有色彩，還有筆觸、筆法、透明度、層次與動態。法國音樂即使各家各派很不同，都有訴諸感官的特色——不只是情感，還有身體觸感，牽動你聽覺之外的所有感官。這和德國音樂偏重用腦，尋求音樂意義的寫作很不一樣。以這點來看，德布西可能是最法國的作曲家，這也牽涉到演奏技巧。許多很傑出的鋼琴家沒辦法彈德布西，關鍵在於能否適應德布西所要求的觸鍵與聲響。鋼琴家應該用手指如畫筆，從樂器中帶出色彩與光影。這和演奏古典或浪漫派作品截然不同，不能彈得太生硬，但也絕對不能彈得太模糊，或用太多踏瓣，破壞德布西樂曲的聲響結構與優美造型。

焦：以此延伸，在技巧能爲不同作曲家服務的前提下，您覺得法國演奏家也有「法國風格」嗎？當法國音樂家演奏德奧作品，會將其詮釋成「法國風」嗎？

布：在現在這個時代，學生能和各派老師學習，能在網路上欣賞各種演奏，接受各種影響，地域與民族風格無可避免變得愈來愈淡，但我認爲還是存在。法國風格講究精緻、細膩、輕盈、色彩與光線的反照，我們可把如此特質適時運用到德奧作品——這不是我們把德奧作品作法國風表現，而是作品本來就有這些特質。比方說剛剛提到的貝多芬《第四號鋼琴協奏曲》，它光亮、輕盈，所要表現的完全超越音符本身，也超越鋼琴與手指，像電影特效。這效果其實很像德布西。在舒伯特獨特的溫柔裡，我們也能看到德布西。他的《即興曲》和許多歌曲，選題與感受幾乎是印象派，常和自然、風、水等等相關，卽使寫法非常不同。德國曲目中可能也有法國風格，或者作曲家本來就受法國音樂影響，像史特拉汶斯基和普羅高菲夫。我想敏銳的演奏者會明辨風格，不會固守於刻板印象，也不會把所有作品都以相同風格表現。

焦：這點眞的非常重要，可惜多數人學習音樂依循的僅是刻板印象。卽使剛剛您提到法國音樂整體而言像繪畫，但並非所有作品都像繪畫。卽使我們知道德布西的風格與發展過程，他作品中還是有許多面貌與寫法，無法一概而論。

布：這正是偉大作曲家的本領。就以德布西為例，他不只寫作技巧高超，還是音樂的開路先鋒。綜觀音樂史，這樣的藝術家並不多見。他在音樂中創造出的繽紛世界，許多領域不只前無古人，到現在也還後無來者，僅見於德布西的靈感與想像。〈雪花飛舞〉（The Snow is Dancing）像是繪畫，但〈洋娃娃的小夜曲〉（Serenade for the Doll）或〈奇人拉文將軍〉（Général Lavine–eccentric）就像戲劇。鋼琴家有時要當舞者，有時又得是煉金術士，自樂器聲響中萃取精華，如〈格拉那達之夜〉和〈飄散在暮色中的聲音與馨香〉。有時像是在大自然中遊戲，和風、水、火等元素對話；有時卻什麼都不做，靜靜地在野外，聆聽四面八方的聲響，讓思緒隨之旅行，例如〈枯葉〉（Feuilles mortes）。

焦：您剛剛說您以前雖然喜愛古典音樂，但平常聽的其實是其他音樂。我很好奇對今日的您而言，流行音樂和爵士音樂家是否仍然影響您？

布：流行音樂家給我最大的震撼是他們的投入。比方說皇后合唱團的主唱佛萊迪・墨裘瑞（Freddie Mercury, 1946-1991）。在舞台上，他完全就是火山爆發，身體和靈魂完完全全投入表演，為演出給予一切。我想古典音樂演出也可如此。鋼琴家演奏時可以只用手指和腦，但也可以全身融入。這並非意味外在肢體動作要很大，而是整個人的投入，全部能量與音樂結合的投入。即使動作不大，觀眾也一定可以感受到如此投入。爵士音樂家給我的影響是自由，可以演奏很多音，像是皮特森（Oscar Peterson, 1925-2007）或塔圖，也可演奏幾個音，例如邁爾士・戴維斯（Miles Davis, 1926-1991），但傑出的爵士大師都能給予豐富的感受與意義。更重要的，是他們在演奏當下創造音樂。我喜愛的古典音樂演奏也是這樣。即使演奏巴赫或貝多芬，偉大的古典演奏家也能讓樂曲充滿新意，好像是他們自己創造出來的作品。古典音樂演奏不該像是展出一幅畫或布置博物館展品，應該要是活生生的藝術。另外，我非常愛加納（Erroll Garner, 1923-1977）的演奏。

他彈琴是多麼快樂，喜悅泉湧而出。不少古典音樂家演奏時常板著一張臉，表情嚴肅甚至痛苦，即使音樂一點都不苦。我希望自己能像加納，讓觀衆感受到演奏者發自內心的快樂，尤其當我演奏室內樂的時候——當然，我也不會在演奏悲苦音樂時嬉皮笑臉。

焦：您怎麼看爵士樂對德布西、拉威爾等作曲家的影響？爵士樂的精神與表現手法，是否也能對古典音樂的詮釋有所助益？

布：爵士樂的影響有很多層次，有些反映在直接引用，有些則經過轉化，成爲精神、概念上的指導。那時法國作曲家對美國發生的事很感興趣，尤其是流行但又複雜——比較「有程度」的。爵士樂正是如此。我覺得爵士樂帶給法國作曲家最大的靈感，在於節奏。爲何「搖擺」（swing）有時成功，有時不行？箇中奧妙令人著迷。我演奏具有爵士素材或精神的作品，確實會注重這方面的表現。比方說拉威爾《鋼琴協奏曲》第一樂章：作曲家用這麼多切分音，創造出搖擺、好玩、淘氣的感覺，甚至也設計了即興感。現在很多人竟把它當成古典作品，節奏工整地演奏，眞是太可惜了。此外，爵士與巴洛克音樂其實頗有相通之處，都和身體與舞蹈連結。這也是爲何常聽到巴洛克音樂的爵士風改編，或把巴洛克作品演奏得頗帶爵士精神。這是浪漫派音樂常忘記的。我自己也喜歡這樣彈巴洛克作品，尤其在舞蹈作品裡帶來時髦帥氣的感受。

焦：您也非常喜愛蓋希文。對您而言，他是怎樣的作曲家？

布：我很羨慕爵士鋼琴家，但我自己不是。蓋希文就成了我和爵士樂調情的方式，我可以演奏充滿爵士樂素材的作品但並非眞正演奏爵士樂。很多人覺得蓋希文很好演奏，事實上一點也不。他非常細膩微妙，就像莫札特和舒伯特，分寸要拿捏得極好。古典稍多了點，就沒有感覺；一味模仿爵士樂，也不會成功。難怪他寫了很多聲樂作品，一如莫札特歌劇和舒伯特歌曲。他的音樂相當有機與眞實，必須表現得自然且優雅，具有良好的風格；還要熟悉他的文法與規律，把蓋希文說成自己的母語。不是對所有作曲家都要求這樣的功夫，但蓋希文必須如此。

焦：您怎麼看蓋希文自己的演奏錄音（紙捲鋼琴錄音）？

布：可能因爲在紙捲鋼琴上錄，我覺得他的演奏都過快，但還是可以掌握住很多他的特色，以及自由的即興揮灑。我錄製蓋希文專輯時最大的參考，其實是艾拉・費茲傑拉（Ella Fitzgerald, 1917-1996）的演唱。她將說話和唱歌合而爲一，極其自然優雅。蓋希文就應該如此。

焦：我聽您演奏的蓋希文《鋼琴協奏曲》，開頭非常自然又宛如即興，可是音樂裡又有深刻的表達。我想這正是蓋希文不凡之處——不只有悅耳曲調，他的作品更有讓人不斷品味的內涵。

布：我完全同意。蓋希文聽起來很直接、簡單、通俗，實際上非常複雜精妙。只要仔細看，就能知道他下了多少功夫。他的音樂總能喚起直覺，但筆法細膩，感受層次深刻豐富，可以不斷鑽研，每次都有新發現。拉威爾和荀貝格都喜愛蓋希文，想必也是看到這點。這也是我拿莫札特和舒伯特比擬他的原因。莫札特的音樂很多聽起來也很簡單，但整個維也納古典風格作品中，只有莫札特能寫出莫札特。簡單，卻是偉大藝術。就像有些菜雖然平常，卻只有偉大廚師能做到完美。你以爲你可以，但你就是不行。

焦：您的台風很有親和力，有時也會和聽眾講解作品，可否談談如此作法？

布：當我獨奏或指揮，我會適時向聽眾解說。我想要拉近彼此的距離，不希望台上台下有道無形的牆。很多聽眾即使來了，心裡仍然有懼怕感，覺得自己「不懂」。我希望讓聽眾知道，他們是被邀請的，

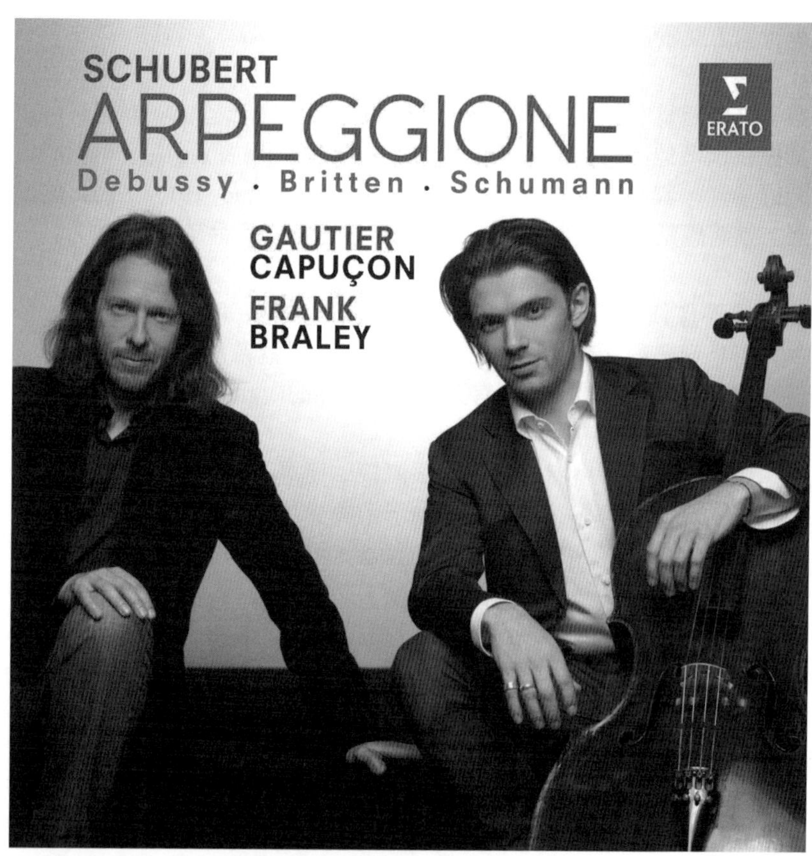

這張專輯封面照片，即出自時尚大師拉格斐之手（Photo credit: 華納唱片）。

音樂演出需要聽衆才完整。我的解說不長，只是提點大家欣賞的方向或該注意的妙處。我最大的滿足，在於一些比較複雜或困難的作品，經過我的講解，聽衆能夠理解，而且由理解帶來快樂。

焦：您和大提琴家卡普松（Gautier Capuçon, 1981-）合作的二重奏首張專輯，封面照片中您們都穿了牛仔褲入鏡。我注意到攝影師正是鼎鼎大名的時尚教父拉格斐（Karl Lagerfeld, 1933-2019）。我很好奇如此造型是您們的點子，還是來自拉格斐的意見？

布：這是我們的決定。拍照那天，我們希望呈現比較輕鬆、具親和力的形象。那次拍攝就在拉格斐的攝影棚。我想那些模特兒看到我們一定覺得很怪，想這兩個不算很好看的小矮子出現在這裡做什麼。那裡大概有上千件衣褲可選，但拉格斐沒有要我們換，我們就這樣入鏡了。這張封面照對我意義非凡，因爲這是我和卡普松以二重奏正式合作的開始，是很好的紀念。

焦：我之所以問這個問題，在於許多人對古典音樂的距離感，部分來自服儀。一些人認爲聽古典音樂會一定要正式服裝出席，或認爲穿牛仔褲就是隨便，殊不知……

布：殊不知現在牛仔褲已經出現在各伸展台，可以非常昂貴，包括億萬富翁也穿牛仔褲。音樂會服儀並不是簡單的議題。首先，服裝表示尊重，對自己也對他人的尊重。當我走上舞台演出，我會把自己打理好，換上好衣服好鞋子，讓觀衆知道我有所準備，並不是在後台練習。好的牛仔褲也是好衣服，這要看狀況而定。然而有時候，休閒穿著也可傳達友善的訊息，告訴大家可以輕鬆欣賞。歐洲夏日有很多音樂節，有些還在戶外。常常因爲炎熱，我們彩排時只穿汗衫與短褲，甚至可能赤腳。彩排有時也開放觀衆入場。大家看到我們穿得像是在海灘度假，卻演奏貝多芬和布拉姆斯最嚴肅的作品，心裡會有另一種感覺，就是音樂演奏的好壞不在外表，只在演奏本身，而演奏者和我們相同，彼此沒有距離。所以這要看場合與脈絡決定。

焦：我知道您也是熱衷文學的讀者。您怎麼看作家將古典音樂寫入作品，以及音樂如何影響文學寫作？

布：這可以分成很多種層次。就讓我以法文作品舉例。我們知道福樓拜（Gustave Flaubert, 1821-1880）總是在尋找「適當的字」（le mot juste）。他的考量當然不只是字義，還包括那個字在句子裡的音樂性，散文也要寫得如詩。音樂有只能以音樂說的話，本質是不用文字就能表達思想與感情，非常神祕但又非常直接，甚至能達到文學達不到的。我想正是無須文字這點，讓文學家向音樂借用魔法。把音樂作品寫入文學，是在文學中增加故事的對位線條，和引用其他藝術不一樣。普魯斯特在《追憶似水年華》（*À la recherche du temps perdu*）虛構了一位作曲家凡德伊（Vinteuil），而他的《小提琴奏鳴曲》成爲貫穿整部小說的要素。我難以想像普魯斯特會用其他藝術，而非音樂來穿梭時間。當然，像米蘭．昆德拉自己就是頗具修養的音樂人，能夠運用的更多。他的《不朽》（*L'immortalite*）等等我讀了好多遍，眞是經典之作。

焦：您自然而然地學習古典音樂，現在不只是著名的音樂家，擔任室內樂團總監，還在巴黎高等音樂院任教，所做的一切都和古典音樂有關。您認爲在二十一世紀的今日，古典音樂的意義是什麼？

布：在錄音發明之前的長久歲月裡，音樂是必須現場經驗的藝術，無論那是由別人或自己演奏。我很感謝錄音帶來的便利，但我懷念要透過實際演奏才能得到音樂的時代。無論錄音技術如何進步，音樂仍然無法眞正被複製，它的魔法仍然在你必須當下感受，才會產生眞正的連結。任何音樂都是這樣，但古典音樂尤其如此。欣賞古典音樂要求專注，而且是不間斷的專注。你能專注三十分鐘以上嗎？能欣賞布魯克納或馬勒，跟隨這樣大的敘事？這看起來是外在旅程，但最後也會轉化成內在旅程。古典音樂是現今都市社會中，讓人享受寂靜的極少數可能之一。現在要找到寂靜，你得到沙漠、高山，一個人航行大海，或者進入冥想。但音樂來自寂靜，最後回到寂靜，中間也有寂靜。在諸多樂種中，只有古典音樂極其重視聲音的力度對比，重視寂靜，重視每個休止符的使用，有聲與無聲之間的奧妙。只要在音樂廳裡專注欣賞古典音樂，就能體會現今罕有的寂靜。透過寂靜，我們可以眞正認識自己。

焦：在訪問最後，有沒有什麼話您特別想跟讀者分享？

布：有天我對學生說，只要是人，都應該要有能力製造音樂——可以演奏可以歌唱，不需要有多麼高超的技術，只要能夠演奏演唱一段音樂即可。對任何教育，學習語言讀寫都很重要。音樂也該如此，不但要從小教，更要成爲國民教育非常核心的一環。再次強調，我說的不是奢侈的音樂學習，而是對旋律與節奏，非常基本的能力。每個人都應該能歌唱和跳舞，能夠創造、享受、欣賞、分享音樂。這絕對是非常正向的力量，而且一點都不昂貴。

薩洛 1968-

ALEXANDRE THARAUD

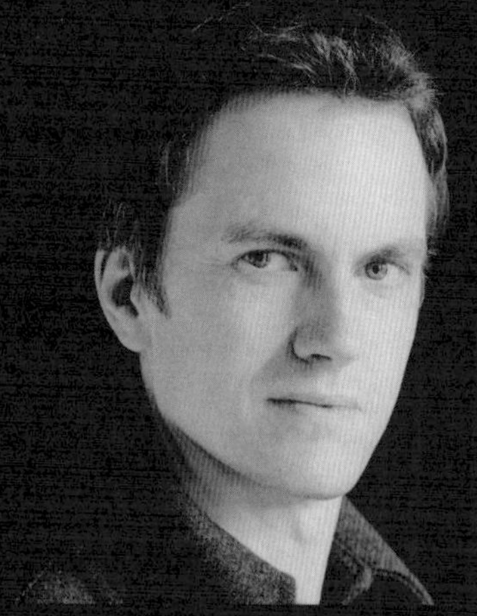

Photo credit: Marco Borggreve

1968年12月9日生於巴黎，薩洛生長於音樂家庭，5歲學習鋼琴，14歲進入巴黎高等音樂院，17歲獲得鋼琴一等獎。他曾於巴塞隆納Maria Canals國際鋼琴大賽與慕尼黑ARD國際音樂大賽獲獎，2001年錄製的拉摩專輯更大獲好評，從此奠定傑出名聲。薩洛演奏作品豐富，風格獨樹一幟，唱片設計更有過人見解，每每帶來新鮮想法與不凡視角，是當代創造性最高的鋼琴家之一。他的室內樂演奏極為優秀，鋼琴改編曲亦有佳績，2017年於Grasset出版社出版文集《展現你的手》（*Montrez-moi vos mains*），展現多方面的才華。

關鍵字 —— 魔術師、當自己的老師、法國鋼琴學派、蘇可洛夫、波哥雷里奇、看譜演奏、拉赫曼尼諾夫、梅耶、拉摩、大鍵琴、庫普蘭、一致性、專輯封面、漢內克、朱曉玫、《郭德堡變奏曲》、史卡拉第、多樣性

焦元溥（以下簡稱「焦」）：非常感謝您接受訪問。首先可否請談談您的家庭與音樂學習？

薩洛（以下簡稱「薩」）：我的媽媽是古典芭蕾舞者，爸爸是男中音，愛唱輕歌劇，祖父拉小提琴，在科隆管弦樂團（Orchestre Colonne）任職，因此我從小在歌劇、芭蕾、管弦音樂中長大。不過我小時候的夢想是成為魔術師；現在雖然沒有當成魔術師，但我總感覺自己在台上演奏時，也是在為聽眾變魔術……。我5歲開始學鋼琴，不知為何，從小就把鋼琴當成兄弟，一個非常親密的朋友，什麼話都可以對鋼琴說。我想魔術師也是如此，透過技巧表達非常私密的訊息，把心裡話放在幻術裡。

焦：後來您在14歲進了巴黎高等音樂院。

薩：除了鋼琴，我也修其他課，在音樂院待了十年，然後就是畢業卽失業。我沒有音樂會、沒有唱片合約、沒有室內樂伙伴，當然也沒有錢，什麼都沒有，完全獨自一人。

焦：您沒有感到焦慮嗎？

薩：當然會，但我用這段大約三年的時間，學習「當自己的老師」。我錄下自己的演奏，以旁觀者的角度批評，思索心裡想的和實際演奏出來的成果，究竟差別有多大，又能如何改進。後來我開始參加國際比賽，也有些小型演出，最後還有了第一張錄音——那是張拉威爾專輯，不過我想你是不可能在市面上找到的，哈哈。

焦：您怎麼看法國鋼琴學派或演奏呢？

薩：說實話，我不知道什麼是法國鋼琴學派……法國文化當然存在，但法國文化不見得存在於每位法國鋼琴家的演奏中。身爲法國人就有法國文化了嗎？我對此相當懷疑。

焦：那從您的學習經歷開始說吧。

薩：我進音樂院一開始跟穆妮葉（Germaine Mounier, 1920-2006）學習，也在她班上得到一等獎。她是非常著名的老師，演奏和教學——好吧，就是所謂的「法國鋼琴學派」，是瑪格麗特・隆那種非常注重手指的傳統彈法。後來我跟帕拉斯基維斯科學習，他帶給我嶄新的聲音、學派傳承以及思考。他上課話很少，一開始我很不習慣。後來我才體會到，在寂靜之中我可以體會更多。穆妮葉教課總是示範，然後說：「請做我剛剛做的，彈得和我一樣。」帕拉斯基維斯科卻不是如此。更何況他有一雙大手，但我沒有。我無法模仿他，因此必須從根本去思考他創造聲音的方法，這當然也是更好的學習。

焦：您的「自學」又是怎樣的過程呢？

薩：音樂院裡老師總告誡我們要會藏拙。沒有鋼琴家是完美的，我們要把缺點藏起來，在比賽和音樂會中發揮我們的優點。但畢業後我告訴自己：我不要藏了。我有缺點，但那就是我。缺點也可以是特色，我要誠實面對自己，用我的方式做音樂。當我不再隱藏，卻獲得更多，也找出自己的聲音。我現在的音色和演奏方式，與當年在學院裡的我可說截然不同。

焦：那您能分析自己的演奏方式嗎？

薩：我不能，應該說我不想。我認眞練琴，體會身體與技巧，思索爲什麼這個音過不去、那個音沒彈好，但我不想思考其中的身體機制。很多人說我的聲音很凝聚，大音樂廳裡也傳送良好，但我演奏時想的不是物理性的聲音傳送，而是情感性的如何訴說。我第一位老師德薇娜（Carmen Taccon-Devenat）總是說，無論我彈什麼，心裡都想個句子。比方說我彈「Do-Re-Mi-Fa-Sol」，心裡就想「我今天很好」，爲每個音配上字，用音樂說話。我以前不淸楚這是爲什麼，現在我完全明白了。我演奏的時候，總是想著音樂廳最後一排的聽衆，透過音樂向他們傾吐心聲。

焦：您的演奏確實有種能把觀衆緊緊抓在一起的魅力，這和魔術大概也沒有差距很遠。

薩：這也是我喜愛蘇可洛夫和波哥雷里奇的原因。他們不只是大鋼琴家，更是大藝術家。很多鋼琴家演出很炫，但炫完了之後，其實什麼也沒能在聽衆心裡留下來。但他們不是這樣。論技巧，這二人都是世界頂冠，但更重要的是當你聽或看他們的演奏，你會發現那感染力何其強大，會被他們帶到另一個世界。他們的演奏總是讓我深受啓發，我也希望在音樂會裡能向他們看齊，讓聽衆在音樂中忘了自己。

焦：他們是否也影響您的技巧？

薩：是的，特別是蘇可洛夫。我希望我講這些話不是冒犯，但……他的身型真的很奇特，我不確定那適合演奏。但無論如何，他開創出屬於自己的技巧，而那技巧又何其完美神奇。我不喜歡我的身體，我的手臂太長了，很不好施力。我一直很瘦，怎麼吃都胖不起來，手臂沒有多少重量。我的手指也沒有什麼肉，要彈出好音色得格外努力。可是蘇可洛夫讓我明白，無論身體是什麼形貌，鋼琴家都可善加利用。有多少阻礙，其實就是有多少可能。很多人年輕的時候身體靈活，可以運用十幾種不同的技巧，十幾種不同的施力方法和觸鍵。可是如果不懂得開發，那最後也就只剩一、二種自己最舒服的彈法，無論彈什麼，面對什麼鋼琴或場地，都用相同方法，這其實是懶惰。蘇可洛夫不只找到自己的方法，還創造出獨一無二的「蘇可洛夫之聲」，好像有無窮無盡的技巧可以運用。說實話，這麼多年過去，我還是不喜歡我的身體，可是我現在把每一次演奏都當成和自己身體的對話。因此我每天練琴都有新發現，也從新發現中累積出新學習。

焦：波哥雷里奇最近都看譜演奏，您則很早就開始這樣做，可否談談這個決定？

薩：背譜，或說任何記憶，對我而言都是問題。我只要疲倦就會記憶崩盤，連法文以外的語言都變得不會說，但旅行演出常常很疲倦。有次我在布宜諾斯艾利斯演奏，那次特別累，我在台上大忘譜。音樂會後我把自己關在旅館房間大哭一整天，覺得一切都結束了，我再也不要演奏了。只是哭完之後，人生還是得過，後來我告訴自己：我並不是對樂曲不熟。只要有譜在，不管我看不看，那就是張安全網，我再也不用害怕。唯一麻煩的，是我彈協奏曲的時候不希望有翻譜員——那像是擋在我和指揮中間的一堵牆。因此對於某些協奏曲，我會請人特製樂譜，讓我自己翻。我也沒辦法看電子裝置演奏，必須用紙本譜。

焦：您這樣愛鋼琴，卻大概是全世界唯一家裡沒有鋼琴的鋼琴家。即使您已經說過很多次，我還是想親耳聽聽您的解釋。

薩：因爲我眞的會被鋼琴綁住啊！就是太愛了，一旦家裡有鋼琴，我就只會練琴，其他事都不能做了，因此只好把鋼琴請出家裡。我身上帶著很多朋友家的鑰匙，需要練琴時就去他們家，而不同的鋼琴和地點會給我不同的想像。比方說有朋友住在以前蕭邦家附近，或是那棟樓房曾是蕭邦友人住處，我練蕭邦時就特別愛去他家，總會得到不一樣的感受。

焦：您也聽很多錄音，這應該帶來很多靈感。

薩：是的。既然沒鋼琴，我需要用音樂來塡滿我家。我聽的也不限於古典樂，常常一買就是上百張CD，有時都覺得自己太誇張了。

焦：您有最喜歡的鋼琴家嗎？

薩：當然有——拉赫曼尼諾夫！我年輕的時候和多數演奏者一樣，喜歡快和大聲。我很愛他的《第二號鋼琴協奏曲》和《帕格尼尼主題狂想曲》，彈它們的時候總覺得自豪自信，宛若世間的主宰。但拉赫曼尼諾夫自己的演奏卻非如此。他有超絕技巧和優美音色，表達卻非常簡單純粹，一點都不炫技。如果再仔細聽，更會感受到他不快樂，簡單的表達中有沮喪與失落，深沉的晦暗。我年紀愈大愈能體會這一面，也愈來愈欣賞他的演奏。

焦：當您錄製《第二號鋼琴協奏曲》，您怎麼看這首作品？

薩：這是極爲通俗卻也特別的曲子。我們可以聽到他生病的心與其復原，但這也是他的人生分水嶺。在此之前他已經有名，此曲更讓他成爲大明星，而且大家都說這是傑作。這看起來是好事，可是此曲讓大衆忘了他的其他作品，總是期待另一首《第二號鋼琴協奏曲》，這就不那麼好了。福禍相依，這曲是紀錄也是預言。你聽拉赫曼尼諾夫自己彈，有種特別的「淡」，正是這種況味。

焦：除了拉赫曼尼諾夫呢？

薩：我也愛顧爾德、富蘭索瓦、賽爾金、費雪以及梅耶——她是我心中最偉大的女鋼琴家。我自學期間大量聽他們的演奏，跟他們學習，特別是梅耶。我認爲認眞聆聽梅耶一張唱片所能學到的東西，勝過自己在音樂院十年。當然，沒有音樂院十年積累，我沒有能力從梅耶錄音中學到那麼多。但我必須說，梅耶也可算是我的老師。因爲她，我發現了拉摩、庫普蘭、史卡拉第的世界，也認識不同於今日的美學與音樂觀。我不能說我的演奏繼承了梅耶的傳統，但我認爲我屬於梅耶的譜系，屬於她和卡薩德許那一類的法國風格。當我聽梅耶的錄音，我不只聽到她，也聽到她的時代，還有她用的鋼琴以及那時的錄音器材。我聽她的演奏，然後找舊日嘉芙鋼琴練習梅耶錄的曲子，去思索她和嘉芙鋼琴的音色以及時代氛圍，然後再回到史坦威上嘗試重現那樣的色彩與感覺。就像現在導演去看40、50年代的老電影，掌握其氛圍後，再以現代器材拍出自己的作品一樣。我有我的時代，而我希望我的聽衆能感受到這點。當我演奏蕭邦，我希望大家能感受到這是蕭邦，但也是薩洛在二十一世紀的演奏。

焦：您在和諧世界唱片公司的第一張獨奏錄音就是拉摩的鍵盤作品，這是否也來自梅耶或蘇可洛夫的啓示？

薩：這倒不是。這和我自己的探索計畫有關。在此之前我錄了很多法國作曲家，拉威爾、普朗克、米堯、夏布里耶等等，也得到一些成績，而我想要深化我的學習。若要探索法國音樂，就不能不知這領域的兩大「祖父」——拉摩和庫普蘭。我花很多時間研究他們，當然也旁及其他法國巴洛克作品。直到今日，我都覺得這很重要。當我演奏

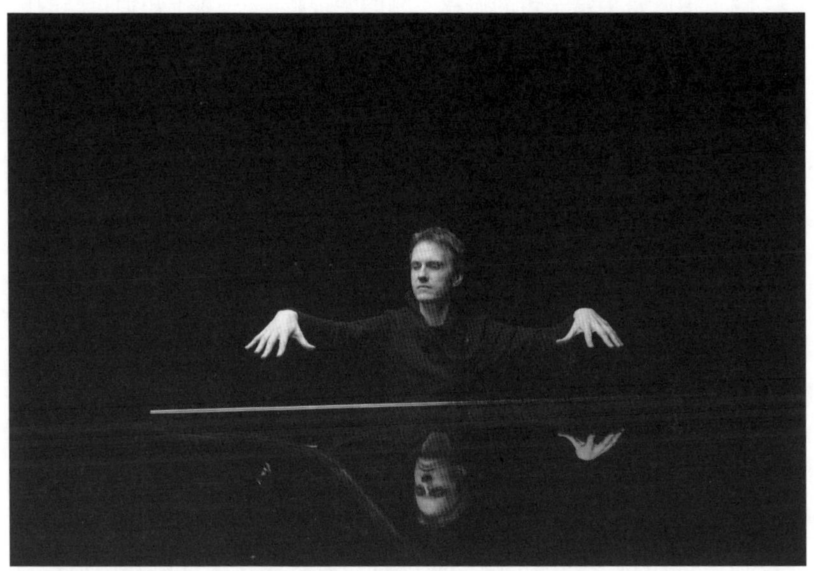

薩洛小時候想當魔術師，現在則用音樂施展幻術（Photo credit: Marco Borggreve）。

拉赫曼尼諾夫，我聽到的不只是他，還有蕭邦以及俄國東正教傳統。我對後兩者愈熟悉，自然也愈能表現好前者。我的音樂會曲目也是這樣規劃，讓聽眾感覺到作曲家之間縱向或橫向的關聯。

焦：我認爲這張錄音證明了現代鋼琴也能恰如其分地表現拉摩，可否談談這是如何達到的？

薩：啊，這眞是相當辛苦的旅程。剛開始很難——我不知道拉摩的風格，也不知道當時裝飾音的手法。因此除了練琴，我花很多時間閱讀相關著作、大量聆聽拉摩各式作品的錄音，當然也學習演奏大鍵琴。這樣花了快三年，然後我嘗試以鋼琴模仿大鍵琴的方式來演奏……。天呀，完全不能聽！實在糟透了！我沮喪了兩個月，但慢慢體悟到我應該用自己的方式來提出具信服力的演出。我要用現代鋼琴製造出巴洛克的幻象，但並非透過模仿達成。我問自己，這些曲子用鋼琴彈，是否能令人信服？如果可以，那我該如何讓聽眾信服？於是我又錄下自己的演奏，反覆聆聽推敲改進之法。

焦：哈哈，這也是變魔術。不過可否請您談談這魔術的祕訣：究竟該如何用現代鋼琴演奏大鍵琴作品？

薩：首先要能分辨兩者音響與音色結構的不同。大鍵琴有其金屬聲的亮度還有琴箱自然共鳴；鋼琴雖沒有，但若能在關鍵處彈出恰當音色，加上踏瓣效果配合，就有畫龍點睛的模擬效果。巴洛克音樂少不了裝飾，但在鋼琴上演奏就要小心。演奏者必須清楚，裝飾是爲了強調節奏還是延長和聲與音符，是爲了增加該音符的色彩還是給予特別個性。如果這些在鋼琴上不靠裝飾音就能做到，那是否還有必要彈，或者該怎麼彈才不會過分強調。更進一步，演奏者應該提出一致性的演出，以同樣方式調整，不能每首都以不同方式處理。這就不能只看單音，而得回到樂曲結構，總整理拉摩的和聲設計和寫作筆法。

焦：您的錄音出版後，可說帶出一股風潮。

薩：我很高興大家喜歡我的成果，若能拋磚引玉，那更是開心，何況在我之前已經有人大力推廣拉摩了。事實上我想錄這張專輯已久，期待拉摩作品能夠復興，但等不到機會出手。後來我看到拉圖在巴黎演出拉摩的歌劇，我告訴自己：「就是這個了！拉摩的時代要來臨了！」果然這十多年來，拉摩愈演愈多，一般大衆也開始知道他的歌劇。身爲音樂家，我眞的可以說，對拉摩和庫普蘭鑽研愈深，對德布西和拉威爾也會愈了解。

焦：在拉摩之後您錄了巴赫、蕭邦和拉威爾，然後才是庫普蘭。我覺得這個旅程很有趣，特別是後兩者和庫普蘭的關係。您如何看蕭邦與庫普蘭？我們目前似乎找不到蕭邦曾鑽研庫普蘭的直接史料證據，但他們實在很像。

薩：不只是很像，而是驚人相似！那些指法與聲部設計、譜曲筆法等等，實在太像了。蘭朶芙絲卡就說蕭邦是「十九世紀的庫普蘭」，也納悶爲何他們如此相像。她認爲這或許因爲二人氣質品味很接近，而我是覺得蕭邦不可能不知道庫普蘭——或許他就是從前輩那邊偸學太多，才刻意閉口不提。

焦：您有成爲法國曲目專家的企圖嗎？

薩：我是法國鋼琴家，但我更是鋼琴家。很多人覺得俄國鋼琴家不會彈法國作品——嗯，看看蘇可洛夫就知道，如此門戶之見根本沒有道理。我喜歡拉赫曼尼諾夫，我也喜歡舒伯特和貝多芬。就像蕭邦，我覺得他是全然波蘭而非法國的，但我一樣演奏他。我總是在音樂會中排出各個作曲家，但有一點是確定的，就是我只演奏我愛的作品。法國曲目中也有許多是我不理解甚至不喜愛的。我並不想成爲法國曲目專家，但我希望我的錄音和演奏能有一致的脈絡。但無論是否爲法國曲目專家，我想法國音樂家應該要深刻鑽研法國文化。外國人如果要學習法國曲目，也要學習法國文化。光是練琴並沒有用，而要從法國的城市、飲食、語言、文學、繪畫等等體會法國文化與生活，才能理解法國音樂的精髓。法國人喜歡去愛、享受生活與人生。演奏法國音樂時，我常感受到這種豐沛外向的生命力與情感，我覺得這非常重要。

焦：您強調了好幾次「一致」，我聽您的拉威爾鋼琴獨奏作品全集，曲曲都有新見解，但也的確能感受到一致性。

薩：我想你一定聽過，有些人彈這首曲子是一個樣子，彈那首曲子又是一個樣子，沒有一致的風格，甚至彈同一位作曲家亦然。我不是說要把所有作曲家都彈成一樣，但鋼琴演奏是「作曲家—鋼琴—演奏者」這種三位一體組合，演奏者自己的風格也很重要。我彈的貝多芬當然不會同於德布西，但我希望聽衆可以辨認出這都是薩洛的演奏。這就是我說的「一致」。要達到如此「一致」，就必須深刻探索自己，詮釋必須發自本身的體悟，而不是模仿他人。我常對年輕音樂家說，大家要「追隨自己的想法」。我有很多想法，而它們不見得和一般想法相同。如果憂讒畏譏，隱藏自己，那最後也不會成就什麼。比方說我希望我每張專輯像是一部電影，曲序經過巧妙安排，最後放上安可曲當成片尾花絮。我希望專輯封面要有設計感，能從各種方向來呈現主題，而不是錄庫普蘭專輯，封面就必須是他的肖像或是法國巴洛克氛圍。事實證明大家最後也都接受如此想法，古典樂專輯可以這樣做。

焦：那張專輯還拍了非常新鮮，結合街舞演出的MV。

薩：我很高興成果很好，更高興的是我並沒有因此而削弱庫普蘭的音樂，而是找出庫普蘭與現下流行的互動可能。如果不能增強大家對庫普蘭的想像，這樣的嘗試就不能稱爲成功。

焦：的確如此，您還拍過一部廣告，把蕭邦〈E小調前奏曲〉(Op.

28-4）演繹得極好。當然最特別的，應該要屬參與電影《愛・慕》（Amour）的演出。

薩：這就是我人生的意外了。這不是我主動爭取，而是順應朋友推薦。當然這是很有趣的經驗，和漢內克（Michael Haneke, 1942-）這樣的大導演合作也是很好的學習，結果也讓我很意外：我彈了那麼多年的鋼琴，可是累積的知名度好像還比不過在電影裡出現8分鐘。電影放映後，我走在路上都常有人認出我來⋯⋯不過，電影只是一時，還是希望大家來聽我的音樂會，由音樂認識我，那才是我眞正的演出。和我音樂家身分比較相關的，是漢內克的電影幾乎不用音樂。《愛・慕》不但用了，還發了電影原聲帶，可謂其作品中的異數。

焦：這張電影原聲帶收錄了貝多芬和舒伯特。您以前錄過舒伯特專輯，未來是否也計劃要錄製更多的德奧作品，尤其是貝多芬和舒伯特？

薩：幾經考慮，在不久的將來我會錄製貝多芬最後三首鋼琴奏鳴曲。我非常愛這三部作品，但要錄音實在忐忑不安。唱片公司給我空白菜單，我可錄任何我想錄的作品。但也正因如此，如果唱片銷路不好，我會格外內疚，而這讓我更不敢錄某些作品，比方說貝多芬。首先，市面上已經有太多貝多芬錄音，眞的還需要我的演奏嗎？再說，世人的成見仍然根深柢固。身爲法國鋼琴家，我還沒開始彈呢，很多人就認定我的貝多芬一定不好，或者不會彈布拉姆斯。但後來我還是找到平衡之道——我很感謝我的樂迷。無論我錄什麼，都一定會有穩固銷量，唱片公司不會賠錢。我會適時接受唱片公司提案，錄必然會賣好的專輯，這樣我就更有空間錄銷路不會是最好的作品。比方說我錄了拉赫曼尼諾夫，那就更可放心和齊亞斯（Jean-Guihen Queyras, 1967-）錄布拉姆斯兩首大提琴與鋼琴奏鳴曲。我們對布拉姆斯有很多話想說，也演奏了好長一段時間，實在不該因爲擔心銷量而自我設限。

焦：您怎麼看待表演？

薩：有些作曲家很愛對人說自己的事，但也有像舒伯特、蕭邦、拉威爾，他們對個人之事三緘其口，卻毫無保留地把所有祕密說給音樂，蕭邦還特別說給鋼琴。這是我身爲鋼琴家所能得到的最好禮物。當我演奏他們的音樂，得知他們的祕密，我變得和他們非常親密，這種親密感也讓我更了解自己。我演奏的時候是媒介，把作曲家的話告訴聽衆，但我也是聽衆的一部分，最後就是我覺得我和台下聽衆彼此手牽著手，一起經歷音樂。比方說每次我彈《郭德堡變奏曲》，過了第四變奏之後，我開始感覺那音樂是在我和聽衆之上，我們都沐浴其中，每個人都心意相連。這對我的幫助實在太大了。作爲職業音樂家——尤其是演奏家——其實非常孤獨。我現在很享受每次演出，總期待和聽衆在一起。我對鋼琴的態度也改變了。以前鋼琴對我而言就是樂器，但隨著去過的音樂廳愈來愈多，也常重回某些場館，鋼琴變成我的朋友，有些還是認識多年的老友。彩排前我會和鋼琴打招呼，鋼琴和我像是兩個演員，討論晚上要如何表演——我沒騙你，我眞的會跟鋼琴說話！

焦：您的《郭德堡變奏曲》是近年來最出色的詮釋之一，我很好奇您的準備過程。

薩：無論是演出或錄音，我都需要長時間準備。面對這種巨作，我沒辦法兼顧演出和學習，因此我給自己九個月的休息，恰巧是懷孕生子所需要的時間，停止一切演出來學。我先專心練這部作品一段時間，然後放著完全不彈，讓自己忘掉。接著再練半年，然後再忘。如此四次，之後才再斷斷續續演奏，從一年三場、五場，到現在可以隨時拿出來演奏。我知道《郭德堡變奏曲》是我的「人生之曲」，我必須給它特別的空間。

焦：您學此曲時是獨自奮鬥，或是也會和朋友討論？

薩：我必須感謝朱曉玫。我非常喜愛她的《郭德堡變奏曲》。以前我就對她說：「你的演奏實在太好了，害我不敢彈！」朱曉玫則說要我別開玩笑，若有一天我要學，她很樂意幫忙，後來也的確沒食言。《郭德堡變奏曲》也改變了我。我以前希望盡可能多彈，把所有想彈的曲子都彈過。可是學習《郭德堡變奏曲》的經驗讓我明白，專注於少數作品，把生命全然灌注其中，或許是更令人滿足的事。此曲太豐富，每次演奏我都有新發現，覺得自己到了另一個階段，但下一場演出又是另一個階段，永無止境。

焦：您怎麼看此曲結構，特別是九段卡農的安排？

薩：演奏《郭德堡變奏曲》之所以難，就是難在那必須是理性與感性、內省與開放、結構與流動、深思熟慮與即興靈光之間的平衡。理解樂曲是一切的基本，但演奏時又必須遺忘樂譜。對我而言，卡農這個曲式代表「練習」。在《郭德堡變奏曲》中，卡農是「傳達想法與情感」的練習，也是「內在和諧」的練習。每首卡農都是某種歸零，演奏者必須思考聲部鋪排，清楚表現每段旋律。九段卡農是九層階梯，也是九段自我校準。

焦：您用什麼來衡量自己的校準？

薩：歌唱。卡農每個聲部都像人聲，而人聲是最基本單純的音樂表現。在十九世紀中以前，所有的作曲家都在追求人聲，鍵盤音樂也是如此。彈這些卡農，讓我懂得謙遜——在巴赫的時代，鍵盤樂不是主角，歌唱家才是。我是「假的主角」，聲樂家的替代品，用鍵盤模擬人聲，人聲才是最高的追求。

焦：對於此曲可談的太多，但我還是想問您對第二十五變奏的處理。至少我聽您的錄音，覺得在此格外有種難以言說的魅力，雖然那也的確是大名鼎鼎的關鍵段落。

薩：啊，被你發現我的祕密了！首先，這段變奏特別需要現場聽。無論多麼常聽錄音，你都該爲了這段變奏去聽現場，那會是截然不同的體驗。音樂上此曲相當半音化，還有奇特的和弦，很多地方聽起來像是二十世紀作品，實在特別。我有很寵愛我的製作人，願意讓我在錄音時做瑜珈，常讓大家一等就是一小時。但即使如此，錄到這一變奏，雖然試了好幾次，但我就是覺得不太對。隨著時間慢慢過去，壓力也愈來愈大，最後我突然想到：「啊！我需要的是聽衆！」於是我把鋼琴技師請到台上，專門爲他彈這段變奏。你聽到的錄音就是用這段。我可以說，這段變奏是「我們一起演奏」的。

焦：您也錄了非常有趣的史卡拉第專輯，可否談談他？

薩：他是對詮釋者非常寬大的作曲家，給予很多空間。我不會忘記他在奏鳴曲第一次出版時（那時叫做《三十首練習曲》）寫的前言，他說：「讀者們，無論您是業餘或專業音樂家，在這些作品中請不要期待會有什麼高深學問。它只是個藝術性的精巧遊戲，讓您熟練大鍵琴演奏之道。我是出於服從，而非出於個人興趣或企圖心才發表這些曲子。或許它們會帶給您一些快樂……。因此，請以人情味而非批評性來對待它們，您的快樂也會因此而增加。要快樂喔（Vivi felice）。」最後那句「要快樂喔」實在太可愛了！演奏他的奏鳴曲總是讓我很開心，我想連鋼琴都會覺得開心！

焦：您怎麼看他那些大膽的和聲？

薩：那眞是精彩，在當時絕對前衛，甚至到今日仍能震撼我們。那是民間音樂的影響。當時西班牙音樂家認爲民間音樂很粗俗，但史卡拉第以一個外邦人，用新穎且不帶偏見的角度，大量欣賞在地質樸的歌舞，將吉他的和弦組合、空弦聲響、拍打音箱與各種彈法，轉化成鍵盤音樂。這是玩興很高的天才手筆。

焦：除了演奏與錄音，您最近還有什麼新計畫嗎？

薩：我這些年來改編了好些作品，常在音樂會裡演奏，包括馬勒《第五號交響曲》第四樂章，最近我會將其整理出版。我不久前則出版了個人著作《展現你的手》。這本書有我多年來的生活心得與反思，也能讓大家更認識我。現在的媒體報導多半篇幅很小，提問也窄，想盡辦法要給人歸類貼標籤，把受訪者化約成某個樣子。我還是希望能忠於自己，做不太一樣的事。現在鋼琴家用差不多的樂器，在大同小異的音樂廳演奏，彈相似的曲目……。唉，大家不覺得無聊嗎？真的只想聽到不斷複製重現，聽起來差不多的演奏嗎？我覺得藝術最可貴的就是多樣性。現在我盡可能不彈史坦威；史坦威很好，但還有很多其他的好鋼琴。我希望十年後我們能聽到更多樣的鋼琴，就像1960年代以前一樣 —— 以前的鋼琴家聽起來那麼不同，和他們用的鋼琴也有關係。面對愈來愈僵化的古典音樂表演與錄音，演奏者該率先尋找解套之道。

焦：您說的都是事實，希望我們能夠看到改變。

薩：最好的辦法就是活得夠久。比方說培列姆特和祈克里尼，他們有好長一段時間被聽眾遺忘，到晚年又突然爆紅，成為不世出的大師。聽眾說他們彈得眞好 —— 當然，他們的確彈得好，但之前其實更好，而大家視若無睹。所以我若彈到90歲，大概就是大師中的大師，說什麼、彈什麼都會有人聽了。嗯，到時候我們一定要再做一次訪問，看看這些年來究竟發生了什麼事！

貝瑞佐夫斯基 1969-

BORIS BEREZOVSKY

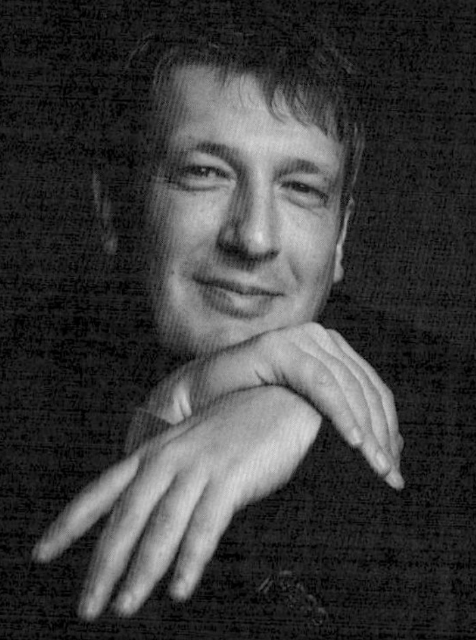

Photo credit: Yuri Bogomaz

1969年1月4日生於莫斯科，貝瑞佐夫斯基先後就讀於格尼辛學校和莫斯科音樂院，師承薇莎拉茲和薩茲等鋼琴家。1987年，18歲的他在里茲大賽初試啼聲就得到第四名，1990年更獲得柴可夫斯基大賽冠軍，從此開啓國際演奏生涯至今。貝瑞佐夫斯基技巧精湛，曲目多樣，勇於挑戰艱深作品，包括拉赫曼尼諾夫鋼琴與樂團作品全集、李斯特《超技練習曲》與郭多夫斯基改編曲等等，對梅特納也有深入研究。他在獨奏、協奏與室內樂皆有諸多傑出錄音，是當今數一數二的超技名家，也是俄國鋼琴學派的卓越代表。

關鍵字 —— 格尼辛學校、薇莎拉茲、柴可夫斯基大賽（1990年與2015年）、薩茲、為鋼琴按摩、似珍珠的、柴可夫斯基鋼琴協奏曲、爵士樂、拉赫曼尼諾夫（作品、演奏）、梅特納（作品、《夜風》、《故事》、歌曲）、亨德密特、李德斯基、改編曲、李斯特《超技練習曲》、俄國鋼琴學派

焦元溥（以下簡稱「焦」）：您如何開始學鋼琴的？

貝瑞佐夫斯基（以下簡稱「貝」）：我在一個充滿音樂的家庭長大，不過生活環境很有趣：家母在幼稚園教音樂，也擔任合唱團指揮；家父很會教音樂理論和視唱聽寫，是培養小孩音感的專家，也在偶戲團的樂隊擔任小號手。偶戲團可說是我的童年，幾乎每個晚上我都在那裡度過，看了無數的戲。我也在偶戲團開始我第一堂鋼琴課。

焦：這眞是太特別了。

貝：原先是我爸教我彈琴。後來他發現我對音樂很有反應，認爲我有天分，就請偶戲團樂隊的鋼琴家教我彈。這人很有才華，也很特別，結了六次婚。我第一場演出就是在偶戲串場的空檔表演。我彈了幾首

曲子，上場前臨時起意用不同的調來彈。老師驚訝地發現我能即興移調，直說我是天才。

焦：您後來念了格尼辛學校。

貝：是的。不過蘇聯的音樂教育系統雖然很好，卻不見得每個人都能在學校裡找到最適合的老師，我父母還是讓我上了很多不同的私人課，花了不少錢。

焦：之後您到莫斯科音樂院學習。不過我聽說您2014年「才畢業」，這是怎麼一回事？

貝：怎麼連這種事大家都知道。我得到柴可夫斯基大賽首獎後忙於演出，沒有開畢業考音樂會，所以一直沒拿到證書。但我這幾年突然對教學有興趣，想把演奏經驗傳下去，格尼辛音樂院也願意聘我，前提是我得有畢業證書。

焦：哈哈哈，不知道評審都是些什麼人？

貝：都是……一群好人，哈哈哈。總之事情就是這樣。格尼辛當然可以試著聘一位大學沒畢業但得了柴可夫斯基大賽冠軍的演奏家，但只要有一個人有異議，就會有大麻煩。所以我只好乖乖回學校「完成學業」，符合這種官僚主義文化。

焦：格尼辛學校和莫斯科音樂院的學習環境有何不同？

貝：格尼辛是個有趣的地方。在蘇聯時期，莫斯科音樂院可說是蘇聯樂界和西方的連結，是權力的核心，和政治牽扯甚多。格尼辛被視爲次一級的學校，但也因此得以遠離權力，吸引了許多不想在體制內合作的「難民」，反而有很好的老師。莫斯科音樂院教主流作曲家和曲目，特別是比賽要的曲目，格尼辛則有更寬廣的空間，你可以聽到晚期史克里亞賓、梅特納、譚涅夫、李亞多夫（Anatoly Lyadov, 1855-1914）等一般很少聽到的作品。不過話雖如此，莫斯科音樂院當然也有了不起的音樂家。我很幸運能跟薇莎拉茲學習；她是個性鮮明，非常有想法的大鋼琴家。

焦：您先在1987年的里茲大賽上獲得第四名，三年後於柴可夫斯基大賽奪冠。參加比賽一直是您的志向嗎？

貝：我沒有很熱衷，但參加比賽對我而言也很自然。薇莎拉茲認為我可以參加，我就參加了，那其實是我不太有主見的時期。我有音樂天分、有技巧也有情感，但不太知道自己在做什麼，不很確定要成為什麼人。我很會彈琴，但這就表示我一定得當鋼琴家嗎？我那時的演奏每個小節都是薇莎拉茲教的，根本不能算是「我的」演奏。我能在柴可夫斯基大賽奪冠，一半當屬她的功勞。得獎後我有好多音樂會要彈，自己卻沒有想法，像是旋轉木馬繞來繞去始終在原地，人生反而走下坡，陷入低潮。我當然可以事事聽薇莎拉茲，請她幫我思考，但我總不能一輩子當學生吧！

焦：就在這時您開始跟薩茲學習。

貝：薩茲本來在格尼辛教，是我姐姐的老師。我姐姐很有音樂天分，不過自從生了四個孩子之後，興趣就完全轉向家務，幾乎不碰鋼琴了。我常覺得這很驚人，對某種事物的愛好可以說消失就消失。薩茲那時已到奧地利的格拉茲音樂院，我每個月飛過去跟他上課。他幫助我找到對音樂的熱情，也告訴我在音樂中要達到什麼以及如何達到，當然也教了我很多不同的曲目。這是我人生第一次主動積極地擁抱音樂：終於，我是為自己演奏，而不是為了冰淇淋或考試或比賽或任何理由演奏。從此之後，我才能說我是真心想當音樂家，真正愛音樂。

焦：您在2015年也擔任了柴可夫斯基大賽的評審。您現在如何看比賽？

貝：我覺得比賽是好事。這不是因爲我得過冠軍，而是我的觀察心得。當然大家必須記得，比賽不可能完全公平，但如果最後選出來的人確實有資格得獎，那就不算太差，至少讓一些人得到注目。當然有人可能不適合比賽。像有位參賽者，送來的錄音實在好，樂感絕佳，是我心中的第一名。可是他比賽沒彈好，一聽就知道太緊張，實在可惜。不過也是這次評審經驗讓我了解，喜好眞可以是完全主觀之事。我本來想大家都是鋼琴專業，想法應該大同小異，結果竟只有一位評審和我想法接近。不只大家心裡的第一名不一樣，連第二、三、四名都差很多，好像我們聽的是完全不同的比賽！所以大家不要只關注第一名，也該關注比賽中的其他傑出參賽者，他們很多人都是某評審心中的冠軍。

焦：您得獎之時正逢蘇聯解體，後來您也移居英國，這是因爲國內太混亂嗎？

貝：俄國永遠都是一團亂。有人目光向西，有人向東；有人要歐化，有人要本土。無論政治上如何，文化上，俄國從來沒有統一過。不過那時移居倫敦，其實是我前妻的決定。我以前很聽話，聽媽媽的話、聽老師的話、聽太太的話，現在就只聽我自己的話了。總之，我前妻非常喜愛英國文化，而我也覺得英國是個好地方。我愛英國的語文與戲劇，英國也有很多好樂團。我後來搬到布魯塞爾，不過現在回莫斯科定居。我喜歡現在的俄國，相當自由，選擇也多，或許不是某些人心中最好的樣貌，對我而言已經夠好了。

焦：您彈琴很有方法，非常放鬆，可否談談您如何掌握技巧。

貝：這樣說可能別人會覺得我驕傲，但我想我在技巧方面眞的滿有天分。我很幸運，從第一位老師那邊就學到正確的演奏方法。他說彈琴要像「爲鋼琴按摩」，這是非常好的比喻。我用整個身體的力道來彈鋼琴，但不是用手臂砸，而是自然地將重量與力道，從臀部、背部、肩膀、手臂、手指等一路通透地灌注到鍵盤，沒有什麼多餘的動作，是相當自然的演奏方式。我在10歲時彈琴一度緊繃，但自從老師幫助我找到自然的放鬆方法後，我就再也沒遇過技巧問題，身體的協調運作一直很好。

焦：不過從您以前的錄音到最近的演出，我發現您的技巧改變很多，變得更輕盈更有色彩。

貝：論及演奏美學我其實很傳統老派。我相當欣賞法式「似珍珠的」演奏，想彈出輕盈、優雅、美麗的聲音，這些年來一直往這個方向發展，應用於蕭邦曲目更是精緻優美。當然，我不要乾巴巴的演奏，音色要有豐富變化。但「似珍珠的」做爲一種美學，我總是爲其著迷。

焦：聽您後來錄製的柴可夫斯基第一、二號鋼琴協奏曲，的確可感受到這樣的變化。

貝：蘇聯時期的鋼琴家彈第一號，總是相當剛硬強勢，我一點都不喜歡。我是柴可夫斯基大賽冠軍，人們總期待我彈這首，我也爲了合乎大家期待而彈，於是愈彈就愈討厭，直到我聽到所羅門的老錄音，才豁然開朗：是啊！此曲可以很輕盈柔軟、洋溢抒情歌唱與詩意，爲什麼一定要彈得像是和人打架？我深深爲所羅門的演奏著迷，也學習這樣的演奏方式。第二號宛如大型芭蕾，在舞曲中我們總能見到最好的柴可夫斯基，也有溫柔美好的段落，像是慶祝節日，不該彈得吵鬧不堪。它們技巧都不容易，也有特別展現技巧的段落，但技巧不該只是爲了技巧而存在。請想想柴可夫斯基那時的俄國：那是上流社會全部說法文，非常西歐優雅風格的時代，鋼琴演奏不會像是機關槍掃射。

焦：近年來您彈愈來愈多法國音樂，想必和技巧變化也有關係，而我很好奇您如何發展法國音樂曲目？

貝：最早當然是拉威爾。他的作品一直是俄國學派的重要曲目，特別如《夜之加斯巴》這樣的艱深技巧大作。再來就是德布西、梅湘和庫普蘭等等。我會說德布西是有史以來出現過最好但也最艱難的爵士樂。他音樂非常自發，好像是「有機的」，多樣性豐富到不可思議，上百種不重複的和聲與節奏，只能說是品味超絕又精妙（exquisite）。

焦：您花過幾年時間研究爵士樂，可否談談您的心得？

貝：很多人認爲爵士樂就是爲旋律編上些爵士風的和聲與節奏，這完全錯誤。要彈好爵士樂，你必須精熟非常多種節奏類型，至少近三十種，加上各種和聲變化，以作曲的角度去發展音樂素材，這才叫做爵士樂。一旦了解這點，再去聽蓋希文或賈瑞特等人的演奏，就會知道他們眞是了不起的爵士樂大師。那是另一種專業，而我還在幼稚園程度，不敢多說什麼。反過來看，古典音樂說不定還容許更多即興的可能，特別是對位豐富的創作，每次彈都可以非常不同。

焦：您現在追求的演奏美學其實很接近拉赫曼尼諾夫。您是演奏他的名家，而我好奇他的演奏錄音是否會影響您對他作品的詮釋？

貝：身爲俄國人實在無法不熟悉他，而我確實非常喜愛。以前還在學校時，院長曾公開說：「貝瑞佐夫斯基的拉赫曼尼諾夫彈得最好，無人可比。」這句話到現在都在我的腦海裡，我也一直努力探索拉赫曼尼諾夫的音樂世界，不讓這句話褪色。但我不會被他的錄音綁住。所有偉大作品都容許開放詮釋，他的樂曲又那麼直指心靈，旋律極其動人，你眞的得是差到極點的音樂家才可能彈砸。我知道他錄音中的演奏不見得和樂譜相符，但我也不在乎。我聽音樂都是抓大致的藝術形象，不會一一比對細節。

焦：您首次錄製協奏曲就是拉赫曼尼諾夫第三號。我很好奇爲何您那時在第三樂章選擇刪減，之後和李斯（Dmitri Liss, 1960-）合作的全集又維持原貌？我更好奇的是就我收集的錄音顯示，俄國鋼琴家在1990年之前傾向不刪減，之後許多版本第三樂章卻又出現刪減，像是特魯珥、普雷特涅夫、費爾茲曼、馬促耶夫（Denis Matsuev, 1975-）等等，許多鋼琴比賽現場錄音更是如此，難道這是一種流行？

貝：誠實說吧，這段鋼琴和樂團非常難搭，你眞的需要好指揮和好樂團。他的《第一號鋼琴協奏曲》如果不是節奏不好合，早該成爲熱門曲目。既然拉赫曼尼諾夫在錄音裡刪了這段，那就給了刪減的合法性。比賽中多彈多錯，也沒有足夠彩排時間，那當然能省則省。但現在除非遇到太糟糕的樂團或指揮，我都完整演奏。這樣壯麗豐富的作品，每個音符都是享受。我珍惜自己還有體力能力，把此曲彈出我想要的樣子的時光。

焦：第四號到現在都不是通俗曲目，您可有解釋？

貝：我非常喜愛這首，只要有機會就彈。此曲節奏複雜、構思精細，樂團和鋼琴寫得非常緊密，彼此交織像是室內樂；我也嘗試以室內樂的方式將鋼琴放在樂團裡，我面對觀衆來演奏。這不像其他首可以是鋼琴獨角戲，樂團就算很差也不會太影響鋼琴家的表現。想把第四號演奏好，需要好樂團與好指揮，還要比較長的排練時間讓每個細節精準到位，效果才會出來。這通常難以達到，於是成果不佳，聽衆不喜歡；聽衆不喜歡，樂團就不會常演，對它也就陌生，沒有經驗可以累積，下次演出時效果一樣很差。這形成惡性循環，實在很遺憾。

焦：拉赫曼尼諾夫將此曲題獻給好友，也是鋼琴家與作曲家的梅特納，您覺得他有特別以梅特納的風格來寫嗎？

貝：我想第三樂章第二主題的確是非常梅特納風格的旋律，眞像是梅特納寫的。但整體而言，這仍屬拉赫曼尼諾夫晚期風格：以小動機組織樂曲、交錯節奏、受美國與爵士樂影響，加上受當代音樂的刺激，我倒不覺得是模仿梅特納風格。就像梅特納題獻給拉赫曼尼諾夫的《夜風奏鳴曲》也仍然是他自己，不是拉赫曼尼諾夫風格。

焦：您怎麼看梅特納？

貝：梅特納和拉赫曼尼諾夫是非常好的朋友，而我覺得最妙的一點，就在於他們二人的音樂毫無共同之處。拉赫曼尼諾夫的作品充滿鐘聲和東正教元素，所以你可說本質上那是非常宗教性、精神性的音樂，背後是千年基督教文明。在拉赫曼尼諾夫之前，偉大的俄國音樂脫離不了舞曲，柴可夫斯基就是代表，音樂幾乎都是舞曲。拉赫曼尼諾夫卻不太寫舞曲，即使是最後作品《交響舞曲》也不是眞正的舞曲。梅特納的音樂來自民俗，俄國音樂的根，基督教進入俄羅斯之前的俄羅斯，像是第三號小提琴奏鳴曲《史詩》，就是史前俄羅斯世界。那是拉赫曼尼諾夫不曾深入的領域；他大概只有《三首俄羅斯歌曲》（*Three Russian Songs, Op. 41*）算是用到民俗素材。梅特納對中古世界和希臘神話也很有興趣，作品常見相關題材，而你很難在拉赫曼尼諾夫作品中找到這些。寫作題材相差如此之大，卻是最要好的朋友，顯然他們深入理解對方。我很喜愛民俗音樂，對史前俄羅斯也很有興趣，梅特納的作品讓我可以在音樂會中表現這些，對此我非常感謝。不然作爲鋼琴家，實在沒有多少樂曲可以讓我發揮。林姆斯基—高沙可夫的《鋼琴協奏曲》可說帶有民俗與俄國東方色彩，但這遠比不上他在歌劇中所展現的俄羅斯民俗天地，他也沒什麼鋼琴獨奏曲。

焦：您剛剛提到《夜風》——這是演奏時間長達35分鐘，單樂章不曾中斷的大型作品，只不過從來沒有被一般聽衆接受。

貝：這眞的很難，或許太難了。我想演奏家要負很大責任。包括我在內，絕大多數的鋼琴家都沒能眞正彈好它。它技術上非常困難，音樂又綿延到讓人演奏時無法休息。即使演奏家彈得非常好，聽衆也不容易理解，因爲它的和聲語言很複雜，又有精密的複音聲部寫作，加上特別的形式，等於在考驗聆賞者的智力。

焦：但從首演之初，所有聽到的大音樂家都很喜愛。後來包括霍洛維茲在內，也有很多名家欣賞它。

貝：因爲這眞是了不起的創作。《夜風》開頭引了丘切夫（Fyodor Tyutchev, 1803-1873）的詩作，詩人認爲混亂是人性自然的一部分，而「混亂」也就是此曲主旨。梅特納是形式大師，無論樂曲如何複雜，所有發展全都來自開頭主題，即使你無法辨認。透過高超的手法，他以嚴謹邏輯和縝密結構來表現「混亂」，把全然相牴觸的兩個概念奇異地調合爲一，找到一種形式來表現沒有形式的風，成就實在驚人。但我也必須老實說，我演奏過很多次《夜風》，無論對一般聽衆或是莫斯科音樂院的學生，得到的回應都很冷淡，聽衆就是不喜歡或聽不懂。同樣是35分鐘以上的篇幅，拉赫曼尼諾夫《第一號鋼琴奏鳴曲》就很受歡迎，總能有效激起聽衆興趣。爲何兩人會差這麼多？我自己想過很久，始終沒有答案。只能說有人就是有與生俱來的魅力，有人就是沒有吧。

焦：梅特納會有受歡迎的一天嗎？

貝：我不知道。我演奏過幾次他的第一、二號鋼琴協奏曲；我覺得我彈得很好，但聽衆反應很普通，樂團則說他們完全不理解，那還是俄國樂團呢。我想目前這仍是給行家的作品，而我所能做的，就是專注推廣他的歌曲和鋼琴曲《故事》；這些倒是能夠讓人立即留下深刻印象的作品，像是精彩的短篇小說，也愈來愈多人演奏。照此發展，或許十來年後有人能讓他的奏鳴曲廣受歡迎，甚至成爲主流曲目，我們就循序漸進吧！

焦：您也錄了亨德密特的鋼琴作品，這也是少被演出的創作。

貝：我很愛亨德密特。目前雖然還沒有彈過他的鋼琴奏鳴曲，但我會演奏他爲鋼琴與管弦樂所寫的《四種氣質》（*Four Temperaments*）。我喜歡他的《1922組曲》（*1922, Op. 26*）；雖然他後來說自己是爲純粹藝術而寫的作曲家，不喜歡這樣俗氣的作品，但這個組曲眞的很精彩，有巧妙詼諧的筆法。當然我最愛的是《音的遊戲》（*Ludus Tonalis*），實是妙不可言的創作。

焦：您怎麼認識他的作品？我想在俄國應該很少人演奏吧！

貝：這要歸功於我小時候的同學李德斯基（Mikhail Lidsky, 1968-）。他的音樂品味很特別。我們一般學生12歲的時候彈蕭邦，他彈晚期史克里亞賓。他14歲就彈了《音的遊戲》，16歲彈《夜風》，眞的很驚人。我對辛德密特和梅特納的最初印象，全都來自他。

焦：您的曲目很廣，也彈非常多改編曲。

貝：改編曲是一門獨特藝術，可說自成一個領域，有其自己的美學和邏輯。我知道有人對改編曲嗤之以鼻，而我完全不同意這樣的輕視。看看有多少偉大作曲家與演奏家投注心力於改編曲，就可知道這領域的迷人。對鋼琴家而言，我們也需要改編曲，其中有精妙的機智與巧思，是創作者結合技術與藝術的遊戲，而遊戲總是很有趣。甚至如果推及至概念，那麼用鋼琴演奏巴赫、史卡拉第的鍵盤作品，也完全可稱爲是「改編」。鋼琴家若不演奏這些，也未免太短視了。

焦：可能有人認爲演奏改編曲就是提供娛樂，像是馬戲團表演。

貝：只要演出精彩，馬戲團也沒有什麼錯呀！當然我知道你的意思，不過改編曲可以是對技巧的訓練，也是對頭腦的訓練，更是對品味的訓練。如何把改編曲玩在手上而不是被改編曲玩，如何舉重若輕展現演奏者的魅力，這可是眞功夫。老實說，我很享受演奏這些曲目的快感，包括高度技巧性的作品。比方說李斯特〈鬼火練習曲〉，自學生時代這就是我的強項，每次彈都能令聽衆驚嘆，我很珍惜自己還能彈它的時光。我後來學完整套《超技練習曲》和練許多郭多夫斯基改編曲，也是想要趁自己還彈得動它們的時候，有機會就彈。我也計劃彈李蓋提練習曲，像〈魔鬼的階梯〉、〈眩暈〉、〈號角〉等等，實在太吸引我了。

焦：您怎麼看《超技練習曲》？

貝：以我二十多年的演奏心得，我覺得這眞是一組完整的作品，最好也整套演奏。它以C大調〈前奏曲〉（Preludio）開場，音樂內容像是練習曲，以練習曲做爲《超技》的開始，這眞是太美了。中間經過種種轉折，有戰爭、有愛情、有衝突、有省思，最後以降B小調〈耙雪〉（Chasse-neige）結尾——降B小調傳統上是死去的象徵。不是「死亡」，而是「死亡的過程」，安靜地在蒼茫雪地中收尾。李斯特用這個方式把人生講一遍，絢爛而深刻。

焦：這組作品有哪首技巧特別艱難嗎？

貝：對我而言沒有。但如果演奏整組，彈到第八首〈狩獵〉中的跳躍段落，我還沒有一次完全對過，因爲彈到那邊我總是非常興奮，無法保持冷靜。不過我不在乎——總不能爲了要彈對，就彈得很冷靜吧！

焦：您在學習過程中，誰對您影響最深呢？

貝：就我成長階段，當然有許多人讓我留下深刻印象，比方說霍洛維茲、顧爾德、許納伯、索封尼斯基等等。但現在回頭看，還眞沒有哪一位對我有決定性影響。我不喜歡「唯一」。所謂「大川不辭細流」，就是要多所吸收涉獵，才可能有大發展。我對曲目選擇也是一樣，不喜歡被定型，主流與非主流曲目都彈，從巴洛克彈到當代音樂。或許某天我也能夠成爲一條大河吧！

焦：我想您已經是了。提到俄國鋼琴學派，您必然是當今代表人物之一，最後可否談談對您這傳統的想法？

貝：就現在情況而言，我認爲學派已經消失。在比賽中我聽不出德國、法國、俄國派別的不同，只能聽出天分的高低。如果回顧過往，學派倒是存在。俄國學派有豐厚的傳統，雖然時間不算長，但發展良好。一開始俄國向西方取經，魯賓斯坦兄弟從西方請來諸多名家教學，他們也是西化派的代表。但即使如此，俄國本土美學也在同一時期融入音樂，加上來自東方，諸如中東世界、南高加索等地，還有奧德薩的猶太人影響，俄國學派很快在創作與詮釋上發展出自己的特色。這個學派尊重傳統也珍惜獨特性，包括與衆不同的聲音，例如尤金娜這樣的怪才，所以非常豐富廣博。我想強調，正是因爲它豐富廣博，所以很難將其歸類或定於某一觀點。許多人將紐豪斯視爲俄國鋼琴教育的「代表」，我覺得很危險。他當然傑出，但俄國學派不是只有他的觀點，他也不是唯一重要的教育家。很多人把李希特當成俄國學派的代表，但我覺得他本質上其實非常德國。我佩服他的貝多芬，卻不怎麼信服他的俄國和法國曲目。李希特當然很偉大，但俄國學派還有很多偉大名家，希望大家能多認識他們。

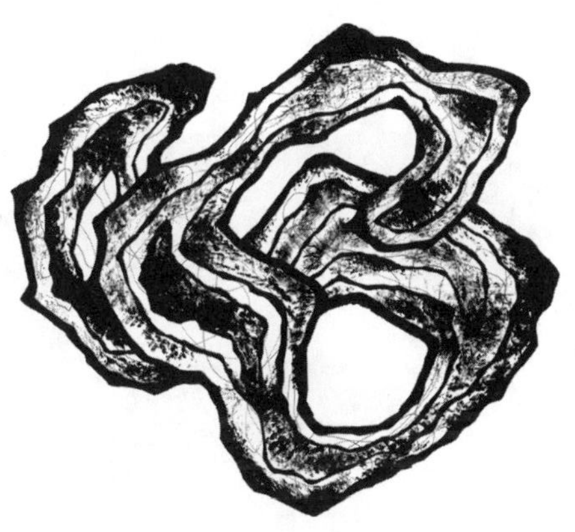

安德謝夫斯基 1969-

PIOTR ANDERSZEWSKI

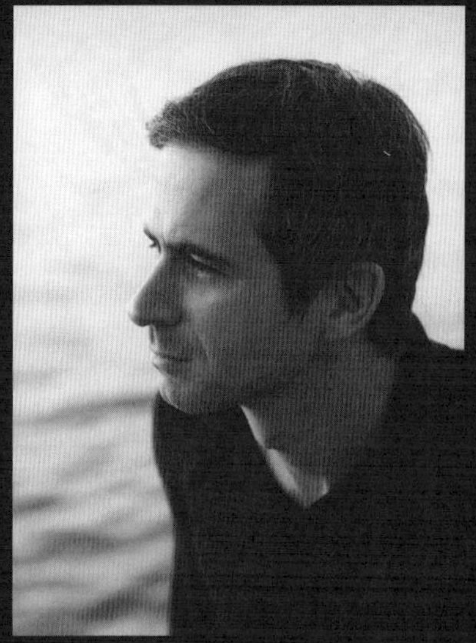

Photo credit: MG de Saint Venant and Virgin Classics

1969年4月4日生於華沙，安德謝夫斯基自幼學習鋼琴，並曾於波蘭、里昂、史特拉斯堡以及美國南加州大學受教。1990年里茲大賽準決賽上，他因不滿意自己的演奏而中途離場，造成轟動，從此開展國際演奏事業。安德謝夫斯基的音樂思考深入詳盡，演奏獨具特色，對巴赫、莫札特、貝多芬、舒曼等作曲家頗有精彩洞見，《迪亞貝里變奏曲》尤爲一絕，在波蘭、匈牙利等東歐曲目也有性格鮮明的聲音，曾獲多項唱片大獎與音樂榮譽，包括2002年吉利莫獎（Gilmore Award），是當代最受矚目的鋼琴家之一。

關鍵字 —— 波琪、韋柏辛克、1990年里茲大賽、《迪亞貝里變奏曲》、巴赫、歷史資訊演奏、舒曼（性格、《幻想曲》、版本）、音樂的建築、莫札特鋼琴協奏曲（第二十四、第二十五、第二十七號）、傳統、蕭邦、齊瑪諾夫斯基（風格、《排檔間飾》）、華沙、楊納捷克

焦元溥（以下簡稱「焦」）：非常感謝您接受訪問。據我所知，您來自背景相當多元的家庭。

安德謝夫斯基（以下簡稱「安」）：家父來自華沙相當傳統的家庭，家母來自布達佩斯。我外婆那邊是猶太知識分子，而且是非常左派，支持共產黨的左派。我在華沙出生長大，夏天則到布達佩斯的外婆家，波蘭文和匈牙利文都是我的母語。7歲時家父到法國工作，於是我們舉家搬到里昂，後來又到史特拉斯堡，因此法文也成了我的母語。之後又隨家人遷回華沙。

焦：您還記得自己爲何學音樂嗎？

安：不很清楚。我家人喜愛音樂，常播放古典音樂。當他們發現我也

喜歡聽，就讓我學鋼琴。我對鋼琴並不特別熱衷，也沒有反感，但我小時候最想做的，其實是指揮和作曲。到現在我偶而還是會寫些東西。

焦：從您之前的訪問，我知道您不滿意自己在波蘭與美國所受的音樂教育：在波蘭，才華不見得被尊重，反而盛行集體主義；在美國，老師很能討論，卻不注重基礎功夫。不過我還是好奇，在您的學生歲月中，是否仍有老師對您有所助益？

安：總結來說，有兩位老師的教導讓我非常受用。我11到14歲在史特拉斯堡跟波琪（Helene Boschi, 1917-1990）女士學習。有趣的是直到今日，我都常遇到很多認識她或跟她學過的人。她是柯爾托的學生，是很有個性的藝術家，也能清楚示範，不是只講解然後要你回家練，教學很有效率。比方說，她教我如何只用一根手指彈出圓滑奏。看她示範，我就了解了。她開啓了我對舒曼的愛，也有很趣味的一面：當她心情非常不好，總叫我改行；她也說我很懶惰，只想練快速、炫技的段落，慢的就不想練——我想她是對的，哈哈。無論如何，我非常喜歡她。另一位影響我的是在德勒斯登教學的韋柏辛克（Amadeus Webersinke, 1920-2005）。他錄了非常好的巴赫，也是管風琴家。我19歲第一次彈《迪亞貝里變奏曲》，就是彈給他聽。那時某變奏我彈得很興奮，他卻說：「這裡貝多芬寫了強奏，你爲何不彈？」咦，怎會這樣？難道我彈得還不夠大聲嗎？於是我更用力地再彈一次。「不，請你彈強奏。」「但我已經彈得很強啦！」「不，你現在的狀況是『你是強奏』，但我不是要這個，我是要『你彈強奏』。」這眞的很有意思！他要我仔細聆聽我製造出來的聲音；不是一頭熱，而是有距離地聽。這是非常健康的態度。他的演奏溫和而美麗，我也從中領會很多。在此之後，我參加過許多大師班，也不時得到幫助。

焦：在1990年里茲大賽準決賽上，您彈魏本《鋼琴變奏曲》的時候不滿意自己的演奏，當場離開舞台，視同棄賽——這個故事您被問了很多次，我想我不需要再問了。然而我想問的，是在說了那麼多次，也過了快三十年之後，至今仍然有人會問您當年究竟發生何事，這個故事顯然要跟著您一輩子。對此，您有什麼感想？

安：我有想過，是否應該自己寫下來，給個正式版，大家就不會再問了。但喜歡故事是人之常情。雖然我已經回答得很累了，但我不會覺得被打擾或冒犯。

焦：然而從後續效應看來，由於您在比賽的精彩演奏，賽後您得到的矚目甚至壓過得獎者。也因如此，比賽其實沒有結束，大家會不斷把您和得獎者們比較。

安：這就確實讓我感到難爲，也完全在我預料之外，我感到相當困惑。我因此得到了些音樂會邀約，但我不知道該如何面對。這持續了兩三年，很辛苦，我甚至動念想要放棄演奏。然而，人終究會慢慢成長，我也有朋友陪我度過難關。最重要的是，我仍然愛音樂。這是讓我撐持下去、最初也是最終的力量。

焦：您如何建立音樂觀與藝術觀？從何時開始，您覺得自己已經離開學生身分，而有身爲藝術家的自覺？

安：我沒有這樣的「決定時刻」。至於如何建立觀點，這是混合很多事件的過程。若要說有什麼決定性的事件，大概就是我愛上某些作曲家和作品。爲何會是這些？我不知道。我只知道像是他們在召喚我，而我無法抵抗，只能狂熱地把所有能量都投注於此，以求和他們合而爲一。這眞的像是戀愛！我對自己的定義，就是由一次又一次和作曲家與作品戀愛而得到。人生就是這樣，我也因此成熟。

焦：所以《迪亞貝里變奏曲》也是這時期的「戀愛對象」？

安：是的。但我必須坦白，它其實是替代品。我眞正愛上的是《莊嚴彌撒》。那時我16、17歲，整天夢想要指揮《莊嚴彌撒》，但這根本不可能。然後我發現了《迪亞貝里變奏曲》，它是最接近《莊嚴彌撒》的創作，那我就來彈，非常狂熱地快速學完了。

焦：您的首張錄音收錄了貝多芬《第三十一號鋼琴奏鳴曲》，這也是您卡內基音樂會實況錄音的曲目。它有些段落也能讓人想到《莊嚴彌撒》，這是否也成爲您喜愛它的原因？

安：老實說，我雖然喜愛它，但它不是特別接近我的心。當初選擇這首作爲首張錄音曲目，眞切原因我也忘了，可能是和別的作品能夠搭配吧！我非常喜歡設計節目，把不同作品編排出一個自成邏輯的順序。當初對這首感興趣，在於最後的賦格，尤其是賦格主題倒影那段，在一切氣力皆已耗盡，衰竭死滅中重獲新生，實在非常震撼。不過它結尾的感覺，我覺得是勝利，但也有可能是空虛——或許這就是它不特別接近我的原因。我最最熱愛的貝多芬晚期作品，是貝多芬寫完奏鳴曲之後的創作，《迪亞貝里變奏曲》和最後兩組《鋼琴小曲》。

焦：品味總是難以預料，也不能一概而論。我完全相信一位17歲的男孩，最愛的作品是《莊嚴彌撒》，之後更完全沉浸於《迪亞貝里變奏曲》。然而我也好奇，如果這麼年輕就喜愛這麼深刻浩瀚、偉大作曲家的巔峰之作，那您之後還能喜歡什麼？

安：這眞的是詛咒啊！有時我會想，如果我青少年的時候和多數人一樣，最愛浪漫派作品，那之後的樂曲選擇會簡單多了。《迪亞貝里變奏曲》那麼豐富，一切都包含在裡面了，還有什麼比它有趣？至少在貝多芬作品裡，我還能彈什麼？不過對於莫札特，我總是非常喜愛。我大概4歲就愛上他了，直到現在。

焦：所以最後是什麼讓您從《迪亞貝里變奏曲》和貝多芬的狂熱中抽離出來？

安：是巴赫。我學生時代有好一段時間沒彈巴赫。不是我不喜愛，而是我不知道如何用鋼琴彈。我對歷史資訊演奏相當有興趣，還學過一年大鍵琴。大鍵琴的發聲方式比較直接，按下鍵就撥出聲音，和鋼琴從按鍵到擊弦得經過重重機關很不一樣。這給我很大的距離感，也讓我感到沮喪，我甚至考慮過放棄鋼琴、改學大鍵琴。雖然最後沒放棄，但如此經驗影響了我的巴赫演奏。

焦：可否舉例說明？

安：關鍵在於充分了解大鍵琴與古鋼琴的性能，以此平衡鋼琴潛能的發揮。以鋼琴把巴赫鍵盤作品演奏得充滿音量變化，並不妥當；然而，沒有音量變化一樣不妥，因爲他的音樂還是需要這些變化，尤其是巴赫作品常超過單一樂器的表現性能。所以結論仍是要審視樂曲，掌握巴赫時代的宣誦法與音樂修辭術，找到最適切的表現方式。

焦：您現在還持續研究歷史資訊演奏嗎？

安：當然，我聽很多錄音，也持續閱讀相關資料。但歷史資訊，本身不該是演奏的目的，不能爲了復古而復古。

焦：就音樂而言，爲何巴赫能給您帶來解脫？

安：貝多芬是個宇宙，但是個相當封閉的宇宙。他讓你感覺你能達到你的最好，達到你想要得到的。雖然這必須付出很高的代價，但畢竟可以得到。巴赫不是這樣。你知道他給的在某處，然而你就是無法得到，他的境界遠比你能想的還要寬廣。知道永遠達不到，就不會有「一定要達到」的壓力，自然也就解脫了。

焦：不像《郭德堡變奏曲》有相當明確的段落結構，對於《迪亞貝里變奏曲》，至今大家對其結構仍無定論，段落的劃分方法也莫衷一是。您怎麼看它的結構？

安：我沒有往這個方面想；我認爲此曲是一個過程，從開頭俗氣、在地上的圓舞曲，到最後像是飄浮在半空中的小步舞曲。第一變奏非常重，第二變奏輕了些，之後不斷重重輕輕、輕輕重重，最後藉由雙重賦格，高潮與反高潮的設計，在第三十三變奏以無以名之也無可描述的魔法，成功對抗地心引力，離開所有事物而懸浮空中。它的標題就已經說了：貝多芬沒有用一般意義的變奏（variationen），而是以「幻化、變形」（veränderungen）來稱呼它。對我而言，好的《迪亞貝里變奏曲》詮釋，應該讓人感受到掙扎，又在最後得到昇華，整體是一個過程。至於如何得到這樣的結果，每個人都有自己的方法。我一向努力忠實樂譜，現在比以前甚至更忠實。但我年輕時比較極端與嚴格，可說有點教條化，現在就懂得看更大的格局，爲細節作更全面的解釋。

焦：您覺得《迪亞貝里變奏曲》有古怪的一面嗎？

安：它有嘲弄和諷刺，但對我而言並不古怪，即使我喜歡古怪的音樂。我從它感受到的是活力。當然像第二十二變奏，以莫札特《唐喬望尼》做諧擬，對貝多芬來說這很不尋常，但它不是古怪。

焦：您熱愛《迪亞貝里變奏曲》，但也非常喜歡貝多芬《第一號鋼琴協奏曲》這樣的早期創作。

安：這就是非常接近我心的貝多芬作品，和《克羅采奏鳴曲》與一些晚期弦樂四重奏一樣。它有毫不複雜的喜悅，令人難以置信的健康明朗。每次演奏它，我都不禁想起，就是如此年輕、樂觀、充滿活力的能量，最後撐持貝多芬度過日後那麼多的挫折、苦難和打擊。舒曼就是完全不同的對比，從他創作之初，我們就可以感覺到他的病癥，雖然他並非瘋狂的人。

焦：說到舒曼，恭喜您錄製了非常精彩而有個人觀點的《幻想曲》。您的演奏不只感人，更展現恢弘長大的樂句，但大句子中也有精細的小句子，兩者同時呈現。這實在不容易，可否談談如何達到這樣的成果？

安：我只有一個方法，就是經過無數折磨、練習、思考，把腦中的想法逼出來。這真的很難。當我決定要學一首樂曲，必須先要有想法。但我不只是要實現我心裡的想法，也要讓大家能信服這個想法，不能只是自我陶醉。要達到這點，我也只有一個方法，就是逼使每個細節都確實執行，讓想法貫徹到所有最小的細節。我必須說，第三樂章實在折磨人，我花了不知多少時間。但微妙的往往正是對小細節錙銖必較，才會更知道作品的大想法或如何呈現整體。

焦：您的演奏達到客觀與主觀的良好平衡，但您如何知道您在演奏中想要什麼？

安：這只能花時間。有些段落實在很難，我練了很久，但沒有一個方式能令我滿意。然而，在形成詮釋的過程中，我雖然不知道我想要什麼，但我知道我不想要什麼。透過不斷的去除，經過六個月甚至更久之後，或許，在剩下的方式中，忽然會顯現出道理來。但這也無法保證。對於那些總是非常堅信自己要什麼的人，我其實很懷疑——你怎能確定你要的就是這個呢？這不就關上了其他可能？當然這個尋找過程很疲累、充滿挫折，但不嘗試，永遠不會得到答案。

焦：從您第一張錄音到最近的專輯與現場演出，我發現您都能在很長的慢速段落中維持相當穩定的速度，以幾乎沒有彈性速度又高密度的方式演奏。又能透過如此處理累積張力，最後在速度改變時釋放能量。如此手法並不常見，我很好奇您如何得到這樣的速度概念？

安：這關乎演奏的紀律，更關乎音樂的建築。我一直對建築很感興趣，各式各樣的建築。音樂作品有開頭與結束，而這兩端都是寂靜，就像建築被空間圍繞。要看到建築，必須看到空間。同理，音樂從無聲中開始，結束之後也是無聲。如何在演奏第一個音之前就聽到寂靜，以及在演奏最後一個音之後仍然聽到寂靜，對我非常重要。當你眞的聽到這些寂靜，整個作品的呈現就會有不同的概念或感覺。我不覺得我精心設計了這樣穩定的速度；如此速度是從我對音樂作品的建築設計中自然產生。如果要使用彈性速度，也該以整體音樂建築來思考——這是從眞實的感受與需要中產生？還是因爲某種淺薄的習慣產生？如果是後者，我可以說我一向避免這樣的習慣。

焦：這也可對應到您另一個明顯的演奏特色，就是知道何時歌唱以及何時不唱。有些演奏學派覺得音樂就是要唱，但不唱也有不唱的道理。

安：同理，我並沒有往「歌唱與否」這個方向思考。對我而言，最重要的是作品的建築要合理。歌唱？爲了什麼歌唱？這必須要有脈絡。我想再次強調，演奏者最終是爲聽衆演奏。演奏者在某段想要做彈性速度或歌唱，和讓聽衆感受到這段有彈性速度或歌唱，這是兩件事。演奏者要能淸楚理解，爲何自己有這樣的感覺，然後思考如何讓這感覺普世化，讓各地聽衆都有這種感覺，而不只是自己一人在唱獨角戲。所謂職業與業餘音樂家的分別，大概就是在此。

焦：舒曼《幻想曲》第二樂章那樣瘋狂又炫技的結尾，您認爲它的意義是什麼？

安：我只能說自己非常主觀的想法。這段節奏近乎單調、無變化地重複，又不斷增強至無法支撐，最後崩垮。這好像是隱喻：事情開始的時候很美好，機制有好的理想與規劃，但不知怎麼有環節出錯，失之毫釐差以千里。舒曼常寫這樣的概念，可能對此感觸很深吧。

焦：舒曼作品狀況好的時候無懈可擊，但有時也會出現不平衡或缺乏靈感的段落。遇到如此狀況，您會如何處理？

安：以我個人的經驗，如果你非常喜愛某作品的某段落，甚至只是某個句子，那麼你對它的愛，會擴展到旁邊的音樂：作品如何導引到這段？之後又如何承繼？你會以你喜愛的段落爲中心，合理化周遭、甚至全體。這不是讓缺陷更明顯，也不是試圖美化，而是自然而然的過程。

焦：您錄製了非常精彩的《晨歌》與《幽靈變奏曲》，可否由它們談談舒曼最晚期的創作？

安：這眞是非常感人的音樂。舒曼在此寫出新的音樂語言。一開始不容易理解，有時在一些和聲裡打轉，甚至在一個和弦裡出不來，尤其是《幽靈變奏曲》，讓人覺得是在理智的邊緣。然而，這也讓我反思，理智從何開始？我不認爲這是瘋狂的作品，但要演奏好，實在不容易。

焦：舒曼許多作品都有不同版本，從段落不同、樂章不同到整體結構不同，各種情況都有。您在選擇上是否有一定的準則？

安：有人堅持選原始構想，有人以最後版本爲定論，而我覺得這必須視個案而定，無法一概而論。比方說舒曼《第四號交響曲》，現在很多指揮選擇原始版本，認爲後來的版本是克拉拉干預後的結果，不能代表舒曼的本意。嗯，舒曼並不是白痴，他會有自己的意見，不是克拉拉要他做什麼他就照辦。我們不該小看偉大創作心靈的機動變化。至於不同版本，如果演奏家眞心認爲該混合演奏，我認爲這也沒有不妥。

焦：舒曼作品有時給我一種「跟自己過不去」的感覺。不知您是否也覺得，他年紀愈大，好像就愈和自己對抗？

安：或許。至少他的寫作常往不自然的方向走，先把你往某個方向推，又忽然把你甩到相反的方向，音樂像是在對角線兩端來回跑。這也造成相當的技巧困難，彈起來很拐手。但這可能也是天性使然，他本來就是不斷奮鬥、與外界對抗的人。他和克拉拉的婚姻，就是不斷衝撞對抗之後的成果。當他達到這個願望，又和克拉拉生育許多孩子之後，雖然仍寫了很多偉大創作，但感覺有點變了，創作反而有下降的跡象。當然，有些作品可能不在他本來計畫之內，是應克拉拉建議或要求才寫，像是交響曲與室內樂，但我很高興也很感謝能有這些作品。舒曼的寫作確實不見得總是成功，但或許也因爲如此，他的音樂才會這麼感人，充滿了衝突和挫折。無論是否有靈感，極致的美麗、敏感與易受傷的特質，在音樂裡總是跟隨著他。他也有純粹的意圖，直到人生結尾。其音樂的深刻，更常有令人難以置信的手筆，包括有路德新教的內蘊。

焦：現在請您談談莫札特，您始終熱愛的作曲家。我很高興您持續錄製他的鋼琴協奏曲。您最早錄了第二十一和第二十四號，最近則錄製了第二十五和第二十七號，我格外好奇您怎麼看莫札特在第二十四和第二十五號這兩曲中所呈現的極大反差？

安：我非常喜愛第二十四號。我認爲這是莫札特最傑出，或說最獨特的鋼琴協奏曲。我對第二十五號有些地方感到困惑，這當然還是很精彩的作品，但有點失去什麼。

焦：像是第一樂章充滿琶音與和弦的發展部？我總覺得如果莫札特能用更多對位手法寫這一段，或許會有更好的成果……

安：我的確沒有非常喜歡這段，覺得怪。第一樂章的樂團序奏相當豐富，筆法很精彩，但鋼琴進來後反而少了些原創性，一些段落也似乎是純粹形式化的東西。我很愛第三樂章，但它寫得有些反覆，也稍長了些。莫札特之前的鋼琴協奏曲，從開始到結尾，一路走來可以看到寫作的「超技」(virtuosity)——那眞是這個字最高級的展現，眞的是「玩」音樂。你見不到他和素材搏鬥，只能見到素材像是中了魔法，光采動人地飛舞嬉戲。然而不只第二十五號沒有這麼能「玩」，接下來的第二十六號又更是如此。只是到了第二十七號，莫札特又展現出另一個面向，實在了不起。

焦：第二十七號眞是精彩得沒話說，但您覺得這是怎樣的作品？它在第一、二樂章都會忽然進入小調和弦，第二樂章鋼琴和小提琴與長笛的對話也讓我感覺作曲家似乎格外需要陪伴與支持，是在大調外表下透著憂傷的創作。

安：或許因爲我們知道這是莫札特最後一首鋼琴協奏曲，不由自主地被影響，所以感到憂傷。不過我也的確覺得，這是有憂傷感受的作品，包括第三樂章。莫札特最偉大的兩項藝術，鋼琴協奏曲和歌劇，都有種「不確定性」。在其歌劇裡，角色不只意在言外，更常正話反說，充滿模稜兩可的曖昧空間，鋼琴協奏曲也一樣。此曲第三樂章主題，莫札特用了自己的歌曲《尋找春天》(*Sehnsucht nach dem Frühling, K. 596*)。這是如歌詞本意，表現快樂？還是用來強顏歡笑，反說自己的春天已經消逝，美好日子永不可及？他在這個樂章又引回第二樂章的旋律，可見確實有話要說，演奏者要好好體會其中隱藏的故事。

焦：包括莫札特《第二十四號鋼琴協奏曲》和《C小調幻想曲》在內，很多作品放回其創作的時代，都可謂革命性。在二十一世紀的今日，您演奏這些作品時，是否會格外思考如何呈現其革命性？

安：我只想呈現音樂。作品是否革命性，不在我的考量之中。演奏中最重要的是讓作品有生命，鮮活地展現作曲家在此的感情與思想。尊重文本很重要，但更關鍵的是文本背後的道理。譜上寫了一個強奏記號，照譜奏出強音，可謂一般意義的忠實。然而爲什麼會有這個強奏，之前該有怎樣的鋪陳？就像好的指揮必須預先提示樂團，好的演奏家也該在音樂裡做好提示，讓聽衆知道文本也淸楚脈絡。這或許才是眞正的忠實。

焦：那麼您怎麼看傳統呢？比方說，來自波蘭的您，怎麼看波蘭的蕭邦演奏傳統？

安：我不反對傳統。傳統可以帶來靈感，但不該是目標。有意義的不是複製傳統，而是你能以傳統做什麼，關鍵仍在你的敏感度與創造力。不過，許多人心中的傳統，實際上只是迷思。以波蘭來說，這是文化非常多元豐富的國家，也就意味不會有單一傳統。波蘭人又以意見多聞名，你大概聽過那句話：「兩個波蘭人，就有三種意見。」在我的成長年代，波蘭還在戰爭陰影中重建。老一輩的知識分子不是逃往別處，就是被希特勒和史達林消滅。剩下的在50與60年代仍有影響力，到了80與90年代也幾乎凋零。我學習時認識的波蘭蕭邦傳統，其實頗無趣，甚至教條化，我並不感興趣。

焦：您近期會演奏更多的蕭邦作品嗎？

安：我對蕭邦的感覺很複雜。我很喜愛蕭邦，但我不常演奏，至少目前愈來愈不想演奏。弔詭的是我對他音樂的認識，可能勝過我對其他作曲家。對我而言，蕭邦音樂中一切都發生得太快，而我也只能和它相處比較短的時間，無法長期生活。

焦：您怎麼看蕭邦音樂與波蘭文的關係？有論者指出，蕭邦四首《敍事曲》之所以皆以六拍（6/4或6/8）爲主要節拍，在於對波蘭文語韻的模仿。您能從某蕭邦演奏中，分辨出演奏者是否爲波蘭人或能說波蘭文嗎？

安：至少我不行。不過和作曲家說相同的語言，自然會幫助理解其作品。比方說匈牙利文的重音在字的第一個音節，就幫助我更認識巴爾托克的音樂。但無論他們的作品多麼和語言有關，偉大作曲家總是神奇地將其轉變成普世性的語言。就像蕭邦音樂中也有所謂的「波蘭自豪」（Polish Pride），而他把它寫成普世性的感受。

焦：您既然對建築著迷，我很好奇您怎麼看《幻想—波蘭舞曲》的結構？

安：蕭邦在此似乎一度迷失，罕見地能聽到他在掙扎，要爲樂曲找到形式，其中幾乎感覺到某種貝多芬式的過程。它非常溫柔，是蕭邦極爲內心的作品，但又不是很像蕭邦這個人，這很耐人尋味。

焦：關於波蘭作曲家，接下來請您談談齊瑪諾夫斯基。他曾說波蘭音樂要脫離德國、法國、俄國等音樂派別的影響，但他自己的寫作又非常德國化。這該如何解釋？

安：的確，即使他也受德布西等人的和聲影響，就寫法來看，他的音樂極有組織，是很德奧風格的寫作。他有很好的寫作技巧，從早期作品就是如此。演奏起來難度極高的《第二號交響曲》，也是非常德國化。我覺得他這句話的意思，是指波蘭要有自己的作曲家。畢竟整個十九世紀後半，國際樂壇上波蘭並沒有代表性的作曲家，至少不能和德、奧、法等國相比。

焦：齊瑪諾夫斯基留有其第四號交響曲《協奏交響曲》的現場錄音片斷，您能從中得到什麼詮釋上的訊息嗎？

安：我很喜愛這部作品，演奏過很多次，但我必須說齊瑪諾夫斯基並非出色的鋼琴家，那場演奏時的他身體也不好。這就是個聊備一格的歷史資料。

焦：您從何時開始喜歡他的鋼琴音樂？

安：老實說，我本來也不喜歡。他的樂譜很難讀，我是在開始練習之後，才愛上他的音樂，愈鑽研就愈佩服。《排檔間飾》（*Métopes, Op. 29*）以三個希臘神話中的女子展現赤裸裸的誘惑，如果能懂他寫了什麼，那可是我所知最情色——甚至色情——的音樂了。第二首〈卡麗普索〉（Calypso）堪稱形式上的奇蹟之作，宛如莫札特的鋼琴協奏曲，結尾各種主題不可思議地交織。如果你喜歡他的《第一號小提琴協奏曲》，也可從中聽到它與《排檔間飾》之間的聯繫。

焦：您拍了一部以華沙爲主題的影片《我的名字是華沙》（Je M' Appelle Varsovie）。如果要用文字，您會怎麼形容這個城市？它在哪方面影響了您？

安：以前的華沙已經消失了。二次大戰後，華沙成爲新的城市，人口組成幾乎完全改變。這眞是恐怖的浩劫。建築街道可以重建，但回不去的就回不去了。某方面而言，華沙是情感上相當暴力的城市，但也是革命性且幽默的城市。如果有機會，歡迎大家走在維斯瓦河右岸來看華沙，相信會有很特別的感受。我在華沙出生，在這個城市度過好幾年，情感上和它當然有聯繫，也應該被它影響，雖然我無法具體說是哪方面。

焦：除了音樂，哪些波蘭藝術對您影響較深？

安：波蘭有悠久的劇場傳統，後來延伸到電影。波蘭的詩人很有名，可惜我不太讀詩，小說創作倒是有一脈相承的幽默。我最喜愛貢布羅維奇（Witold Gombrowicz, 1904-1969）的作品，也喜歡維特切維契（Stanisław Ignacy Witkiewicz, 1885-1939），他也是傑出的畫家。我想你可以讀到他的小說《貪求無厭》（*Nienasycenie*）的英譯版，絕對是值得認識的作家。

焦：您近來常演奏楊納捷克，可否也談談對他的感想？

安：蕭邦和齊瑪諾夫斯基都有比較西歐的一面。這和波蘭的自我認同也有關；波蘭總是被西歐文明吸引，對西方發生的事也很注意。楊納捷克所傳達的，則可說是斯拉夫靈魂的本質，非常質樸草根的音樂。你真可想像他是斯拉夫農民，土直但溫柔，又極為慷慨。我說不上來為何他的音樂那麼吸引我，但他獨一無二，絕對不可能和其他作曲家相混的音樂語彙，總是令我著迷。

焦：在訪問最後，您有沒有什麼話特別想和讀者分享？

安：我接下來要說的，可能會讓大家覺得我很俗氣，但吃得好對我非常重要。我們要為靈魂餵養好的食糧，對身體也該如此。很抱歉我雖然有很多話想說，但許多在音樂裡我非常感興趣、也很重要的事，我實在無法用語言解釋；或許詩人可以，但我不行。我常常問自己問題。大家喜歡得到解答，尤其在現在這個時代，最好有快速、現成的答案。我也喜歡解答，但我覺得如何問出正確的問題，比解答更重要——問題如果對了，解答應該也不遠。在藝術中，解答可能會出現，但以你無法察覺的方式顯現，所以你必須讓自己保持開放。不預設立場，時常問問題，接下來的，就交給時間吧。

安斯涅 1970-

LEIF OVE ANDSNES

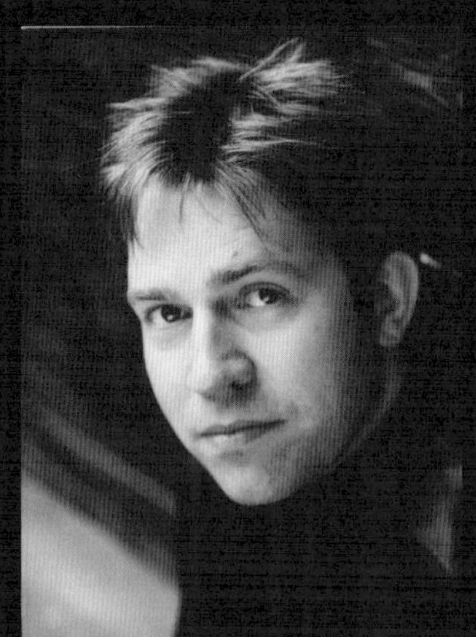

Photo credit: Simon Fowler

1970年4月7日出生於卡諾伊（Karmøy），安斯涅4歲開始學習鋼琴，15歲至貝爾根音樂院跟賀林卡（Jiri Hlinka）學習，17歲舉行首次音樂會。他自歐洲電視青年音樂家年度比賽（Eurovision Young Musician of the Year Competition）奪冠後即受維京唱片重視，19歲即發行錄音，享譽世界樂壇。他於1997年得到吉利莫獎，2004至2005年樂季則應卡內基音樂廳邀請舉辦「安斯涅觀點」系列音樂會，爲「觀點計畫」至那時爲止最年輕的主持者。除了是優秀的獨奏家，他對室內樂亦有專精，擔任挪威黎索室內樂音樂節（Risør Chamber Music Festival）藝術總監。

關鍵字 —— 賀林卡、俄國學派、技巧發展、小國、敘述風格、白遼士、葛利格（風格、作品、所用鋼琴）、西貝流士、黎索室內音樂節、舒伯特、傳統、北歐音樂發展

焦元溥（以下簡稱「焦」）：首先，請談談您學習音樂的經過。

安斯涅（以下簡稱「安」）：我擁有相當正常而愉快的童年，並不是在競爭與比賽中長大。我的父母親都是音樂老師，也都彈鋼琴，因此我在4歲左右開始學鋼琴。家母負責訓練一個教會合唱團，家父則指揮學校樂隊，我還在裡面吹過上低音號（Euphonium）。我跟父母學習3年後，他們讓我跟當地的音樂老師學。到我15歲左右，我的老師認爲我該追求更高深的演奏與音樂訓練。當時在挪威教學的捷克鋼琴家賀林卡相當著名。我彈給他聽，他認爲我該立即專注於音樂，因此我便從普通高中轉至貝爾根音樂院（Bergen Music Conservatory），開始密集的音樂訓練。

焦：這是您自己的決定嗎？爲何您就這樣決定要成爲音樂家？

安：雖然小時候不是很勤於練琴，也沒有特別專注於音樂，但我還是在6歲就演奏了莫札特的鋼琴奏鳴曲，展現出不錯的音樂天分，因此我父母都支持我學音樂。這也是我自己的決定，因爲我眞的很喜愛音樂。

焦：賀林卡是怎麼到挪威的？

安：他曾是相當傑出的演奏家，但35歲就因網球肘（tennis elbow）而退出舞台，之後被捷克政府安排到海外教學。那時捷克政府像是一個壟斷經紀人，幫國內音樂家安排出路。可以演奏，就安排演奏；像賀林卡這種情形，就安排教學。那時賀林卡每年夏天都得回到捷克，把在挪威所得的三成繳給國家。不過，他最後還是移民到挪威了——這在當時捷克政府眼中可是叛徒的行爲。

焦：看來共產國家在錢的問題上，還是頗有資本主義頭腦嘛！可否談談賀林卡的教學？我想他一定更仔細分析肌肉和技巧運作。

安：賀林卡的技巧深受俄國學派影響。當時蘇聯音樂家常至東歐演出，所以他年輕時不但有機會得以欣賞吉利爾斯和李希特等大師，還能演奏給他們聽，當面向其請益。他甚至還彈給紐豪斯聽過。賀林卡是非常仔細的老師，四頁樂譜可以上個三小時，詳盡講解音樂與演奏之道。他要我思考演奏時的肌肉運作，解析每個動作的施力方式，探索音樂由內心到琴鍵的表現。這當時給我非常大的啓發。我以前擁有很不錯的手指技巧，對身體的力道運用卻所知不多。賀林卡讓我注意肌肉放鬆、手腕運作、身體協調，以及運用全身力量演奏。他說我剛開始一定很不習慣，但久了便能運用自如，成爲自然而然的身體反應。他確實是對的。他也讓我知道，音樂可以是生死之事，我必須全心投入。在當時，如此強烈的主張的確刺激了我。現在，我已不是那個害羞靦腆的小男孩了。

焦：不過您還是發展出屬於自己的技巧，和俄國學派已經不同了。

安：我以前往往誇張他的指示。後來掌握到他的教學精髓後，便能根據我的身體來思索屬於我的技巧。現在我的思考又回到手指本身，探索不同觸鍵和音色之間的關聯。

焦：您也曾經歷過一個小演奏危機。這是否也影響您對技巧的思考？

安：是的。在我22歲左右，我出現肩膀痠疼的狀況。我當機立斷，立刻停止演奏並重新思考自己的技巧與心態，學習像是亞歷山大技巧等新觀念來調整身心。

焦：爲什麼會出現這種狀況？

安：爲了表現音樂，我演奏時常投注大量身體動作。對一個年輕人而言，面對情感強烈的音樂，又有許多演出，我的身體不自覺地承受了音樂的張力，背與脖子也跟著痠痛。後來我日夜思索，終於了解到音樂與表演中實際發生的狀況——音樂可以澎湃洶湧，但身體還是要全然放鬆。張力必須存在，但該放在音樂裡，而不是自己的脖子上！

焦：我很高興您能度過難關。您現在的音色也更輕盈更豐富。

安：謝謝你的讚美。我們都必須自生活中學習。雖然這是個教訓，但我得到珍貴的經驗。我現在也更能享受生活，不像以前那樣緊張。

焦：回顧您的事業，我發現並非建立於比賽之上。

安：可以這麼說，但歐洲電視青年音樂家年度比賽還是相當重要，因爲這給我了機會演出並被電視轉播。出身在挪威這樣的小國家，其實也很有利。我17歲舉行第一場演奏會，演出成功後得到政府補助。由於國家小，得到注意並不難，慢慢地我得到許多好評，交響樂團和指揮也注意到我。楊頌斯邀請我和奧斯陸愛樂到愛丁堡音樂節，後來更一起巡迴演奏。我和賈維與哥騰堡交響樂團也合作愉快，他便邀我至克里夫蘭演出，後來更帶我與柏林愛樂合作。維京（Virgin）唱片在我19歲的時候就和我簽約並發行錄音，這都大大幫助了我的演奏事業。

焦：您也指揮。這是得自和這些偉大指揮家的合作心得，還是您曾經學過指揮技法？

安：我是上過一些課，但不能說眞正學過。我還眞希望當初在學校時能好好學指揮。我的指揮技巧基本上得自觀察這些指揮名家以及向他們請教。不過，我很清楚自己的定位。我不指揮交響曲，只在和室內樂團合奏海頓和莫札特鋼琴協奏曲時兼職指揮，本質上仍是室內樂合奏性質。

焦：葛利格《鋼琴協奏曲》曾是您的戰馬，後來您卻將其冷凍十年，致力發展多元化的曲目。您在演奏生涯之初，爲何就有勇氣探索許多「冷門」作品？

安：賀林卡常跟我說，不要只彈大家都彈的曲子。這也是我給自己的要求，我要同時能演奏大衆曲目和自己喜愛的非流行曲目。我和維京的首張錄音是葛利格，但接下來就是蕭邦與楊納捷克。當賀林卡第一次彈楊納捷克給我聽的時候，我就立刻愛上他的音樂，至今如此。我相當注重自己曲目的「平衡」，拉赫曼尼諾夫和盧托斯拉夫斯基的鋼琴協奏曲對我都一樣重要，貝多芬第四號和布瑞頓《鋼琴協奏曲》都不可偏廢。

焦：可是您不怕學了以後沒有機會演出嗎？

安：音樂家不能都以演奏爲考量，而要以自己的音樂發展來思考。多學習是爲了拓展眼界，讓自己能廣博了解並思考音樂。不過就現實面而言，我21歲就幸運地和大經紀公司合作，即使我排出布瑞頓《鋼琴協奏曲》，也能有多次演出機會。

焦：綜觀您的錄音作品與演奏曲目，從海頓、舒伯特、葛利格、楊納捷克、穆索斯基，我發現您似乎特別喜歡具有「敍述風格」（narrative style），音樂有說話語感的作品。

安：我想你的觀察是對的，我的確對具敍述風格的作品格外感興趣。不過在這些敍述句法背後，眞正吸引我的是這些作曲家的「敍事風格」。他們的作品像是對另一人傾訴故事。舒曼的作品就有很明顯的敍事性格，情感雖然強烈，但仍是非常內心的表現。這種風格非常吸引我，也讓我能夠盡情和聽衆交流。

焦：不過您在年輕時就立定志向要鑽研德奧經典，這一點並不常見，特別現在年輕鋼琴家總是沉溺在蕭邦、李斯特和拉赫曼尼諾夫的世界裡。

安：當然，就青年鋼琴家而言，演奏德奧經典總是不容易，我自己那時也最喜愛蕭邦。然而，我深知德奧經典的價値和重要，要求自己能夠同時演奏德奧經典與中歐浪漫派。我還是專注在音樂詮釋與自己的音樂發展，盡可能廣泛學習。

焦：您在1997年得到吉利莫獎——在不告知候選人的情況下，評審團跟蹤候選人一年並觀察其藝術發展，最後給予總獎金高達三十萬美金的獎助。

安：我眞是非常意外！這就像中樂透一樣。當他們通知我獲獎時，我告訴他們我等會兒再回電——等我先洗個冷水澡冷靜下來再說！對我而言這眞是極大的鼓勵。

焦：看到您現在的發展，我想吉利莫獎的評審一定與有榮焉。您在2004／2005年樂季應卡內基音樂廳邀請舉辦「安斯涅觀點」系列音樂會，不僅成爲該計畫當時最年輕的主持者，曲目也的確展現出完美的「平衡」，可謂雅俗共賞、博古通今，聽眾反應也很熱烈。能排出這樣的曲目，我很好奇——您有不喜歡的作曲家嗎？

安：很難說有哪些作曲家我不喜歡。不過有些偉大作曲家的作品的確和我有些距離，像是梅湘。有些作曲家則是我雖然很欣賞，或是很喜歡聽別人演奏，自己卻沒有強烈意願去彈，像是拉威爾和史克里亞賓。我演奏普羅柯菲夫的《第三號鋼琴協奏曲》，對他其他創作卻沒有強烈共鳴。我想「喜歡某作品」和「喜歡演奏某作品」，兩者還是不同的。你呢？你有不喜歡的作曲家嗎？

焦：我不敢說。我的朋友指揮家呂紹嘉，其夫人杜文惠是非常傑出的作曲家，她曾告訴我一個精彩的故事：她在維也納音樂院的畢業考，教授的口試問題是「誰是你最不喜歡的作曲家？告訴我們爲什麼你不喜歡？」我覺得這是很有智慧又刁鑽的問題，因爲一般人對喜歡的事物總是想辦法了解，對不喜歡的卻一知半解。這個問題正是點破如此盲點。我以前很不喜歡白遼士，可是聽了杜文惠的經驗之後，我反而特別努力地聆賞白遼士。雖然我還是不喜歡他的一些作品，但我必須承認他有偉大的創意與想法，也就不再討厭了。

安：這個故事眞是太好了。一般人正是如此，不去思考不喜歡的原因，也不給自己機會去探索自己不喜歡的事，結果往往導致先入爲主或以偏概全。很多人對當代音樂的態度就是如此。連聽都沒聽，就已預設立場，也不願意去了解，實在非常可惜。聽眾可以不喜歡布列茲，但不去了解他的音樂理論與構想就一味拒絕，對作曲家實在不公平。我和你有點像，對白遼士本來也不是很有好感，但我其實並不了解他的作品。後來我聽他的戲劇交響曲《羅密歐與茱麗葉》現場演出，竟然全然改觀——那是多麼精彩的幻想天地，完全不同於貝多芬等人的音樂世界！我一直支持當代音樂，也努力推廣當代音樂，希望聽衆能多接觸，藉由接觸而了解我們這個時代的音樂語言。

焦：回到您的「主流曲目」。對於葛利格這位偉大的挪威同胞，您一定特別鍾愛。

安：葛利格的音樂本來就讓人喜歡，我不知道這和我是挪威人有無關係。然而身爲挪威人，從小在他的音樂中長大，他眞的總給我一種「家」的感覺。

焦：葛利格時常展現出一種矛盾。他是寫小曲的大師，卻總是試圖掌握大結構。然而，除了《鋼琴協奏曲》，他的大結構作品，像是《鋼琴奏鳴曲》、《敍事曲》和三首小提琴奏鳴曲等，其實都不算非常成功。您怎麼表現這樣的衝突？您會試圖掩蓋作品的缺點，還是赤裸裸地呈現作曲家的掙扎？

安：凡是掙扎之所在，也就是人性之所在。我覺得葛利格的掙扎反而是其迷人之處。他的《敍事曲》是常在我心的作品。此曲要求艱深的鋼琴技巧，結尾音樂高潮的處理更是非凡考驗。這是葛利格極精彩，也是非常個人化的作品。我的技巧和音樂愈成熟，就愈能貼切表現它的恢弘。另外，或許我們可以用更自由的觀點來看葛利格，從他的音樂語彙來思考他的音樂。以他的《第三號小提琴奏鳴曲》爲例。就傳統奏鳴曲式結構而言，這的確有些怪異，也能看出葛利格和曲式的掙扎。但若就其音樂線條的發展來看，它雖然不是完美的奏鳴曲式，卻是許多小段落與小故事的連結，寫法和拉赫曼尼諾夫有相通之處。如此故事連結、段落組合的性質，其實提供了獨特的美感，其和聲運用更是難以置信的優美，是葛利格的一家之言。當然，在小曲寫作上，葛利格確實是大師，眞能譜出極爲內心的音樂故事，訴說手法宛如蕭邦和舒伯特。他曾說他雖不能像巴赫或貝多芬一樣建立起雄偉的城堡或宮殿，卻可以爲人們打造溫暖而舒適的家。他的六十六首《抒情小品》就是箇中經典。

焦：您以葛利格故居1892年的史坦威鋼琴，錄製了二十二首《抒情小品》。就您的親身經歷，葛利格的寫作是否受到他使用樂器的影響？

安：這可以分成兩個部分來回答。就技術層面而言，葛利格的鋼琴的確為他一些踏瓣記號作出解釋。在《抒情小品》中，他常大量運用踏瓣，或寫下一些對今日鋼琴顯然不很恰當的指示。然而，在葛利格自己的鋼琴上，他的指示就顯得合理，我也發現葛利格相當懂得利用其鋼琴的獨特音色和其房間的音響效果——別忘了他本身就是相當傑出的鋼琴家。就寫作手法來說，我不敢妄下結論，但願意提供一點觀察：葛利格在他購置這架鋼琴後所寫的《抒情小品》，往往開始時在中音域提出主題，結尾處則讓該主題在高音部重現。在葛利格自己的鋼琴上，如此設計總是能有極為明確而美妙的音色變化效果。我不確定如此寫作手法和所用樂器有關，但傑出的效果則是事實。

焦：葛利格真的那麼「挪威」嗎？他的音樂是挪威音樂，還是他個人的心得？

安：都是。葛利格受到挪威民歌的影響，但也受到德國風格影響。他的音樂中確實有挪威的民歌，但也發展出屬於他自己的和聲體系與音樂語彙，晚期和聲甚至能看到華格納的身影。今日很多人把葛利格所寫的一切都當成挪威風格，其實並不正確。

焦：您對其他北歐諸國作曲家的評價如何？

安：我想西貝流士是最偉大的一位，只是他的創作主力在管弦樂。他的鋼琴音樂多是沙龍風格，但也有相當傑出的作品。我希望以後能錄製一張西貝流士鋼琴作品集。

焦：北歐人民對自然似乎特別親近。您前不久也才休息了半年，充分享受挪威的自然之美。可否談談自然如何影響您的生活與音樂？

安：我的確非常喜愛親近自然。我在挪威有棟山間小屋，常到那裡休憩，也到附近滑雪。對自然的感受也影響我對音樂的認識，西貝流士的音樂就是直達我心、完全沒有任何障礙，對其他人卻不見得如此。巴黎有一年辦了盛大的西貝流士樂展，邀請許多指揮大師和著名樂團演奏。演出陣容是鑽石組合，結果卻不是很成功，因為很多聽眾還是不能和西貝流士的音樂共鳴。我想不同的生活經驗與對自然的不同態度，可能是一個主要原因。當然，這只是一般的例子，很多非北歐的音樂家也能演奏出極為精湛的西貝流士。自然對我絕對重要，這也是我至今還住在北歐的原因。住在挪威最奢華的享受，就是能輕易地得到寧靜。這是倫敦或紐約這樣繁忙大都會所得不到的。我需要感受四時遞嬗，人與自然的和諧，更別說北歐獨一無二的日夜變化——那白晝與黑暗的轉換，總是給我極大震撼。

焦：您也真的能充分利用挪威季節變化。您在挪威擔任共同策劃人的黎索室內樂音樂節，至今已成為北歐每年夏天的音樂盛會。您在「安斯涅計畫」也安排大量室內樂，可否談談您對這門藝術的喜愛？

安：我覺得能和不同音樂家合作是極為快樂的事。我很喜歡朋友一起演奏音樂的感覺，大家互相討論，交換對演奏與生活的心得。職業演奏家的生活往往緊張忙碌，演奏室內樂不但能增進音樂知識與見解，也是讓自己得到平衡與放鬆的良機。在為期約一週的黎索音樂節裡，我們不放任何獨奏會，並要求所有音樂家必須待完整個音樂節，建立獨特的友誼、合作與親近感。我們的演出場地也不大，但聽眾總是熱情踴躍。有時真難想像能在一間小教堂中，擠到將近五百五十人呢！

焦：您如何和其他音樂家決定詮釋？特別是您們觀點不同的時候？

安：這對我不是問題。如果大家觀點都一樣，那也就不能彼此激盪與學習了。我還特別喜歡和具有強烈、明確觀點的音樂家合作，因爲這能帶給我很好的啓發。一開始我們必須互相討論，甚至爭論對音樂的詮釋。但時間一久，合作就成爲「有機式」的自然互動，可以即興變化，也是快樂之所在。

焦：您剛完成與EMI的四張舒伯特CD計畫，可否談談您對舒伯特的感想？

安：我以前雖然不常彈舒伯特，可是我知道那會是我的最愛之一。貝多芬的音樂總有明確方向，舒伯特的音樂總是在轉彎。每個轉折都是驚喜，接著又有更多轉折，總不給你確定的答案。他可以建立秩序，隨手又能轉入混亂。他的情感在悲喜之間飄移，旋律發展宛如夢遊囈語——這是舒伯特最迷人之處，也是詮釋舒伯特最大的挑戰。

焦：您即將完成拉赫曼尼諾夫四首鋼琴協奏曲的錄音，接下來還有什麼計畫？

安：我想我下一步要回到貝多芬的世界了。我很喜愛德布西，卻不常演奏，也該花時間在他的作品上。巴赫是德奧經典中我極爲喜愛，卻甚少演奏的作曲家，也該要求自己潛心鑽研。我希望能演奏更多舒曼、更多蕭邦、更多當代音樂……人生很短，美好音樂又何其多，非得好好把握時間才是！

焦：在挪威學習，您是否曾擔憂過自己不能直接接觸所謂的詮釋傳統與鋼琴學派？

安：倒沒有，因爲賀林卡本身就通曉中歐和俄國傳統，也把這些傳統融入他的教學。不過，就我現在的觀點，我覺得所謂的「傳統」，其重要性往往被誇大。追根究柢，所謂的詮釋傳統其實來自某些強烈的個人主張。可能以前某位大師以某個故事來解釋某曲，由於其觀點非常有說服力，再加上本身的影響力，久而久之，這樣的觀點就變成了「傳統」。但是這麼多年來，多少傑出的藝術家提出過各種不同的觀點，時代也不斷改變。很多傳統既顯得不合時宜，也阻礙了現今演奏者的獨立思考。我覺得眞正重要的還是回到音樂本身，就音樂自己的道理來思考，而不是一味遵循傳統。

焦：北歐諸國近半世紀來以音樂見長，不但有像您這樣傑出的器樂演奏家，更有許多非凡作曲家，指揮家更足以形成「北歐學派」！您怎麼看這樣的發展？

安：北歐諸國這些年來在音樂上的表現，政府的支持補助功不可沒。除此之外，我覺得北歐過去缺乏音樂傳統的事實，正造就了現今的蓬勃發展。在古典音樂高度發展的地方，像是維也納，貝多芬的任何一個音符都有解釋。演奏者還沒彈呢，就已經被這些傳統給壓扁了。反觀北歐，音樂家在此得以更自由地發揮，在新時代創造新的風格與自己的見解。同理，我覺得這也可以解釋古典音樂在亞洲的興盛。

焦：最後，請問您如何在這個複雜世界中保持簡單的生活？

安：有的時候生活也不得不複雜呀！不過，我總是告訴自己別忘本心。在這個充滿競爭的環境，總是有人提醒我關於演出、事業、錄音、名聲，但那不是我學音樂的初衷。我當音樂家，是因爲我喜愛音樂，僅此而已。音樂世界何其寬廣，我以一生全心投入也無法盡覽全貌。只要提醒自己學無止盡，只要將心神專注於音樂而非名利，生活自然會變得簡單，在簡單中得到快樂與平和。

陳毓襄 1970-

GWHYNETH CHEN

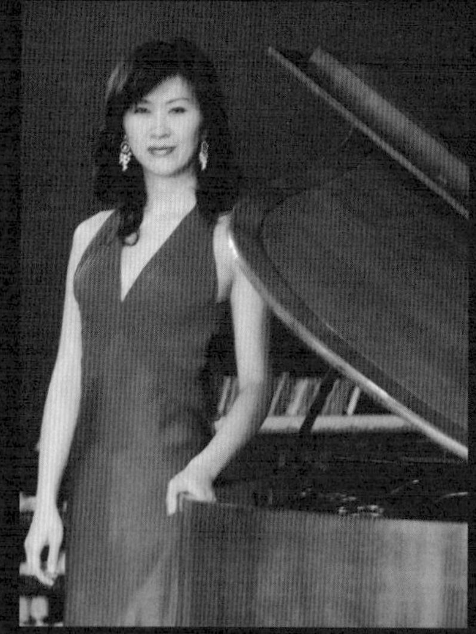

Photo credit: 台中古典音樂台

1970年7月29日出生於新竹，陳毓襄10歲移居洛杉磯，師事透納（Robert Turner, 1914-2001）和徹爾柯（Aube Tzerko, 1908-1995）等鋼琴名家，13歲即與洛杉磯愛樂合作，後至茱莉亞音樂院師事康寧，並跟殷承宗和堅尼斯學習。她曾破紀錄連掄全美五十州鋼琴比賽少年組及青年組冠軍，1993年更在全球矚目的首屆波哥雷里奇國際鋼琴大賽，以最年輕參賽者身分贏得首獎，自此聲譽鵲起並接受波哥雷里奇與其妻克澤拉絲的指導，融合多方學習而成獨到的鋼琴藝術。陳毓襄曾當選1995年美國百大頂尖成就之華人代表，茹素學佛多年的她也常投身慈善公益活動，是當今樂壇技巧最精湛出衆的鋼琴名家之一。

關鍵字 —— 列汶學派、許納伯、殷承宗、俄國鋼琴技巧、康寧、堅尼斯、波哥雷里奇鋼琴大賽、克澤拉絲、波哥雷里奇、蕭邦（作品、心境、日記和書信）、李斯特《超技練習曲》、能量／氣、鋼琴功夫、佛學修行、東方人如何學古典音樂

焦元溥（以下簡稱「焦」）：您10歲離開台灣到美國洛杉磯，可否談談這段期間的學習？

陳毓襄（以下簡稱「陳」）：我10歲前在台灣，主要是學演奏的基本概念和音樂知識，知道如何看譜，如何把手放在鍵盤上彈。然而若論眞正的鋼琴演奏技巧，我到美國跟透納學習時才算開始，而且是從頭來過。剛開始我非常不習慣，覺得極爲無趣且痛苦。我那時已經彈李斯特的練習曲了，透納卻要我從最慢的速度，用節拍器算，從最基本的手型開始練，如此練了6年。但如今看來，那6年完全是扎實奠定技巧基礎，是最有用也收穫最大的訓練。我很慶幸走過這一段，每種技巧都穩固練過，沒有跳過任何環節。我到最近才發現，許多學生完全沒練過震音。他們覺得震音不需要練，照著譜演奏就好，我覺得很可惜。所有的技巧，震音、音階、琶音、雙音、和弦、三度、六度、八

度等等，全都有練習的方法。很多人長大後技巧出問題，往往出於年輕時不知道練習方法。

焦：透納屬於哪一個學派？

陳：他是列汶的學生，非常崇拜這位偉大鋼琴家。無論是詮釋或技巧，他的教法都比照自己跟列汶所學，上課也總是說列汶的故事。當我看了列汶那本《鋼琴彈奏的基本原則》，才知道我跟透納學的完全是列汶學派，和書中理論毫無差別。

焦：但您也在這段時間彈了很多曲子。

陳：所以我得到很好的平衡。我12歲以一年時間彈完了蕭邦二十四首《練習曲》，巴赫四十八首《前奏與賦格》，13歲開始演奏普羅柯菲夫《第三號鋼琴協奏曲》和史特拉汶斯基《彼得洛希卡三樂章》，這些都對我很有幫助。我覺得鋼琴家和體操選手在訓練上有很多共同點：這些曲子最好得在小時候學會，之後不斷練習，和樂曲一起成長。現在它們對我而言，就像是吃飯和走路，我隨時都可以演奏。我跟透納學習的6年中，總共彈了十七首鋼琴協奏曲。這也成爲我的基本曲目。

焦：您小時候常表演嗎？

陳：應該說是上台演奏。那時我幾乎每週都參加比賽，週末都要上台。後來我才知道，透納安排這麼多比賽並不是要我去競爭，而是讓我習慣上台。所以我也可說是在舞台上長大的，完全不會怯場。

焦：您在進入茱莉亞音樂院前也和徹爾柯學過2年，他的教法和透納相同嗎？

陳：完全不同。徹爾柯是許納伯的助教，教法也是許納伯那一派。他非常注重句法，在譜上把所有樂句都畫出來。他也很在意音色。徹爾柯說他親眼見過許納伯反覆彈同一小節二百多次，只是爲了要找出各種不同的音色並決定最適合的聲音。如此訓練也讓我獲益良多。之後我就到茱莉亞了。在這之間，我開始跟殷承宗學。我還在跟徹爾柯學習時，就已經偶爾到紐約接受殷承宗指導，到茱莉亞後，就更能方便地跟他學習。

焦：殷承宗的教學有何長處？

陳：跟透納學，我學到了俄國鋼琴技巧的基礎；跟殷承宗學，我學到了俄國學派在音樂會上的「演奏技巧」。一位教如何正確地彈鋼琴，掌握鋼琴技巧；一位教如何表現音樂，尤其如何在舞台上表現。殷承宗很會教，有很多方法，是很好的老師。他的老師克拉芙琴柯有時到紐約，我也會跟她上課，後來我也到聖彼德堡跟她上課。我19歲參加柴可夫斯基鋼琴大賽（1990），可說完全是殷老師幫我準備的。

焦：在技巧上呢？您跟殷承宗和克拉芙琴柯學到什麼？

陳：他們教我伊貢諾夫學派的圓滑奏和歌唱性音色。這確實不容易，眞的是一種很特別的功夫。我那時每天早上7點就到茱莉亞練琴，學習每一塊肌肉如何運用，以及如何連貫肌肉運作。這種技巧完全是用手臂、肩膀、背部，甚至整個身體的肌肉在推移，手反而動得很少。我之前沒學過這種技巧，自然練得很辛苦。這中間又遇到我的個人危機——我那時要從學生轉變成年輕藝術家，追求獨立思考和建立自己的個性——新技巧的掌握和我的個人危機撞在一起，讓我過得非常艱辛。不過我終究走出來了，練了3、4年後，也終於能完美運用殷老師教我的新技巧。

焦：您那時在茱莉亞跟康寧學習，他的教法會不會和殷老師有衝突？

陳：其實不會。康寧是非常傳統，也非常有責任感的老師。我非常佩服他在古典樂派上的功力，特別是莫札特和貝多芬，眞的教得好。他也很全面，所知曲目非常廣，又能以冷靜、客觀的角度來看演奏，觀點正確而持中，在那時對我尤其重要，給我相當好的幫助。能同時跟康寧與殷承宗學習，無論是曲目或技巧，是表演方法還是理性分析，我都毫不遺漏。這一路走來，我可以說我最大的幸運，就是在正確的時候遇到正確的老師。

焦：您在紐約也跟傳奇名家堅尼斯學習，可否談談這位鋼琴大家？

陳：最初會找堅尼斯，完全是爲了學拉赫曼尼諾夫《第三號鋼琴協奏曲》。那時我聽他的錄音，驚訝不已，覺得好得不可思議，比霍洛維茲還精彩，也就希望能跟他學。然而，跟堅尼斯學習並不容易，因爲他完全是才華，驚人的才華。他的話很簡單，背後卻蘊藏極深刻的道理。如果天分不夠，根本無法理解。我跟他學了7年，之後仍常尋求他的建議。堅尼斯一次上課往往都是慷慨的3到4小時，而且多是講話，努力提升我對音樂的靈性感受和詮釋見解。身爲音樂家，我眞的非常尊敬堅尼斯。在那樣驚人的才華前，任誰都要敬重。

焦：然而此時（1994年）您也在波哥雷里奇鋼琴大賽奪冠（與特別獎），並且成爲波哥雷里奇夫婦的學生。

陳：現在來說，在藝術觀念上影響我最大的，無疑是堅尼斯和波哥雷里奇夫人克澤拉絲。若說堅尼斯是罕見才華的化身，克澤拉絲就是不世出的超級鬼才。她是技巧和詮釋設計的天才，功夫高深莫測。她能看到音樂最深刻、最幽微的旨趣，然後用最具創意的想像力和設計表現出來。她會的技巧也令人嘆爲觀止。每種聲音都是從不同角度和高度彈出來的，而她用不同聲音表現不同感覺。一個音她可以有數十種不同彈法，也就有數十種不同感覺。我永遠記得她教我彈「被天鵝絨包裹住的銀鈴聲」這樣的音色——這不是「描述」，而是「指令」，

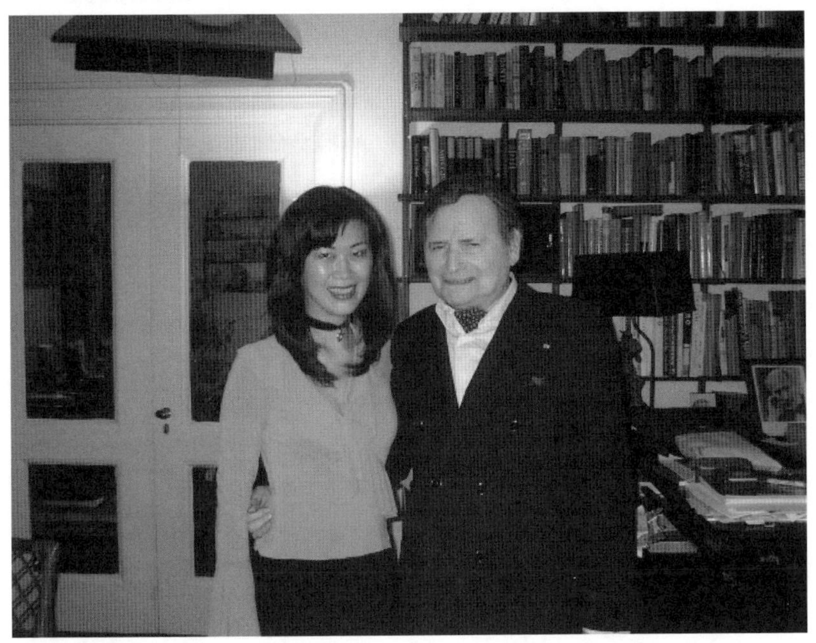

陳毓襄與恩師堅尼斯合影（Photo credit: 焦元溥）。

她就是有方法教人彈出這種聲音。可能是手指某處要抬高，或背部出一點力，只要你按照她的教法，你就能彈出那個聲音，而且是任何聲音！克澤拉絲可以在鋼琴上做出任何她想要的效果，而且明確告訴別人如何彈出同樣效果。波哥雷里奇彈的很多聲音，像是一股氣把琴音包住，就是這種彈法。那聲音又放又收，音量大卻有奇特的暈影，是「清晰的朦朧」，實在神奇，根本像是少林寺的訓練。

焦：波哥雷里奇本人呢？他給您怎樣的影響？

陳：這很難說完，因爲他給我的影響實在太大了。我第一次去他們倫敦家裡住，和他們一起生活並學習，就是我從未有過的奇妙經驗。他們把我整個人往上拉，一跳就是好幾級，讓我對音樂詮釋和音色設計都有更深的心得，也讓我發展自己的思考。在那三個月中，我同時跟他們兩個人學，上課時他們甚至一人站一邊，兩人一起教。可以想見那壓力之大，但我也因此每天進步，而且進步很快。他們的教法非常令人震撼，甚至有點難以承受，爲我展開鋼琴演奏與音樂詮釋的百科全書，我只能在那大觀園中盡全力學習，但再怎麼學都無法窮盡。此外，我必須說他們給我最大的影響，就是給我對演奏的全新標準。以前大家都說我技巧很好，特別是我彈得很乾淨，節奏感也很好。但我彈給克澤拉絲聽，她竟然說：「你這樣彈，根本是零分！」

焦：零分？他們選了您當第一名，收您當學生，怎麼還會說您是零分呢？這不會給您很大的打擊嗎？

陳：一點也不。一方面我很尊敬他們，一方面他們從不隨便批評。他們所說的每句話，都有背後的道理。他們說我零分，但也提出標準，讓我知道何謂「眞正的清楚」，什麼是「眞正的節奏感」，什麼是「平均的音色」，什麼是「從丹田彈出的音量」，並且他們會教我達到這些要求。和他們的標準一比，說實話，我也不用多說，眞的就是零分。既然零分，我就加倍苦練，照他們的方法，朝著那看似不可能的標準努力。要通過他們的檢驗簡直難如登天，而且會讓人覺得那是一種折磨，可是一切都是值得的。克澤拉絲和波哥雷里奇要的清晰，已經沒幾個人能達到，他們要的踏瓣和節奏感，也幾乎無人可達。這三項達不到，更別提他們要的強弱控制、音色、音響、詮釋⋯⋯那實在太難太難了。

焦：同時跟堅尼斯與波哥雷里奇夫婦學習，會不會有衝突？

陳：眞是會！堅尼斯要音樂的自由，靈性的自由，克澤拉絲要完美的設計和控制。堅尼斯相信靈感，波哥雷里奇夫婦相信練習。我向他們兩方學習，結果兩邊都生氣。堅尼斯嫌我設計太多，克澤拉絲認爲我彈得太自由。不過那時我沒辦法多想，只能盡量去學兩邊的教導，再慢慢思考整合成自己的心得。

焦：可否請您多談談那次特別的比賽？那是只有進入國際大賽決賽才有參加資格、只有獨奏曲目、只有年齡下限而無上限、首獎十萬美元的大賽，當時可是極爲轟動的大事。

陳：那眞是非常難忘的經驗。波哥雷里奇後來告訴我，他和克澤拉絲聽到我報名所寄的拉赫曼尼諾夫《第三號鋼琴協奏曲》錄音，覺得不可思議，甚至懷疑那份錄音的眞實性。但在第一輪聽我彈巴赫《第二號英國組曲》之後，他們一方面確定那錄音是我彈的，一方面也幾乎確定我就是第一名了。波哥雷里奇說，如果一個22歲的女鋼琴家，能彈出那種水準的拉三和琴音，那一定是極高的天分。即使我的詮釋和他們非常不同，他們就是相信我的天分。像我在第二輪彈的拉赫曼尼諾夫《第二號鋼琴奏鳴曲》，克澤拉絲其實沒有很喜歡。我跟他們上課後，更知道我的詮釋和他們的想法簡直完全不同，但他們還是選我當第一名。

焦：您之前已經參加了很多比賽，但到波哥雷里奇大賽卻成爲年紀最小的參賽者。突然得面對許多30或40幾歲，都在國際大賽進到決賽的鋼琴家，是否會覺得緊張？

陳：我其實沒有特別大的壓力。我覺得我年紀最輕，也最沒舞台經驗，怎麼能和其他人競爭？我主要是去觀摩。然而，我第一次眞正見識到人心的險惡。在第二輪結束後的餐會，波哥雷里奇走過來對我說了句：「你昨天彈得非常好。」我把那當成客套話，但看在其他參賽者眼裡，我卻成了最主要的競爭者，於是他們用各種方式威脅我、打壓我，希望能讓我失常。各式各樣奇怪的耳語，像是我爸用私人客機載堅尼斯到洛杉磯給我上課（！），我們家是比賽的首要金主（！）等等奇怪抹黑流言，自此全部出來了。我壓力已經很大，還要面對這些攻擊性流言和參賽者的白眼，實在不好受。

焦：不過您最後還是走出來了，而且愈彈愈好、得到冠軍。

陳：但我忘不了我贏得比賽的那個晚上，幾乎所有其他參賽者都不理我。那是我的凱旋之夜，卻也是我完全孤獨的晚上。我那時非常單純、天眞，根本不知道發生什麼事，不知道爲何大家要這樣對我。連我回到紐約、回到茱莉亞，都沒有一個同學來說恭喜，一個都沒有！我當時眞的很難過。

焦：當初怎麼會想到要參加這個比賽？

陳：很多人是爲了知名度和十萬美金來的，但我當初只有一個念頭，就是親眼見波哥雷里奇一面。我已經參加過很多比賽，不需要經驗，也沒想過自己會贏，眞的就只是想見波哥雷里奇。當我在開幕式見到他，我非常興奮，興奮到說不出話來。我知道我來比賽的目的已經達到了，已經夠了，接下來就只是到台上把該彈完的彈完……眞是完全沒想到自己會贏。

焦：也沒想過從此就可以常看到波哥雷里奇了。

陳：而且見證他對音樂和鋼琴演奏的執著。他心中對音樂有絕對的完美形象，爲了達到目標，他可以日以繼夜、年復一年的練習。有次我們要出門用餐，我和克澤拉絲在換大衣，波哥雷里奇見了，竟然再回到琴房裡練《展覽會之畫》中的〈市場〉，即使那不過是兩分鐘的空檔！到他那種年紀，居然還可以這樣練，一個小節可以練一個小時。我住他們家，波哥雷里奇和我一人一間琴房，每天就是從早上7點練到9點——不是早上9點，是晚上9點！而且中間沒有午餐，只有晚餐一餐，整天都在練！不過吃完晚餐後，波哥雷里奇和克澤拉絲會跟我聊天、講很多話，有時一起出外散步。我才知道，這對夫妻對彼此的愛、對音樂的信念、對演奏的紀律，是何等的強大，強大到可怕。我本來以爲我已經很有紀律、很有毅力，但和他們一比，實在根本沒得比……

焦：所以你又是零分了！

陳：沒錯！又是零分了！這世上居然有這種紀律，那意志是打不壞、攻不破的！有次晚上散步回來已經10點了，波哥雷里奇還是要練，那我也只能跟著練。最後練到1點，我已經受不了，只能跑去睡，但他仍然繼續練。隔天早上，我在睡夢中聽到琴聲，一看鬧鐘——果然，早上7點，他又開始練了！他已經那麼有才華，成名數十年了，可是每天竟如此要求自己！他們站在極高的地方看音樂，展現出極寬廣的視野。那種追求完美的精神，不只對音樂，更可延用到所有事情上。

焦：學了這麼多技巧與詮釋，您現在怎麼看一部作品？

陳：我有點不知道該怎麼說，因爲無論是巴赫還是巴爾托克，是史卡拉第還是史特拉汶斯基，我都用同樣方式面對，同樣用心，都要彈到讓音樂成爲自己的一部分。這和演員一樣，一定要完全變成那個角色，才能傳達作家在創作時要表現的情感。如果不能完全投入到音樂，或對作品差別對待、有先入爲主的成見，那表演出的成果也就有限了。許多鋼琴家彈《彼得洛希卡三樂章》，完全旨在展現技巧。顯然，他們只把它當成技巧困難的炫技曲，對其中豐富的情感和角色變化視而不見，導致演奏成果也只是機械性的手指運動而沒有音樂。其實，能否有音樂的感覺，把音樂彈進自己的靈魂，也是一種天分。如果沒有這種天分，彈任何曲子都只是技巧展示而已。

焦：最近這幾年您花了很多心血在演奏蕭邦和李斯特，可否談談您的心得？比方說您覺得演奏蕭邦的難處在哪裡？

陳：蕭邦大家都愛。但這些年下來，我愈來愈覺得他不適合年輕人，甚至連蕭邦年輕時的創作，都不適合年輕人彈。因爲他實在太天才，音樂超齡地成熟。如果沒有一定歷練，眞的沒辦法彈好。但另一方面，蕭邦其實也不能彈得太成熟，必須保有一份純粹和純眞。像他19歲寫的《第二號鋼琴協奏曲》，音樂何其偉大，第二樂章內涵尤其深邃。如果演奏者不夠成熟，詮釋僅是浮光掠影，音樂變成酒吧配樂，那當然很差；如果用心太多，音符之間盡是沉重哲思，音樂也會走樣——世故卻得清新，天眞又必須老成，蕭邦作品就是要求各種元素的比例均衡，不能稍有偏差，這實在困難呀！所以鑽研蕭邦到最後，還是要有天分，要有演奏蕭邦的氣質和表達敏銳詩意的天分。

焦：您心中有沒有詮釋蕭邦的典範？

陳：我最佩服的蕭邦，正是出自堅尼斯之手，特別是他演奏蕭邦的小曲，簡直是不可思議地完美。蕭邦最難的就是面面俱到，堅尼斯卻以最自然的方式做到了，讓人覺得蕭邦就是該如此演奏。除此之外，也有些大師的蕭邦雖然不很平衡，我依然喜愛，比方說霍洛維茲。我也一直很著迷米凱蘭傑利的演奏，特別喜歡看他的錄影。他的手指位置與施力方式，背後眞有絕妙的功夫。

焦：對於想要更了解蕭邦的音樂家和愛樂者，除了研究樂譜和欣賞演奏，您有沒有其他建議？

陳：我認爲大家應該多閱讀蕭邦的日記和書信。那文字中的詩意與脆弱，在在告訴我們，他是情感極端豐富，也因極端情感而受苦的人。這也是我在音樂會中，常選擇蕭邦幾段文字朗讀的原因。我不是爲了噱頭或話題，而是眞心認爲這些文字實實在在地呈現出他的敏感與痛苦。一旦知曉這些文字，你必然會更加了解蕭邦。有次演出前我在後台練習朗讀，連負責化妝的小姐聽了，都實在忍不住問：「這個人是誰呀？他怎麼那麼慘？爲什麼會受這樣的折磨，痛苦成這樣？」

焦：蕭邦筆下的確常是慘絕人寰，但平心而論，他的境遇其實沒有那麼不堪。

陳：沒錯，他並不是境遇慘，而是心境慘，慘到那些文字令人不忍卒睹，一讀就會掉淚。但換個角度看，如果蕭邦的情感可以脆弱至此，那麼如此情感也必然可以翻轉成最強烈的衝突張力。這也是爲何我很欣賞霍洛維茲的蕭邦。很多人覺得他的蕭邦低音太大聲，音量對比太強，但他的演奏並非沒有品味、粗俗的戲劇化，而是深刻探索蕭邦內心後，忠實呈現作曲家最神經質的情感。蕭邦可以是天國夢想，也可是人間煉獄。只要不失氣質與格調，你可以在蕭邦作品中看到一切也表現一切。

焦：說到豐富多元，幾年前您也首次在音樂會中演奏全本李斯特《超技練習曲》，那也是天國夢想與人間煉獄的總體呈現。可否談談準備這套作品的過程？

陳：這有很多可說，而且沒親自彈之前我根本不知道。比方說我原本以爲，要一口氣彈完十二首，最大的挑戰會是體力。但當我眞正練完也按順序演奏之後，卻發現完全不是這樣一回事：《超技練習曲》根本是李斯特這位大鋼琴家留給後世的武功祕笈，有外功也有內功，而且是透過樂譜和樂曲順序，幫助鋼琴家修練功夫。我覺得在彈到第四首〈馬采巴〉（Mazeppa）之後，整個人就完全暖身完畢，所以接下來可以馬上彈很輕盈的〈鬼火〉。當〈鬼火〉也彈完，鋼琴技巧的輕與重全都運過一遍之後，過了第六首〈幻影〉（Vision），整個人就火力全開，可以一路衝到第八首〈狩獵〉（Wilde Jagd）——這是整部曲集的高峰。過了〈狩獵〉，就可以慢慢讓身體緩和，一步步收尾，最後歸結在〈耙雪〉的極弱音。所以照順序彈整套《超技練習曲》，不但不會愈彈愈累，反而是愈彈愈有勁，能量愈彈愈出，就像打完一套太極拳或練完一套氣功一樣。當我體會到這一點，我更確信李斯特在鋼琴技巧上的修爲，是到了多麼不可思議的高深境界。

焦：在音樂上，您有什麼感想？

陳：《超技練習曲》眞是浪漫主義的極致。這眞的需要一點年紀才能體會。李斯特雖然用盡思考寫作，音樂要表達的卻在邏輯與理性之外，全然訴諸感覺和熱情，非常極端的浪漫。難怪《超技練習曲》和浪漫主義文學的連結那麼深刻，又是歌德又是雨果，根本是互通的作品。然而，浪漫到了極點，就連故事都沒了。以前所謂「語言停止處，音樂開始時」，音樂是要「說」那些「沒辦法用語言表達的」。這我很同意。可是《超技練習曲》卻讓我領悟到，在如此極致的浪漫裡，那是連「說」這個動作都沒有，沒有故事、沒有情節，只剩形象或畫面的境界與狀態。當我體會到這一點，我才眞正理解李斯特想做什麼——他是透過最困難的技巧，去表現最極致的浪漫。如果最後只能剩下完全純粹的表達與畫面，那技巧就必須「消失」。所以《超技練習曲》練到最後，會是一個從有到無的過程，技巧必須要好到「沒有技巧」，功夫要高到沒有功夫。當招式沒了，演奏就化成藝術。這就是爲何李斯特要叫它《超技練習曲》（*Études d'exécution transcendante*），這"transcendante"是形而上的超越、精神上的超脫、消解一切技巧的技巧。

焦：所以希臘文很有趣，「藝術」的字根居然是「技巧」（tech），看來這些哲人早就看出，若是境界夠高，兩者其實是一體兩面、彼此通透。

陳：這也是我建議鋼琴學生應該學習《超技練習曲》，而且不是學一、二首，而是同時學全部。這不是不切實際的建議。我說的「學習」，並不代表要上台演奏。我之所以建議，是因爲這十二曲包含鋼琴演奏的所有技巧。要是能都學完，也就等於通透所有演奏技巧。光是顫音，這十二曲中的寫法就各自不同，意義也不一樣。你可以學到各種表情，以及對各種音色的模擬與想像。而且這十二曲我都非常喜歡。比方說我一開始並不喜歡第三曲〈風景〉（Paysage），覺得這是什麼無聊作品，但我愈彈就愈能體會，那些精心設計的雙手對應與右手彈性速度，可以讓演奏者有多麼大的發揮空間，每次彈都可以彈得不一樣，卻都合乎李斯特樂譜的指示。又如第九首〈回憶〉（Ricordanza），音樂雖然曖昧，到最後一段你還是會清楚知道，李斯特回想的，究竟是怎樣的一段感情，褪色情書上寫的是什麼樣的過去。原來音樂表達可以這樣既模糊又清楚，可以和聽眾用這種方式溝通心靈，李斯特果然是大天才。

焦：「與聽眾溝通」，這是演奏家要修習的另一門藝術了。

陳：是的，這也是我極有興趣的研究項目。我覺得表演的關鍵，用英文說就是掌握「能量」，用中文說就是「氣」。只要能把「氣」掌握在手上，聽眾全場都會注意你；如果沒有，聽眾就在看節目單。一場音樂會成不成功，觀察多少人在看節目單大概就知道了。有些鋼琴家彈得非常好，但就是不能和聽眾良好溝通。他們進不了聽眾的心，聽眾也進不去他們的世界。

焦：那麼演奏者要如何掌握這個「氣」呢？

陳：對我而言，一場表演能有多好，取決於這「氣」能有多好；「氣」有多好，則取決於演出者在台上的「光」。這個光不是燈光，而是演奏者本身發出來的神采和「氣」。這個「氣」是可以準備和培養的。每次當我出場時，如果我覺得自己的「氣」很強，眼前一切都很亮，在這樣的「光」之下，其他事物，包括鋼琴、樂團、聽眾、指揮等等就全部變小了。以一個大人去掌握這些小東西，當然能運於指掌，彈得很輕鬆。那是一種超越音符、音樂、甚至藝術本身的自由感，演奏完全是遊刃有餘。

焦：有沒有可能，演奏家在台上會感到自傲，用睥睨一切的態度來演奏，讓別人都變小了？

陳：對我而言，這是不可能的。舞台上有太多不確定性，一個人在台上還能自傲，那我還眞佩服他有那本領可以自傲。

焦：即使您掌握住很好的「氣」，這氣有無可能會被聽衆影響？特別是水準不高、缺乏鑑賞能力的聽衆？

陳：以我的經驗，這個「氣」和聽衆是沒有關係的。作爲演奏家，能和沒聽過古典音樂的人溝通，讓他們在音樂會中不覺得無聊，讓他們信服這種音樂，把音樂彈進他們心裡，這才是眞正的成功。音樂如果能夠是無國籍、無種族、無差別的人類共通語言，也就在於演奏者能夠掌握溝通的藝術而超越各種界限，這也是我一直追求的。此外，我也追求情感與理智、控制與熱情之間的平衡。對表演藝術家而言，如此平衡是最困難的，李斯特就花了數十年的時間才達到。但若能達到，就更能掌握好「氣」，演奏也就臻於完美。

焦：演奏者能夠整場音樂會都保持這種「氣」嗎？

陳：這很困難。一場音樂會之中，可能是某一段落，或是某一樂句，總難免會有些地方不夠專注。眞正能夠從頭到尾都保持專注，都掌握良好的「氣」，實在非常困難。我覺得這是演奏者必須去體會、去學習，如何在每一場演奏，在演奏中的每一個音符，都保持這種專注和「氣」。很多時候我排練時彈得很辛苦，但到了正式演出，我才眞正掌握並發揮到「氣」，詮釋也就完全不同，許多前所未有的靈感都會出來。

焦：在這體會「氣」並學習掌握「氣」的過程裡，您的演奏心境有沒有轉變？

陳：改變很多！以前我開音樂會，只是想把音樂彈給聽衆，如此而已。然而我現在變得非常喜愛我的聽衆。我一走上舞台，就帶著非常歡喜的心。在還沒演奏之前，我就已經和聽衆溝通，而且是充滿喜悅地溝通。我希望每個人都能聽得懂，而這需要方法和經驗。我很高興我現在能以喜悅的心來溝通，覺得自己與聽衆毫無距離。如果不能達到這一點，我會覺得自己是在欺騙聽衆的時間和金錢。以前只是想追求音樂、自己、聽衆的「氣」能合而爲一，現在則是希望自己能帶動或影響聽衆的「氣」。我之所以演奏，或說我演奏的目的，也不再是表演或介紹作品，而是讓聽衆得到感動與認同，讓音樂帶給聽衆一種效果和影響，讓他們在聽了我的演奏後能產生心得，甚至改變生活。他們可以忘掉煩惱，在人生中找到新的意義。無論是任何作品，是巴赫或是當代音樂，是快是慢、大聲或小聲，都可以達到這種效果。

焦：鋼琴家要如何才能達到這種效果？

陳：我覺得有兩個要件，第一就是演出者的心和靈要非常純粹、眞實、誠懇。只有純粹專一，才可能心無旁鶩、直接和聽衆溝通，不然就只是裝模作樣。第二則是要保持專注，完全沒有二心。全場音樂都必須專注，才能保持音樂與「氣」的強度。

焦：我知道您對技巧一直很有興趣，花了非常大的心血鑽研。您演奏心態的變化，是否也改變您思考或發展技巧的觀點？

陳：我以前的彈法，就是運用全身肌肉來演奏鋼琴。我想所有好的鋼琴家都是用這種方法。然而我現在思考一種新方法，我稱爲「中心」演奏法。我把全身的「氣」和力量集中到身體的一個點，希望能讓所有的力量全部來自「中心」，以「中心」來控制我的演奏。如果我能這樣演奏，那音樂就能在我的身體、我的肌肉中流動，我也眞正和音樂融爲一體。

焦：這有點像是中國武學的高層境界了。

陳：因此我將他稱爲「鋼琴功夫」。所謂的「鋼琴功夫」，首先是從「輕」練到「重」，接著再由「重」練到「輕」。一開始，要把手練得非常有力，能夠驅使出極大的力道；但這只是第一步。接下來，便是繼續練，練到能控制這股強大的力量，但以非常輕鬆、簡單的方式運用。所有技術修練到最頂尖的鋼琴家，他們彈強音都不是用力重擊，而是舉重若輕，稍稍一出手就能帶出極大的音量。如果鋼琴家能夠練到把每一力道、重量都自由運用，而且是不出自意識控制，能完全隨心所欲，那「重」就變成「輕」，這「輕」又是無限的「重」。波哥雷里奇的技巧，就是把鋼琴功夫的所有矛盾全部控制在一起。他的聲音既放又收，施力既輕又重，結束同時是開始，開始也就是結束。所有極端同時出現，卻能形成驚人無比的力量。

焦：也就是說鋼琴家必須練到一個臨界點，之後便能翻到另一個層次。

陳：鋼琴家如果只是練習得「普通多」，那就能彈成一般認知上的好，但也會陷入過度練習的問題。如果鋼琴家練得極多，就能彈到嶄新的境界。就像是燒水，在沸點之前，水都還是水；過了沸點，水就變成蒸氣。但我現在所思考的，是一個更高的層次，超越「輕」、「重」，超越技巧與詮釋的境界。如果我眞能用「中心」演奏法來彈，那就不需要任何控制，卻能控制技巧的一切。如果我能彈到忘記自己的手，讓身體完全自由，卻又感覺不到身體的存在，那音樂自然也會變得完全自由，詮釋變成自己的化身，達到「無爲」卻又「無所不爲」的境界。我以前也沒有這種想法，這是我最近由打坐中所得到的體悟。

焦：您學佛茹素多年，可否談談學佛如何影響您的音樂生活和演奏？

陳：這可以講得很簡單，也可以很複雜。這幾年來，我的生活愈來愈簡單。這不是因爲我的事情變少了，而是我在意的事物和欲望少了，把不必要的執著和物質享受從內心中消去。當外物欲求降低到某個層次，我的心就變得自由和豐富，靈感和想像自然能源源不絕地湧現，無論是學佛或是思考音樂，都有極多的想法。這也是我發現爲何許多頂尖演奏家，都不把演奏行程排得太滿的原因。一旦生活太忙，人就難以進步。當然，在音樂會中演奏也可學到很多，所以維持妥善的平衡是箇中關鍵。對我而言，我覺得一年40場演出大概是極限了。

焦：沒想到學佛和音樂家的生活能配合得這麼好。

陳：其實佛學研究和音樂家生活非常相像。比方說佛家的修行者和音樂家都必須自己一人練習準備，而且所準備練習的，是把同樣的東西重複表現、闡述。但即使每次講道或演出都在重複同樣的內容，修行者和音樂家都必須在每一次重複中找到新想法、新靈感，甚至帶給聽衆新的感動。鋼琴技巧要從「輕」彈到「重」再彈到「輕」，而學佛則是從「無」學到「有」再修到「無」，要萬法皆空（emptiness）。最後修行者和音樂家兩者都必須享受孤獨，思緒必須高度集中，生活和常人脫離，所表現的又必須充滿靈性，帶給人們啓發。

焦：最後讓我們回過頭來討論音樂詮釋。我知道您在準備李斯特《B小調奏鳴曲》的時候花了很大一番心血。面對像這樣具有深刻西方文化內涵的經典作品，您如何運用所學提出自己的獨立思考？畢竟此曲中的浮士德精神，似乎又和您所熟悉的佛學有一段距離。

陳：我想過這個問題很多年，最後還是得說，西方音樂既然源於西方，東方演奏者如果能在西方生活或學習，一定比只待在東方更能了解西方音樂背後的文化意涵。這眞的是東方演奏者比較吃虧之處。文化深植在血液裡，是無法模仿的，你只能去生活、去感受，才可能讓另一種文化變成自己的一部分。有些東方學生，他們能模仿我的演奏和彈法，但聽起來就是不同，就是少了應有的氣質和感覺。很多歐洲老師到亞洲教學，學生也不見得就能學得地道，可見環境還是很重要。我如果沒有在國外長大，沒有常到歐洲，李斯特《奏鳴曲》對我而言會很困難，甚至難以理解。不過若要演奏這種具有強烈性格的作品，我想演奏者也一定要有很強的個性才行。很多人說音樂家很難應付、太有個性——當然了，音樂家要是性格不強，又怎能表現性格強烈的作品呢？我覺得音樂家最好能有容納各種情感的能力，有寬廣的情感幅度，才能在音樂裡表現自如，什麼情感都能表現。如此音樂就成爲自己的鏡子，彈出來就照出自己。一種音樂會是「演奏者演奏音樂」，但也有一種音樂會是「演奏者就是音樂」。這之間的分別，就在於音樂是不是從演奏者本身發出來的，音樂和文化是不是在其血液裡。不過回到李斯特《奏鳴曲》，我覺得文化的核心，到最後都相通。浮士德和佛學其實並沒有扞格，只要能看得夠深，就能看到共通之處。

焦：您在台灣出生，在美國成長，經歷兩邊的文化洗禮後，您認爲東方人要如何學好古典音樂？

陳：我的想法比較單純。不管是東方人或西方人，學習音樂最重要的就是要有天分，而且是高度的天分。有了天分，演奏者才能從練習中成長進步。不然就算是一天練十二小時，也不會彈出什麼名堂來。很多人練很多，卻是盲目練習，不知道在練什麼，也不知道鋼琴技巧不只是快和大聲，還有不同的音色、踏瓣、層次。

焦：紐豪斯就說他的父親對鋼琴演奏極爲熱愛，非常努力地練習，數十年如一日。但他似乎沒有鋼琴演奏的天分，練了一輩子的八度、三度、六度，還是彈得差。一輩子苦練，但一輩子彈不好。

陳：這種例子其實不少。有了天分，接下來就是努力練習，而且是以正確的方法練習，建立完整的技巧。但好老師也很重要。有些人不是沒天分，而是天分被埋沒。好老師可以把學生的天分帶出來，把才華發揮到淋漓盡致。如果有天分，肯練習，也遇到好老師，接下來就是要自我努力和發展。18歲以前彈好很容易，因爲老師都教得好好的，學生也花很多時間練，但18歲以後還能繼續彈好，就沒那麼簡單。另一個關卡是30歲。30歲之後還能進步的鋼琴家，實在太少太少。如果30歲以後還能持續進步，幾乎就能預見其未來的大師成就。最後，就是要有熱情。一方面要有對音樂的熱情，讓自己不斷努力、不斷研究精進，一方面要有對演奏的熱情，讓自己樂於在舞台上表現。表演也需要天分。演奏者必須能在台上轉變自己，展現和台下不同的性格。這些條件加在一起，才能成就頂尖音樂家。如果要成爲「頂尖而有名」的音樂家，還得加上一點運氣。這眞的太難了！

焦：您現在對自己有何期許？未來有何計畫？

陳：如果你三年前訪問我，我根本說不出今天我能說的道理，也無法預料我現在所擁有的想法。我很期待自己靈性上的發展，因爲我覺得我現在能彈的還不是我能力的極限，能表現的還不只如此。我對「鋼琴功夫」和表演的藝術一直很有興趣，因此我現在愈練愈多，愈來愈樂於練習，在練習中悟出不同的心得。我現在對音樂和技巧中的「矛盾」特別有興趣；就有點像我剛才提到關於波哥雷里奇的技巧——手指力道上，極重最後會變成至輕；音樂詮釋裡，有情的極致卻是無情。把冰火調在一起並非不可能，只要能調好，綻放的光芒會照亮一切。然而一旦出了差錯，那就會是極大的災難。我希望我不只能掌握「矛盾」所帶來的力量，還能在每場音樂會都彈出頂尖水準，每次演出都能讓聽衆感動，帶給他們進音樂廳前所沒有的想法。我知道這是難以達到的目標，但我會全力以赴。

弗格特　　1970-

LARS VOGT

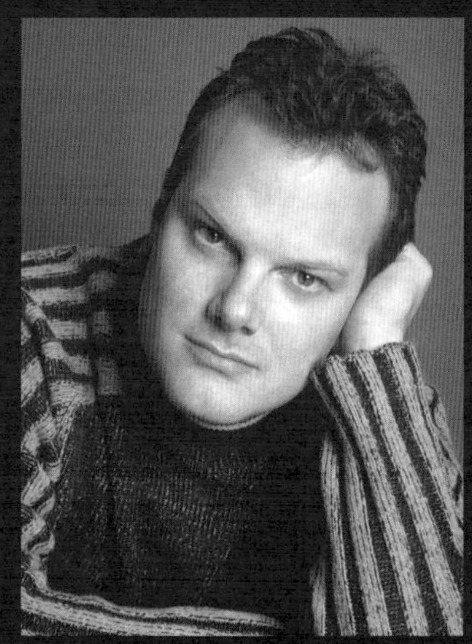

Photo credit: Anthony Parmelee

1970年9月8日出生於杜倫（Düren），弗格特6歲跟懷絲（Ruth Weiss）學習鋼琴，13歲參加德國國家青年音樂比賽得到第一獎，後於漢諾威音樂院跟卡默林學習。他1990年在里茲鋼琴大賽獲得第二名，以驚人的決賽表現引起注意，自此展開演奏事業。弗格特亦長於室內樂，28歲便創立海姆巴赫室內音樂節，更於2003-2004樂季受拉圖邀請，擔任首位柏林愛樂駐團鋼琴家，與團員合作室內樂。近年來弗格特也涉足指揮，2015年起擔任皇家北方小交響樂團（Royal Northern Sinfonia）的音樂總監，多方開展演奏活動，是德國中生代的代表性鋼琴家。

關鍵字 —— 瓦茲、顧爾德、1990年里茲鋼琴大賽、拉圖、舒曼《鋼琴協奏曲》、比賽、安德謝夫斯基、提勒曼、德國鋼琴學派、納粹、浪漫主義、布拉姆斯、傳統與創新、限制、歷史資訊演奏、巴赫、海姆巴赫室內音樂節、教育

焦元溥（以下簡稱「焦」）：請談談您如何開始學習音樂。

弗格特（以下簡稱「弗」）：我們家很自然地讓小孩接觸音樂，完全不強迫。我有兄姐各一，他們都學鋼琴，但只是當興趣。姐姐也學直笛和小提琴，哥哥彈吉他，足球則是大家的共同嗜好。我們之所以會接觸音樂和彈鋼琴，得歸功於祖母。我第一堂鋼琴課就是祖母上的。

焦：您小時候練得多嗎？

弗：一點也不。和多數孩子一樣，我不是天生就愛練琴的人。在我童年裡，足球和鋼琴可說同等重要。其實，我懷疑小孩子是否該練那麼多。光練習卻不給自己時間思考，不讓音樂成爲自己的語言，這非常危險。許多人從小苦練，最後卻成了演奏機器。

焦：您何時正式學鋼琴？

弗：我6歲開始跟懷絲女士學習。那時我沒有把彈琴想成非常嚴肅的事，更沒有想過要成爲鋼琴家。懷絲是非常好的老師，我跟她學了10年。但在我14歲時，我也開始到漢諾威跟卡默林學，所以有兩年的時間我有兩位老師共同指導。

焦：能在14歲就成爲卡默林的學生，您必定有過人之處，才會讓他注意。

弗：我13歲參加德國國家青年音樂比賽（Jugend Musiziert）得到第一獎。那時我不過彈了五首作品：巴赫《E大調前奏與賦格》、貝多芬《第五號鋼琴奏鳴曲》、巴爾托克《小宇宙》選曲、蕭邦《升C小調夜曲》和孟德爾頌《E小調詼諧曲》（Op. 16-2），總共才20分鐘左右，但比賽結果給我很大的鼓勵，也給我以音樂爲人生志業的想法。懷絲總是說我有天分，要我好好練，比賽得名後我也相信自己有天分，愈來愈努力。我也是在得獎後參加卡默林的大師班，見識到他的教學和他驚人的學生。這些學生年紀和我相近，技術卻極爲高超。這讓我知道如果我眞要把鋼琴當成人生方向，就必須立即全心投入才行。

焦：雖然您那時已經決定志向，但應該還是在一般中學念書吧。

弗：是的，但我花百分之七十的時間在音樂上。在一般中學所受的教育，對音樂也很有幫助。無論是科學或歷史，或和同學的相處，我都從中學到很多，能觸類旁通地了解音樂和人際關係。這後來對我的演奏事業也極爲重要。

焦：可否談談您的兩位老師所給予的影響？

弗：懷絲是很有想像力的老師，有許多很藝術性、甚至頗爲瘋狂的想法。她是瓦茲（André Watts, 1946-）的朋友，時常給我他的錄音。她非常喜歡顧爾德，也介紹許多他的精彩演奏給我，在我的幼小心靈中留下深刻印象。懷絲會把所有她覺得有趣的演奏給我聽，也常帶我到亞琛（Aachen）聽音樂會，讓我知道音樂生活是怎麼一回事，認識更多鋼琴家與不同演奏方式。她也非常鼓勵我多所嘗試，而且是大膽嘗試。就在我準備青年音樂比賽時，她借我顧爾德的貝多芬《第五號鋼琴奏鳴曲》——天呀，那眞是完全瘋狂的演奏！我那時對演奏還沒有很明確的概念，也就學了這樣大膽的方式彈給她聽。她聽了有點意外，最後竟然說：「我想你在比賽也該這樣彈！」

焦：您後來眞的這樣彈了嗎？

弗：我比賽時彈得滿極端的。我想，貝多芬本來就是情感相當極端的人，而演奏家也不該害怕探索極端。我到現在都很喜歡追求演奏的極限，大膽嘗試瘋狂而有個性的詮釋。

焦：那跟卡默林的學習呢？

弗：卡默林引導我進入專業的鋼琴演奏。他非常重視技巧訓練，幫助我發展技巧。許多人批評他只會教技巧卻不懂音樂，但我眼中的卡默林卻不是如此。我認識他數十年了，有機會還是會請教他的意見，聽他殘忍的批評。我記得剛找他上課時，他說我有相當卓越的藝術天分，「但如果你想到台上表演，光有藝術天分是不夠的，你一定要加強技巧。技巧是表現音樂的工具。技巧愈好，才愈能把自己的意見表達透徹」。我很幸運能有懷絲和卡默林這兩位相當不同的老師。

焦：讓我們談談里茲鋼琴大賽。您在20歲就成為這個比賽的獲獎者（第二名），可說是非常年輕的比賽贏家。您當年彈了什麼曲目？

弗：我在里茲大賽選了非常音樂性的曲目。第一輪彈了貝多芬《第三十二號鋼琴奏鳴曲》；第二輪則是舒伯特《G大調鋼琴奏鳴曲》（D.894），是完全沒有任何炫技色彩，卻具有深刻音樂性的作品。第三輪我彈了海頓《C大調奏鳴曲》、布拉姆斯《四首鋼琴作品》（Op.119）和穆索斯基《展覽會之畫》，決賽則是舒曼《鋼琴協奏曲》。

焦：這眞是非常音樂性的選曲。卡默林怎麼想？

弗：我那時根本不期待自己會得名，只是單純想增加比賽和演奏的經驗。卡默林也不看好，他甚至希望我不要去；他覺得我待在家裡，把時間用在練琴還比較划算！

焦：鋼琴比賽中，里茲鋼琴大賽和范・克萊本鋼琴大賽向來被認爲是美學差距最大的兩個。許多里茲大賽的得獎者參加范・克萊本，往往第一輪就被淘汰，反之亦然。然而，您也在同一年參加柴可夫斯基和里茲，同樣是兩個美學差異極大的比賽。可否談談您的看法？

弗：我在參加里茲大賽前三個月參加柴可夫斯基大賽，而我盡可能找出兩個比賽能共用的曲目。不過如你所說，風格實在差距很大。我那時就無法掌握柴可夫斯基大賽的美學，只能看著大家耍著飛快的手指，最後也只進到準決賽。那一年的冠軍是貝瑞佐夫斯基，而他眞是名符其實的冠軍，展現出高超的技巧與對俄國音樂的深刻掌控力。

焦：不過，就算您當時在柴可夫斯基大賽得到名次，應該還是不如在里茲大賽的經驗重要，尤其是您因此認識拉圖爵士。您們在決賽以極爲快速狂放的舒曼《鋼琴協奏曲》成爲話題。我很好奇您爲何敢在比賽彈出如此大膽的詮釋？

弗：這要分很多層面來說。我根本沒預期自己會進決賽，一心只想著要如何表現音樂。我在準決賽其實還出現一個輕微的記憶失誤，我自己都笑了。當我獲悉進入決賽後，我當然很緊張。我試著打電話給卡默林，卻聯絡不到他，倒是師母對我說，我要彈得「像天上的星星，爲生命而演奏」！這句話當然鼓勵了我，然而幫助最大的還是拉圖。

焦：聽說他那時說了一句十分有趣的話：「我已經受夠對的音符了！」而這句話讓您不緊張了。

弗：是的。我很誠實也很慚愧地說，我之前完全不知道拉圖是何許人物。我在里茲遇見的，是一位非常年輕、充滿活力與熱情的人。我們在鋼琴上彩排時就一拍即合，個性相當投契。他對舒曼《鋼琴協奏曲》有很多新奇的點子，我們則興奮討論這些想法以及實現的可能性。我那時甚至興奮到不能成眠，腦中想的都是如何表現這些想法。和樂團彩排後，拉圖對我說，無論比賽結果如何，他都會邀請我演奏。這讓我更覺得踏實，更能大膽放手一搏！

焦：您現在怎麼看當年的演奏？

弗：每當我重看比賽錄影，我都確信那眞的是一場了不起的演奏，也是我這一生最好的演奏之一，因爲實在太特別了！我們一同表現出許多極大膽的想法，將舒曼的瘋狂以難以置信的熱情呈現。然而，我在第三樂章犯了錯。可能手指太快失了控，一時彈亂了一、二個小節。總之，我突然亂了方寸，現場轉播、比賽、評審等等壓力，在那一秒全都回來了。正當我不知如何是好的時候，拉圖若無其事地給我一個手勢，告訴我：「別管它！繼續彈！」剎那間，我又恢復了信心和勇氣，手指也回來了，成功彈完整個樂章。這場演出太獨特、太具啓發性，除了那記憶失誤的兩小節，我在台上根本忘了比賽、忘了評審，心裡只有音樂。

焦：這的確是一生難忘的經驗。

弗：這個經驗到現在都還啓發著我。每當我上台演奏，我都會問自己我要帶給聽衆的是什麼——是精準但沒有想法的演奏？還是要大膽揮灑音樂？這場演奏給我勇氣忠於音樂和自己。

焦：1990年以後，在好一段時間裡，幾乎所有比賽都開始褪色。比賽愈來愈不公平，大衆也對得獎者缺乏興趣。您怎麼看現在愈來愈「政治化」的比賽？

弗：卡默林是很多比賽的評審，他很清楚比賽中的政治。這也是他當時完全不鼓勵我參加里茲的原因之一，因爲評審中根本沒有任何人能幫他的學生護航。他覺得我毫無機會。然而評審也是人，他們也會犯錯。有些人犯音樂上的錯誤，有些人則是道德上犯錯，這是無可避免的問題。就算評審不犯錯，他們也會面對一個終極問題：他們要選比賽時表現好的，還是有潛力的？他們能看出演奏者未來的潛力或侷限嗎？我想對年輕藝術家而言，評審該看他們的藝術潛能和能力，而不該只以比賽現場的成果作決定。這是評審最大的考驗。

焦：現在還有人能不靠比賽或噱頭成名嗎？

弗：還是有，我那年里茲鋼琴大賽就出了一位傑出的鋼琴家安德謝夫斯基。他在比賽中彈得非常好，但在準決賽演奏魏本《鋼琴變奏曲》的時候，居然只因爲自己覺得彈不好，彈到中途就下台了。由於沒彈完，評審想讓他進決賽都沒辦法。安德謝夫斯基不僅沒得到里茲，後來也沒在任何比賽中得名，但他極具個性的演奏也慢慢爲人注意，現在也有很好的唱片合約和演奏事業。我非常欣賞他的演奏。

焦：里茲大賽得獎後，您如何發展演奏事業？

弗：里茲大賽後，我眞正可以理解所謂「比賽的危險」。的確，有些時候我心裡會飄出一些念頭，覺得自己已經成就了什麼，已經是音樂界的一號人物了。然而下一秒鐘，事實就告訴我並非如此。比賽永遠不是結束，而是開始，努力工作的開始。之後的每一場音樂會，都像是首演，人們永遠會拿高標準檢視你。那種壓力實在難以想像，我也花了一段時間才能調適。我還記得1991年我首次在慕尼黑演奏，不知爲何我就是緊張，緊張到幾乎不能上台。我很慶幸那時年輕，還有足夠時間適應。

焦：您那時的確還非常年輕，手上有多少曲目可彈？

弗：這是另一個問題。我那時只有四首協奏曲，獨奏會曲目也只有二到三場，曲目非常有限。所以我現在擁有的曲目，完全是這些年來辛苦努力的成果，也再度證明比賽得名只是開始，後頭還有好長的路要走，要不斷努力。透過演奏，我也學習到安排獨奏節目與學習曲目的方式。我曾經排出全場新曲目，但那簡直要我的命。我現在知道獨奏會一定是新舊曲目皆有，這樣才能以得心應手的曲目爲後盾，而在新曲目裡大膽嘗試。

焦：您和拉圖在比賽後也錄製了舒曼的《鋼琴協奏曲》。我好奇的是您現在的演奏，詮釋還會和錄音相似嗎？

弗：哈哈，現在當然和錄音大不相同，畢竟我和當年那個20歲的年輕小伙子已經不是同一個人了。對某些作品，我仍然時常嘗試極端的速度。舒曼的作品本來就有高漲的情感和潛在的瘋狂，也適合用極端速度。當然無論詮釋如何，我們都必須研究樂譜，根據樂譜來思考。我現在不會以當年那麼快的速度演奏開頭，但我仍然反對在開始3小節鋼琴序引後，樂團在第4小節就大幅放慢的作法，因爲譜上根本不是這樣寫！第二樂章美得驚人，我總是希望指揮能確實要求樂團做到譜上的指示，因爲很多樂手根本不注意舒曼寫的細微分別。第三樂章我沒有彈那麼快了，舒曼的速度指示也沒那麼快，然而無論速度如何，重點是音樂中的強勁張力和大無畏的精神，還有自由的精神和對比。

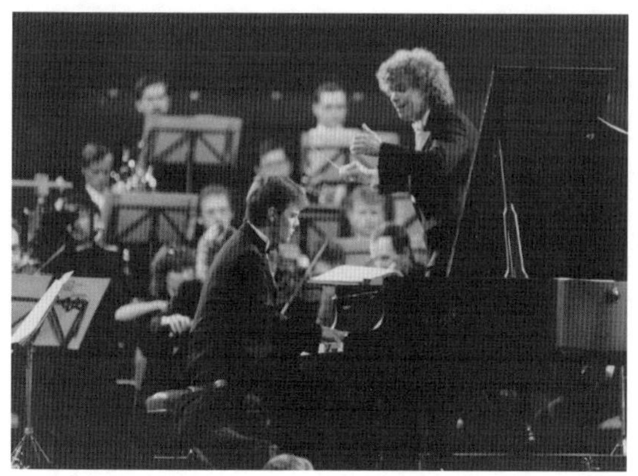
弗格特與拉圖於里茲大賽決賽（Photo credit: Lars Vogt）。

焦：有沒有指揮家不能接受您的想法，堅持您一定要照他的速度演奏？

弗：有時這的確很棘手。我通常不會多說，而是試著用我的演奏來說服指揮。畢竟說得再多，如果演奏不能服人還是無用。關於舒曼的《鋼琴協奏曲》，我和提勒曼（Christian Thielemann, 1959-）也有過一次非常有趣的合作經驗。我和他向來合作愉快，處得很好，但我們對此曲的意見卻是南轅北轍。我的意見還是像拉圖，快速而瘋狂。第一次排練後，提勒曼第一次私下和我溝通，告訴我也試著說服我接受他對此曲的看法。我想，既然我能和拉圖做詮釋試驗，為何不能也和提勒曼試驗呢？所以那次我用非常慢的速度，追求舒曼音樂中的抒情美，細心表現各種色彩。這是很好的經驗，也讓我思考結合這兩種方式，表現出更深刻也更新穎的舒曼。就像演奏室內樂，我和不同指揮合作、討論，都能學到很多，也能彈出更多變化與想法。

焦：提勒曼是非常德國式的指揮，也以德國曲目為主力。就鋼琴演奏風格而言，您認為什麼是「德國鋼琴學派」？現在還有「德國鋼琴學派」嗎？

弗：就像任何德國文化在過去七、八十年間所經歷的，「德國鋼琴學派」也出現相當大的斷層，許多美好傳統已被無情摧毀。對我這一輩的年輕人而言，我們真的很難過地見證德國如何毀滅性地對待別人，而這股力量又如何反噬自己。許多傑出人物在二次大戰前後離開德國，或被戰爭殘害，導致戰後德國難以接續昔日的輝煌傳統。雖然我們還是有費雪和季雪金等人，但那被破壞的環節仍難以修補，反倒是美國接收了德國傳統的精華。另一方面，戰後許多德國音樂家徹底自我改造。他們不希望和戰前的自己再有牽涉，藉由遺忘和忽略來重新生活。

焦：這樣的心情和想法完全可以理解。西風東漸之初，中國也有一批人主張全盤西化。

弗：就像托馬斯・曼在《浮士德博士》（*Doctor Faustus*）中所說，德國文化是有其偉大之處，但無論它多偉大，出了納粹之後，人們覺得這一定有問題，這整個文化是錯誤的！我這一代的好處，是我們和過去離得夠遠，能夠同時看清德國戰前的集體瘋狂和德國的偉大文化傳統，知道它們是不同的，知道如何修正，去蕪存菁，而非一股腦地全盤廢棄。現在人大概很難相信，整個「浪漫主義」其實是看似嚴肅規矩的德國人創造出來的。只要我們能追本溯源、慎思明辨，我們就能作正確的判斷。

焦：說到浪漫主義，您的布拉姆斯深得浪漫主義神髓，可否請您特別談談對浪漫主義和其時代的想法？

弗：那時人們情感非常豐富，藝術家更常有強烈的宿命感，過著戲劇性的人生。舒曼就是最好的例子，他的人生眞是讓人心痛的悲劇。布拉姆斯的人生也充滿壓抑與衝突；即使他比舒曼穩定，仍是在人生中受苦。他的晚期作品是回首過去，以血淚寫下的人生筆記，令人聞之心碎。人生並非健康而圓滿，之中有太多不愉快、悲傷、甚至瘋狂。浪漫主義讓藝術家把自己的感受揮灑得淋漓盡致，不給自己避風港，就是要毫無保留、赤裸裸地呈現。當然，布拉姆斯還是透過形式和結構，給了自己一個避風港。但他像巴赫一樣，透過由結構建起的避風港，情感卻變得更強烈。這也是他們之所以為不朽大師的原因。浪漫主義給人情感與表現的自由，即便是悲劇，也有無窮無盡的表現可能。

焦：就風格而言，您認為德國鋼琴學派有什麼特色，到今日仍然是此學派的核心精神？

弗：就音色來說，傳統德國學派強調深沉厚重的音色，雖然我的音色倒是相當明亮。然而我覺得最核心的準則仍是深入樂曲，挖掘作曲家與作品最深刻的情感。我和提勒曼也常討論，究竟德國文化或德國學派的核心價值為何？我們要如何表現？但討論到最後，我發現那些情感、傳統與文化，其實仍然在我們的內心深處，只要用心探索就能找到。

焦：就技巧而言，德國鋼琴學派是否有異於其他學派的特殊之處？

弗：我不知道。大家都說卡默林很德國派，很重技巧。但對他而言，技巧只是實現音樂的工具，音樂才是重點。或許德國派在觸鍵和歌唱上有特別的方式，可以成為不同於其他派別的特質，但很多鋼琴家都有自己的演奏手法，因此我不覺得德國派的技巧有何特別之處。

焦：德國每年還是吸引非常多的音樂家來此學習，但德國所出的年輕鋼琴家卻少得驚人。您幾乎是您那一輩唯一著名的德國鋼琴家，可否談談您的感想？

弗：的確，對木管學習而言，德國還是中心。就大提琴而言，德國和奧國也是中心。現在全世界各地的音樂家還是到德國和奧地利來學音樂，追尋音樂文化的根源。文化可以被找到，但現在已經必須要用心追尋，不像以前唾手可得。遺憾的是現在德國年輕人也不重視德國文化和傳統，對過去沒有興趣。這可能也是造成音樂家減少的原因。

焦：「德國音樂家」這樣的背景可曾帶給您任何限制？

弗：我想每個人都有限制。我們盡可能擴展領域、減少限制，但限制還是存在。舉例而言，蕭邦、拉威爾、拉赫曼尼諾夫等作品中所要求的技巧，對我就不那麼自然。即使我非常喜愛這些作品，我必須花更多時間準備才能上台。反之，當我演奏貝多芬和布拉姆斯，我就像回到家。但這不表示我對所有德國作曲家都感到如此自在，巴赫就是一個反例。我對巴赫有極高崇敬，花更多的時間準備，練了好幾年的《郭德堡變奏曲》才敢將其納入演奏曲目。另一方面，我覺得「德國音樂家」的限制其實在唱片公司、經紀人和聽衆。我也彈俄國和法國曲目，但很多人還是覺得德國鋼琴家就該彈貝多芬和布拉姆斯，俄國鋼琴家就該彈拉赫曼尼諾夫和柴可夫斯基。現在音樂家想突破這種迷思，往往得做極激烈的反應，像是徹底不彈某一類作品。但我非常喜歡德奧音樂，不會矯情地以不彈德奧曲目來爭取演奏其他作品，雖然我希望大家知道，我並非只愛演奏德奧音樂。

焦：我覺得您的詮釋總能在傳統中表現出創新，即使大膽也不過分。我很好奇您如何拿捏其中的分寸，得到傳統與創新之間的平衡？

弗：你說的沒錯，如何兼顧傳統與創新，是鋼琴家非常重要的責任，也是考驗。我們是作曲家的僕人，必須用盡心思去研究思考作曲家的想法和心靈，由作品中了解並表現其個性。經過這麼多年，我可以說我眞的覺得我認識布拉姆斯這個人，我也認識舒曼、莫札特、貝多芬等等作曲家。即使我沒有見過他們，但他們的精神和個性永遠在作品裡，讓我能了解他們的內心與性格。另一方面，我不該曲解或違背樂譜，但我也需要把我的想法表現出來，以音樂家、藝術家的方式表現。我想音樂家必須把「音樂道德」放在心裡——我們要追求藝術眞理，而不是事業成功。兩者能結合當然很好；如果不行，那麼絕對不該爲了事業而譁衆取寵、扭曲音樂。關於傳統，我們也要努力研究，而非人云亦云。許多我們信以爲眞的觀念，經過檢驗之後往往並不存在。像是歷史資訊演奏就對我的演奏和詮釋影響甚大，尤其對我的巴洛克與古典樂派曲目。古樂演奏給我完全不同的觀點，重新看分句、個性、音色、力度、速度等音樂表現要素，身爲音樂家實在不能忽視這其中的意義，特別是分句和個性。不同樂器會造成不同分句，而作曲家的創作也受到樂器影響。在古鋼琴或歷史鋼琴上，同樣是彈性速度，有些句法就是沒有效果。同樣是圓滑奏，呈現出的效果也和現代鋼琴大相逕庭。這些都影響我們對作曲與詮釋的認知。

焦：您覺得演奏巴赫一定要用大鍵琴嗎？或是以現代鋼琴演奏但不用踏瓣？

弗：我覺得樂器不是重點，句法才是。透過古樂器的校正，我們可以得到更正確的分句方法，更了解作曲家的音樂構想。巴赫的年代只有大鍵琴，而我以現代鋼琴演奏巴赫時也不多用踏瓣，僅在表現歌唱性或塑造和聲效果時使用。我用得謹慎，且在不違背音樂意義的前提下提升演奏效果。當然我們一樣可以用古樂器演奏，但如果用現代樂器效果甚至更傑出、表現能力更強，爲何不用？說到這裡，我眞希望顧爾德能活久一點，至少目睹古樂演奏和早期音樂研究的熱潮。我想他會提出非常有趣的觀點，給我們更多思考空間。

焦：除了是頗受好評的鋼琴家，您也是「動力：海姆巴赫室內音樂節」（Spannungen: Musik im Kraftwerk Heimbach）的藝術總監。您創立它時不過28歲而已，可否談談經營音樂節的過程與感想？

弗：這是非常精緻的音樂節，在新藝術裝飾風（Art Nouveau）的水力發電廠舉行。我從小就很喜歡這一帶的風景，等我長大，我就想如果能找到良好地方排練、演出，這裡一定會是極佳的音樂節場所。這邊的藝術協會非常支持，很多人義務幫忙，才讓音樂節順利運作。我們能付給音樂家的錢不多，所能回報的就是好酒和好食物。音樂家到這裡也都非常興奮，常常不睡覺、整晚聊天，討論音樂想法和生活，也一起玩桌球。總之每年演出都非常有趣，我很高興這音樂節受到大家的好評。

焦：您的音樂節曲目極爲平衡，傳統與現代並重。

弗：以往和現代的作品，兩者都很重要。眞正偉大的創作，無論寫於何時，絕對能和當代溝通。只要我們還有人性、有情感，就能體會經典創作的偉大之處，這些藝術也能改變我們的人生和思考。當代音樂是發自我們這一代人的聲音，但許多作品根本沒有機會被聽見，這非常危險而令人遺憾。聽衆不需要都喜歡，但至少該有機會欣賞，作品也該有機會被欣賞。這也是海姆巴赫室內音樂節非常重視當代音樂，也設駐節作曲家的原因。許多我們委託的作品，已經自海姆巴赫走到全世界，在上百個地方演出過。我們必須要支持並鼓勵創作，讓新創作能源源不絕。

焦：在訪問最後，您有沒有什麼特別關注的話題想和讀者分享？

弗：我們剛才稍微提到一點當今年輕人的問題，我想再討論一下。我們前二、三代人所擁有的文化背景和深度，今日正快速消失。過去人們普遍都能知道莫札特、貝多芬的重要作品，知曉歌德、席勒的名言錦句，今日年輕人對他們卻幾乎一無所知。如果我們再放任這種文化傳統繼續崩毀，我們不單會失去我們的靈魂，也會逐漸失去表達人性深刻情感的能力。音樂和藝術是表現的極致，是在這個愈來愈物質化世界裡的救贖，如果人不想變成機器，就該親近音樂與藝術。我不是說每個人都要成爲藝術家，而是說藝術該是每個人生命中不可或缺的一部分，每個人都該有接觸藝術的經驗與表達自己的機會。教育該更重視藝術，點燃孩子對音樂與藝術的興趣。音樂眞的能感動人，這份感動會改變人的一生，讓生命更精彩。

横山幸雄

1971-

YUKIO YOKOYAMA

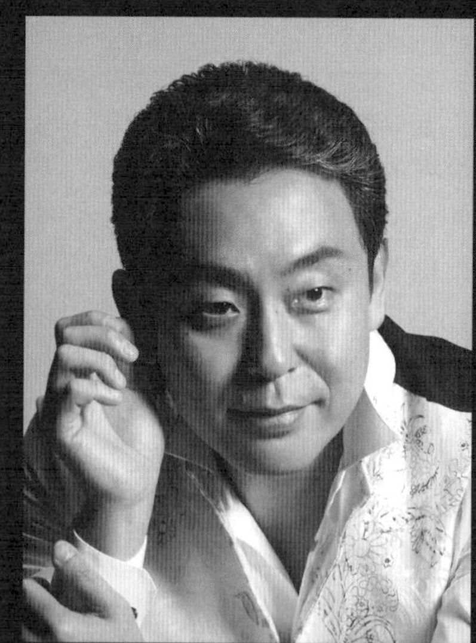

Photo credit: Masafumi Hikita

1971年2月19日生於東京，橫山幸雄自幼於山葉學校學習鋼琴，12歲後師承伊達純（Jun Date）並學習作曲，13歲獲日本全國鋼琴比賽中學生組冠軍，16歲至巴黎高等音樂院跟胡米耶學習。1990年他獲鋼琴與室內樂一等獎畢業，並以19歲之齡於第12屆蕭邦大賽獲得季軍（首獎從缺），從此開展國際演出事業。橫山幸雄天賦極高又勤學苦練，曾一天演奏完蕭邦全部212首鋼琴獨奏作品，創下世界紀錄，也曾多次演奏貝多芬鋼琴協奏曲與鋼琴奏鳴曲全集。他唱片錄音眾多，亦有編曲、創作與教學才華，是當今日本最重要的鋼琴演奏名家。

關鍵字 —— 山葉學校／教學法、巴黎、1990年蕭邦大賽、蕭邦（全集、樂器、普列耶爾）、貝多芬（鋼琴奏鳴曲）、傳統、分析方法、音色變化、彈性速度、教學、日本風格、古典音樂和社會、古典音樂創作、亞洲音樂家、日本美學

焦元溥（以下簡稱「焦」）：可否談談您學習鋼琴與音樂的經過？我知道令堂是鋼琴老師……

橫山幸雄（以下簡稱「橫山」）：是的，我們家裡也常播放古典音樂，從我有記憶以來就可說與它為伍。我5歲到山葉學校學習，但由於我在家觀察母親如何教和彈，等於已經學會了。小學一年級我進入山葉音樂振興會於目黑成立的資優班，週末上課。老師們花很多心血在有困難的孩子身上，但我沒遇到什麼困難，幾乎還是自己彈，仍然沒怎麼「學」。三年級起則到一些外省地方演奏，多年下來累積了豐富的上台經驗。

焦：您那時聽音樂，也會比較演奏嗎？

橫山：會，我從小就能分辨不同演奏，也有明確的喜好。比方說貝多

芬，我就喜歡巴克豪斯勝於肯普夫；巴赫，我喜歡李希特多過顧爾德。我不會去模仿，而是分析，思考他們演奏的道理，從中獲取養分，但想自己要如何表現。

焦：那時在日本學琴，除了山葉學校或私人教師，還有其他選擇嗎？

橫山：還有桐朋學院的幼兒班，但我不知爲何就去了山葉。那時山葉還有作曲比賽。山葉學校不教作曲，只是讓孩子發揮想像演奏，而我則從這個經驗開始摸索編曲與創作之道。這段時期我有很多珍貴回憶，像是到美國與維也納演奏，彈給羅斯卓波維契和卡拉揚聽……

焦：您其實是位神童嘛！

橫山：但我不希望大家這樣想，因爲這多少是把我當成一個表演。我小時候就滿自由，總是彈自己想彈的曲子，老師也讓我自由選擇。當然他們還是會給一些指定樂曲，我大概都是在上課前一天甚至當天才練，其他時間都拿來練我想彈的或思考創作。只是時間久了我就開始懷疑，我彈的究竟是不是我想要的？這樣繼續下去眞的可以嗎？要作曲總得學和聲與對位，不能一直即興下去吧？於是我在美國巡演完、進入中學後就停止演出，也離開山葉。後來我在中學生組的日本全國鋼琴比賽得到冠軍，這才給了我信心，讓我知道選擇音樂作爲一生志業應該可行。

焦：回頭來看，您怎麼看山葉教學法？這和小提琴的鈴木教學法有何不同？

橫山：鈴木和山葉都從兒童開始，但鈴木最終目的是培養演奏家，山葉不是，雖然到後期也有了變化，從俄國請了古諾絲塔耶娃來教學。現在大概難以想像，以前山葉每天可以賣出多少架鋼琴，財力有多雄厚！那時的社長川上源一先生有很好的想法，就原來死板僵化的教育

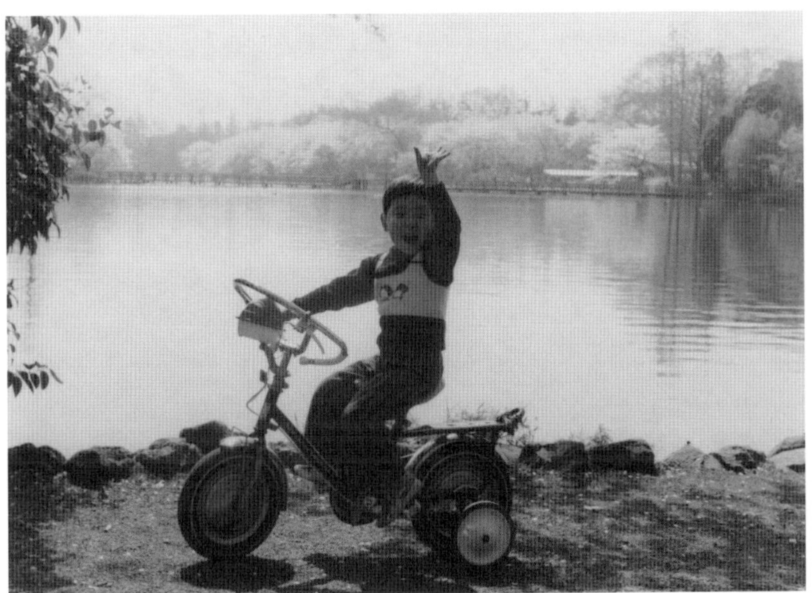

孩提時的橫山幸雄（Photo credit: 橫山幸雄）。

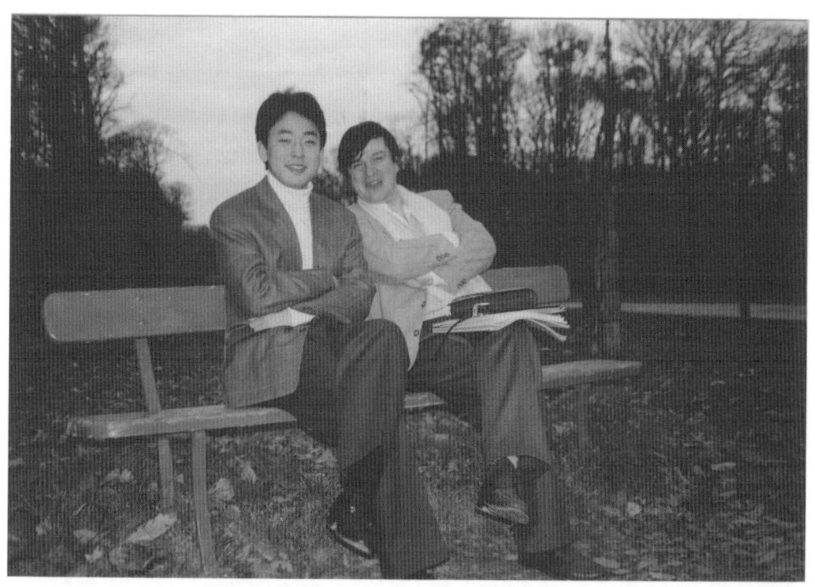

橫山幸雄與胡米耶教授（Photo credit: 橫山幸雄）。

方法做了很大的革新，讓孩子自然學習。不過他權力太大，如同山葉公司中的天皇，導致後來身邊聚了許多只說奉承話、討他開心的人。我那時年紀雖小，多少也感受到一點奇怪的氛圍。不過我是凡事都看正面的人，我仍然肯定在山葉的時光。

焦：後來您爲何去巴黎？在巴黎的學習又是如何？

橫山：我離開山葉後跟伊達純先生學習，他給我很多啓發，也不是會強加己見給學生的老師。他建議我該去音樂歷史悠久的國家深造，比方說法國，於是我進入東京藝術大學的附屬高中讀了一年後，就去巴黎高等音樂院跟胡米耶學習。他是很好的老師，巴黎是很美好的城市，能遠離父母，自己在此揮灑青春，眞的很幸福。我對那段時間最深的印象，就是下了課去吃晚餐，同時擁有音樂與美食。我每次上課都彈不同作品給胡米耶聽，沒重複過曲子，準備比賽也是如此。現在我在教學時常想起以前的自己，畢竟學生犯的錯我當年大概都犯過，會以同理心來解決學生問題，無論是技術上或是心理上。

焦：您的技巧相當精湛，我很好奇這是如何鍛鍊出來的？

橫山：其實從小到大，老師都沒有給我特別的練習方法，我也沒做特別技巧訓練。技巧是爲展現自己的內在而服務。我了解鋼琴的運作，了解自己身體的運作，自然發展下來倒也沒遇到什麼大困難。

焦：您在1990年以19歲之齡得到蕭邦大賽第三名（冠軍從缺），想必是轟動日本的大事。

橫山：由於前一屆得主布寧在日本造成熱潮，1990年的比賽也受到國內極大關注。那時泡沫經濟才剛破滅，企業和場館仍能大力支持藝文活動，我可說趕上了日本上世紀榮景的最後餘光。此外，我是首位在蕭邦大賽獲獎的男性日本鋼琴家，這也增添了話題，那段時間眞有彈不完的音樂會。

焦：也就在那時您決定要彈蕭邦作品全集嗎？

橫山：我想因爲蕭邦大賽，聽眾一定會期待我彈蕭邦，我本來也就喜歡蕭邦，因此他的作品不可能從我的曲目中消失。既然如此，我就一定要徹底理解他的音樂語言，最好的辦法就是學習他的所有作品。彈完全集之後，我已經不覺得「我在彈蕭邦的曲子」，而是「我在彈我寫的曲子」。樂譜是作曲家表現其內在的工具，只是紙上記號。僅看作曲家一首作品，多半只是在讀記號，未必能讀出弦外之音。然而若你研讀其多數甚至全部作品，就能超越這些記號而讀到其內在。如果再透過實際演出，你就可能將這位作曲家的語彙內化成自己的語言。

焦：全集呈現其實對聽眾也很有益處。

橫山：我看過一些蕭邦大賽得獎者的訪問，他們說對蕭邦已經厭煩，想改彈其他作曲家。但我想原因不是蕭邦令人厭煩，而是他們永遠只彈蕭邦的某些作品。這樣不只自己煩，聽眾也煩。因此我常舉辦一系列的蕭邦作品音樂會，希望大家能認識他的各種面向，也使自己保持活力與新鮮感。最初的計畫是照創作順序，每年在蕭邦生日與忌日各開一場，花了七年彈完他所有鋼琴作品。只是彈到後來，我已經忘記一開始是怎麼彈的。想想七年實在有點長，應該在更短的時間內呈現，這才有了後續嘗試，包括一天內彈完全集。

焦：您在2010年連續演奏蕭邦生前出版的166首鋼琴獨奏作品，創下金氏世界紀錄。您那時演奏的感覺是什麼？除了體力，最大的挑戰又是什麼？

橫山：那場音樂會從早上十點開始，結束時已是隔天凌晨二點，當然也是我彈過最長的音樂會。我們和朋友見面，吃飯、喝茶、玩牌、聊天等等，通常也不會這麼久。在如此長的時間內爲聽衆演奏一位作曲家的一生作品，眞的特別。隨著音樂會進行，我雖然逐漸疲倦但仍能演奏，而且我對音樂廳的音響與鋼琴愈來愈熟悉，也能說出愈來愈多的心聲。就像我剛才的比喻，如果你要和朋友說上十二個小時以上的話，你要說什麼？所以那場音樂會中有很多眞是「一期一會」的奇妙片刻。

焦：您恰巧在蕭邦人生的歲數（39歲）那年做此挑戰。當您彈到晚期蕭邦，是否有特殊的感受？

橫山：在39歲開這樣的音樂會，倒不是要模擬蕭邦人生，而是我對他的體會在之後必然有所不同。蕭邦可以在生活快樂時寫很悲慘的作品，也可以在人生後期寫出明亮而充滿玩興的作品。雖然身體不好，但他不會知道自己會在39歲那年死去；如果他知道，我想他的作品會變得很不一樣。他的創作一直在發展，只是人生突然在39 歲停止，這和布拉姆斯已實際進入晚年不同。現在我已邁向50歲，我更不覺得蕭邦有所謂的「晚期」。

焦：您在2011年繼續挑戰連續演奏蕭邦全部212首鋼琴獨奏作品，再次創下金氏世界紀錄。2019年5月，爲慶祝令和元年，您以連續3日奏完蕭邦包含歌曲、室內樂、與管弦樂合奏作品在內的所有240首樂曲，繼續寫下歷史。

橫山：當時沒想太多，覺得沒做過的事總是很有意思。等到實際執行，才發現這眞的如入地獄啊！（笑）

焦：不得不提的是這240首樂曲，除了室內樂，您全都背譜演奏，這究竟如何辦到的？

橫山：我很專心練習，演奏完也會立即分析優缺點，日積月累下來，背譜就容易了。我認爲要訣有兩項：第一，如果把樂曲當成需要翻譯的外語，那就像是讀英文或法文。但我能清楚看到和聲、對位、聲部、結構，因此像是讀母語，背起來自然簡單。第二，無論怎麼背，聽眾只看結果。即使能精準無誤地默寫，若無法順利演奏，那還是沒用，所以重點該是「輸出」。既然如此，那麼「輸入」的時候，就要一併思考用什麼方式「輸入」，才能比較無誤地「輸出」。

焦：您沒有遇過背譜困難嗎？

橫山：當然也有。比方說《藍色狂想曲》的和聲與技巧，對我而言就眞的像外國語。我長年合作的鋼琴技師說，我彈出一個「很拉威爾風」的《藍色狂想曲》——或許那就是我最後的解碼之道吧！

焦：您怎麼看蕭邦與其所用樂器的關係？

橫山：我感覺蕭邦的鋼琴寫作其實和他用的樂器關係不太大。當然他熟悉當時的樂器，但更是爲「鋼琴的本質」而寫，而這超越了實際樂器。我們不太能夠從蕭邦作品中感受到新鋼琴給他的影響，但新樂器對貝多芬就影響很大。青年蕭邦或許出於自我挑戰，作品技巧相當複雜艱深。等他成熟之後，雖然技巧仍然不容易，卻是爲了表現內在而寫。

焦：您如何看蕭邦《大提琴與鋼琴奏鳴曲》的鋼琴部分？這是蕭邦最後出版的作品，卻也是他難得會讓鋼琴家彈起來很不舒服的作品。

橫山：這種不舒服的感覺應該來自寫作與實際演奏的差距，雖然蕭邦的確也彈了它。我猜他寫這曲時內心想的速度比較快，實際合奏後又不得不放慢，一來一往造成扞格。另外此曲很多地方可以感覺是音樂概念重於執行方式。布拉姆斯也是如此。他是傑出鋼琴家，但其鋼琴曲很多地方實在不好彈。只能說對他而言，音樂想法、結構、作曲完整性等等比是否好彈來得重要。

焦：從蕭邦大賽獲獎後您就開始陸續錄製蕭邦，又在2010年以1910年製的普列耶爾鋼琴錄製了一套蕭邦獨奏作品全集。這套全集展現出二十世紀初期鋼琴極其美妙的質感，也讓蕭邦音樂煥發不一樣的光彩。可否談談如此樂器選擇？

橫山：我在巴黎居住時就有普列耶爾，對這廠牌的琴還算了解。我彈過1840年代的鋼琴，不知是木頭老化還是聲音聽起來就是如此，我並不習慣那樣的聲響。這架1910年的普列耶爾和蕭邦時代的琴已經很不一樣，但與今日史坦威相比又很不同，我從它得到很多演奏的靈感。比方說昔日鋼琴聲音沒有現在的平均，但由這種參差也可創造出獨特的藝術美感。我在2017年又發行了一張新的蕭邦專輯，因爲用音質很平均的史坦威，我必須想得很仔細，每個音都要規劃。用這架普列耶爾我就自由很多，演奏更有即興感。我的錄音方式也往即興感走：我在上野學園每月用這架琴開一場蕭邦獨奏會，隔天錄音，讓錄音多少帶有現場演出感。

焦：不只蕭邦，您的貝多芬也很出名，曾在29歲那年以10個月的時間演奏完他三十二首鋼琴奏鳴曲。這也是希望聽衆能有較完整的印象嗎？

橫山：哈哈，這其實是場館的決定！邀請我演奏的音樂廳說他們有筆預算做此計畫，但不知隔年如何，因此我若要接，就必須在一年內彈完！那眞是很大的挑戰，特別是我仍有其他曲目要練。但我告訴自己，如果能彈下來，這世上就再也不會有什麼讓我害怕的事了！幸虧那時還年輕，最後眞的做到了。

焦：貝多芬對您而言困難嗎？

橫山：從小蕭邦和貝多芬就是我最喜歡的作曲家，不過蕭邦很合我的手，貝多芬就不是，因此得花更多功夫去克服。此外，演奏貝多芬是特別誠惶誠恐的事，壓力比彈蕭邦要大。但藉由演奏他全部的鋼琴奏鳴曲、變奏曲和協奏曲，我的手已經適應他的寫作，也熟悉他的音樂語言，知道他爲何會寫下某些乍看之下很奇怪的指示，當然也就不再懼怕。

焦：日本人對貝多芬似乎特別尊敬。在2006年德國主辦的世界盃足球賽，日本隊不選比賽地點附近的城市訓練，反而挑不舉行比賽的波昂，就是因爲波昂是貝多芬的出生地。但我懷疑這樣的尊敬是好事：有次我聽諾靈頓指揮NHK交響樂團演出貝多芬《第八號交響曲》。這是一個很好玩，不停在開玩笑的曲子，聽衆卻沒有好玩的反應，團員演奏時的表情也很嚴肅，連演奏第四樂章都很嚴肅。

橫山：其實不只貝多芬，日本人對古典音樂基本上都是如此態度，貝多芬則是最被神格化的例子。當然古典音樂是一門精緻藝術，裡面雖然有娛樂的元素，本質上並非娛樂，我們應當用尊敬謹愼的態度來對待。然而尊敬過度，只會對欣賞形成障礙，再加上日本人又特別有禮貌，聽音樂都很守規矩，最後常常就是不敢有反應。以「尊敬有禮貌的心」、「嚴肅」演奏或聆聽貝多芬的詼諧曲樂章，簡直就是黑色喜劇。貝多芬的音樂常是挖苦幽默與嚴肅深刻並置，《槌子鋼琴奏鳴曲》就是最好的例子：他寫了那麼深刻、篇幅恢弘的第三樂章，第二樂章卻是一個短小的笑話。如果笑話沒有效果，深刻也就打折扣。我在解說音樂會中會先仔細介紹，至於一般音樂會就只能期待我們的聽衆可以更平衡，以嚴肅但不失輕鬆的心情來欣賞。

焦：您怎麼看貝多芬的「奏鳴曲」概念？這三十二首中哪首最不好理解？

橫山：貝多芬心中的「奏鳴曲」和我們現在的想法不太一樣，「奏鳴曲式奏鳴曲」是之後才整理出來的觀念。對他而言「奏鳴曲」可能只是指「多樂章」的作品，並不一定有明確定義。第二十二號對我而言是一個謎——這是一個玩笑嗎？作曲家是認眞的嗎？我起先把它當成玩笑來解釋，但很快就發現此曲不只如此。除此之外，其他倒沒有太大困難。

焦：您怎麼看貝多芬的表情記號指示？快板、慢板、行板之類的表情速度會隨時代而有根本性的改變嗎？比方說行板是走路的速度，身處二十一世紀的我們，走路的速度會和貝多芬一樣嗎？

橫山：表情速度可以相當主觀，因爲它是氣氛與情境，所以很個人化；因爲個人化，所以和時代可能無關。巴克豪斯說他年紀愈大，他感覺的演奏速度就愈快而非愈慢，但從他的演奏判斷，他其實愈老還是愈慢。這告訴我們主觀上他雖然覺得自己的速度變快了，實際上他的演奏速度「舒適區」也在改變，兩相折衝之下實際速度反而變慢。

焦：不只貝多芬與蕭邦，您也彈法國、德奧、俄國、現代等諸多創作，也有豐富錄音，是相當全面的鋼琴家。就一位來自亞洲的音樂家而言，您怎麼看西方積累多年而成的演奏傳統？我聽您的拉威爾《水戲》錄音，彈性速度仍遵照法式傳統。這是您的個人選擇，還是曾跟培列姆特學習之故？

橫山：我從錄音和學習中認識到許多傳統，而我取捨的標準其實是直覺，由直覺來發展我的風格。傳統如果不能說服我，又和樂譜有很大出入，我就沒有必要遵循。培列姆特是直接跟拉威爾學習的鋼琴家，跟他學拉威爾仍可說是學習作曲家的意見，雖然我相信其中必然也有他的個人想法。但像許多蕭邦傳統，我們眞有必要遵照蕭邦的學生的學生的學生的學生的意見嗎？更不用說兩百年前的演奏風格和現在已經相當不同了。

焦：什麼樣的作品對您會造成困難？

橫山：有些作品具有普世性的精神與情感，有些則和作者所處的環境緊密相連，外人不一定能完全參透。比方說蕭邦和巴爾托克雖然都是偉大作曲家，都有許多普世性作品，但他們也有創作偏向極其地域化的風味與情感，這對不認識那些地方的我而言就會顯得困難。在技巧上，有些鋼琴曲演奏起來並不合乎人體工學，或者是作曲者雖是鋼琴家，但他的手和我的差別太大，這當然也會對我造成困難。不過演奏家就是要克服困難，這是我們得不斷磨練的功課。現在和我最接近的就是蕭邦、貝多芬、一些法國作品，還有拉赫曼尼諾夫和一些史克里亞賓；音樂很喜歡，但技巧不太舒服的則是巴赫、舒伯特和布拉姆斯，再來是莫札特與舒曼。離我最遠的則是可以欣賞，卻不太想自己彈的楊納捷克和巴爾托克，非常泥土、民俗的作品。聽眾和評論都很喜歡我彈現代曲目，不過我彈的時候不見得都很愉快就是了。

焦：您教學講解精細，甚至會以某個音要彈幾克的力來說明。您的演奏也都有明確的句法和結構，我很好奇您的演奏美學？

橫山：我很喜歡分析，如果不當鋼琴家，應該會走科學。很多人說某曲子或某演奏「有感情」或「很高貴」，我都覺得如此形容詞很沒意思。就像葡萄酒有好壞標準，音樂是藝術，也是科學，曲子好不好與演奏好不好，絕對有客觀標準。既然有標準，那就可以分析，透過分析來幫助我們達成好的演出。我們聽以前大鋼琴家的演奏，能夠分辨出他們的演奏特質；如果我們分析其演奏，將所得輸入電腦，應該也能得到類似的演奏，就像我們可以藉由分析名家畫作而畫出類似作品一樣。

焦：可否具體介紹您的分析方法？

橫山：對於任何作品，我先演奏，聽彈出來的成果如何，然後用頭腦仔細思考樂曲，最後再想如何以鋼琴落實我的想法。就像我教學生必須先聽學生彈，再思考其演奏的問題，鋼琴音樂既然是可聽的，那演奏分析起來不外乎是音量、時值、右踏瓣和左踏瓣的使用。踏瓣有非常多層次，不只是右踏瓣有許多收放手法，左踏瓣也是。鋼琴家的頭腦要像超級計算機，演奏時不停計算。變項雖然只有四項，實際演奏時卻無法完全掌控，還是得依賴本能與感覺，這也形成音樂的妙處。不過能以分析之腦來審視演奏，好像永遠有一個人站在旁邊聽自己彈琴，這還是很受用。

焦：以這四個變項來說，您怎麼看音色控制呢？

橫山：以最基本的，明亮或厚實的聲音來說，鋼琴家的確可以創造出這種區別，但就鋼琴的物理原理而言，只彈一個音，沒有前後的音，這還能有區別嗎？結合前述四個變項，可以在一連串的音中創造音色變化。比方說如果低音音量較大，樂曲節奏較和緩，右手的聲音聽起來就會較沉重；低音音量較小，節奏較尖銳，那聲音聽起來就會比較亮。

焦：但照您這樣說，觸鍵本身並不重要？

橫山：觸鍵是琴槌擊打琴弦的時間控制。擊鍵快速則音量大，反之音量小，如果音量都一樣，那觸鍵本身造成的音色變化非常有限，是加上踏瓣與其他聲音的關係後才顯出音色的不同。讓我再強調一次：如果不用踏瓣，只彈一個音，我彈或是你彈，或一隻貓來彈，只要音量一樣，聽起來並不會有什麼分別。鋼琴家要計算所有變項，但演奏是要呈現算不出來的東西，爲聽衆創造幻象。

焦：但像霍洛維茲那樣，能彈出色彩變化極其豐富的聲音，同樣是一個弱音，他的聽起來就一定和我的在質感上有很大差異。

橫山：這就是他創造出來的幻象。你聽到的弱音不見得眞是弱音，是在一連串的音之中，他讓你聽起來是弱音而已。

焦：那您如何分析彈性速度？

橫山：彈性速度是一段旋律開始與結束之間的調配。但要討論彈性速度不能只看旋律，還要看節奏、音量、和聲等等的關係。比方說在和聲一級到四級的發展階段，如果樂曲此處音量小，演奏速度就必須快一些以加強音樂的發展性。這也和音樂語彙有關。比方說在旋律下行時，日本民歌裡會有速度變快或增強音量的表現方式，但在西方古典音樂的和聲語言裡聽起來就不對，需要特別注意。

焦：除了以這四個變項解析，您如何衡量鋼琴演奏技巧的好壞？

橫山：最好的演奏技巧應該能放鬆並運用自然重力，演奏時和音樂一起呼吸，手指移動經過仔細思考，以最經濟的運動達到效果。許多學生彈琴像是和鋼琴鬥爭，非常吃力又沒有效果，聲音更僵硬難聽，這就絕不能說是好的技巧。

焦：您從事教學已經很多年，這是您的興趣嗎？

橫山：這也和我喜歡分析有關。當我看到有人卡在某個問題，我就會想要找出原因並且幫忙解決，特別是思考出如何以他們能理解方式來解決問題。這對我的思考也很有幫助，即使我不曾遇到類似的問題。但教學對我而言，讓受教者變得更好只是目的之一，畢竟有些事能教有些不能，更重要的是我希望日本的音樂環境能更好。

焦：日本音樂界有什麼問題呢？我以爲古典音樂在日本已經非常普及了。

橫山：但還是不夠，而且需要更好的教育。在二次大戰前，古典音樂比較屬於某一階層的專屬，後來隨經濟發展才愈來愈普及。現今日本人尊敬古典音樂，但普遍認爲它高深困難，是社會裡一小部分專家才能欣賞的藝術。我認爲古典音樂屬於世界且必須扎根於社會。它當然不是只有某個階級的人才能欣賞，我們一定要拓寬它的大門，讓所有人都能接觸並有機會學習。但拓寬大門並不意味要降低水準，人人有機會學並不表示人人都能畢業，我們還是要致力於它的深刻與精彩，而不是讓古典音樂的旋律到處可聞就好。就像現在很多所謂的跨界音樂，水準並不高，從這樣的作品眞能認識古典音樂的價值嗎？總而言之，教育仍然是關鍵。

焦：現在日本的音樂專業領域如何呢？

橫山：和其他領域一樣，音樂界若要活絡發展，就必須有明星，而這明星必須有資格成爲下一代的榜樣。只是音樂家要忙於演奏藝術已經很辛苦，若還要從事教育與社會工作，實在分身乏術。許多大學音樂系老師一週五天在教學，加上系務，根本沒時間精進技藝。泡沫經濟破滅後演出機會大量減少，許多本來很有演奏能力的人也開始尋找教職，找到後演奏就開始退化。愈是退化，就愈害怕學生流失，抓學生抓得愈緊，導致學生也很困惑。有才能的人其實會自己找到出路，老師怎樣都沒差，但很多人還是需要好老師。如果學校裡充滿大量欠缺演奏能力的人在教人如何演奏，這實在不是好現象。

焦：以我幾次現場聆聽鋼琴比賽的經驗，我發現我頗能辨認出日本參賽者。即使他們也都不同，但多少仍呈現了某種「日本風格」——聲音很乾淨，但缺乏歌唱性的風格。有人認爲這是日文的語言特性所致，您的看法呢？

橫山：就一般情況而言，的確是有聲音彈得很乾，表情聽起來也較平板，和聲感不夠、沒有立體感的現象。我覺得這不見得來自語言，而是環境。和歐美相比，日本城市的居住空間很小，學生都在很狹窄、沒有什麼聲響空間的房間拚命練琴，結果就變成這樣。

焦：除了教學，您也做了很多和社會互動的工作，像是擔任廣播節目主持人，甚至開設義大利餐廳。

橫山：因爲我必須思考古典音樂和社會的關係。教鋼琴和教育聽衆都很重要，要培養下一代的音樂愛好者。我的義大利餐廳固然反映我對美食與美酒的興趣，我也在餐廳裡每月辦解說演奏會來推廣古典音樂。雖然這很花時間心力，但我相信未來一定會看到成果。也是這個原因我又開始作曲，透過創作和聽衆對話。

焦：就作曲的觀點來看，您怎麼看未來的古典音樂創作，擔心過古典音樂的未來嗎？

橫山：目前古典音樂的主流曲目，集中在十八世紀中至二十世紀中這兩百年的作品。之所以如此，在於二十世紀中期以後作曲開始往技術層面傾斜，但不見得持續反映人性情感，形成一種失根的作曲。時至今日，我想我們已窮盡了作曲的所有技法，現在能做的就是模仿之前用的技法，但讓人聽起來舒服，或是不舒服，或是發展新的音階，或是非常民俗。我認爲第一種最可行。或者我們可以在古典音樂演出中增加視覺素材。我知道現在有很多這種嘗試。我對此不感興趣，但我想這的確增加了溝通的方式，雖然有時也干擾了音樂。但無論如何，有多少人在從事古典音樂，古典音樂就有多少種可能。我不相信古典音樂會消失，因爲這是無可取代的藝術與藝術形式，希望我們能夠持續發揚它的深刻與美麗。

焦：您演奏西方作品時，是否意識到自己是以日本或亞洲音樂家的身分在詮釋？

橫山：從演奏中有時可以感覺到鋼琴家的背景，比方說米凱蘭傑利眞的給我義大利的感覺，席夫聽起來也有匈牙利背景，但我不覺得自己非常日本。這可能和成長環境有關。日本的古典音樂學習雖然只有一百多年，在我出生時已頗爲興盛。當我在法國學習，或之後去其他國家，除了語言，我並沒有感覺日本和這些歐洲國家有太大不同。我又一直住在東京，而現代化大城市其實大同小異。我在充滿古典音樂的環境長大，貝多芬、蕭邦、柴可夫斯基像是我的母語，我對雅樂、歌舞伎或演歌等等反而覺得很有距離，對它們的認識大概不比外國人要多。不過這也是個性使然，因爲以前家母有時會彈披頭四或美國鄉村歌曲，我聽了也不喜歡，就是愛古典音樂。

焦：但日本也有非常優秀的美學，而且能把西方事物以日本美學轉變成另一種風格。以威士忌而言，日本從蘇格蘭學習傳統做法，但又發展出自己的品味。日本各名廠的威士忌當然也不同，但基本上仍屬於同一脈絡，是蘇格蘭威士忌的延伸，和美國、加拿大、愛爾蘭等地相比就有明顯不同。生活在台灣的我對日本風格的法式甜點非常熟悉，甚至較法國的法式甜點更爲喜愛。如此例子會不會也可以是日本鋼琴家詮釋西方音樂的手法？大和民族強調準確與細膩，可否在古典音樂詮釋中形成一種好的美學？

橫山：許多法國鋼琴家彈貝多芬和舒曼不爲德國鋼琴家所喜，但我聽了仍然很喜歡；倒是德國鋼琴家彈的德布西，我多半難以接受。這中間的差異與其說是國籍、語言或傳統，不如說是敏感度。就像昔日俄國、蘇聯與現今俄國，這三時期的俄國鋼琴家其實都彈得不同，但若論及俄國音樂詮釋，就必須展現深刻的浪漫感，不能捨棄這最重要的關鍵。鋼琴家若沒有這種敏感度，那無論來自哪一時期，都不能詮釋好俄國作品。就這一點來看，日本人也是敏感度很高的民族，現在也是文化交流頻仍的時代，大家樂於接受融合美學。比方說日本的清湯（だしDashi）可做得非常繁複細膩，展現最敏感的飲食美學。現在歐洲人也知道清湯的功夫與日本料理之美，開始在他們的烹飪技術裡參考日本的作法。飲食如此，音樂爲何不可？面對俄羅斯和德國作品，我能以身爲日本人來彈，在不失作品原有風格的前提下注入我們文化中細膩精確的美學。當然搭配也很重要。清湯配烤肉大概不太合適，但烤肉的醬汁或許可以和清湯調配出新的味覺刺激。如果要用飲食來比喻，我希望自己能是最好、最高級、最美麗的日本料理。

焦：最後想請教您對未來的計劃。

橫山：我年輕的時候努力擴展曲目，幾乎彈了所有我想彈的作品，現在我要逐漸專注在我自己最有心得的作品上，雖然還是會學習新曲。貝多芬和蕭邦仍會是我的曲目核心，但對於之前彈得比較少的巴赫、莫札特、舒伯特、舒曼，未來我會補強擴大。我會持續演奏俄羅斯作品，但法國曲目是我心底最珍視、最寶貴的一塊，未來會更加探索。我維持一年錄一張CD的計畫，而2020年貝多芬誕生250年就要到了，我也會做好準備。在演奏之外，日本的音樂文化發展依舊是我關切的議題，希望未來能夠更好。

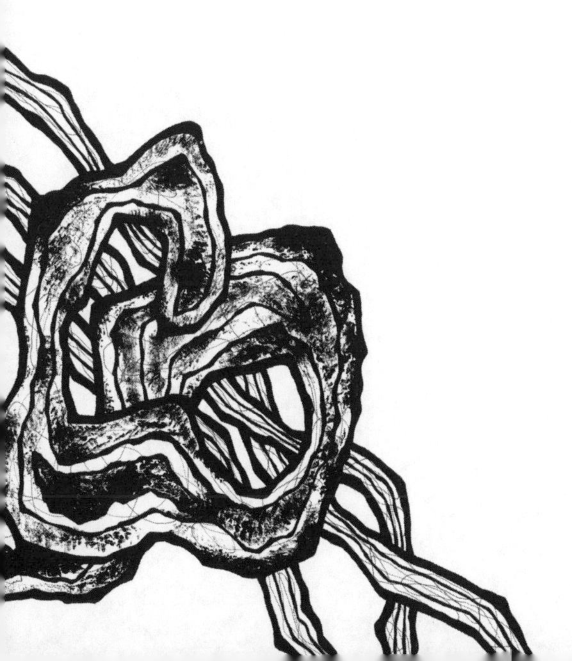

劉孟捷 1971-

MENG-CHIEH LIU

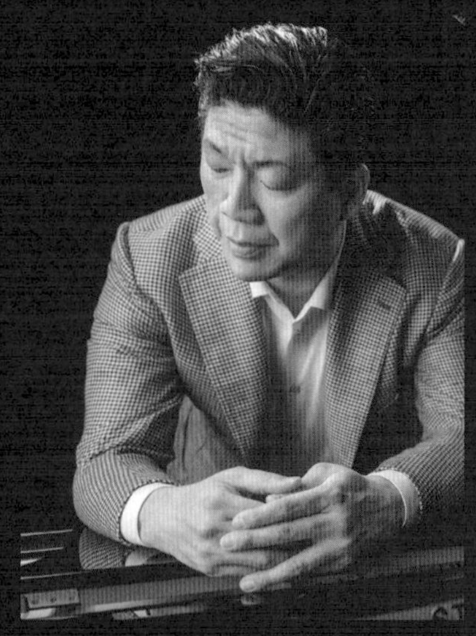

Photo credit: Chris Lee

1971年出生於高雄，劉孟捷師事李金里、宋允鵬老師，14歲進入柯蒂斯音樂學院跟波雷等名家學習，畢業前夕代替鋼琴名家瓦茲上場演奏，驚豔全場一炮而紅，並受邀在母校任教。正當演奏事業起步之際，突然罹患危及性命的罕見血管炎，全身癱瘓並被醫生預期「完全不可能再彈琴」。憑著堅強意志力和對音樂的熱愛，劉孟捷歷經苦心練習，終於成功重返音樂舞台，2002年更獲費城音樂基金會事業成長獎和艾維里・費雪職業大獎（Avery Fisher Career Grant）。他曲目寬廣，對室內樂也相當熱衷，目前爲新英格蘭音樂院專任鋼琴教授，持續在世界各地演出。

關鍵字 —— 宋允鵬、亞太鋼琴大賽、波雷、突破技巧瓶頸、人體解剖學和鋼琴構造學、美聲唱法、舒伯特、布拉姆斯（作品、技巧、詮釋）、鋼琴與民族音樂、巴伯、亞洲人學習古典音樂、文化根柢

焦元溥（以下簡稱「焦」）：可否談談您學習音樂的開始？

劉孟捷（以下簡稱「劉」）：我們家的情況很特別。家父家母都是師專畢業。家母主修鋼琴，卻在大專階段才學，以期未來教國小學生。我小時候最早的印象，就包括許多孩子到我們家學鋼琴。家父主修地理，但以體育成就聞名，是非常出名的籃球教練，得過全國十大傑出青年。他們對音樂與音樂家的生活不算了解，本來也不想讓我接觸音樂，是發現我會自己爬上鋼琴摸索旋律，對音樂也很有興趣，才栽培我往音樂發展。他們常說我小時候有兩件喜歡的事，一是水族館，二是聽音樂。只要經過唱片行，我就賴著不走，甚至趴在地上。不過等我眞正開始學琴，我已經6歲了。

焦：6歲開始也不算晚啊！您那時彈什麼曲子？

劉：我學得很快，不久就彈《小奏鳴曲集》，參加比賽後不久也開始得第一名，而這完全在我父母的意料之外。我讀高雄鹽埕國小第一屆音樂班，我的啓蒙老師李金里先生當然給過他們一些建議，但他們還是沒概念。現在回想起來，我真的覺得我父母很偉大。他們喜歡音樂，但對孩子的未來沒有任何心機，不曾要孩子去彌補自己錯過的機會，就是純粹支持而沒有一絲壓迫。

焦：後來您國一到台北念師大附中音樂班，跟宋允鵬老師學習。

劉：那是附中國中部第一屆音樂班。李老師建議我一定要去台北，至少比較有音樂環境，也推薦我跟宋老師學。宋老師很愛舒曼和李斯特，也給我彈很多他們的作品，包括舒曼《彩葉集》（*Bunte Blätter, Op. 99*）這類晚期作品。我跟他學的第一年就彈了李斯特《歐伯曼山谷》。現在想想這是很不尋常的選曲，但我練得相當投入。

焦：而您在國二彈了李斯特《但丁奏鳴曲》，還以此得到亞太鋼琴大賽（Asia Pacific Piano Competition）冠軍，那是什麼樣的比賽？

劉：那是給青少年的比賽，由好幾個國家的鋼琴協會集合在一起，每地先各自選拔選手，然後抽籤決定決賽地點。那年選在台灣，還在高雄辦，共有十六位參賽者。其實我國一已經得到出國資格，也考上柯蒂斯，本來沒有要參加比賽，但後來還是去了。

焦：您在柯蒂斯成爲波雷的學生，可否談談這位大師？

劉：我只跟他學了一年，他就退休了。後來我跟蘇可洛夫夫人、法蘭克還有霍霄夫斯基學習。那時波雷非常有名。他在那個年紀，還能以源源不絕的熱情和精力演奏。他教琴說得不多，但我從聽他的錄音和觀察他演奏學到很多：波雷動作不大，可是坐在那邊就是有種氣質，有難以言喻的魅力與磁場，讓我知道「鋼琴演奏家」是什麼概念。他的錄音雖然不錯，但實在抓不到他現場彈出來的聲音——我覺得直到現在，錄音技術都無法處理這種高度複雜精緻的觸鍵手法與發音方式。

焦：可否說說您印象最深的波雷演奏？

劉：他退休後還是很關心學生，在忙碌行程中仍會一年回學校一、二次，聽以前學生的演奏，然後爲大家開獨奏會。我印象最深的就是一場全「敍事曲音樂會」，他彈了葛利格、布拉姆斯《四首敍事曲》、李斯特第二號和蕭邦四首。那場票全部賣完，我們學生得坐到台上聽，而我就在他正後方，得以仔細感受他的專注與觸鍵。他的演奏既給人觸電的刺激感，又極其溫暖，好像有人柔和地抱著你。這兩種感覺理論上互相牴觸，但波雷就是能將它們奇妙地融合爲一。他人非常紳士、個性謙遜，彈琴幾乎沒有暴力的敲擊，這影響我很深。是啊，有話爲什麼不能好好說，一定要用暴力的方式表現呢？他的曲目設計也啓發我很多。波雷常用一些冷門作品表達情感與思考，像是馬克斯（Joseph Marx, 1882-1964）的《鋼琴協奏曲》。即使曲目是主流作品，他的編排方式也多半不同，一如那場全敍事曲音樂會。

焦：如果波雷的現場和錄音差距可以這麼大，您建議我們聽他哪些唱片呢？

劉：波雷很晚才受唱片公司青睞，這有點可惜，但終究是好事。即使唱片不能和現場比，他的錄音還是呈現了深刻且獨特的浪漫主義美學。大家都說他的李斯特很出名，但我倒是很建議大家聽他的冷門曲目以及法朗克專輯，那眞是展現他的偉大藝術。

焦：您還聽過哪些印象特別深的演奏？

劉：我13歲剛到美國就聽過阿勞，非常感動。15歲聽布朗寧彈巴伯《鋼琴協奏曲》也深受震撼，原來有人能把這曲彈成這樣。拉蘿佳有不可思議的聲音，心和音樂都很了不起，演奏有強大的魅力。即使是貝多芬《第二號鋼琴協奏曲》，被她一彈就興味盎然。有些演奏家我則是透過錄音認識，奧格東和布洛克（Michel Block, 1937-2003），後者眞是一號神祕人物啊！

焦：除了忙碌的演奏活動，您現在也於新英格蘭音樂院與柯蒂斯音樂院任教，在演奏技巧上尤其有心得，給予非常多年輕鋼琴學子技術指導，可否談談這方面的心得？比方說一般而言，演奏者通常在何時會遇到技巧瓶頸，又該如何突破？

劉：從小學樂器的孩子若熱愛音樂，也不害怕表達，那可以很自然地呈現音樂，不需知道任何關於技巧的專業訣竅，就能憑身體本能演奏。然而成長到14、15歲，這個狀態就會改變，很可能會遇到瓶頸。就像從小接受訓練的體操選手，成長到此時會發現身體變得和以前不同，柔軟度與靈活度慢慢下降。面對新的「肢體環境」，必須知道如何適應，方能走過關卡。有人天生有如此稟賦，很容易調適，有些人則沒有。老師要做的，就是幫助學生進入下一個階段，這樣才可能成爲鋼琴演奏家。不過教學有種弔詭，就是對於眞正有天賦的孩子，你也不能太去限制他們要做什麼，他們會發展，找出自己的路。但反過來說，這也表示你說得再多，他們也不見得會聽你的。他們會吸收你的話，但何時眞正轉化成可用的養分，那可眞是不一定，但不能強求。一來這時期的孩子通常叛逆，二來在培養可藝術人格的過程中可能也很徬徨不安，強求反而可能加重這種不安。

焦：您對技巧的定義是什麼？

劉：技巧是一種哲學，讓身體和世界以自然和諧的運用方式合而爲一。就像地心引力那樣，這不是任何人的發明，本來就在那裡，只是你要把它找出來。我總是跟學生說，知道你要什麼，然後以對你身體最有效率的方式達到它，這就是技巧。如果演奏者技巧有問題，無論是看外在或是聽聲音，通常都可感覺得出來。

焦：具體而言，您教給學生什麼？

劉：人體解剖學和鋼琴構造學。學生要眞正理解身體的運用法則，也要知道鋼琴構造，這樣無論技巧出現什麼問題，都能透過一定的練習方式解決。但最重要的是自己必須思考，要知道自己欠缺什麼。畢竟身體一直在變，就算青春期能幸運度過成長關卡，到30歲還會面臨關卡，45到50歲也會再遇到。一些演奏家之所以年輕時彈得很好，之後卻愈來愈僵硬，甚至大幅退化，原因也是如此。解決的方式不是時時找老師，而是掌握基本原理，自己思考實際應用，才能解決各種不同問題。

焦：不過我們也常看到一些很特別的演奏手法，聲音和動作甚至對不上，您怎麼解釋這點？

劉：動作和聲音一般而言是相連的，演奏音階、琶音、三度、八度、雙音等等，都有一定的方式。但如果練到某一境界，已經牢牢記住想要的聲音與其達到的內在規律，外在形式就不重要了。形式只是用來達到某程度的藝術的工具，如果你能超越形式，那當然不必拘泥。就像學芭蕾的時候必然講求形式，但練到最後，無論是舞者或編舞家，都可以超越形式。這種熟悉形式而技巧性地踰矩，往往能產生藝術上的爆發力，荀貝格《古勒之歌》就是這樣。雖然是浪漫派風格，但他用了那麼不尋常的音程，果然成爲千古名作。

焦：所以像霍洛維茲那樣的彈琴方式，根本學不來。

劉：他像是練到爐火純青的氣功師，好像隨便比劃一下都可以，實際上是外在形式對他已經完全不重要。扁平的手指大概是對他舒服的姿勢，但如果你照他那樣的手指去彈，根本不可能彈出他的聲音。當然他的鋼琴也有所調整，構造和一般的琴不同，兩者相輔相成，才能方便讓他用極不尋常的姿勢彈出那麼奇妙的聲音。我有幸聽過他兩次，包括在大都會歌劇院的那場。我坐最上層的位子，每個音卻都一清二楚，全場都被他的琴音緊緊抓住，眞是永生難忘的經驗。

焦：您對技巧這樣有研究，算是三折肱而成良醫，和病後復建的經驗有關嗎？

劉：我在生病之前就開始思考技巧了。這要感謝宋老師灌注給我的觀念，不能只埋頭苦幹，要客觀審視自己。我到柯蒂斯的時候對自己滿有期許，想成就一番事業。不是說要在18歲以前學好技巧嗎？因此我一直很在意，時時在想進步的方法。有次我彈蕭邦《第三號敍事曲》，朋友都讚美，我卻覺得很差。不知爲何，我第一次在音樂會完走回琴房，倒也不是爲了心安，就是想把它再彈一次。我發現這次眞的比較好，但爲什麼？有次我和朋友偸喝啤酒，之後練琴也比較好，爲什麼？我一直問自己爲什麼，一直試驗各種方法。我有兩次因爲找到一種新模式，於是停下所有練的曲子，從最基本的哈農《練習曲》和巴赫《二聲部創意曲》開始練，重新適應一套技巧模式。這些經驗讓我體會到更多技巧的運作道理，而且和以往學過的可以連結，只是現在知其然也知其所以然，不是只傻傻地練。

焦：所謂發現一套新模式，您是從其他鋼琴家身上看到的嗎？

劉：我對鋼琴技巧的很多想法，包括正確的發音方式，其實是從聲樂老師那邊學來的。當你把美聲唱法（Bel canto）的概念運用到鋼琴上——以最自然、最不壓迫的方式，從身體找出最佳協調組合歌唱——就會發現這其實不難，也是很健全的方法。當你以最自然放鬆的方式演奏，你會保有最豐富、有磁性的音色。這一套理解身體的方式，也可用到其他樂器。有不少小提琴家，甚至木管演奏家跟我學，最後也有很好的成果，即使我完全不會他們的樂器。

焦：但無論如何，在大病之後，您必須再次找新方法演奏。

劉：我現在教學最大的弔詭之處，就是我教的方法和我自己彈的，其實相當不一樣。我病後整個身體變了，怪到連看過我的所有中醫，都說從未見過如此離奇的脈象，當然也就無法用以前的方式彈琴。所以我示範時多用左手，至少它看起來比我右手要正常。但幸運的是我之前練得夠久夠勤，腦中還記得以前的聲音，可以尋找新方法再把它彈出來。所以對我而言，這場病是超越技巧的磨練，也是上天對我的考驗，考驗我對音樂是否真能付出，也考驗我對自己的理解。

焦：您復出的具體過程是如何？

劉：我1995年開始生病，隔年進醫院六個多月，出院後一個月又回到醫院，再出來已是1997年6月，馬上就想要彈琴，極其痛苦緩慢地開始練。我的右手特別嚴重，被爛皮沾黏，只能用第一、四、五指彈。我練了四個月後開刀把爛皮切除，開始用五根手指練，練到1998年1月可以彈一些德布西，但4月就能彈巴伯《奏鳴曲》和拉威爾《左手鋼琴協奏曲》等等。10月我在柯蒂斯開了復出獨奏會，繼續練到2000年，能彈舒曼《幻想曲》和拉赫曼尼諾夫《第二號鋼琴奏鳴曲》等新曲子，這下子我終於覺得對自己狀況比較有把握，算是熟悉現在的身體。於是我再開刀，把鋼釘打入右手手指，讓它固定。親朋好友看到我這樣，都於心不忍，叫我不要這麼急，可是我的個性就是不想被擊倒，想爭一口氣。

焦：您以不可思議的毅力回到舞台，非常令人敬佩。不過請容我說實話，我覺得您這段時間的演奏雖然光彩奪目，但似乎太外炫。

劉：我同意你說的。那段時間我其實也很苦，真的就是想證明我還活著、還能彈、手還是可以動很快、能征服艱難曲子。這樣彈了好一陣子，我知道這不是我要的，不是我心裡的聲音。我身邊有些很好的朋友，就像你剛才說的，以前他們也說：「孟捷，你彈得很好，但我聽不到你的心。」聽到這種評語，說高興當然不可能，但我也沒有排斥，覺得朋友就該無條件挺我，而是去想爲何他們會說這樣的話。我徹底反省了一番：以前我像盒子裡的老鼠，循著乳酪的味道在迷宮裡走，只要能吃到乳酪就好。但現在我告訴自己，就算走出迷宮、找到乳酪，如果這乳酪不夠好，那也不值得吃。以前我會在乎技術展現，但現在要彈，就只在乎藝術品質，必須是從心裡發出來的音樂。

焦：於是您決定演奏舒伯特全部的鋼琴奏鳴曲。

劉：我16歲已經彈完德布西和拉威爾的多數作品，以爲自己會成爲法國音樂專家，對貝多芬和舒伯特都沒什麼興趣。但當我經歷過這些再沉澱下來，我開始聽到這些曲子跟我說話，能體會這種音樂的好。舒伯特作品的素材組成很簡單，不過是許多音階與琶音，可是這些音階與琶音怎麼來又怎麼去，如何專注在相似材料，讓它發展40多分鐘卻使人不覺沉悶，這眞的一點都不簡單。安德謝夫斯基是我的好朋友，我從他身上學到很多。他就是找出自己心聲，也專注於自己心聲的人。都說要炫技才能驚人，但他一點都不炫技，一樣走出自己的路，有很好的演奏事業。他彈《迪亞貝里變奏曲》，超過60分鐘的演奏，完全沒有任何專注力的破口，這是怎麼辦到的？我回到東方思想，像打禪一樣自我訓練。我花了很長時間才眞正認識自己的心，聽到自己眞正的聲音。現在回頭看，過程很痛苦，但最後發現這苦裡其實有祝福。不能說苦盡甘來，但苦中確實有甜，有讓我深深感恩的一面。

焦：在舒伯特之後，您又專注於布拉姆斯鋼琴作品全集，可否也談談這個轉折？

劉：舒伯特有時候很缺愛，極其渴望被愛。那形成一種心情，有時也是一種態度，然而布拉姆斯給的卻是無條件、毫無保留的愛。我需要透過舒伯特訴說心聲，但也不想無法自拔，需要布拉姆斯將我帶出來。我每次演奏他，都覺得沐浴在愛心的能量裡，被他安慰並治癒了。我和布拉姆斯的緣結得很早，很小就彈過他不少深刻且困難的室內樂，能體會他的高深，在心裡埋下種子。我在出院後重新練習技巧的那段時間，我很快就想到他的《六首鋼琴作品》（Op. 118）。布拉姆斯把他對人生和愛情的失落全都寫在裡面，而經歷了這一切的我，突然明白了那種失落，覺得可以透過它來說我自己的話。就這樣從《六首鋼琴作品》開始，我愈彈愈多布拉姆斯，也愈來愈確定這也是能講出我心聲的作曲家。他的作品裡有那麼多糾結的情感，無法用字面解釋，這都和我的內在共鳴。隨著對他的了解愈來愈多，我也必須說，這是一位人格高尚，令我敬佩尊重的作曲家。鑽研他的作品，我在各方面都獲得很多。

焦：您怎麼看布拉姆斯爲鋼琴曲命名的方式？那些稱呼眞的有意義嗎？

劉：這很模稜兩可，但還是能找出一個方向。每位作曲家都在找自己的代表字，找獨一無二的表達。蕭邦就是重新定義曲類的大師，想到他就會想到「夜曲」、「敍事曲」、「詼諧曲」這些被他寫得完全不同於以往的曲類。布拉姆斯也一樣。他的「狂想曲」雖然充滿幻想、音調活潑，但都極爲嚴謹，絲毫不隨便。顯然他要告訴世界，他心裡仍是古典與傳統規範，能以最縝密的筆法來「狂想」。他的「敍事曲」無論是作品118-3還是119-4，都可追溯到最早的《四首敍事曲》。那像是孤獨的維京人，在蒼茫大海流浪，雖然懷念故鄉，卻仍有要爲這個世界成就什麼的豪情壯志。至於「間奏曲」，眞的是布拉姆斯的招牌。他用音樂來寫詩，說自己最祕密的故事。

焦：布拉姆斯作品常出現「大調開始但小調結束」的不尋常結尾法，而且都是在最後突然從大調轉成小調，和蕭邦從小調突然扭轉成大調的收尾有異曲同工之妙。您怎樣看如此音樂語彙？

劉：關於這點，蕭邦和舒曼幫助我了解布拉姆斯。他確實也受到蕭邦和舒曼的影響，但樂曲寫作極其嚴謹，聽布拉姆斯像是在聽曲式學。因此演奏布拉姆斯如演奏蕭邦，如何找到情感流暢的講述法就至爲關鍵。像布拉姆斯的變奏曲寫得何其嚴格，而且都有長大恢弘的情感鋪陳，每一變奏都是大整體的一塊。演奏布拉姆斯，無論是大格局的營造，或是小段落情感陡然翻轉的效果，詮釋者都必須想得淸楚且找到有效的表現方式，這眞的不容易。

焦：說到大格局，您怎麼看他的三首鋼琴奏鳴曲？這是他18到20歲之間的創作，而布拉姆斯雖然日後爲其他樂器寫奏鳴曲，卻再也沒回到鋼琴奏鳴曲。

劉：布拉姆斯一直寫到作品120的兩首單簧管奏鳴曲，可見他不是不想寫奏鳴曲。鋼琴是他自己的樂器，他又彈得極好且別具心得。我覺得他對鋼琴有不同的期待，要用這個樂器呈現他的藝術進展，如何在很短的篇幅中說很多的話，還常常是悄悄話。這三首奏鳴曲展現了他年輕時期的企圖心。我們可以聽到貝多芬的影響，比方說第一號就可見《槌子鋼琴奏鳴曲》的身影，但布拉姆斯呈現的面貌很多元，對貝多芬不是單純模仿，而是以尊敬的心尋找自己的路。這三首都和詩有關係，展現作曲家以音樂聯繫文學的用心。第三號是他見了舒曼後短短幾個月內寫成的，規模宏偉像是微型歌劇，就連貝多芬也沒寫過五樂章的鋼琴奏鳴曲。此外，第三號在原來的草稿中，並沒有後來在第五樂章出現的F-A-E（自由但孤寂）主題，可見他頭腦非常靈活，能快速構思，在在顯示這是才華橫溢，發展無可限量的作曲家。

焦：您怎麼看第三號的第二樂章？每次聽它，我都無法相信這竟然出自20歲的青年之手。但話說回來，每次聽第三樂章，我雖可以感受到年輕人的衝勁，但也會想起如此情感其實一樣出現在他的晚期作品，好像這人年輕時就老了，老年時又有永恆的青春。

劉：布拉姆斯的早熟，只能說是一個謎。他出身困苦家庭，又必須早早社會化，卻成熟得那麼有深度，音樂裡無論歡樂或孤獨，總是充滿了愛。這個第二樂章像是告訴我們，如何用最適當的方式去愛一個人，又如何妥切描述這樣的愛。第一、二號的第二樂章就沒有這麼好表現，有點曲折。深度的確在那裡，但要如何將其釋放出來，就是詮釋者的任務，但我喜歡這樣的挑戰。

焦：那演奏技巧呢？布拉姆斯寫出不少鋼琴曲目中數一數二的難曲，但有些技巧似乎不近常情，像《帕格尼尼主題變奏曲》第二冊第十一變奏，手像兩隻螃蟹一樣在琴鍵上奔跑，但那種音型除了布拉姆斯在《五十一首練習曲》（*51 Übungen*）的第二十九曲以外，大概也不見於之前的作品——這種技巧真的實用嗎？

劉：其實他的技巧都很合理、非常鋼琴化。你說的這段之前雖然沒人這樣寫，但如此技法可以套用到其他作品，練它絕不會白費功夫。布拉姆斯的技巧練習是哲學上的概念：當你看到某些音型，根據以往所受的訓練或直覺，通常會用某種彈法。但布拉姆斯教你另一種乍看之下很奇怪，實際上卻更好、更能解決問題的方法。比方說我們看到某右手連續琶音音型，當下一定是用固定指法去彈，右手拇指永遠回到那和弦中固定的音。但布拉姆斯常常不會這樣做，逼你拇指得在不同的音上。這看起來很麻煩，但有他的道理，可以讓你不會被傳統框住，手的可及範圍也變大。像作品119-4的〈狂想曲〉，若照樂曲的和聲脈絡，你無法用傳統彈法演奏裡面的琶音音型，但換個方式就海闊天空。這和柴可夫斯基那種常只以作曲思考，導致很不鋼琴化的寫作不同，布拉姆斯仍是對鋼琴了解極深的作曲家。

焦：布拉姆斯在音樂組織上也總是逼人去思考。像您提到的〈狂想曲〉，第一主題可以用二去分也可以用三去分，也在訓練演奏者要同時看不同分句，體會其中節奏設計的奧妙。

劉：正是如此，他用作品逼你去思考技巧與指法，也要你去想音樂與作曲的道理。一旦你能看透他的想法，就會知道如何練習，也會得到豐碩的收穫。我比較有意見的反而是蕭邦：蕭邦當然懂鋼琴，但他的技巧有時候是爲了服務他的手。比方說作品10-1的《C大調練習曲》，他彈沒有問題，別人來彈就像是表演特技。

焦：蕭邦說練了這首練習曲，手會變得有彈性，他是以這曲幫助大家獲得有彈性的手。

劉：這話不假，前提是必須掌握練習的方法，以正確概念演奏，否則等於是把自己的手硬放到蕭邦的手裡，砍了腳跟去穿灰姑娘的鞋。作品10-2的《A小調練習曲》如果不知方法硬練，大概得去看整骨師。

焦：那李斯特與拉赫曼尼諾夫呢，還有德布西與拉威爾這一脈？

劉：李斯特的技巧體系很自然，讓身體與鋼琴共鳴。雖然曲子難，就技巧而言沒有奇怪的地方，能適用到各種作品。拉赫曼尼諾夫有時需要大手，但他音符多的地方反而不需要，所以手小的人也可彈好。他的難點在於音型到處跑，手和腦子必須跟著跑才行。德布西的技巧也很自然，到最晚期的《練習曲》也相當合理，但他的難在於對聲音的控制與要求。至於拉威爾，他知道什麼很難，還會故意測試演奏者的極限。〈水精靈〉的右手音型當然不自然，當然難。有鋼琴家演奏給他聽，他甚至說：「其實你彈顫音就可以了。」表示這段音樂上的意思其實兩者相同。但他畢竟是極高明的作曲家，完全知道其音樂和音響的效果。而且雖然拉威爾要求很刁鑽的技巧，但不會要你做無意義的事。練他雖然辛苦，但總是值得。

焦：您的全集演奏會暫時劃下句點，接下來的計畫呢？

劉：經過這段「瘋狂」挑戰之後，我接下來暫時不會再做「作曲家全集」的演奏，而會廣看各個作曲家。我彈的作品本來就算廣，我也很好奇以我現在的視野，我會彈出什麼樣的音樂。我對蕭邦和舒曼都很有熱情，或許到了該回到他們身上的時候了，但無論如何我會花更多心力演奏當代音樂。這個世代仍然有傑出作曲家，很多優秀作品大衆卻完全不知道。如何了解並彰顯它們的價值，這是我們演奏家的責任了。此外我對鋼琴與民族音樂的結合也很有興趣。我近幾年和北京的紫禁城民樂室內樂團合作，委託許多作曲家創作，爲當代音樂找新的聲音。我對民族音樂的興趣不只是和當代有關，也可追溯到過去。比方說「匈牙利主題」或「吉普賽主題」，從李斯特、布拉姆斯等十九世紀作曲家，一直到巴爾托克與當代，看其中的發展、傳承、誤解與融合，實在很有意思。民族音樂很能表現作曲家的心聲，我也從中得到共鳴，或許可以探索出不同的觀點。

焦：您會演奏更多巴伯作品嗎？您的巴伯《鋼琴協奏曲》極爲精湛，而我很期待您能錄製此曲和他的《鋼琴奏鳴曲》。

劉：我幾乎彈了巴伯所有的鋼琴作品，對他的感想有些複雜。他的《夜曲》很實驗性，我很喜歡，《郊遊》（*Excursions*）也是我常彈的傑作。其他作品也都有好想法，但銜接方式時有不夠自然的問題。《鋼琴奏鳴曲》非常精彩，把序列技法放到浪漫語彙中表現，不過隱然有種試圖證明什麼、過分用力的感覺。《鋼琴協奏曲》當然也精彩，第一樂章中間卻也有素材發展過於賣力，消耗過多而產生的疲乏感。指揮和鋼琴家必須很緊湊並小心處理，才能讓這段聽起來不致機械化。我彈過《紀念》（*Souvenirs*）鋼琴獨奏版，還是覺得原本的四手聯彈版比較好。不過無論如何，他是值得多被演奏的作曲家，很多歌曲堪稱精彩絕倫，希望大家能多認識他。

焦：最後，可否談談您這些年來的教學心得，特別是亞洲人的古典音樂學習？

劉：這幾年下來，尤其在接了新英格蘭音樂院的專任之後，我特別有些感觸。現在能考進美國頂尖學院的鋼琴學生，幾乎都是中國人。若擴大到亞洲或亞裔學生，那比例更高得驚人。這不是說美國小孩不學古典音樂或鋼琴演奏，而是他們在同一年齡而言，競爭力比不上中國孩子。很多人說中國人口眾多，本來就會出人才，但我覺得不盡然如此。畢竟，教育與訓練仍是關鍵。

焦：在台灣也能打非常好的底子，但容我冒著以偏概全的風險來說，我發現15到18歲這關鍵時期，台灣似乎就是不能給予好的學習環境。我們起點並不輸人，拿到國際上也毫不遜色，爲何走到後來卻慢了甚至停了腳步？

劉：這不單是台灣的問題，而是亞洲整體的問題，我覺得關鍵是文化。即使在可謂全球化的今日，最深處的文化根柢仍然不會因爲網路和交通的便利而消失，而東西方確有不同之處。要成爲好的音樂家，必須要有跨越文化，進而理解不同文化的能力，如此能力和人格培養又有極大關係。如果在人格發展的關鍵時期，就能接觸截然不同的文化，體會截然不同的生活方式，這應該能夠培養出良好的適應能力，而這終究會反映到音樂表現。否則最初可能只是一點點侷限，但失之毫釐就差以千里。我並不是說台灣孩子一定要出國學習，而是當我們知道癥結爲何之後，可以設法在台灣就給孩子這種能力，從根本解決問題。

焦：您說的甚是。台灣社會愈來愈多元，但我們是否對不同文化、社群與族群都予以尊重？有沒有將心比心的同理心？我們對社會上的不同角落，究竟了解多少？這些都可在日常生活實踐，由小可以見大。

劉：不過我也要補充，在台灣學音樂，壓力大誘惑也多，很難讓人專心。這是另一個需要深思的問題。但還有一個嚴重問題，就是教育方式。東亞教育太講求「正確答案」：考試都有正確且唯一的解答，學

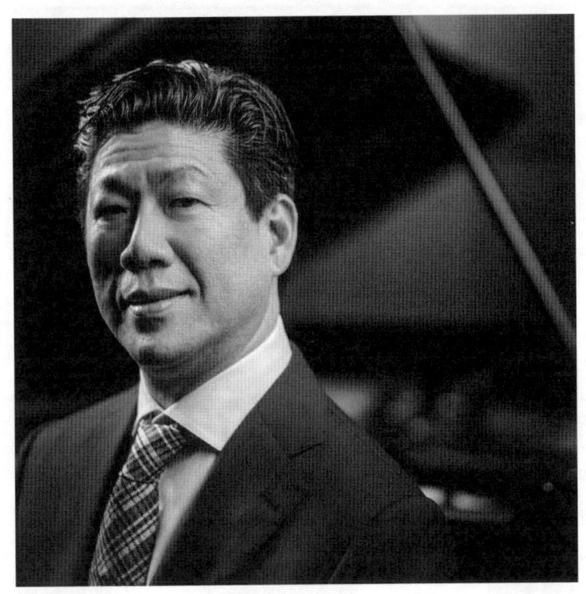

浴火重生的劉孟捷，演奏與教學都更上層樓（Photo credit: Chris Lee）。

生只要背對答案就覺得自己會了。很多學生把音樂也想成這樣，覺得我只要用什麼速度彈到什麼音，那就「得分」，殊不知這和演奏的道理無關，更與藝術無關。東亞文化有很多很精彩的內涵，但這種考試方式往往鼓勵被動式學習，而非積極主動獨立思考。說到底，音樂是文化，演奏者若只對音符有興趣，卻對音符背後的音樂沒興趣，那眞沒辦法當音樂家，更不用說成爲藝術家。

焦：您對台灣學生有特別的期許嗎？

劉：我來自台灣，自然希望台灣能夠再出幾位揚名世界的大演奏家。重點不見得是要揚名，畢竟這有運氣的成分，但希望台灣的音樂家能有這樣的實力，國際上能聽得到台灣音樂家的聲音。我們有能力，但必須積極，也要認清環境問題並興利除弊。

紀新　1971-

EVGENY KISSIN

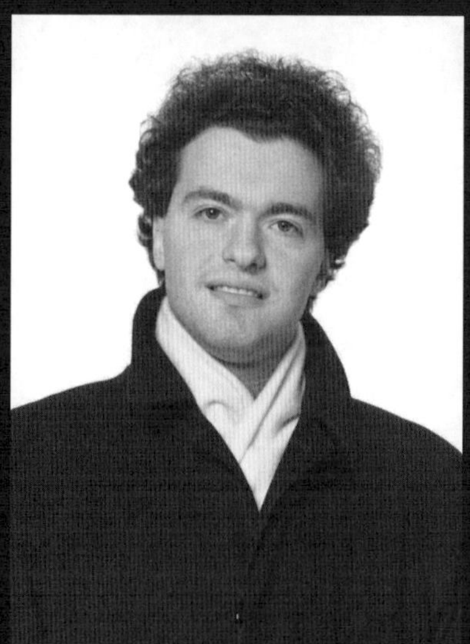

Photo credit: Bette Marshall

1971年10月10日出生於莫斯科，紀新6歲至格尼辛學校跟康特女士學琴。12歲半在莫斯科一晚連演蕭邦兩首鋼琴協奏曲，轟動樂壇。17歲與卡拉揚和柏林愛樂合作柴可夫斯基《第一號鋼琴協奏曲》，19歲與梅塔與紐約愛樂合作蕭邦兩首鋼琴協奏曲，並於卡內基音樂廳舉行獨奏會，從此成爲最具知名度的鋼琴巨星。1997年他於倫敦逍遙音樂節舉行其百年歷史中首場鋼琴獨奏會，吸引六千多名觀衆，盛況空前，同年獲頒俄國凱旋獎（Triumph Award），爲該獎最年輕得主。紀新技巧精湛又努力不懈，世界各大音樂廳與樂團競相邀請，爲史上罕見的音樂奇才。

關鍵字 —— 康特、蘇聯共產制度、家庭、俄國鋼琴學派、技巧、吉利爾斯、蕭邦兩首鋼琴協奏曲音樂會、名聲、蘇聯反猶主義、卡拉揚、柴可夫斯基《第一號鋼琴協奏曲》、錄音規劃、蕭邦、梅特納、詩歌、音樂會評論、獨奏會準備、曲目規劃

焦元溥（以下簡稱「焦」）：您從小就展露出非凡的音樂才華。除了有絕對音感，您11個月大就不停唱所有聽到的旋律，2歲就能在鋼琴上彈奏旋律與即興演奏。我很好奇您的家人如何看待這樣的才華？

紀新（以下簡稱「紀」）：家母就是鋼琴老師。家父是工程師，20多歲的時候也彈手風琴。雖是業餘水準，但他對音樂也很熟悉與喜愛。他們原先沒有想栽培我當音樂家，因爲我姐姐也學鋼琴，他們知道音樂實在是條辛苦的路。但當他們發現我的天分，自然就讓我學音樂。

焦：不過既然有這樣罕見的天分，爲何您到6歲才開始學呢？現在很多孩子從3、4歲就開始學琴了。

紀：其實5、6歲是一般俄國小孩開始學音樂的年紀，6歲開始並不算晚。在6歲前，我就是自得其樂地彈任何我聽到的旋律，像是我姐姐的演奏、唱片、廣播等等。

焦：您進入格尼辛音樂院後跟康特女士學習，她也是您至今唯一的老師。她當時怎麼看您這樣的學生？

紀：其實，一開始她頗猶豫，不知道要不要教我。因爲我那時雖然不會看譜，也沒受過訓練，卻已經能憑聽力，在鋼琴上彈出柴可夫斯基《胡桃鉗》、蕭邦《第三號敍事曲》、李斯特《第十二號匈牙利狂想曲》等作品片段。她很驚奇，但也擔心正規的學校教育會降低我對音樂的興趣，畢竟很多練習相當枯燥。不過我母親卻說服她，說我總是對新事物感到興趣，更何況這是音樂學習，於是康特女士便開始教我。

焦：這眞是極具智慧的思考。

紀：康特的確是非常有才華、有技巧，也很正直的老師，我所知的一切都來自於她。她把一生奉獻給教學，雖然沒有成家，但她永遠說：「我是許多孩子的媽媽。」這是眞的，因爲她待我們就像是一位母親，總是關心學生的一切；不只是鋼琴演奏和音樂學習，她更關心學生的人格發展與品行。

焦：我記得有次我們討論到某鋼琴家的演奏，您說您小時候對他的第一印象是：「這人一定很壞！聽聽他那粗暴的音色！」現在我知道原因了。

紀：康特女士永遠對我說：「如果你是品行不端的人，你的音樂就會聽得出來！」這點我永遠謹記在心。不幸的，是在我出生與成長過程中所經歷的蘇聯共產制度，實際上普遍鼓勵人發展劣性，而藝術家尤爲顯著——在這種環境下，爲了要在生活或事業上成功，許多音樂家自甘沉淪於謊言和虛偽，賄賂上級，甚至為祕密警察工作。若想深入了解這些可怕的事實，大家可在阿胥肯納吉和韋許妮芙斯卡雅（Galina Vishnevskaya, 1926-）的傳記中見到種種詳實描述。我很幸運，在我青少年時期，蘇聯共產暴政正緩慢但註定地走向衰亡，我也因此得以避免受到許多屈辱，或是如許多前輩所被迫遭遇的，將靈魂賣給魔鬼的誘惑。

焦：康特女士現在還常給您演奏上的諮商建議嗎？

紀：是的。她當了我這麼久的老師，表示她比任何人都要了解我的藝術表現，也讓她的建議獨一無二且珍貴。

焦：令堂也是鋼琴老師。在您的學習過程中，她是否也曾教導過您，或提供對詮釋的建議？

紀：就正式定義而言，家母沒有教我鋼琴，但她仍如一位良師般影響了我。每當我演奏一套新曲目給康特女士聽，她總是請我母親也來；當我彈完，康特女士的第一句話一定是：「艾蜜麗雅．雅若諾芙娃（Emilia Aronovna），你的感覺如何呢？」她總是很看重家母的評論。當我為即將到來的音樂會選琴，康特女士都會在音樂廳一角坐定，家母則到處走動，兩相比較音響效果。但這些都是其次，真正重要的是家母不但賦予我生命，更將她的一生奉獻給我姐姐與我。這世上不會有任何人會像家母一樣，為我和我的幸福著想。無論以任何標準而言，我都可以很客觀的說，家母是我最好也最親密的朋友，是我永遠可以信任並倚靠的家人。

焦：開始學習時，康特女士如何引導您進入音樂世界？

紀：我想你得去問她，哈哈，畢竟我只有她這一位老師，無從比較不同教法。我在學校的第一年過得非常輕鬆，課程對我而言相當簡單，每天只需要練20分鐘而已。我第二年每天練將近1小時，其他時間我則隨興彈，把彈琴當成娛樂。到了四年級，我開始一天練4小時。在我的學習中，天分是自然發展，不是強迫壓榨。康特女士的教法中有一點值得特別提出，就是她從不示範。她希望學生能獨立思考，而非模仿。

焦：康特女士曾跟誰學過呢？

紀：她在中央音樂學校跟克絲特娜（Tatiana Kestner）學，她是郭登懷瑟的學生。二次大戰時中央音樂學校撤到潘薩（Penza），她繼續跟學校中另一位老師波波薇琪學。最後在莫斯科音樂院，她跟夏茲克斯（Abram Shatzkes, 1900-1961）學習，他是梅特納的學生。

焦：所以您可說銜接上俄國學派的輝煌傳統。您如何看以往的四大分支呢？

紀：我不能給你很明確的答案。我知道我屬於這個傳統，也從小耳濡目染於這些名家的故事與觀點，可能在潛移默化中受到影響，但這已經不是我的時代，我也未能親炙他們的教導。另外，雖然這四人相當不同，試圖一般化他們的教學則相當危險。就我所知，這四大名家都沒有區隔彼此的意圖。康特女士曾告訴我，紐豪斯會建議他的學生去聽芬伯格的巴赫演奏法以及郭登懷瑟的貝多芬詮釋。那時這些都是公開課，任何學生都可以去聽，包括非鋼琴主修的學生，老師之間也沒有孤立對方或自成門派的意圖。

焦：離開俄國多年，您怎麼看現在的俄國音樂教育？

紀：音樂教育還是由國家支持，但現今能給的薪水實在可憐，導致老師必須另闢財源，許多學生和老師都無法專心於音樂，相當可惜。更遺憾的是俄羅斯不像捷克、匈牙利、波蘭、立陶宛、拉脫維亞、愛沙尼亞等國，共產政體爲民主制度和資本主義取代，反而成了賊治國家(cleptocracy)——貪腐、專制的賊盜統治了俄國。

焦：您擁有極爲驚人的演奏技巧，可否談談這是如何發展的？

紀：我從來不做技巧練習或特別手指訓練，像是音階練習等等。我只是練我所彈的曲子，克服其中的技巧難點以符合音樂的要求。我一向把技巧視爲實現音樂的工具，而我爲實現音樂而奮鬥。很多人覺得我有天分，卻沒看到爲了實現心中的音樂，希望把每個音都彈到自己的理想，我是多麼努力認眞地練習。

焦：您這麼有天分，還是勤於練習，情感表達也不曾顯得疲倦。您如何達到內心感性抒發與日常練習間的平衡？

紀：我不知道。我想我從未失去對音樂的熱愛，無論我練習多少。我就是專心於音樂，專心做好我該做的事。

焦：您希望在演奏中呈現自己的個性與情感，還是希望能偏向理性與解析？

紀：我不這樣看我的演奏。我是帶出音樂中的美麗、豐富、深刻與偉大的特質，就音樂本身來思考、演奏。如果這音樂就是如此，我只是忠實呈現它而已。

焦：您以天才神童成名，到現在很多人對您的第一印象還是「天才神童」。

紀：我已經習慣了。套句俄國人的說法，你也可以叫我「鍋子」，只是別眞的把我放到爐子裡就好。但無論天分如何，我不變的是持續努力、追求進步。藝術眞如逆水行舟，不進則退。除了努力，我沒有第二條路可走。

焦：完成格尼辛的學業之後，您可曾想過到莫斯科音樂院學習？

紀：康特女士希望我能跟吉利爾斯學習。從一位我們共同的朋友處，我知道吉利爾斯也很希望能夠指導我。很遺憾，隨著他的早逝，我只能夢想跟他學習會是什麼情況。不過當我自學校層級畢業時，我極爲高興地知道格尼辛學院授予康特女士教職，所以我可在更高層級的學院系統中繼續跟她學。這眞是太好了！

焦：1984年3月，您在莫斯科柴可夫斯基大廳演奏蕭邦兩首鋼琴協奏曲，可謂二十世紀最驚人的傳奇之一。這場音樂會是如何產生的？

紀：德米丹柯也是康特的學生，跟她學了12年，因此他從我小時候就知道我。我想是他向指揮基塔年科建議這場音樂會的。

焦：您怎麼準備這場演出呢？

紀：我10歲和鋼琴伴奏彈了第二號的第一樂章，一年後和管弦樂團合奏。11歲和鋼琴伴奏彈了第二號全曲做爲我首次獨奏會的曲目，然後我在列寧格勒彈了好幾次第二號，也開始學第一號。在那場音樂會前一個月，我已經和樂團合奏過一次第一號全曲，所以剩下的挑戰就是在同一晚連彈兩首了。

焦：除了出色的技巧，在那場音樂會中，您的態度成熟而篤實，認眞於音樂而非譁衆取寵。

紀：我必須很誠實地說，技巧從來不吸引我，讓我感興趣的是音樂。許多人或許把這場蕭邦鋼琴協奏曲之夜定位在技巧成就，但這完全不是當時俄國聽衆的反應。大家討論的，不是我的技巧成就，而是我在音樂上的表現。這也是爲何從那時開始，俄國聽衆說我其實不是神童，而是早熟藝術家。就像我先前所說，我所有的技巧都是爲了表現音樂，技巧不過是工具。

焦：除了個性，您的父母和老師也一定貢獻許多在如此觀念的建立，而非打著天才神童的口號剝削您成爲賺錢工具。

紀：以客觀環境來說，在蘇聯體制下我不可能成爲什麼賺錢工具。當然，我在國外的演奏的確爲政府賺了不少錢——就像其他音樂家，我在國外音樂會所得的百分之九十五到九十八都得上繳給國家。就主觀立場而言，如你所說，我的父母和老師從來沒有讓我招搖取巧。他們從未逼迫我演奏，甚至也不讓我多演奏，嚴格控制我每年演奏會的數量，非常保護我的音樂和人格發展。舉例來說，我11歲在學校舉辦我首場獨奏會之後，康特女士的一位老友到後台來恭賀她。她也是鋼琴老師，先生是「作曲家之家」（Composer's House）的總監。她說：「啊！這男孩彈得眞是太好了！我們應該讓他在『作曲家之家』表演才是！」康特女士卻回答：「不，他還太小，他不應該演奏太多。」康特女士非常重視學生的發展，也很愛護學生。她從來不會把名利放在心上，這個例子正好說明她的態度。

焦：不過我怎麼聽說您後來還是到「作曲家之家」演出了？

紀：哈哈，這說明康特女士也是從善如流，能聽不同意見的人。就在這兩位女士對話時，一位站在旁邊的男士突然走向她們：「很抱歉打斷你們的談話，但我剛剛聽到你們部分的談話內容，所以請容許我莽撞地加入我的意見。我是醫生。雖然不是小兒科醫生，但確實是醫生，所以我很了解康特女士的顧慮。你的意見完全正確。一般而言，在紀新這般年紀的小孩，確實不該演奏過度。但你看啊，你的學生演奏完之後，沒過幾分鐘，就熱情而急切地衝回台上彈安可曲！我想如果沒有讓他豐富的情感得到出口，他會因此而窒息——這可比演奏太多還要危險！很明顯，你很愛這個學生，所以我想你會知道讓紀新多演奏、多和大衆分享他的音樂，反而對他較爲有利。」康特女士最後聽從了這位醫生的建議，所以我一個半月後在「作曲家之家」彈了同樣的曲目。

我父母和老師唯一不能保護我的，是我被指派要參加各種政府安排的慶典音樂會——在克里姆林宮還好，有時還得到國外，像是東柏林和貝爾格萊德。以官方立場，能被邀請到克里姆林宮演奏，眞是最大的榮譽。但我的天呀，這些排練可浪費了我極多的時間和精力。我們那時住得離莫斯科中心頗遠，搭地鐵得花上一小時。那些音樂會每天要排練兩次，我就得辛苦地來回奔波。排練之外，還得忍受高官在音樂會上說廢話！唉，但如果想在共產制度下存活，我們是根本不可能對這種邀約說「不」的……

焦：小提琴家凡格洛夫的母親曾經告訴我，她當年在西伯利亞看您音樂會的電視轉播，感動得掉淚，覺得是天使在演奏。經過這一連串的演出，特別是蕭邦鋼琴協奏曲之夜，您成爲國際焦點，想要保持低調大概也不可能了。

紀：其實我的名聲仍是逐漸開展。蘇聯內的評論很好，但我們不知道外面世界的反應——這是當然。生活在惡名昭彰的鐵幕之中，我們無從知道西方世界的消息，所有外界訊息都被管制審查。我們也是後來才知道大家都覺得這場音樂會很驚奇。不過，我的父母和老師仍是不改初衷。我可以舉一個例子說明他們的態度。那場音樂會在我們學校春假前一天，我父母在音樂會結束後，立刻帶我到莫斯科附近一個古老的小鎮Zvenigorod度假。後來我才知道，他們正是不希望我留在莫斯科，在衆人的掌聲與讚美中迷失，特地讓我遠離這些干擾。我那時雖看了報紙評論，知道別人的好評，但也僅此而已。

焦：我必須向您的父母致敬，天下有太多家長需要跟他們學習。然而

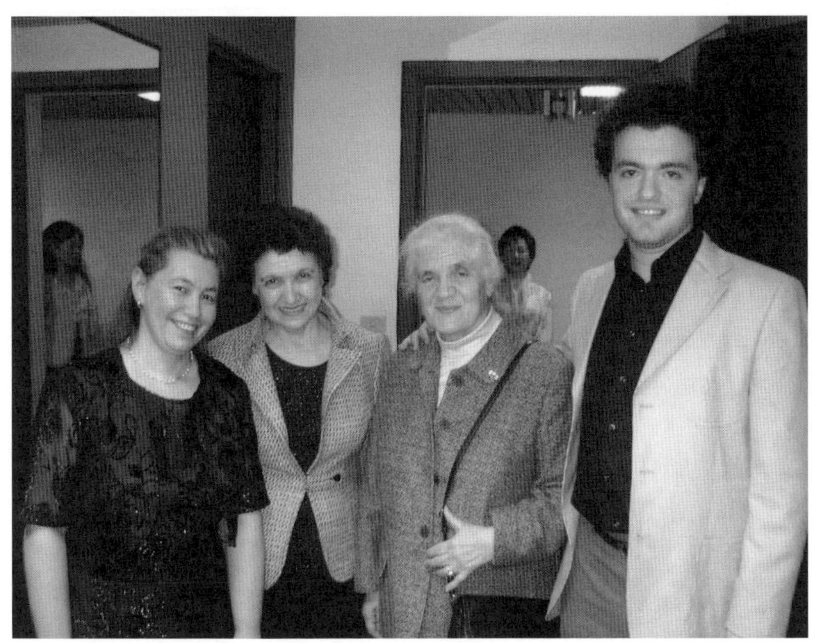

紀新與老師、母親攝於齊柏絲坦台北音樂會後（Photo credit: 焦元溥）。

雖然您和家人刻意低調，演奏轟動確是事實。在那蘇聯新一波反猶主義盛行的年代，如此盛名會不會招致妒忌？

紀：我想以更具歷史性的角度來討論你的問題。當蘇聯異議者布科夫斯基（Vladimir Bukovsky, 1942-）在1976年獲釋並抵達西方後，一名記者問他蘇聯有多少政治犯，他答道「2億5千萬」——正是當時蘇聯人口總數！在極權國家中，每個公民都是受害者；在一個公開反猶的國家（即使沒有正式許可反猶），每個猶太人也都是受害者，直接或間接地在這個環境中受苦。少數猶太人被蘇聯政府選中而給予許多特權（當然，他們得付出代價，就是得經常公開支持國家政策和背叛猶太同胞），但他們也是受害者。在蘇聯，猶太人在教育和職業上受到極大歧視。學例而言，除了莫斯科大學的阿拉伯文研究和莫斯科學院

（Moscow College）的軍事翻譯，蘇聯禁止希伯來文學習，猶太學生也根本不被允許進入這兩處。不像其他族群能有自己的學校，蘇聯禁止猶太人成立學校教授猶太文化與語言。在1940年末，所有意第緒語（Yiddish）學校都被關閉，至今都沒有重新開放。只有在1970年代，美國通過著名的傑克森－凡尼克修正案（Jackson–Vanik amendment, 1975年）後，蘇聯領導人布里茲涅夫（Leonid Brezhnev, 1906-1982）認爲開放些意第緒語劇院應該有助於蘇聯，才開放一些猶太劇院演出——在1940年末期，意第緒語劇院都被關閉後，1960年代至1970年代初，僅有少數業餘猶太劇場得以演出。即使如此，這些劇場還是經常受到官方阻撓。

就我個人而言，當我還是個孩子，日常生活中我經常遇到來自其他孩童的歧視，但那是生活層面無所不在的歧視，和我的名聲無關。這在蘇聯是非常普遍的現象，我還不認識哪個生於蘇聯的猶太人，在成長過程中不曾受到反猶歧視的。但如我先前所說，那時蘇聯已步向衰亡，因此不像我父母或祖父母那一輩，以及之前無數的猶太同胞，我在青少年時期只經歷過一次官方打壓：1985年秋天，史畢瓦可夫想帶我與他的莫斯科超技合奏團（Moscow Virtuosi）到匈牙利等地演出，遭到文化部副部長伊凡諾夫（Georgy Ivanov）極力反對。他並沒有任何令人信服的理由，說什麼我年紀太小，長途旅行對我不好，會傷害我健康之類的話。史畢瓦可夫覺得這是鬼扯，就舉了我的朋友小提琴家雷賓來反詰——雷賓那時已經頻繁地出國演奏，甚至還到過芬蘭，一個資本主義國家演奏，即使芬蘭在冷戰中屬於中立派。他年紀也很小，爲何就可以到處旅行呢？不用說，伊凡諾夫根本不是關心我的健康，完全是衝著我的猶太人身分來阻擾我。所幸一山還有一山高，史畢瓦可夫和部長關係良好，這才繞過副部長，由最高指示批准巡演。不過那時戈巴契夫已經上台，這種反猶情況也開始轉變。幾年後，就在蘇聯瓦解前不久，我們舉家離開蘇聯。

焦：蘇聯的反猶主義究竟針對誰？是猶太人還是宗教信仰？

紀：在西方，許多人認爲反猶主義是宗教性質，因爲他們視猶太人爲宗教團體，反猶主義者是憎恨猶太教和其信仰者。然而猶太人也是一個種族，是遠古希伯來人的後代。蘇聯既然宣稱是無神論國家，宗教問題理論上不應該存在。因此，反猶主義完全是針對族群與血緣，和納粹相同，是種族主義。有個笑話是如此種族歧視的最好例子：在1960年代蘇聯與中國關係惡化後，中國的反動派自被極力批判。有次一間工廠舉辦政治聚會後，一名工人對此議題念念不忘。當他離開工廠走路回家時，居然看到一個中國人！這下可好，他立即走上前，扯著那個人的領子，大聲吼著：「你這他媽的死猶太！」

焦：接下來請談談您到西方後的發展。我想，絕大多數人無法在19歲時肩負全家生計。然而當您們移居美國後，您卻成爲全家的經濟支柱。當時您是否感受到壓力，又如何面對生活挑戰？

紀：離開蘇聯時，我並沒有感受到任何經濟上的壓力，只感到相當興奮與好奇。我們只是離開蘇聯，並沒有打算從此就在美國定居，也不知道最後會落腳何處，生活充滿了各種可能與發現。很幸運，我的演奏事業一直很好，我也從來沒爲它擔心。我從來就不是很有企圖心的人，也完全不虛榮或想要表現什麼。當我還是個孩子而懶於練習時，有次康特女士想要刺激我，她說：「如果你不好好練，大人就不會讓你繼續彈，只會讓你去打鼓。」結果我回答她：「如果這樣，我會打得亂七八糟，讓大人只好再讓我彈琴！」

焦：您接下來的發展終是無人可擋，和卡拉揚在1988年除夕音樂會的合作更是家喻戶曉。可否談談您們的相遇？

紀：我在1988年8月認識他。那時我在奧地利演出，負責巡演的經紀人郭勒（Hans-Dieter Göhre）把我的錄音寄給卡拉揚，他聽了之後立刻希望和我見面。那天不只卡拉揚伉儷，DG唱片和一些重要人物也都跟著來了。我彈給他聽之後，他深受感動，表示想跟我合作。

焦：聽說卡拉揚原來希望您演奏布拉姆斯《第二號鋼琴協奏曲》，但最後您決定演奏柴可夫斯基第一號？

紀：卡拉揚原先的確提出合作布拉姆斯，但一個半月後我接到的正式邀請則改成柴可夫斯基。這都是他的決定。先是除夕音樂會，兩個半月後又在薩爾茲堡復活節音樂節演奏了一次。

焦：卡拉揚爲此曲設定非常慢的速度。不只是和您的合作如此，之前他和懷森伯格（Alexis Weissenberg, 1929-）的錄音，第一樂章甚至更慢。他曾向您解釋理由嗎？

紀：有的。他在排練前就跟我溝通，說根據他讀到的文獻紀錄，柴可夫斯基在首演後抱怨鋼琴家把此曲彈得「太快」。卡拉揚說：「而現在，每個人彈它都彈得太快而沒有音樂了，我們可是要表現出音樂！」不過，我認爲卡拉揚其實走到另一個極端，這多少也和他的年紀有點關係。

焦：所以您最後也同意他的速度了？

紀：其實是互相妥協。你聽到的錄音，已經比我們第一次排練要快很多了！我雖然尊重卡拉揚的意見，但也的確讓他做了些改變，讓音樂更生動些。

焦：很可惜，我們不能聽到您們合作的布拉姆斯第二。

紀：我認識他不到一年，他就過世了，薩爾茲堡對我而言也永遠和卡拉揚連在一起。我第一次去薩爾茲堡，見到卡拉揚；第二次，我們合作；第三次，則是在他的紀念音樂會上演奏，我也親自到他墓前致意。薩爾茲堡變得很快。卡拉揚在世時，整個城市都是他的照片，每個角落都是。薩爾茲堡完全是卡拉揚和莫札特之城。卡拉揚過世不到一個月，他的照片都不見了，只剩莫札特。這樣的轉變實在太誇張，對我的衝擊實在很大！還記得我們初次相遇時，卡拉揚戴著深色眼鏡，靜靜坐在後面聽我彈。當我彈完蕭邦《幻想曲》，我看了看他，發現他竟摘下眼鏡，掏出手帕拭淚。對我而言，他是慈祥長者與偉大音樂家。那場柴可夫斯基，若是換了別人，那種速度根本不能忍受，但卡拉揚就是能在如此速度中注入強大的音樂力量和個人特質，讓那詮釋不只令人信服，也精湛、清新與獨特。就像泰米卡諾夫（Yuri Termikanov, 1938-）所言：「爲美麗古畫除去塵埃。」事實上，能夠用那種慢速度演奏，眞的需要非常強大的定見與能力。桑德林（Kurt Sanderling, 1912-2011）有次告訴我，我和卡拉揚合作的柴可夫斯基第一號，是唯一如他所願的演奏。他還唱了兩段第一樂章片段給我聽，說明卡拉揚所用慢速度的道理。我非常感謝命運讓我和卡拉揚相會、相識與合作。

焦：您在西方世界打響名聲後，也開始發行錄音。您怎麼決定您的錄音曲目？

紀：我現在的做法是把我在音樂會中彈過十幾次，認爲詮釋和技巧都達到符合理想水準的演奏，帶進錄音室錄音。我從不簽專屬合約，不讓自己被合約綁住。錄不錄音，完全看我對自己的演奏是否滿意。我不會爲了商業理由，配合音樂會錄音。我之前和EMI合作一系列協奏曲錄音，因爲那些都是我喜歡的指揮大師。比方說，我和柯林・戴維斯爵士非常投契。他對舒曼《鋼琴協奏曲》所用的速度，完全就是我想要的。

焦：您覺得錄音室作品是您最好的演出嗎？

紀：不。我想現場錄音永遠比錄音室錄音要好。當然，在現場聽最好。我最近整理出一批我滿意的現場錄音，大概十幾張CD的內容，交給DG選擇，看他們要發行多少。

焦：其中會有和李汶（James Levine, 1943-）與波士頓交響合作的布拉姆斯兩首鋼琴協奏曲嗎？那眞是精湛的演奏啊！

紀：我也很喜愛這兩場演出。本來EMI要發行，到了最後一刻，波士頓交響卻說要自己出版，結果還是沒出。現在就看DG的意願了。我最近演奏很多室內樂，和艾默森四重奏及科佩曼四重奏（Kopelman Quartet）頻繁合作。DG錄下了我和艾默森四重奏的卡內基音樂會，請大家拭目以待。

焦：從您的錄音中，我能說您似乎特別喜愛蕭邦和舒伯特嗎？

紀：我想蕭邦是長在我心的作曲家，從小就是如此。我以蕭邦協奏曲「成名」，對他更有一份特殊的感情。以鋼琴技巧的發展而言，蕭邦可說是革命性的作曲家。他要求手指做極爲靈活柔軟的表現，深深影響了之後的鋼琴寫作。我想這也是蕭邦專注在鋼琴音樂的原因，他知道自己該做什麼，也有遠見知道自己的成就。不然他大可照師長朋友的建議，寫歌劇賺錢。我演奏不少舒伯特，不過舒曼錄得更多。大致而言，我對浪漫派的作曲家比較喜愛，但我的興趣絕不止於浪漫派，貝多芬和普羅柯菲夫都是我相當重要的曲目。

焦：現在俄國鋼琴家多半以俄國曲目爲主力，但您的曲目始終以西歐浪漫派爲本，未來有可能演奏更多俄國曲目嗎？

紀：我一直都在彈俄國曲目，俄國作曲家不會在我的演奏中缺席。我倒不覺得我刻意偏向西歐浪漫派；這只是反映了音樂歷史事實。俄國的音樂發展本來就晚於西歐，到十九世紀才出現眞正高水準的作品。我演奏非俄國作品自然會比較多。

焦：您也演奏並錄製梅特納的〈回憶奏鳴曲〉（*Sonata-Reminiscenza, Op.38-1*），可否特別談談這位被忽略的作曲家與這首奏鳴曲？

紀：近年來，人們對他的興趣已經增加不少了。雖然他不如拉赫曼尼諾夫偉大，但也的確創造出美麗深刻的音樂世界，絕對值得大家欣賞與演奏。據梅特納的姪子所言，在1920年代初，有次他們走在紐約第五大道，他問梅特納最愛他哪首奏鳴曲，梅特納便回答大概是〈回憶奏鳴曲〉。它寫於1919至1920年冬天，俄國革命內戰之時。天氣嚴寒、世局動盪，大家都因爲變亂的時代而受苦。梅特納和他的妻子躲在朋友的森林小屋之中，只能以馬鈴薯糊口。他每天削著馬鈴薯算日子，在如此艱苦情況下，寫下〈回憶奏鳴曲〉，回憶那段消逝的時代、毀棄的帝國、被共產革命撕扯破碎的家園、對未來的茫然，以及惡劣生活中的眞實情感。1920年1月一個寒冷的夜晚，他在朋友與妻子面前，在一架直立小鋼琴上首次演奏它。

焦：康特女士一定很高興您演奏這位「師祖」的作品。

紀：她說梅特納非常喜歡夏茲克斯的演奏，夏茲克斯也時常演奏梅特納，頗具心得。她也跟夏茲克斯學了這首，得到很多源自作曲家本人的心得。我們住在一起，我練琴時她總是在隔壁聽，非常了解我的狀況。她聽了我的詮釋，非常喜歡，並沒有更動多少，只提醒此曲有許多抒情的主題，要我務必注意其中的差異和層次，彼此都要聽起來不同。

焦：您也喜愛詩，還曾在舞台上朗誦。

紀：就像我對作曲家的廣泛興趣，我也喜愛各式各樣的詩歌與文學作品。我的朋友也都讀詩。這也是我生活的一部分。我是莫斯科長大的孩子，當然也愛劇場。我在倫敦住過很長一段時間；它和莫斯科足稱世上兩大戲劇之都，我也樂得多所欣賞。

焦：您也喜愛古典音樂以外的音樂嗎？

紀：當然，任何好的音樂我都喜歡。我很喜歡爵士樂，塔圖是我最喜愛的演奏家之一。我也很愛民俗音樂和黑人靈歌。

焦：有沒有您不太喜歡的音樂類型？

紀：除了威爾第《奧泰羅》（*Otello*）等少數例外，一般來說，我不是很喜歡義大利歌劇，雖然有時還是聽，希望某天能培養出欣賞它的興趣。有些作品，像拉赫曼尼諾夫《交響舞曲》，則花了我一段時間才能品味。不過我倒不記得我對任何音樂有任何刻板印象或成見，我總是很樂意去欣賞。我不喜歡艾爾加，但某次泰米卡諾夫演出他的作品，我也深深爲其折服。

焦：您會閱讀或在意音樂會評論嗎？

紀：我不會逃避知道別人的意見，我也讀很多評論，不過在不在意評論得看那評論有沒有道理，報導也是。我可以告訴你一個有趣的故事：在我莫斯科蕭邦鋼琴協奏曲音樂會幾個月後，有位年輕記者到學校來訪問我的老師。可是從他問的第一個問題，康特女士就發現他全然在狀況外，對音樂一無所知。他繼續問，但那些問題實在離奇。我老師終於問他：「對不起，你是音樂家嗎？」「很遺憾，我不是。」「你聽過紀新演奏嗎？」「很遺憾，還沒有。」「那你怎麼能寫他的報導呢？」「嗯，我是接到報社指示來採訪，是上司要我寫的。」至少，這段對話呈現出一個非常誠實的人，是如何忠於職責，盡可能勤奮而努力地做好工作吧！

焦：您已經持續演奏三十多年了，可曾覺得疲倦？目前有沒有新的人生計畫？

紀：當然會感到疲倦。我把音樂看作很嚴肅的事，對每場演出都全心投入。即使音樂會非常成功美好，我都覺得耗盡心力。我不能趕場，兩場獨奏會之間必須有兩天以上的休息，因爲一天的空白還不能讓我完全準備好迎接下一場演奏。我眞的完全投入，在音樂裡盡可能訴說。隨著年紀增長，我想說的也愈來愈多，現在我甚至需要三天以上的休息時間。不過音樂就是我的生活，我也將持續演奏下去。如果還有什麼新的計畫，那就是更廣泛的曲目與更深刻的探索。音樂世界如此浩瀚廣闊，鋼琴文獻更多得彈不完。我總是希望能探究音樂與鋼琴曲目的各個面向，這是我一生的努力目標。希望我能活得夠長，逐一完成心願。

焦：您有沒有任何長期計畫，比如說演奏蕭邦全部的鋼琴作品或貝多芬鋼琴奏鳴曲全集？

紀：上台演奏是我的終極目標，我研究的曲目都是我想要演奏的曲目，所以我非常謹愼地選擇作品。即使我那麼喜愛蕭邦，我也必須說他的某些作品實在不夠好，我並不想彈。至於貝多芬的三十二首鋼琴奏鳴曲——或許吧，我可能會在未來演奏。不過我必須說，原則上任何全集計畫都不吸引我，我也不想做任何打破紀錄的事。況且，現在演奏貝多芬鋼琴奏鳴曲全集也完全不是特殊的事了。

焦：您每年都更換音樂會曲目，您如何安排節目？

紀：我的興趣非常廣泛，音樂和音樂以外的事物皆然，所以我可以彈非常廣泛的曲目。建立一套音樂會節目則是另一回事，過程可能相當複雜，關鍵在於所有的曲子必須聽起來合宜，彼此之間不能感覺突兀。要掌握好這一點，鋼琴家必須有很好的品味、想像力與能力，使其能夠爲自己，也爲聽衆設想曲目組合的適當性。

焦：人們總是期待您能創造奇蹟，化不可能爲可能。然而您和老師與家人都不是譁衆取寵的人，我想您對何時彈某些「指標性曲目」一定有自己的計畫，比方說拉赫曼尼諾夫《第三號鋼琴協奏曲》。

紀：我從小就熱愛它，一直想演奏。然而我必須誠實地說，我不記得自己那時爲何要演奏拉三，而且我也不認爲那時有任何特別原因讓我把它排入曲目。我第一次演出拉三是在1990年的夏天，比我的錄音還要早了幾年。

焦：眞高興能聽到這麼「順其自然」的答案。可惜的是現在很多鋼琴家把它當成戰馬，不管自己能否完整合宜地演奏。某些家長甚至逼小孩去練，只要把音符彈出來就好。不過像您這樣自我要求甚嚴的鋼琴家，如何知道自己能演奏某些作品？

紀：我不知道要如何用言語描述，但我想藝術家就是能知道，自己何時已經準備好了。我從未表演過任何作品是我覺得還不能演奏的。比方說，我對法國音樂和印象派作品一直很感興趣，但是既然已有季雪金、富蘭梭瓦、米凱蘭傑利等名家在前，我花了很長時間才決定演奏德布西。同理，這也是我至今尚未演奏任何巴赫原作的原因。

焦：您常聽別人的演奏嗎？有沒有特別喜歡的鋼琴家？

紀：當然，而且在我準備新曲目時，我還盡可能聽所有我能得到的錄音。不過這都是在我已經建立自己的思考與詮釋之後，我才去比較各家觀點。我喜歡的鋼琴家很多，不過要看曲目而定。

焦：音樂家中，有沒有您特別想要合作的對象，或是想要認識的人？

紀：很多！我很開心能認識卡拉揚、朱里尼和阿勞。小克萊伯曾聽了我在慕尼黑的音樂會，之後他給我的經紀人一張紙條，上面寫「紀新眞是驚人無比」。唉，只可惜和他合作最終仍是一個我未能實現的夢想。我和李希特見過四次，都很短暫，倒沒有想過要彈給他聽。我很珍惜和阿格麗希的合作與友誼。另一位我非常景仰的音樂家是多明哥（Plácido Domingo, 1941-），我實在喜愛他的演唱，但很可惜我們大概無法合作什麼。

焦：生活中，有特別難忘的經驗嗎？

紀：太多了。每一場演出都是獨特的經驗，每首新作品對我而言也是新的經驗。我們都在生活中學習。就像猶太教法典《塔木德經》（*Talmud*）所言：「誰有智慧？那些自每個人身上學習的人。」

焦：最後，您希望這篇訪問的讀者如何了解您？

紀：我希望他們成為我的聽眾。我把我的情感、意見、所有想說的話，都放在音樂裡，音樂就是我的人生。我歡迎大家來我的音樂會，藉由音樂讓我們溝通。

費爾納 1972-

TILL FELLNER

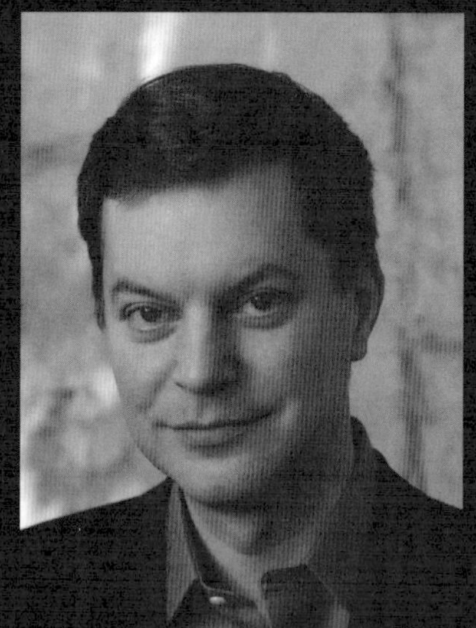

Photo credit: Gabriela Brandenstein

1972年3月9日出生於維也納，費爾納在維也納音樂院師承史達德勒（Helene Sedo-Stadler），也私下跟法卡絲（Meira Farkas, 1945-）、舒斯特（Claus-Christian Schuster, 1952-）和麥森伯格等名家學習。他18歲起成爲布倫德爾的學生，1993年獲得哈絲姬兒鋼琴大賽冠軍，從此開展國際演奏事業。他在德奧作品有傑出成就，曾於2008-2010年間，於紐約、華盛頓特區、東京、倫敦、巴黎與維也納等地巡迴演出貝多芬三十二首鋼琴奏鳴曲，頗受好評。費爾納也是熱心的室內樂與當代作品演奏家，現於蘇黎世藝術大學任教。

關鍵字 —— 布倫德爾、情感與理智的平衡、舒曼（《蝴蝶》、《克萊斯勒魂》）、維也納傳統／風格／聲音、徹爾尼、作曲、莫札特協奏曲裝飾奏、歷史資訊演奏、舒伯特、第二維也納樂派、貝多芬鋼琴奏鳴曲（個性、形式、心理戲劇、速度、晚期作品、賦格）、伯特威斯托

焦元溥（以下簡稱「焦」）：可否說說您學習鋼琴的歷程？

費爾納（以下簡稱「費」）：我就是一個很平常的維也納孩子，普通的鋼琴學生。不過到我14、15歲的時候，我比較有意識地思考我的學習，開始跟許多鋼琴家上課，認識不同的教法。他們在不同面向上給我各種幫助，麥森伯格甚至邀請我和他一起四手聯彈，在音樂節演出。我18歲有幸彈給布倫德爾聽。我彈了貝多芬《熱情》和舒曼《克萊斯勒魂》，他聽了之後立刻開始教，也說我可以和他保持聯絡，於是他成爲我至今最重要的老師。

焦：您有傑出的技巧，這是怎麼建立的呢？

費：我只能說這是長久不斷的努力。我所受的學校教育，並沒有教我

有系統的技巧。布倫德爾也完全不講技巧，只講音樂。這樣的壞處，當然是面對不同作品就得找出適應方式，過程可能相當辛苦，但好處也是能自己發現不同方法。我在蘇黎世教學，學生也常會問我技巧問題。身爲過來人，我知道如何解決，雖然有些特別棘手的也是得再分析一番。不過論及音樂詮釋，最重要的還是想像力，對樂曲聲音、性格的想像力，然後才找技巧解答。

焦：可否談談您心中的布倫德爾？他教給您什麼？

費：他本來就是我心中的鋼琴巨人，二十世紀後半最重要的鋼琴家。綜觀他的教導，最主要有兩件事。第一，作爲詮釋者，作曲家永遠要放在第一位。要忠實呈現作曲家的想法，而非總想要指導作曲家。演奏者是作品和欣賞者之間的媒介，藉由所演奏的作品來定位自己，而不是讓自己凌駕於作品之上。我本來就喜愛並尊敬作曲家，這對我而言是再自然也不過的事了。第二，演奏要有堅實的大結構，也要有精緻的小細節，必須同時掌握並呈現這二者。當他聽我彈一首曲子，會先就大方向和整體概念提出意見，然後才磨細節，包括所有句子與聲音的處理。比方說我彈李斯特〈佩脫拉克第一〇四號十四行詩〉，布倫德爾就先說：「你要記得，它雖然熱情，畢竟還是十四行詩，有非常古典、格律嚴謹的形式。你彈得非常澎湃，熱情燒到39度，其實到37.5度就很夠了。」——布倫德爾自己的演奏就是大小皆備，情感與理智得到很好的平衡。

焦：您如何達到這樣的平衡？

費：首先要照自己的感覺，畢竟這是一切的出發點。但音樂不能停在這裡，必須要接下去想，爲什麼會有這樣的感覺？以這種感覺，我在音樂中做了什麼？如此來回思考，應當可以得到情感與理智的平衡，也不會失去自己的特質。我想所有偉大的音樂與文學作品，都有這種平衡。

焦：和布倫德爾上課，您都自己選擇學習曲目嗎？

費：我大概一年見他二到三次。每當我學完一些作品，覺得可以演奏給他聽，我才和他聯絡。但偶爾他也會給我建議，比方說羅伊貝克（Julius Reubke, 1834-1858）長達半小時的《降B小調奏鳴曲》。這是深受李斯特影響，但也顯示出卓越才華的創作。「它很難，但反正你很年輕。」於是我就學了。我也學了比較多的李斯特。第一次上課，布倫德爾就給我三個建議：第一，要學作曲，嘗試用音符表現想法是怎麼一回事，試著用作曲家的角度思考。第二，要演奏當代音樂。第三，要彈李斯特。布倫德爾覺得我的演奏「太鋼琴」了，應該也要有管弦樂的感覺，而李斯特的鋼琴作品是很好的訓練。不只是改編曲，他的原創作品也有管弦樂的思考與聲響。此外，我有次彈莫札特一個巴洛克風格的組曲給布倫德爾聽，他覺得我有演奏複音音樂的才能，建議我發展巴赫曲目。如果像這樣的大師覺得我有能力做到，這當然是很大的鼓勵，也開始了我對巴赫的鑽研。

焦：您跟布倫德爾的學習以舒曼開始，但這又特別難以獲得平衡。您怎麼看他的作品，特別是以小曲組合而成的創作？

費：我很愛舒曼在小曲或小片段中展現的靈光。它們看似瑣碎繽紛，還是可以從中找到大結構。以《蝴蝶》爲例，這像是一連串快照組合成的樂曲，場景像電影一樣不斷變化，概念比貝多芬晚期的鋼琴小曲還要超前，堪稱劃時代的嶄新創作。它的靈感很可能來自尙・保羅的小說《遊戲年代》（*Flegeljahre*）中的化裝舞會，講愛上同一名女子的表兄弟，在舞會上發生的事。其中的第三段，我就覺得很像小說中「一雙宛如自己旋轉著的長靴」。隨著音樂發展，小說中關於「蝴蝶故事」的意象一一出現，而經過各種舞曲之後，舒曼在最後一曲又帶回第一段的旋律，首尾呼應極富詩意。不只如此，第六首的主題也在第十首出現，可見作曲家還是有整合作品的用心，《蝴蝶》並非只是碎片。《克萊斯勒魂》的第一、三、五、七、八段是克萊斯勒樂長的化身，但抒情的第二、四、六段就是克拉拉的畫像，兩者之間的轉換就成爲結構掌握的關鍵，要在古怪瘋狂與抒情美好中獲得對比。

焦：您怎麼看維也納的傳統？是否有一種特定的維也納風格？

費：老實說，我不知道。我不認爲住在現在的維也納，能對了解莫札特、貝多芬有什麼具體幫助。在全球化時代，現代化城市大同小異，住在波士頓或莫斯科也能理解維也納古典樂派。我在蘇黎世的學生來自世界各地，有各種族群與語言背景，只要認眞學習，都能演奏好維也納古典樂派作品。就某些曲目而言，維也納其實沒什麼傳統，例如舒伯特的鋼琴奏鳴曲。從十九世紀到二十世紀初，維也納都沒有什麼鋼琴家演奏，反而是柏林那邊的鋼琴家在演奏。十九世紀喜愛舒伯特的人也不多，數得出來的大家中，舒曼、孟德爾頌、布拉姆斯，都不是維也納人。

焦：有維也納式的聲音嗎？

費：我不認爲鋼琴有。或許維也納愛樂有：這個樂團非常師生制，可能保持了一些手法，也有很多樂器代代相傳。但這也很難證明音色就會一樣。

焦：那麼來自作曲家與其學生的傳統呢？比方說徹爾尼所寫的《貝多芬全部鋼琴作品的正確奏法》（*Über den richtigen Vortrag der sämtlichen Beethoven'schen Klavierwerke*）？

費：這我就覺得非常重要，因爲這是第一手的訊息。當然，首先我們要檢驗這些文字的可信度。徹爾尼可能有記憶失誤，但從他的文字風格與內容，我們應能相信他是誠實的人，至少比貝多芬的助理辛德勒（Anton Schindler, 1795-1864）要可信多了。他忠實記錄他跟貝多芬學到的東西。書中關於晚期奏鳴曲寫得很少，因爲他不了解，而他並未編造事實。然而，知道徹爾尼寫了什麼，不表示我們就得照做。比方說貝多芬《第四號鋼琴協奏曲》第一樂章開頭第一個和弦，徹爾尼標了琶音。我們不知道這是徹爾尼聽過貝多芬這樣彈，還是貝多芬這樣教他彈。不少人用徹爾尼的彈法，但我還是演奏和弦。不過，知道這樣的出入，多少能帶來一些「輕鬆感」。不然對於這首神聖完美的協奏曲，任何更動都像是褻瀆，壓力實在太大了。

焦：但最大的更動，其實來自貝多芬自己。

費：你說的是此曲室內樂版吧？我眞的不明白，爲何貝多芬會加上那麼多亂七八糟的東西。我甚至找了手稿來看，才勉爲其難地相信眞有這種事。就我所知，還沒有人照這個版本彈，即使來自作曲家本人。

焦：您剛剛提到，布倫德爾要您學習作曲。我知道您也的確學了一段時間，可否談談您的心得？

費：這眞的很有幫助。當然我們可以看別人寫好的樂曲分析，研讀別人的研究，但這都比不上自己能親手做，獲得譜曲的技術。我在維也納有很好的老師，而學作曲讓我知道，只要能掌握技術，無論是否有才能，都可以寫些樂曲，就像學會木工技術而能做出桌子一樣。但以此再去看大師之作，就更會知道他們的偉大和不可思議——那可不只是桌子而已啊！學作曲對我的教學也很有幫助。我能具體解釋聲部進行的方向，在作品中看出更多東西。

焦：您爲莫札特《第二十四號鋼琴協奏曲》寫了裝飾奏，未來還會寫更多嗎？

費：我沒有這樣的企圖。莫札特沒有爲他的小調鋼琴協奏曲寫裝飾奏，於是我就按照他的風格寫了自己的版本，是個人的嘗試。所謂「以莫札特的風格」，是指從他留下來的裝飾奏，我們可以歸納出幾點特色：素材來自該樂章、延續該樂章的性格、留在同一調性、音樂不誇張、不走極端。

焦：就調性而言，在莫札特之後一代，裝飾奏就常常轉調了。

費：的確。我最近從維也納圖書館複印了一份胡麥爾為莫札特《第二十二號鋼琴協奏曲》寫的裝飾奏。我覺得十分精彩，普萊亞也錄了這個版本。它稍稍離開了莫札特的風格，相當絢麗，但仍可說在古典風格之內。對於莫札特的裝飾奏，我覺得不一定要古典風格，二十一世紀的風格也行，但我個人不喜愛在今日持續演奏浪漫派甚至後浪漫風格的裝飾奏——這既非作曲家的時代，也不是演奏者與聽眾的時代，我不懂這樣的意義何在。

焦：您在某方面相當遵循作曲家的時代風格，但我聽您的演奏，似乎不怎麼受歷史資訊（古樂）演奏的影響。

費：我的確有些不同想法。我很尊敬像克利斯第（William Christie, 1944-）這樣的大師，思考開放活潑，一點都不教條化，總是有新想法。我對古樂派用的樂器很感興趣。知道以前的定音鼓、木管、銅管發出來的聲音和現在的有多麼不同，確實獲得很多，帶來更多聲音的想像。但古樂演奏的目的是什麼？如果只是想重現二、三百年前的演奏，我不確定這有很大的意義。第一，沒有錄音佐證，光憑文字，我們永遠不可能確實知道以前的演奏方式。第二，如果要用以前的樂器和編制，那也應該在以前的場館演奏，才會得到類似的聲音。但即使如此，我們有的是二十一世紀的耳朵，所習慣的、能接受的聲音已經迥異於過去，聽起來絕對不會一樣。我覺得眞正重要的是了解作品的性格，以及為何它們到現在仍能感動我們，而不是把音樂會變成博物館。如果要復古，戲劇也可以復古，但現在眞的還會有人想看完全由男性演出的《羅密歐與茱麗葉》嗎？

焦：那麼對於沿用莫札特時代的演奏式樣，比方說在協奏曲中，鋼琴家在管弦樂總奏段落和樂團一起合奏呢？您會考慮如此做嗎？

費：還是一樣，必須有音樂上能說服我的理由。如果是要增加聲音，現在的樂團編制已經很大，不需要再加什麼了。如果是室內樂編制的樂團，由鋼琴家指揮，這樣做可說是指揮的一部分，但它音樂上的意義呢？莫札特的鋼琴協奏曲可以分成樂團總奏、鋼琴獨奏、「室內樂」三部分——和木管的頻繁對話，就是室內樂。我覺得讓這三項各司其職，各有意義，或許是音樂上更好的做法。如果是縮編的室內樂版本，比方說莫札特爲第十一到十三號鋼琴協奏曲改的鋼琴與弦樂四重奏版，鋼琴或可加入樂團版有但四重奏版沒有的聲部。如果鋼琴家只是重複樂團已有的聲部，我覺得意義不大。

焦：您曾經將舒伯特作品和第二維也納樂派放在一起演奏，可否談談您的想法？

費：我在學舒伯特《A大調鋼琴奏鳴曲》（D. 959）的時候，被第二樂章中段的大膽寫法嚇到——這不只與傳統沒關係，還是沒有調性、無政府狀態的音樂。舒伯特眞的敢這樣寫！這讓我想到荀貝格的《三首音樂作品》（Op. 11）。雖然三首都是無調性，前兩首的寫法還是相當傳統，第一首完全可以是布拉姆斯的間奏曲，但第三首就完全是革命性的創作。貝爾格的《鋼琴奏鳴曲》是單樂章奏鳴曲的經典，而如此形式又可對照舒伯特的四段式單樂章《流浪者幻想曲》。藉由種種對照與呼應，我們可以看出第二維也納樂派和傳統的關係。或者說，傳統可以多麼新穎驚奇。

焦：荀貝格就是當時少數能看出舒伯特前進性的作曲家，也非常喜愛舒伯特。

費：他寫過文章，討論後期舒伯特如何走出自己的路，成爲和貝多芬完全不一樣的作曲家。這眞的很不容易，因爲兩人在同一時間生活於同一城市，舒伯特又把貝多芬當成大英雄。

焦：但您怎麼看舒伯特受到的貝多芬影響？比方說《A大調鋼琴奏鳴曲》第四樂章和貝多芬《第十六號鋼琴奏鳴曲》第三樂章的結構相似？

費：我覺得這正好看出這兩人是多麼不同。舒伯特以貝多芬爲靈感，但寫出內容完全不一樣的音樂。《C小調鋼琴奏鳴曲》的第四樂章，也和貝多芬《第十八號鋼琴奏鳴曲》的第四樂章很相像，但前者是黑暗、魔鬼般的塔朗泰拉，後者是歡樂、雀躍的狩獵音樂，內容沒有相關性可言。如果舒伯特沒有巨大的創造力，大概只會隱身在貝多芬的身影之下。

焦：您之前花了幾年，在世界幾大城市分批以八場音樂會演奏完貝多芬三十二首鋼琴奏鳴曲。可否說說如何準備這樣的計畫？彈完之後感覺如何？

費：貝多芬是長在我心的作曲家，這三十二首眞如畢羅所言，是鋼琴作品中的「新約聖經」。我學會「舊約聖經」（巴赫兩冊《前奏與賦格》）之後，自然想要挑戰這個計畫。但眞要執行，就必須有良好規劃。我在開始演奏的二、三年前就開始準備，首先審視哪些是我沒學過的作品，其中又有哪些音樂和技巧都難，我必須立即開始學，哪些可以在計畫進行中學。我很慶幸在16歲左右就自己學了《槌子鋼琴奏鳴曲》。當然那時沒有能力演奏，但年輕時學過的總是不容易忘，重新學也方便很多。至於像第二十二號這種難解作品，我也立刻開始學。愈研究這三十二首，就愈感嘆貝多芬的創造力與意志力。它們不只都是傑作，還每首都不一樣，甚至都展現了新想法。不只鋼琴奏鳴曲如此，他爲小提琴與大提琴寫的奏鳴曲、弦樂四重奏、鋼琴三重奏與五重奏等等，也都一直展現新觀點。平凡的作曲家以相似的風格與手法寫作，貝多芬卻讓人研究不盡。我們演奏貝多芬，該知道每首作品的新觀點為何，以不失品味的方式突顯貝多芬的創意，讓二十一世紀的聆賞者也能感受到他的新意。

焦：您怎麼看貝多芬的個性？您覺得他有黑暗或古怪的一面嗎？

費：我沒這感覺。羅森認為貝多芬的奏鳴曲形式，一開始其實受克萊曼第，甚至胡麥爾與韋伯影響較多，到了中期才更靠向海頓或莫札特。不過就音樂趣味性而言，我覺得他很早就延續海頓的路線，一直有幽默，而這可以和很多東西混和，比方說憤怒。像《第一號鋼琴協奏曲》第三樂章的小調段落，非常野性，好像在生氣但又有種諧趣，相當不嚴肅。然而他也可以把玩笑和嚴肅放在一起。比方說《第三十一號鋼琴奏鳴曲》，第二樂章用了當時維也納人盡皆知的街頭旋律，但終曲又有嚴肅的悲劇性。這眞的很不尋常，而他找到了獨一無二的形式來說自己想說的話。

焦：但若要表現得好，同樣不能失去品味。

費：像第十六號的第二樂章，就像在挖苦過時的事物，滑稽地模仿歌手演唱。然而這過時中又混和了新的東西，不是純粹的舊，結尾更有弦外之音。要執行妥當，著實不容易。

焦：貝多芬這些設計都像是有趣的心理戲劇，而且從早期作品就是如此。

費：舉例來說，他的《第七號鋼琴奏鳴曲》，第一樂章居然是急板，相當罕見也大膽的設計，也顯示這是很戲劇化的作品。果然，第二樂章眞是深沉痛苦的悲劇。據說這是貝多芬的歌德戲劇《艾格蒙》（*Egmont*）讀後感，女主角克蕾卿（Klärchen）之死，但第三樂章又是宛如天堂的輕柔小步舞曲。演奏第二樂章的時候，我會想到這個哀痛場景，刻劃深沉的哀思。但如何從第二樂章走出來，成功連接到第三樂章，分寸相當難拿捏，第四樂章又是貝多芬的幽默。全曲四個樂章包含差異極大的不同性格，實在精彩。接下來，他更進一步運用形式來表現這種戲劇效果。像《第十三號鋼琴奏鳴曲》，相當不同的四個樂章，卻以動機彼此連貫，形成宛如幻想曲的創作。我每次彈它，都感到驚奇。此外我想強調，就是貝多芬的音樂雖然非常戲劇化，但始終結構嚴謹，非常有邏輯，更有眞誠、純粹的情感，不虛張聲勢而言之有物。

焦：您剛剛提到貝多芬的速度，我很好奇您認爲有他有一定的心理預設嗎？比方說「快板」就該是某種速度？

費：我覺得沒有。柯立希曾經嘗試找出如此規律，但最後也後悔了。速度是納入旋律、和聲、節奏、內容之後的最後決定。同樣是急板，《第七號鋼琴奏鳴曲》第一樂章和第十四號《月光》第三樂章，就不會是一樣的速度。速度指示所指示的，也不是只有速度，還有性格。比方說「行板」雖然是走路的速度，但更是飄浮空中的感覺。無論演奏者用什麼速度，都該表現出這種感覺。我覺得更耐人尋味的，是貝多芬那些只出現一次的指示。比方說《第二號鋼琴奏鳴曲》第二樂章是「熱情的廣板」（Largo Appassionato），此處似乎給人宗教性的肅穆感，這該如何表現？他在第二十七號用了那麼多的文字指示，還用德文寫，可見非常想要演奏者明確接收到他的意思，但我們是否表現準確了？

焦：您怎麼看貝多芬晚期作品中的賦格寫作？

費：其實貝多芬的作品都寫得很有複調結構，筆法嚴密扎實，本來就是多聲部作品。但晚期之所以寫作賦格，我覺得那是他需要這個形式來表達。《槌子鋼琴》在經過那樣豐富多變的三個樂章之後，除了賦格，眞的難以想像還有什麼形式可以爲這個作品收尾。在十九世紀初期，有些作曲家開始崇古，以巴洛克的曲類或風格寫作，但貝多芬的賦格完全不是如此，寫的完全是他自己的音樂。尤其是爲弦樂四重奏寫的《大賦格》，眞是非常激進前衛。

焦：對於這些晚期作品，您在一開始是否會有理解困難？

費：其實早期也會有啊，哈哈。我想觸類旁通很重要。我可以說，布許弦樂四重奏的錄音，讓我開始領悟晚期貝多芬的世界。我在學習貝多芬第一、二號大提琴與鋼琴奏鳴曲（Op. 5）和最早的三首鋼琴三重奏（Op. 1）的過程中，也眞正愛上他的早期創作，知道如何表現好最早的三首鋼琴奏鳴曲（Op. 2）。

焦：就演奏技術和音樂表現而言呢？

費：技術上來說，第二十八號和二十九號的賦格，難到幾乎彈不了。第二十二號、第二十六號《告別》和第三十二號，也有相當棘手的段落。音樂表現上，第二十二號很難理解，第一樂章的兩個主題像是「美女」與「野獸」，有很微妙的牽動消長，很難處理好。第二十八號也很難，因爲它雖然發展很多、內涵很深，但不極端、不悲劇、不熱切，沒有明顯的情感爆點，像是貝多芬自剖他的內在心理發展。

焦：在演奏完貝多芬所有鋼琴奏鳴曲之後，您現在再演奏他的早期和中期作品，是否會發現指向晚期的蛛絲馬跡？

費：眞的有！雖然我現在不能給你明確例子，但我常在演奏貝多芬中早期作品時，不時會出現一些段落讓我看到晚期作品的身影。通常只有幾個小節，然後又回到作品當時的風格。

焦：在訪問最後，我想請教您和英國作曲大師伯特威斯托（Harrison Birtwistle, 1934-）的合作經驗。您首演了他爲男中音、大提琴和鋼琴作的《運弓：里爾克詩作冥想》(*Bogenstrich: Meditations on a poem of Rilke*) 還有三重奏，中間的過程如何？

費：這是非常有趣的故事。最早是2006年，魯爾鋼琴音樂節 (Ruhr Piano Festival) 要慶祝布倫德爾的75歲生日。既然布倫德爾總是喜歡新事物，那麼最好的禮物，就是委託英國當代最重要的作曲家，譜寫一首新作。伯特威斯托原本的構想，是寫作爲大提琴和鋼琴的無言歌，由我和布倫德爾的公子阿瑞安 (Adrian Brendel, 1976-) 合奏。當我們演奏給伯特威斯托聽，他很喜歡，「但這似乎太短了」(6分多鐘)。於是他繼續寫，加了一首變奏曲，我們再演奏給他聽。「嗯，這還是有點短。」於是他又加了一首賦格曲，寫得還很難。但這樣他仍然不滿足，最後全曲驚奇地變成五個樂章，長達35分鐘。最有趣的是首尾加了男中音，唱里爾克的詩《情歌》(*Liebes-Lied*)；第一樂章是聲樂與鋼琴，第五樂章雖是同一首詩，卻變成聲樂與大提琴。

焦：這也未免太出乎意料！

費：能親眼目睹創作心靈可以如此機動變化，作品從發想到完成居然有這麼大的差別，實在令人著迷。由於我和阿瑞安都很喜愛這部作品，也和巴蒂雅施維莉 (Lisa Batiashvili, 1979-) 組了一個三重奏，我們就委託伯特威斯托爲我們寫一首三重奏。很高興他答應了，成果也相當卓越。我和男高音帕德摩 (Mark Padmore, 1961-) 在2016年首演了詹德 (Hans Zender, 1936-) 的作品，看到他在聽了我們的試演後，如何調整作品，最後甚至加了電子音效，也是很具啓發性的經驗。我一直都在演奏當代作品，和作曲家一起工作更讓我覺得身處創作過程之中，永遠都有豐富的收穫。

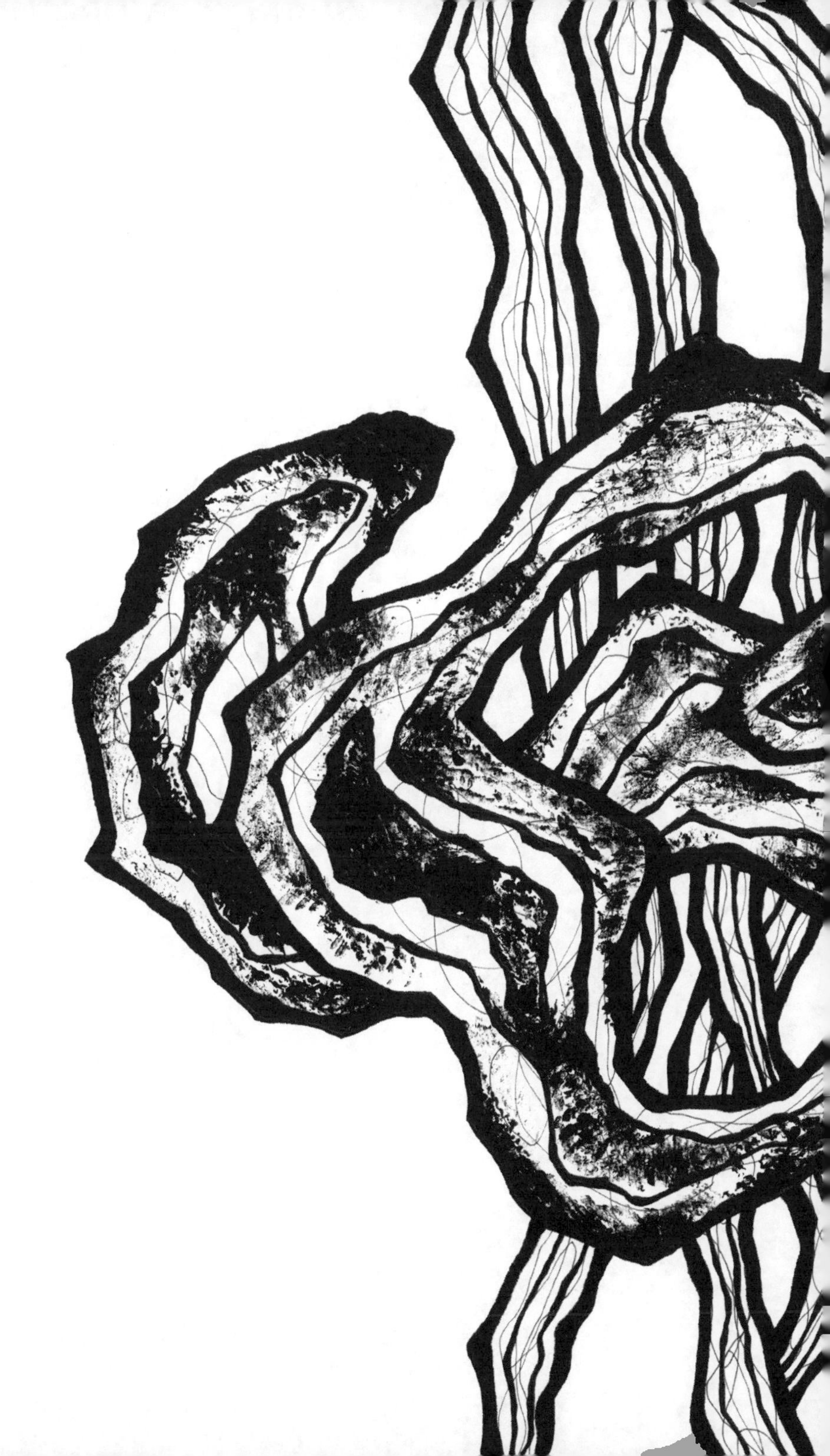

NIKOLAI LUGANSKY

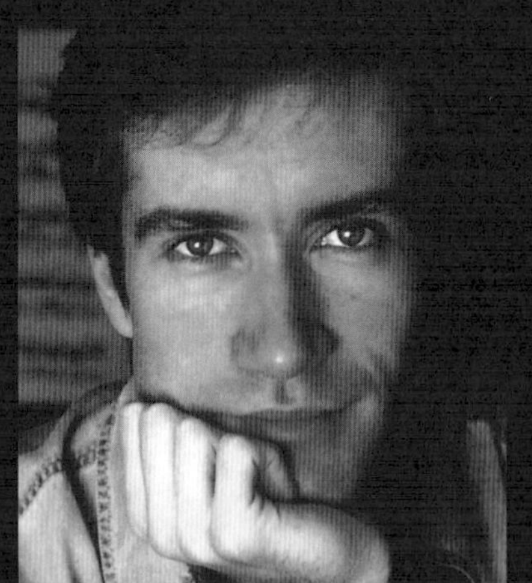

Photo credit: Ludmila Lincy Agency

1972年4月26日生於莫斯科，盧岡斯基7歲進入中央音樂學校向克絲特娜學習，之後跟妮可萊耶娃學習。1988年他在全蘇鋼琴大賽獲得首獎，同年於萊比錫國際巴赫鋼琴比賽獲得第二而深受矚目。1990年他於莫斯科拉赫曼尼諾夫大賽得到亞軍，1994年則在第十屆柴可夫斯基鋼琴大賽中得到第二（冠軍從缺），逐漸開展國際演奏事業。盧岡斯基演奏技巧精湛細膩，其拉赫曼尼諾夫與蕭邦錄音皆斐聲國際，獨奏與室內樂皆有佳績。除了是傑出的音樂家，盧岡斯基也是傑出的西洋棋棋士。

關鍵字 —— 俄國教育、妮可萊耶娃（教學、演奏）、技巧自學、文化氣氛、俄國鋼琴學派、1994年柴可夫斯基大賽、拉赫曼尼諾夫（人生、風格、作品、演奏）、聽眾的重要性

焦元溥（以下簡稱「焦」）：您在科學家家庭中長大，我很好奇您是如何學習音樂的？

盧岡斯基（以下簡稱「盧」）：的確，家父是物理學家，家母是化學家，親戚之間也沒有音樂家。不過家父非常喜愛音樂，是歌劇迷。在我5歲半的時候，他帶了一個玩具鋼琴回家，隨興彈了當時流行的歌曲。我在隔壁房間聽到了，發現一個錯音，立刻跑去指正。家父非常驚訝，因而發現我有絕對音感。對他而言，他覺得這是非常罕見的天賦，便讓我學習音樂。我那時跟鄰居伊帕托夫（Sergei Ipatov）學習，他是伊貢諾夫的學生。我7歲進入中央音樂學校，跟郭登懷瑟的學生克絲特娜女士學習。我學鋼琴完全自動自發，音樂就是我的最愛，我也全心在音樂裡。小時候當我拿到樂譜，總是迫不及待地閱讀，巴不得能把全天下所有樂譜讀盡。我在青少年時期，每天甚至可以聽上八、九個小時的音樂。我父母從來沒有強迫我練琴，我學習音樂也完全不需要強迫。

焦：蘇聯以傑出的音樂教育聞名，特別是中央音樂學校這一段幼兒基礎教育。您怎麼回顧這段時間的學習？

盧：蘇聯音樂學校對6、7歲的幼兒就施以非常專業且嚴格的技巧和音樂訓練，因此在12、13歲這個年紀，和其他國家的兒童相比，蘇聯教育系統訓練出的音樂家大致上都有相對傑出的技巧，到今日俄國也是如此。但這不是決定是否能成爲眞正傑出音樂家的最主要因素。接下來，個人特質就比學校教育要重要。天分、個性、成熟度等等，方是決定能否成才的主要原因。

焦：中央音樂學校和音樂院教育有何不同？

盧：俄國教育認爲兒童不知道什麼對他們是好的，因此他們必須聽從成人的指導。兒童當然也有個性，但不能自立，在這個階段必須聽從成人的決定以得到最好的發展，也必須認眞學習，把學習當成自己的責任。不只是音樂學習如此，俄國對一般教育也持如此態度。但到了音樂院階段，由於學生已經建立好扎實的基礎，教授開始鼓勵學生發展獨立思考能力，成爲眞正具有特殊性格的藝術家。

焦：在克絲特娜女士過世後，您跟妮可萊耶娃學習長達9年。可否特別談談這位偉大鋼琴家？

盧：關於她我想我可以寫一本書來談！她是非常傑出的鋼琴家，對音樂有無窮盡的熱愛。她的曲目可能是已知鋼琴家中最多的，任何音樂她都想了解，都願意演奏，到人生盡頭都在自我挑戰，永遠不停止學習。她上課時其實不多說，但總能簡單扼要地指出問題，接著她會示範。我跟她學的第一首曲子是貝多芬《第三號鋼琴奏鳴曲》，她的示範是那麼精湛，我到現在都記得很清楚。當然，不一定要是傑出的演奏家才能成爲出色的老師，但能聽到如此傑出的大演奏家示範，親自展現她對音樂的思考，學生的眼界自然不同。一個人的見識愈廣、智慧愈深，愈不會輕易下斷語，告訴你何者是對、何者是錯。妮可萊耶娃正是這樣的人物。她不是心急的老師，總能一步步引導，讓學生不只演奏樂曲，更能在音樂裡表現人生。

焦：所以她絕對不是專制的老師。

盧：完全不是。她的演奏也很開放，教學上也給學生非常大的詮釋自由。她讓我了解自己，也相信自己。在她的教導下，我很早就學會獨立思考。她對我也非常照顧，不只教我鋼琴，更帶我聽音樂，聽各式各樣的音樂，也和我一起聽各鋼琴家的演奏、和我討論音樂與鋼琴演奏藝術。我們也常一起四手聯彈。我跟她學得非常快樂。對我而言她也不只是一位老師：她就像是溫暖的太陽，永遠那麼慈祥。

焦：您的自我學習也包括技巧嗎？

盧：是的。妮可萊耶娃不太教我技巧，因爲她認爲所有技巧名家都能自行找出屬於自己的技巧以及解決問題的方法。另外，她的演奏會非常多，使得我無法常常跟她上課。在學校，一般學生一週上兩次課，但我一個月才上兩次，有時甚至一個月都上不到一次，所以我不覺得我眞正屬於所謂的「俄國鋼琴學派」。在蘇聯，一般鋼琴學生在13、14歲時都受到很好的指導和監督，任何技巧，特別是施力方法與各種移動姿勢，都在老師的指導下學成，這當然可說承傳到俄國鋼琴演奏傳統。然而我在技巧養成期間，卻是自己練習，自己找到方法解決演奏問題。就此而言，我的技巧自學成分居多，但這一切都必須感謝妮可萊耶娃。

焦：在您學習時，莫斯科音樂院的四大巨頭都已過世，他們的思想和教學法是否仍然影響到您這一代的鋼琴家？

盧：論及直接影響，我想還是當時仍在世的鋼琴家對我們影響較大，畢竟我們可以聽到他們的現場演奏。李希特和吉利爾斯是兩大巨擘，他們的音樂會總是一代代鋼琴家的標竿，妮可萊耶娃等名家也是中流砥柱，她對我的影響自然巨大。年輕一輩的鋼琴家，像是蘇可洛夫和普雷特涅夫，也讓人印象深刻。不過在我求學時，影響我最大的並非鋼琴音樂，而是交響音樂。我在莫斯科音樂院的最後兩年，花在聽音樂上的時間遠多過練琴，而且多聽交響音樂。我不只研究鋼琴音樂，也研究布拉姆斯、華格納、拉赫曼尼諾夫、西貝流士、布魯克納等人的歌劇與管弦樂作品，也聽很多室內樂。我想這可能是我和大部分俄國鋼琴家的不同處，也是我音樂教育比較特別之處。在學生時代，我沒有像其他俄國鋼琴家那麼專注於研究俄國學派技巧和鋼琴作品，而是讓自己沉浸於豐富的音樂世界。

焦：但學派可不可能以一種文化氣氛傳承？我到莫斯科音樂院的教室參觀，每間教室牆上都掛滿了曾在此教學的教授照片，無數偉大的名字都在牆上看著一批批新入學的學生。這種獨特文化氛圍一定會對學生有些許程度的影響。

盧：這的確是很有趣的現象。有些教室甚至擺了拉赫曼尼諾夫的肖像——拉赫曼尼諾夫從來沒在莫斯科音樂院教過琴，但他嚴肅的面容和強烈的眼神，卻能讓一代代鋼琴學生進入到他的音樂世界，甚至是整個俄國音樂世界。我不知道這是潛移默化的效果還是直接的視覺震撼，但傳統精神的確也這樣傳承下來。

焦：如果我們把傳統限縮在特定曲目的詮釋呢？我2002年至莫斯科聽柴可夫斯基大賽，就驚訝發現有三位鋼琴家彈的貝多芬《熱情奏鳴曲》，分句、速度和設計幾乎完全一樣。不出所料，他們都是莫斯科音樂院同一位老師的學生。

盧：這要看情形。你說的現象在特定老師身上的確存在。他們可能覺得，自己有義務和責任把一些他們學到的精深見解與詮釋，透過訓練

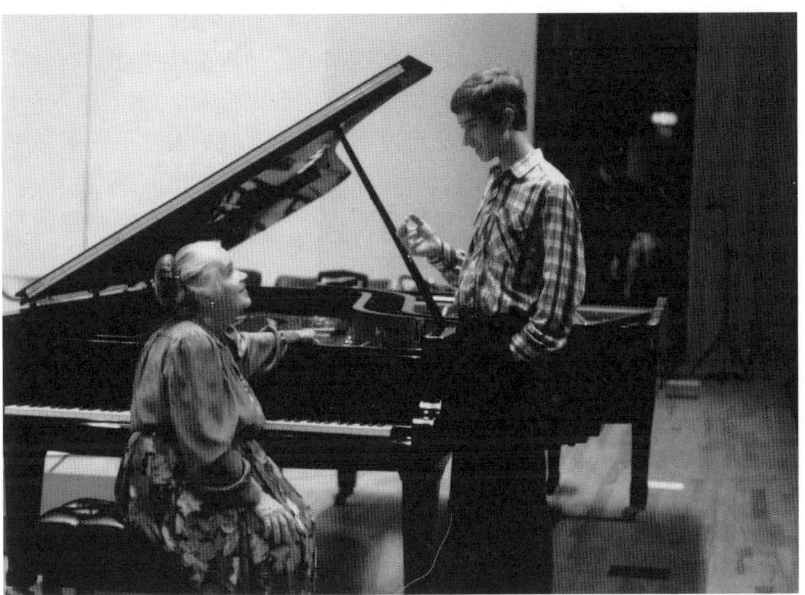

盧岡斯基與恩師妮可萊耶娃（Photo credit: Lev B. Lugansky）。

教給學生，讓傳統延續。我不否認這樣教學的意義，特別是學生從研習特定詮釋中一樣可以學到很多。然而就我所受的教育而言，妮可萊耶娃剛好相反；她鼓勵學生發展自己的個性，希望每位學生都彈得不同，絕不強加見解給我們。

焦：俄國在音樂創作和鋼琴演奏訓練上都有很高的成就，這兩項是否有互相連結之處？

盧：俄國音樂有兩大來源，一是民俗音樂，一是東正教聖歌，而歌唱則是不變的特質。相較於德國音樂重結構，俄國音樂則重視旋律。我想在這一點，這和俄國鋼琴學派可說有其相通之處，因爲俄國鋼琴學派的特質，便是強調歌唱般的音色和句法，鋼琴演奏出的聲音和旋律都要像人聲。其實拉丁美洲的音樂也有這種特色，雖然風格和我們非常不同。

焦：在國際交通便利，教學互通有無的今日，俄國鋼琴學派是否依然存在，學派是否仍然重要？

盧：學派當然很重要。俄國學派有非常好的傳統，因此更爲重要。然而，學派的重要性是否被誇大了？無論演奏者屬於什麼學派，在舞台上都必須回到自己，用自己的技巧表現自己的想法。有智慧的鋼琴家，能利用學派表現其個人特質，而非被學派束縛。雖然蘇聯的音樂教育極好，學派也形成完整的系統，但偉大的俄國鋼琴家都彈得彼此不同，吉利爾斯和李希特就很不一樣，雖然他們都是紐豪斯的學生。鋼琴家所受的教育、人生經驗、個人性格和生理條件都不同，演奏也不可能相同。舉例而言，我非常仰慕費瑞爾，他的演奏也影響了我的音樂，但我不可能去模仿他，因爲我們所擁有的條件差異甚大。很可惜，由於比賽和社會變遷，年輕一輩的鋼琴家逐漸失去了昔日美好的文化傳統，那種對聲音與音樂內涵的深刻追求。但只要演奏者夠聰明，仍然能彈出優美的聲音和深刻的音樂。無論學派影響多深，眞正造就演奏者的還是演奏者自己。

焦：說到比賽，您是1994年柴可夫斯基大賽的贏家，該比賽可算是您演奏生涯的轉捩點嗎？

盧：不完全是，因爲比賽在那時已不像以前重要，也不再是成名的保證。就我的事業而言，1999年才是關鍵。那年我的羅浮宮音樂會非常成功，因此獲得華納唱片的合約。就我個人來說，柴可夫斯基大賽是相當不愉快的回憶。那時妮可萊耶娃甫過世，我又出了車禍。雖然不嚴重，但有三個月都不能練習。從停了三個月到得立即投入比賽，還得彈出比賽要的水準，那眞是極大的壓力。我16歲參加萊比錫巴赫大賽，由於年輕，所以不覺得有壓力。但我參加柴可夫斯基大賽時已經22歲，在俄國也有知名度，是最被看好的參賽者之一，心理壓力不言可喻。我那時完全是在妮可萊耶娃的助教多倫斯基的促使下才參加比賽。經過柴可夫斯基大賽，我告訴自己再也不要參加任何比賽了。而且，我不覺得比賽是衡量音樂家的好辦法。音樂演奏是不能比較高下的，運動比賽才可以。然而爲了要讓演奏能被比較，音樂比賽也就運動比賽化，導致鋼琴家追求響亮和快速，但這並不是眞正的鋼琴演奏藝術。在音樂詮釋上，鋼琴家也很難在比賽時充分表現自己。即使像柴可夫斯基大賽著名的冠軍得主，如蘇可洛夫或普雷特涅夫，我相信他們在比賽時的演奏也絕對不會是他們最好的演奏。要了解演奏家，請聽聽他們在比賽之外的表現，那絕對不一樣！

焦：您對拉赫曼尼諾夫有很深厚的情感，也錄下極爲卓越的鋼琴協奏曲全集與許多鋼琴獨奏作品。可否爲我們談談這位作曲家？我特別好奇您如何看他的晚期作品——無一例外，那些作品都極爲陰暗深沉。

盧：這完全反映了他的人生悲劇，而這悲劇主要來自於他是離開故鄉的音樂家。許多俄國音樂家不覺得離開故鄉是多了不起的事，他們可以當世界公民。比方說在1960和1970年代，有不少音樂家離開蘇聯。他們住在世界各地，生活並沒有受到太大影響。但拉赫曼尼諾夫不同，他需要自己的故鄉，需要一個「家」，心靈的「家」。只有在俄國，他才有「家」的感覺。我最近每年夏天都拜訪伊凡諾夫卡（Ivanovka），當年拉赫曼尼諾夫的度假小屋，他寫下大量作品的地方。在那裡我特別能感受到他的心情，以及對俄國，特別是對俄國鄉間的眷戀與鄉愁。那是非常特別、非常俄國人的感情。拉赫曼尼諾夫把伊凡諾夫卡當成「家」，只有在伊凡諾夫卡，他才覺得自己得到歸屬。

焦：但當年他還是選擇出走。

盧：因爲他是有責任也有智慧的人。身爲丈夫以及兩個女兒的父親，他有家庭要照顧，他的絕頂聰明也讓他預知共產革命的後果——他在1917年12月就離開俄國，顯然已料到之後將發生的災難。雖然痛苦，除了離開家鄉，他沒有其他選擇。然而，失去故鄉，失去自己的國家，這是他一生的悲劇。他總是能預見未來，但未來卻讓人絕望，他的音樂自然也愈來愈深沉黑暗。對拉赫曼尼諾夫而言，他看到的是文化整體性地衰微，音樂創作的黃昏。許多人說拉赫曼尼諾夫保守，但他是音樂創作黃金時代的見證者，繼承偉大的傳統，自然對他所處的環境感到痛心，創作也就愈來愈少。他最後幾部作品，像《柯瑞里主題變奏曲》、《帕格尼尼主題狂想曲》、《第三號交響曲》、《交響舞曲》等等，都是非常深沉且陰暗的作品，完全反映他的心境。

焦：您如何看待拉赫曼尼諾夫的音樂特質，特別是他極其優美的旋律？他當年竟因爲旋律優美而被批評，到現在很多人也把他當成「電影音樂風格」作曲家。

盧：拉赫曼尼諾夫一生都保持對旋律和調性音樂的熱愛，不斷精鍊自己的創作。在他的時代，如此寫作其實是反潮流。但他那不畏流俗，堅持做自己的態度，不也該受人尊重嗎？他的音樂完全發自內心，而且可以立卽和聽衆溝通，瞬間感動人。對我而言，二十世紀僅有少數作曲家，像是拉威爾、拉赫曼尼諾夫、理察・史特勞斯等巨擘，可以眞正做到雅俗共賞，旣經得起專家深入鑽研，也能和最基層的聽衆溝通。有一些人認爲，「眞正好」的音樂是那些需要學習、要用頭腦分析才能了解的作品。但任何7歲小孩聽到拉赫曼尼諾夫《第二號鋼琴協奏曲》，都會立卽深受感動；任何70歲的老人，無論曾經接觸過多少音樂作品，聽到它還是會被感動——這種超越一切而能立卽直指人心的感動，正是拉赫曼尼諾夫的偉大之處！不過我要強調的，是拉赫曼尼諾夫的旋律不只是美麗，背後更有深刻的文化意義。他的旋律語彙來自中世紀的東正教音樂。像《第三號鋼琴協奏曲》的第一樂章第一主題，就和東正教聖歌有緊密的連繫。著名的《練聲曲》（*Vocalise, Op. 34-14*），旋律也是從聖歌元素而來。如能深刻了解中世紀東正教聖歌的旋律與形式，以及這些聖歌的歌唱方式，就能更深入拉赫曼尼諾夫的世界。

焦：非常可惜，人們對拉赫曼尼諾夫的了解還是不夠多，也不夠好奇。或許大家太過著迷《第二號鋼琴協奏曲》的優美旋律，反而忘了第一號（修訂版）也是旋律極其迷人的經典。

盧：此曲永遠是我最愛的協奏曲之一。第一號混合了作曲家17歲的旋律語彙和他晚期精緻的鋼琴與和聲語法，管弦樂配器更是精彩絕倫，展現非常明亮清晰的色彩。它也不像拉赫曼尼諾夫其他三首協奏曲充滿悲劇色彩，反倒呈現精緻洗練的樂思和美得驚人的旋律。第一號唯一的問題，在於寫作太精緻。許多樂段鋼琴和樂團高度融合，像是第三樂章結尾，形成對鋼琴家和指揮家的嚴峻考驗。這可能是讓它較少被演奏的原因。

焦：但最少演奏的還是第四號。許多人說這是最不像拉赫曼尼諾夫的一首，我卻覺得此曲非常接近作曲家內心，有最私密的情感和最曖昧的話語，是拉赫曼尼諾夫掏空自己、眞心傾訴的創作。

盧：我完全同意你的看法。第四號是拉赫曼尼諾夫的內心話。對我而言，這是他生病靈魂的日記，詳實記錄他的人生悲劇和祕密。你可以在其中清楚看到拉赫曼尼諾夫經歷了什麼。它並不瘋狂，卻非常真實。但說到我最愛的拉赫曼尼諾夫協奏曲，我還是選第三號，這也是我心中最偉大的鋼琴協奏曲之一。它是多麼豐富美麗，鋼琴家可以在音樂中盡情表現自我，更是技巧的極致挑戰。

焦：您怎麼看拉赫曼尼諾夫自己的演奏錄音，特別是他許多個性極為強烈的詮釋，例如著名的蕭邦《第二號鋼琴奏鳴曲》和舒曼《狂歡節》？

盧：拉赫曼尼諾夫的演奏聽起來的確很特別。我第一次聽並不了解，只覺得奇怪。事實上，我發現歐洲許多對鋼琴演奏歷史很有研究的人，也都不了解。他那極具個人色彩，極為強烈的彈性速度與速度運用，甚至整體鋼琴技巧，都非常特別，完全是他自己的聲音。然而拉赫曼尼諾夫的演奏極富深度，只要能用心探索，就能見到他的音樂邏輯。這不是我在第一時間就會喜愛的演奏，卻是能隨我年齡增長，愈來愈能體會其奧妙，當然也就愈來愈喜愛的演奏。此外，拉赫曼尼諾夫演奏的特別，在於他彈什麼都像他自己。你可以輕易辨認出這是拉赫曼尼諾夫在演奏，他卻不曾刻意而為。我想這是因為他不但以大鋼琴家的角度來看鋼琴作品，也以大作曲家的身分來看他同行的作品。不是每位作曲家——鋼琴家都在演奏中展現出這種特色，這也成就他鋼琴演奏的獨到魅力。當然，拉赫曼尼諾夫演奏自己的作品，是必須聽的經典。他在其《第一號鋼琴協奏曲》所展現的技巧，真是鋼琴演奏史上的極致成就。

焦：那麼拉赫曼尼諾夫的鋼琴寫作呢？早期有些鋼琴家，像阿勞，就認為他的和弦堆砌太過分，音符太多，索性不演奏。但無論如何，拉赫曼尼諾夫總是開創出自己的一家之言。

盧：有一類作曲家，他們創作音樂時並不特別考慮表現的樂器，巴赫就是一例。《郭德堡變奏曲》可以被改編成各種編制，但無損作品的音樂表現。海頓、莫札特，甚至貝多芬的鋼琴音樂，也有許多作品可以改編給其他編制。然而，也有一類作曲家的作品和樂器高度連結，作品就是爲特定樂器存在。蕭邦和拉赫曼尼諾夫就是這樣的作曲家，他們的鋼琴音樂和鋼琴可說合而爲一。我認爲鋼琴家應該從這個層面去思考，了解拉赫曼尼諾夫寫作的道理與那爲鋼琴量身打造的音響與色彩。他的作品演奏難度極高，但寫法都很鋼琴化，完全順著身體運作和鋼琴演奏技法而寫。他不像貝多芬、舒曼、柴可夫斯基等人的鋼琴曲，往往只是出於音樂思考而不考慮實際演奏層面。對我來說，即使是拉赫曼尼諾夫作品中最困難的樂段，演奏起來還是比貝多芬等人「非鋼琴化」的鋼琴作品要舒服得多。更何況鋼琴家若能忠實達到拉赫曼尼諾夫的要求，他所創造出來的聲音會無比豐富美麗，具有獨一無二的效果。拉赫曼尼諾夫的改編曲就是他對鋼琴性能全面掌握的最佳證明，寫法極其經濟而精準，每個音符都有良好效果，毫無冗贅之處。我想除了手特別小或特別弱的人，拉赫曼尼諾夫對鋼琴家並不會造成任何問題。

焦：俄國演奏家帶來許多精彩改編作品，我也很高興聽到您改編的華格納《諸神黃昏》選段，未來還會繼續改編嗎？

盧：改編是一門高深藝術，但眞的稱得上是「藝術作品」的改編曲卻不多。普雷特涅夫的改編是非常了不起、偉大的藝術作品。近年來，佛洛鐸斯也有一些傑作問世，尤其是改編莫札特的《土耳其進行曲》。我會改編《諸神黃昏》，因爲此劇和《崔斯坦與伊索德》並列我最愛的歌劇，而我覺得我可以寫下改編。或許我還會改編幾首拉赫曼尼諾夫的歌曲⋯⋯但改編眞是一大學問，我還有很多要學。

焦：您是新生代鋼琴家中的佼佼者，妮可萊耶娃口中的「下一位大師」。您怎麼看您所處的時代與聽眾？

盧：我希望聽衆了解，他們也是音樂會的一份子。對我而言，「眞正的聽衆」絕對不是被動的聆賞者。相反地，他們不只去「聽」音樂，更和演出者一同「經驗」並「創造」音樂。現在很多聽衆完全是「消費者」，以爲付錢買票，單純接受演出就可以了。他們沒有在精神上參與演出，只想得到淺薄的收穫而不願付出或學習。在昔日蘇聯則不然。音樂教育是國家政策，要求並訓練任何普通人都應該具備欣賞貝多芬交響曲的能力。這聽起來似乎很霸道，但理念是對的——人應該自我充實、學習，讓自己有能力去欣賞人類最偉大、最崇高的藝術。難道不是嗎？面對偉大的音樂作品，人難道不該透過教育和學習，增進自己的聆聽能力，以得到更高層次的精神滿足與藝術感受嗎？很遺憾，今天的音樂會幾乎完全被市場經濟宰制，人們對音樂藝術也缺乏重視。

焦：您演奏時台風非常穩健自在，即使音樂充滿思考，也不流於刻意。我很好奇您對自己的演奏有何期許？

盧：我從來不想模仿某位鋼琴家，也不會刻意不要讓自己像某位鋼琴家。身爲音樂家，我要做的就是眞誠面對音樂。我的想法必然會和某些人接近，和某些人相對，但絕對不會和某人完全相同，因爲我是獨立的個人，有自己的藝術個性。有些鋼琴家會刻意「做」出一些彈法，耍弄一些姿勢，或強加自己的個性在音樂裡，好讓聽衆辨認出他們——說實話，這其實是最簡單的。我對自己的期許，是能不落痕跡地融入不同風格，詮釋或技巧皆然。當我演奏莫札特，我的風格和技巧必須和演奏拉赫曼尼諾夫完全不同，無論是性格或手指都必須改變，自然地爲音樂改變。我希望達到演奏莫札特的盧岡斯基和演奏拉赫曼尼諾夫的盧岡斯基，其實已是兩個完全不同的鋼琴家。

焦：您如何看自己的角色與定位？

盧：我不是個性外向的藝術家，也不會用言語解釋自己的詮釋。了解我的最好方法，就是聽我的演奏。我認爲眞正有內涵的人總是曖曖內含光，不會把一切想法都表現在外。就像拉赫曼尼諾夫，其晚年作品都在說他的個人悲劇和祕密，但我想他絕對不會希望世人確切知道那些故事。人都有屬於自己的祕密，我也不例外，而我只在音樂裡訴說這些最私密的故事與情感。身爲演奏者，我知道我和作曲家的差別。上帝把音樂交給作曲家，作曲家把音樂交給我們。我視自己爲翻譯者，把作曲家的想法與情感轉達給聽眾，也把聽眾和我自己帶進偉大的音樂之中。音與音之間，充滿了人生的經驗與情感。我希望聽眾不要輕忽音樂蘊藏的人生經驗，能更珍惜自己，更用心聆聽，和演奏者一同創造音樂。

路易士 1972-

PAUL LEWIS

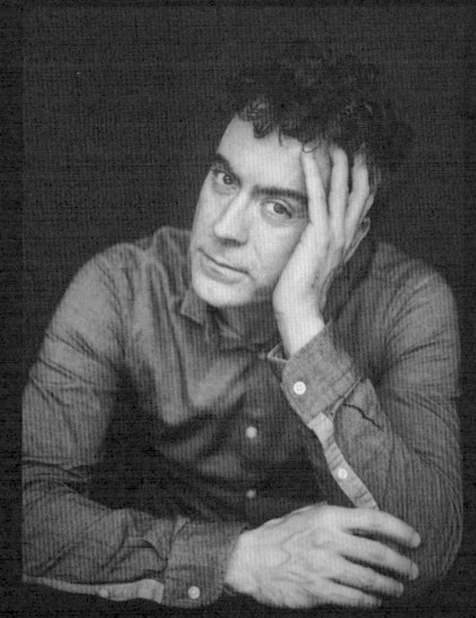

Photo credit: Kaupo Kikkas

1972年5月20日出生於利物浦市郊，路易士幼年自學鋼琴，後進入奇坦音樂學校（Chetham's School）就讀，18歲於倫敦市政廳學院（Guildhall School of Music and Drama）師事哈沃（Joan Havill），又成爲布倫德爾的學生，曾贏得於倫敦舉辦的世界鋼琴比賽（World Piano Competition）二獎。路易士以德奧曲目見長，錄製的貝多芬鋼琴奏鳴曲與協奏曲全集皆獲好評，舒伯特作品也有佳績，在獨奏和室內樂都有傑出成果。2015年起他接任里茲大賽藝術總監，並擔任評審團主席，是英國中生代最具代表性的鋼琴家之一。

關鍵字 —— 自學鋼琴、公立音樂圖書館、布倫德爾、詮釋傳統、舒伯特（俄國鋼琴家的演奏、反覆樂段、開放式結尾、未完成創作、晚期作品、結構、《天鵝之歌》、最後三首鋼琴奏鳴曲）、進入樂曲情境、《展覽會之畫》、古典音樂不會消失

焦元溥（以下簡稱「焦」）：您學習音樂與樂器的經驗非常有趣，先是在8歲那年學習大提琴，到12歲才開始眞正學鋼琴。

路易士（以下簡稱「路」）：而我眞的拉得非常糟，一點天分都沒有（笑）。其實我4歲就在學校教室摸過鋼琴，馬上就愛上它。但我們家在利物浦郊區，附近沒有鋼琴老師，學校也不提供鋼琴課，所以我在12歲之前僅靠摸索，憑聽力自學鋼琴，毫無訓練與紀律地彈著很糟的巴赫《創意曲》。

焦：但您很早就喜愛古典音樂。

路：我家裡幾乎沒有音樂，有的話也是我爸偶爾播放約翰・丹佛（John Denver, 1943-1997）的歌，我身邊也沒有聽古典音樂的人。但

我從8歲開始，有空就往公立音樂圖書館跑，聽各式各樣的音樂，最後完全被古典音樂吸引。那時一次只能借三張唱片。我總是興奮地聆聽，偷偷轉成錄音帶，回圖書館再借三張，對音樂充滿飢渴，雖然沒有人能和我分享這樣的快樂。不過即使家人不理解古典音樂，他們還是很支持我。11歲那年爸媽帶我去考曼徹斯特的奇坦音樂學校，但沒被錄取。後來有位鋼琴教師願意指導我，我跟他學習兩年，終於在14歲考上。

焦：14到18歲這段期間呢？

路：我有老師，但基本上仍是靠摸索，相當隨興地演奏，直到我進入市政廳學院跟哈沃學習。她知道如何展示身體與鋼琴的關係，讓我了解如何將自己連結到這個樂器，我才知道該怎麼彈，起步可謂非常晚。

焦：從結果來看，這並未影響到您的技巧。

路：我對此的確也沒有遺憾。我很喜歡青少年那段自由探索的時光。即使彈得很隨意，但非常快樂，每天都有新發現。

焦：在這段自由探索期間，您是否就培養出對德奧曲目的喜愛？

路：我的確喜歡莫札特、海頓、貝多芬，但最感興趣的其實是俄國音樂！我一直到20多歲，曲目都以俄國作品爲主，拉赫曼尼諾夫《第二號鋼琴協奏曲》更是這時期我最愛的曲子。是在我20歲認識布倫德爾之後，曲目才開始轉向德國作品。

焦：布倫德爾最早的唱片也包括普羅高菲夫《第五號鋼琴協奏曲》，還錄了《彼得洛希卡三樂章》和《伊士拉美》等俄國曲目。他也有一段俄國時期呢！

路：他告訴我他20多歲的時候，還彈過一次拉赫曼尼諾夫《第二號鋼琴協奏曲》呢！若是有錄音可聽就好了。有趣的是當年公立圖書館中的鋼琴唱片，幾乎都是布倫德爾或肯普夫的演奏。當我見到他本人，像是看到唱片封面中的人走了出來，很特別的感受。

焦：您們是如何認識的？

路：那時他來我們學校指導，我被選中演奏海頓奏鳴曲給他聽。本來以爲他會勸我改行，上完課之後他居然要我和他保持聯絡……

焦：我想布倫德爾必然從您的演奏中聽到非常可貴的東西。他是怎樣的老師？

路：我跟他的學習，是一年拜訪他5到6次。布倫德爾不是傳統定義下的老師，幾乎不管技術問題。除了一些關於音色塑造、觸鍵方式和踏瓣用法的建議，他連指法都不關心。我們的「上課」其實是我彈給他聽，而他給予看法。剛開始我什麼都不敢說，只能一味接受。我第一次上課就是這樣：我彈了李斯特《但丁奏鳴曲》，而布倫德爾分析每個小節……那堂課總共持續5小時，到最後我根本不知道要怎麼彈了！我花了好一段時間才能和他討論，也從討論之中開始眞正的學習，而不是模仿。他完全知道要說什麼，簡單幾句就蘊藏巨大且實用的智慧，總是切中問題，也不吝於給予建議。我也從看他演奏中學到很多。他太會用音樂說故事，看他如何在舞台上展現敘事魔法，總給我很大的啓發。

焦：布倫德爾雖然是傳統的代表，但也非常創新。您怎麼看音樂詮釋的傳統？

路：我非常喜愛費雪、許納伯、肯普夫，也認爲傳統非常重要，需要知道，但更重要的是音樂必須完全出於自己，以新穎、獨立、原創的途徑表現，而不只是重製前人的看法。要認識傳統，也要和傳統保持適當距離。布倫德爾相當尊敬傳統，常談及前輩的演奏，有時甚至會點名錄音。比方說他是柯爾托迷，就曾要我好好聽他某個錄音。但即使如此，他仍然主要談這些人的詮釋觀點，而不是具體彈法。他也對名義上的傳承沒興趣，從不曾說因爲他是費雪的學生，費雪又是某某的學生，而這可以一路連到貝多芬之類的話。總之對於傳統，他的看法相當務實，我也認爲應當如此。

焦：您也聽前輩俄國鋼琴家演奏的舒伯特嗎？之所以特別提到這點，在於普遍來說，西歐鋼琴家其實很晚才把舒伯特納入音樂會曲目，許納伯可謂先行者；但俄國從索封尼斯基、尤金娜等人開始就有許多舒伯特錄音，甚至早在1928年普伊許諾夫（Leff Pouishnoff, 1891-1959）就錄製了《G大調鋼琴奏鳴曲》（D. 894）。論及舒伯特演奏傳統，俄國其實有源遠流長的譜系。

路：我的確聽他們的演奏，吉利爾斯更是我極喜愛的鋼琴家。俄國學派非常有個性，但也因如此，鋼琴家彼此特色差距頗大。李希特和吉利爾斯就極爲不同，更不用說他們和索封尼斯基的差異。我不能把「俄國鋼琴家」當成一個單一分類來討論，但可以確定的是我們能從不同詮釋手法中學習。你提到《G大調奏鳴曲》，我第一次聽到它，是李希特在我16歲那年的倫敦現場演奏。你知道第一樂章他彈了多久嗎？35分鐘！他用非常慢的速度，又演奏所有的反覆；那場有廣播錄音，所以我可以很清楚地告訴你，眞的就是35分鐘！這是我無法同意的詮釋，我也絕不可能彈出這種詮釋。可是當時在音樂廳裡的我，卻完全被催眠，時間彷彿靜止了。這是妙不可言的經驗，其中必然有東西值得我們學習。

焦：對於是否忠實按照樂譜要求，演奏舒伯特作品的反覆樂段，一直是頗受討論的問題。您的看法如何呢？

路：我覺得這沒有絕對定論。在舒伯特的時代反覆必須遵行，傳統奏鳴曲式的呈示部也都要反覆。但以舒伯特的寫法，他的再現部幾乎和呈示部相同，又往往花了極長的篇幅發展。如果呈示部反覆一次，等於幾乎相同的樂段要聽三遍，這不見得眞的必要。但像《C小調奏鳴曲》（D. 958），呈示部的發展非常快速，我就覺得有必要透過反覆讓聽衆再聽一次。我的考慮是素材的呈現與發展方式，倒不是樂曲長度。如果僅是覺得反覆會讓樂曲太長而不反覆，我不認爲是好理由。

焦：反覆與否也會影響我們對樂曲結構的感覺。有些作品，比方說《D大調奏鳴曲》（D. 850），第四樂章的寫法似乎很難和前面樂章所建構起的規模相比，有點頭重腳輕，結尾也不像結尾——或許舒伯特不想要結尾？

路：這正是我想的。貝多芬總是會給清楚的答案，奏鳴曲一定有明確的結尾。卽使中間有玩笑與驚奇，那都必然在他的掌握之中，是唯一的解答。舒伯特則非如此。很多時候樂曲到了終點，不但沒給解答，還拋出更多問題。《D大調奏鳴曲》就是如此，音樂好像可以一直持續下去。貝多芬總會抵達他要的終點，舒伯特往往只是旅程，但他有處理開放式結尾的絕妙手法，而那給予無垠的時間感。

焦：因此，對於他諸多「未完成」的奏鳴曲，像C大調（D. 840），或許舒伯特認爲那其實已經寫完了？

路：此曲像是他的《未完成交響曲》，音樂也像是管弦樂的鋼琴縮譜而非純粹鋼琴音樂，演奏者必須以樂團的聲響與色彩去塡滿它，特別對那些未配上和聲的旋律。在我心中，這兩首曲子的現存成品都已完美，不需要再寫什麼了，卽使舒伯特確實有繼續寫下去的嘗試。我想他自己清楚：他嘗試了，發現新樂章不能爲前兩個樂章增加更多面向，放在一起也不合適，乾脆就停在該停的地方。像他未完的《升F小調鋼琴奏鳴曲》（D. 571），極其美麗又神祕的音樂，但審視全曲就會發現它其實在同一情感層次之中，沒有眞正的發展，所以舒伯特也就沒完成它。這很可惜，特別是第一樂章美得驚人，但事情就是這樣。

焦：這種特色在晚期舒伯特愈來愈明顯，雖然對於一位32歲不到就過世的作曲家而言，「晚期」聽起來不太合適。

路：說「晚期」是有點怪，但從1822年他發現自己得了梅毒之後，舒伯特的寫作就出現明顯改變。把1822至1828年看成一個分期，其實能找到音樂上的對應。也在這個時期，他和貝多芬愈來愈不同。即使對這位前輩的尊敬有增無減，舒伯特愈來愈明確地走出自己的路。他有極為溫柔與親密的特質，不追求驚天動地的效果，但效果就在那裡，予人的震撼力不輸給任何作曲家。我剛剛說貝多芬的曲子總是有很明確的方向，總有很確定的答案，其實就我的感覺，舒伯特的作品雖然看似三心二意、充滿模糊光影，但這種三心二意與模糊光影，對他而言卻是在那首作品的必須，也是他能得到的唯一方式。只是舒伯特比較訴諸直覺，而不是透過計算，不像貝多芬那樣有邏輯。他是害羞的人，但他很清楚自己有敏銳的感受，清楚自己感受到什麼，也清楚他能以音樂表達他的感受。所以回到你提到的結構，如果要讓這些素材與情感充分發展，就必須給它們空間。比方說《A大調奏鳴曲》（D. 959）長達12分鐘的終樂章，就是需要那樣寬闊的空間才能使音樂充分舒展。因此演奏舒伯特需要結構，不能僅如小溪歌唱，只是需要不同於貝多芬的結構。

焦：另一個關於結構的問題，您如何看舒伯特《三首鋼琴作品》（D. 946），它們眞能算是一組作品嗎？

路：這是棘手的問題，我想解答在演奏者，就像《天鵝之歌》眞能算是一組作品嗎？這明明是出版商放在一起的歌曲，我們該照出版順序演出嗎？但我覺得透過詮釋，仍能把《天鵝之歌》演繹成聯篇歌曲，提出令人信服的演出。就像《三首鋼琴作品》的第一曲究竟要不要演奏C段一樣。這段眞的好美，但放在第一首裡只會削弱音樂的整體感，所以我能理解爲何舒伯特將它劃掉；也因爲它實在很美，我能體會布拉姆斯在編輯時把它加回去的用心。如果演奏者決定彈這段，那要仔細調整前後對比，想辦法讓它聽起來合理。第三首也是如此，中間段很容易聽起來不斷反覆而顯得無聊，也要費心思考處理之法。總之，面對這麼精彩的音樂，取捨總是很難，只能更加用心。關於此曲有個好玩的故事：布倫德爾在50年代首次錄它的時候，《留聲機雜誌》有樂評給了很不客氣的評論，認爲他不該擅作主張刪除C段，「如果布倫德爾先生認爲舒伯特曲子太長的話，或許他該專注於其他作曲家，像是胡麥爾」。布倫德爾看了，回函說明這段的編輯過程，最後說：「如果樂評先生下筆前沒有做好研究，或許他應該專注於其他事情，像是賽馬。」

焦：哈哈哈，這種事已經見怪不怪了。既然您提到《天鵝之歌》，有的音樂家將其順序打散重組（比方說照作詞者分類），有的則照順序演出到〈重影〉（Der Doppelgänger），保留最後一首〈傳信鴿〉（Taubenpost）當成安可，因爲覺得這兩曲情境實在差距太大，《天鵝之歌》不該有如此歡樂的結尾。您如何處理呢？

路：我目前僅和帕德摩合作過舒伯特歌曲，而他堅持〈傳信鴿〉應該就在最後一首，即使那是出版商丟進來像是福利一樣的曲子。〈傳信鴿〉是G大調，和第一首〈愛的訊息〉一樣，調性上前後呼應。但更重要的是，〈傳信鴿〉說的是懷舊、鄉愁與渴望，像是對剛剛所經歷的一切的回顧，所以其實能夠當成結尾，端看你如何處理。對我而言，如果《天鵝之歌》以〈重影〉收尾，那是相當驚人的結束方式。在這麼悲慘的歌曲之後，觀衆鼓掌，演出者以〈傳信鴿〉當安可……這不會更突兀嗎？但我相信一定也有演出者能讓如此設計言之成理，所以關鍵仍是詮釋。單獨演出〈傳信鴿〉，和演出前面十三首，接在〈重影〉之後演出，可以是截然不同的表現。這當然也增加了品賞的樂趣。

焦：論及舒伯特的最後作品，您認爲當他譜寫最後三首鋼琴奏鳴曲時，他感覺自己即將死去嗎？對您而言，這三首作品的難處爲何？

路：這是頗有爭論的議題。以前普遍認爲是，後來有新證據指出舒伯特起筆之時其實健康狀況還不錯。就降B大調而言，我沒有感到這是一個將死之人的告別，但確實感受到某種「接受」——無論接下來會發生什麼，他都接受。這種認命的坦然是滿特別的感覺，和之前創作都不同。但無論如何，舒伯特的作品一向複雜；不是織體、結構上的複雜，而是情感上的複雜。他鮮少只呈現一種情感，通常是呈現主要意念的同時，底下有紛雜的其他想法在跑動，形成豐富的層次與色彩。這種複雜——或說豐富——在最後三首又達到高峰。像C小調的第四樂章，當句子從小調轉成大調，我們並沒有感到喜悅或光亮，而是見到帶著眼淚的微笑，甚至還更憂傷。面對這種複雜，演奏者必須先提出能說服自己的詮釋，才能以強大的信心與決心爲聽眾呈現詮釋。當然，演奏所有樂曲都該如此，至少我沒辦法演奏自己不愛的作品。但要演奏舒伯特，或許這點格外重要。

焦：像A大調的第二樂章，音樂發展完全脫離當時的規範，不可不謂之驚人。您如何處理？

路：這是很極端的音樂。一方面我們該讓極端成爲極端，一方面我們要處理平衡。這類似舒曼——你如果完全照他的音樂走，處處都是極端，那根本不成音樂。如何呈現極端但又維持某種平衡，眞的不容易。不過舒伯特畢竟不是舒曼，問題沒有那麼困難，舒曼作品就連《兒時情景》，對我都極爲困難。

焦：您演出時有種特質，就是無論作品爲何，總是可以在下手的那一瞬間立刻進入樂曲，不需要醞釀情緒。即便是變化多端的《展覽會之畫》，您也一樣可以做到。我很好奇這是天賦使然，還是刻意發展出來的能力？

路：對我而言，演奏一首曲子不是從下手開始，也不是從坐在琴椅上開始，而是從後台上場的那一刻就開始；你必須先讓自己完全進入樂曲情境才下手演出。但《展覽會之畫》在這一點上其實比較容易，因爲這是關於你如何看這些畫／樂曲，所以你的印象與觀看視角決定一切。

焦：您錄製唱片時也是如此嗎？

路：我盡可能把錄音當成現場演出，錄一長段甚至一個樂章，而非小段剪接。我的《迪亞貝里變奏曲》錄音是很有趣的經驗。當我已經完成錄音，沒有後顧之憂了，我請錄音師和製作人坐在鋼琴旁邊當聽衆，再錄一次不中斷的完整演奏。最後的錄音成品，其實絕大部分正是這次演奏。如果說錄音和現場有何不同，我會說錄音要能呈現現場不見得能聽到的細節，但現場當然無可取代。

焦：不過現場演出變數很多，您可曾遇過在上台之後，發現內心所感和方才在台下想的不同？

路：這其實常發生，這時我會微調自己的想法，讓接下來的發展合乎我的感覺。但像貝多芬這種結構極其嚴密的作品，開頭些微的不同往往會導致結尾重大的改變，而這些不在設想之內的意外，又常成爲可貴的養分，孕育出新觀點。表演藝術眞是「從實踐中學習」的藝術。有些事你可以透過在家練習學會，有些則是沒在台上演出就永遠學不會。我不害怕必須調整，也很享受現場帶來的驚喜。同理，和可靠穩定的伙伴合作室內樂也是很大的享受，總能獲得豐富收穫。

焦：《展覽會之畫》是您目前唯一的俄國作品錄音，也是布倫德爾唯一錄製兩次的俄國音樂，可否談談您的心得？

路：這是巧妙融合幻想與現實的作品。「漫步主題」其實是一個貫穿全曲的動機，不只成爲其後的間奏，也隱身於許多畫作。在〈市集〉之後「漫步主題」進一步融入畫作，最終於〈基輔城門〉的壯麗聲響中，幻想與現實合而爲一。我會說那是現實被幻想所包圍，或者被幻想所昇華。除此之外，穆索斯基的音樂語言也讓我傾倒。除了〈基輔城門〉可見東正教傳統音樂，你可說《展覽會之畫》的音樂都是他發明出來的，並無前者可供依循。想想這實在很驚人。我在音樂會中常在《展覽會之畫》之前演奏李斯特的晚期作品，那是創作時間相近但也極具原創性的音樂，同樣很驚人。說到俄國音樂，我並沒有棄絕這些青少年舊愛。如果哪天我去彈拉赫曼尼諾夫與柴可夫斯基，大家也別太驚訝。

焦：您的演奏讀譜詳盡、非常忠實，不過像您演奏貝多芬《第五號鋼琴協奏曲》結尾，加了和弦與樂團一起結束，並沒有彈完音階後就收手。可否談談這個在十九世紀普遍如此（包括李斯特），現在卻很少聽到的處理？

路：我最近在研究莫札特鋼琴協奏曲。莫札特彈自己的協奏曲都會和樂團一起，開頭序引如此，結尾也是，只是他不會費心寫出來。我想貝多芬也是這樣。對我而言，鋼琴家在《皇帝》結尾段什麼都不做，坐在那邊看著樂團演奏，實在太奇怪了。李斯特《第一號鋼琴協奏曲》最後兩個和弦，鋼琴也沒有音，但我難以想像李斯特會不彈。或許這只是因爲結尾可以因時制宜，有很多種可能，作曲家才不寫。

焦：李斯特《第二號鋼琴協奏曲》鋼琴就和樂團一起結束，但首演時李斯特是指揮，讓學生擔任獨奏。或許正因如此，他需要寫出來讓學生知道必須彈。

路：你的解釋很有趣。從另一角度看，鋼琴家如果在李斯特第一號彈了最後的和弦，在《皇帝》結尾加了和弦，這會影響到音樂表現，甚至破壞詮釋嗎？我覺得一點都不會，甚至還幫助了音樂表現。忠於音樂和忠於音符並不相同。我們不要忘了記譜不可能完美，音符所指引出的方向、情感與思想，絕對更重要。

焦：在訪問最後，您有沒有特別想和讀者分享的話？

路：很多人說古典音樂在消亡，我覺得這全是胡說。精緻、深刻、偉大的藝術不會消失，但它的確需要進一步推廣。推廣不是要強迫每個人都聽古典音樂，而是要讓每個人都有機會接觸。即使他們不會立即成爲古典音樂的聽衆，也能在心裡埋下種子。所以教育非常重要，而這包括學校與公衆教育。如果當年我家附近沒有公立圖書館，或圖書館裡面沒有古典音樂，我沒有辦法滿足我內心的渴求，可能會變成完全不一樣的人。和其他類型的音樂一樣，古典音樂具有只有它才擁有的溝通能力，而任何人都可能被它打動，透過它心靈交流，知道自己並不孤單，有人這樣深刻地了解自己。所以請大家停止說「古典音樂要消失了」這種話。第一，這不是事實。第二，這只會加深錯誤印象，讓古典音樂得到的資源愈來愈少。古典音樂不是某個階級的專屬，否則以我的家庭背景，我不可能喜愛這種音樂，也不可能從事古典音樂。它的確需要我們付出，投資時間、情感與腦力，但唯有需要付出的事物才能眞正豐富我們的人生，提升我們到更好的地方。

梅尼可夫 1973-

ALEXANDER MELNIKOV

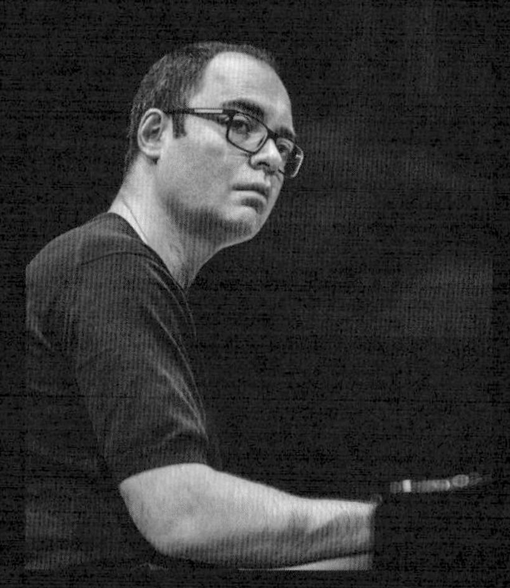

Photo credit: 林仁斌

1973年2月1日生於莫斯科，梅尼可夫6歲進入中央音樂學校學習鋼琴，12歲起成爲瑙莫夫的學生，後進入莫斯科音樂院。他曾於1989年舒曼鋼琴大賽和1991年伊麗莎白大賽獲獎，逐步開展國際演奏事業。梅尼可夫藝術想像力豐富，敏銳而多方學習，對歷史資訊演奏與當代音樂皆有涉獵，鋼琴與歷史鋼琴皆擅，其錄音常獲各類獎項，蕭士塔高維契《二十四首前奏與賦格》更足稱當代經典。他對室內樂也相當擅長，在貝多芬、舒曼、俄國曲目上頗有佳績，是思考細膩、理性感性兼具的演奏名家。

關鍵字 —— 瑙莫夫、紐豪斯、俄國傳統和學派、時代風格、歷史資訊演奏、史克里亞賓、羅班諾夫、柳比莫夫、史戴爾、蕭士塔高維契（風格、《二十四首前奏與賦格》、演奏）、舒曼（室內樂作品、配器）、音樂家的社會意義

焦元溥（以下簡稱「焦」）：我知道您成長於相當有趣的家庭：令尊是數學家、令堂是語言學家，但您兩邊的祖父母各有一位是作曲家，令堂也熟識李希特，寫有關於他的著作，古典音樂和您的關係可謂既近又遠。

梅尼可夫（以下簡稱「梅」）：的確，但我父母相當喜愛音樂，而我姐姐後來成爲鋼琴家和作曲家。我小時候大概就是天天聽她練琴，無形中培養了對音樂以及鋼琴的興趣。6歲那年我學了6個月的琴，考進中央音樂學校，開始正式音樂學習。但我父母沒有一定要我成爲音樂家，從不強迫我練琴。我的學習很自然，和其他孩子一樣，有時想玩球多過練琴，但也逐漸發展出對音樂的興趣與熱情。我在那裡學了11年，後來進入莫斯科音樂院。

焦：在中央音樂學校的學習中，您印象最深的是什麼？

梅：現在回想，我會說是我遇見的前輩師長。他們承傳了過去時代的美學與價值觀，雖然後來不見得都成爲我的老師，卻潛移默化地影響我。我後來在義大利科莫湖（Lake Como）音樂營學習時，跟許納伯的兒子卡爾（Karl Ulrich Schnabel, 1909-2001）上課，也有這種感覺。他們切入音樂的角度和現今不同，我覺得很有趣也很有價值。

焦：昔日蘇聯學派的幾大分支，郭登懷瑟、紐豪斯、伊貢諾夫和芬伯格，到您這一代還有意義嗎？您是否仍受到他們的影響？

梅：不能說沒有，但不是在學校學習中。我在中央音樂學校的老師並不積極，沒給我足夠的訓練和功課，但她向我父母推薦金茲堡女士（Elisaveta Ginzburg），鋼琴大師金茲堡的女兒，於是我跟她上私人課，建立演奏技巧。除了提到父親的音樂與演奏，她也是芬伯格的學生，常跟我說他的音樂觀。若眞要說，或許她才是我最重要的老師，後來我們也變成朋友。我跟瑙莫夫學習時，他和師母常提到紐豪斯。不知現在情況如何，在我學生時代幾乎大家都在說他。我小時候就讀過他的書，覺得那是很新鮮、幽默也直言不諱的著作，不過我後來才了解他的影響力主要來自「國際化」。我甚至不能說那僅是德國或波蘭，而是對整個歐洲的藝術文化都有深厚造詣，對那時封閉的蘇聯而言格外具啓發性，他也爲不少作曲家與曲目提出更深入的剖析。此外，紐豪斯不只是全面性的藝術家，也是非常有講課魅力的人。很難想像都過了六十年，還有很多女學生回憶他是多麼迷人。只要想想連李希特這樣有強烈獨特個性的人，都臣服於他的風采之下，不難想像他的風采。不過我個性是這樣，如果大家都往同一個方向走，我就會想去另一邊，看看其他風景。紐豪斯大名如雷貫耳，反而讓我只想逃開——雖然這完全不是他的問題。

焦：可否多談談您跟瑙莫夫的學習？

梅：我12歲就跟他學，前後長達10年。如果能重新來過，我想我大概不會跟任何老師學那麼久。我覺得在成長期還是多接觸不同教法與觀點比較好。但也因此我和他變得很親近。在他妻子過世後，幾乎是我在照顧他的起居。他人生最後二、三年，舉凡看病、手術、住院等等都是我在陪伴。也在這段時間，他變得非常平靜、說話很有諷刺機鋒，更有強大的分析能力與記憶力——這是我之前不認識的瑙莫夫！我這才知道，以前他生活中的「健忘」，比方說連自家地址都記不得，總得仰賴太太接送，或教學常前後說相反的話、給彼此牴觸的建議，其實都是裝的，他根本什麼都記得！我以前認為他是浪漫派傳統的代表，但他最後幾年所展現出的思考又不止於此。我很驚訝能目睹這些，這也讓我去思考他以前故意裝健忘的原因。

焦：您怎麼看傳統與學派？我知道您對所謂的俄國學派有不同看法。

梅：我這樣講大概很多人會想殺了我，但若眞要給一個答案，我會說「沒有」。當然，我們「有」俄國傳統和學派，但所有標榜自己是任一學派代表的人，通常都是最不了解那個學派是什麼的人。傳統和學派不斷在變，我們沒辦法作出明確定義。與其自我標榜，還不如不說。

焦：您如何看作品與其時代風格之間的關係？

梅：讀譜是件很困難的事，難在如何了解音樂的語言，各家可以非常不同。即使讀得詳盡，我們也無法完全知曉作曲家心中想要的演奏風格。比方說你讀普羅高菲夫和亨德密特的樂譜，再去聽前者彈鋼琴與後者拉中提琴的錄音，你會發現他們所呈現的風格、美學與品味，和我們這時代有多麼大的不同，但我們無法從樂譜中知道。當然有人想要模擬或重建某一時代，比方說2011年的電影《大藝術家》（The Artist），乍看之下頗有趣，但事實上無法實際重現1930年代，藝術上也不可能眞正成就什麼。對於有錄音錄影的時代尚且如此，更不用說對沒有影音紀錄的過去。因此我總是以非常懷疑的態度看待所謂的「眞實演奏」（authentic performance）——當然現在大家也不這樣說了，而稱之爲「歷史資訊演奏」（historically informed performance），因爲知道不可能「眞實」。其次，討論作曲家的演奏風格，常面對的是偉大的音樂心靈，而我們的程度不見得能充分理解他們在演奏中做的，一味模仿只會顯得愚蠢。話雖如此，我們還是要不斷嘗試，努力了解那些我們不了解的事。我小時候常聽人說「貝爾格是天才」，於是我找他的作品來研究，發現完全不懂，只好像鸚鵡學舌般說：「是的，貝爾格是天才。」但既然大家都這樣說，這背後一定有點道理吧！於是我強迫自己繼續努力研究，終於有一天，我突然領悟了他某一處的寫作思維，然後就瞬間理解他的音樂語言，也終於知道爲何大家說「貝爾格是天才」。這個經驗的出發點是錯的，過程卻是我最珍貴的記憶。音樂語言就像世上任何一種語言一樣難學，我們只能不斷努力，永遠不能停止。

焦：您錄製的史克里亞賓，彈性速度與彈法大量參考了學者羅班諾夫（Pavel Lobanov, 1923-2016）版的樂譜。他以史克里亞賓用Ludwig Hupfeld phonola和Welte-Mignon兩種再生鋼琴錄製的演奏，對比原曲做出新版本。我知道您正在進行普羅高菲夫鋼琴奏鳴曲全集錄音，我很好奇您的第四號第二樂章，是否也會如此參考作曲家本人的錄音？

梅：兩者情況有些不同。一方面史克里亞賓的演奏和他樂譜之間的差異，遠比普羅高菲夫的要大，另一方面——嗯，我希望大家不要認爲我驕傲，但我演奏普羅高菲夫沒有遇到太大風格或智識上的挑戰，覺得很能理解他，但對史克里亞賓就不是如此。當然，我們可以參考索封尼斯基的演奏，但羅班諾夫的樂譜更像是教科書，讓我們淸楚看到史克里亞賓演奏中的某些模式或習慣。比方說當你看到他彈某種和弦配置總是左手比右手先彈，或用某種彈性速度，我們分析出道理後，就可沿用如此手法演奏其他的史克里亞賓作品。

焦：他晚期作品的和聲語言和早期天差地遠，但就其演奏手法來看其實仍有脈絡可循，不如其作曲風格改變劇烈。

梅：而且即使和聲語言改變甚大，他的奏鳴曲結構仍然非常傳統，彷彿把這種形式當成宗教教義奉行。這也是我開始彈費德曼的原因。如果史克里亞賓多活三十年，寫出來的曲子可能就像費德曼，我可以看到其中非常清楚的延續，因此彈費德曼也可幫助我更認識史克里亞賓。我最近認識一位費德曼的朋友，他說費德曼在紐約的鋼琴老師就是史克里亞賓的學生，而費德曼也的確非常著迷史克里亞賓。看來我的判斷沒錯。

焦：您在求學過程中就對古樂演奏產生興趣。我聽說您是先從一位小提琴家朋友那裡聽到古樂奏法與曲目，然後您聯絡了柳比莫夫。可否談談他和蘇聯／俄國的古樂發展？

梅：古樂演奏在俄國並未蓬勃發展，有也多在聖彼得堡，莫斯科所幸還有柳比莫夫。要不是他和其他二、三位音樂家，俄國在此就一片荒蕪了。他學問之豐厚，又可說是世上最權威的專家。你訪問過他，相信一定可以感受到他多麼充滿好奇，到現在仍是熱情積極而且永不妥協的人。在對古樂演奏仍相當有敵意的環境下，他居然能克服種種困難，在西歐蒐集各種古鍵盤樂器運回莫斯科，這眞是太不可思議了！他演奏成就驚人，而我必須說他的教學成就也同樣卓越。在他指導下，不少學生都成爲全方位的音樂家，有完整的音樂與演奏知識，毫無弱點。若說我會遺憾什麼，其中之一必然是我沒有成爲他的學生。

焦：我非常尊敬柳比莫夫，而他眞有與衆不同的品味。

梅：其實他是永遠的叛逆，比我要反骨十倍。有次他說：「對鋼琴家最無用的曲目，就是早期舒曼和柴可夫斯基。」我說：「咦，你以前說過拉赫曼尼諾夫是對鋼琴家最無用的曲目，我想你該統一一下說法喔！」「唉，你不知道。」柳比莫夫嘆了口氣：「我花了多大的功夫，才能拋棄我對拉赫曼尼諾夫的喜愛啊！」他就是這樣的人，只要什麼廣受歡迎，他就要走相反的路，還說過巴赫是對鋼琴家最無用的曲目。不過如果你有機會聽到他演奏那些「無用」曲目，你會發現他實在彈得好，甚至比他一般曲目更好。嗯，你知道，愛是藏不住的。

焦：哈哈，我在台灣聽過他彈蕭邦，的確非常好！而您後來到科莫湖跟史戴爾學習，可否也談談他？

梅：我第一次認識他是透過錄音。那時我在格拉茲（Graz）一家唱片行，想說聽些唱片打發時間。沒想到當我聽到史戴爾演奏的海頓，整個人完全傻了——怎麼會有這樣新奇、精彩、有活力且有魅力的詮釋！最後我在那家店聽了好幾個小時，根本難以離開。後來我知道他在科莫湖，就去找他學。我不能說是他眞正的學生——這也是我另一個遺憾——但我們成爲非常好的朋友，我總是從他那不可思議的知識中得到無數啓發。最近我們合錄了舒伯特四手聯彈，對我而言如同美夢成眞。

焦：您的古樂演奏經驗是否改變了您演奏現代鋼琴的方式？

梅：我不是回答這個問題的理想人選，因爲我雖然彈過大鍵琴，但我不是大鍵琴演奏家，大概也不會往這方面繼續鑽研。我買了古鋼琴在家練習，但沒有常在音樂會演奏它。很多人詬病現代鋼琴太響亮，但這就是爲兩千人以上的音樂廳所打造的樂器，當然要有與之相符的強度、層次與音量。在不同樂器上演奏，首先會知道什麼不可能，哪些效果就是做不到。再來就是思考差異，比方說泛音與音色的豐富程度、句法能否清晰等等，總之對聲音的設想會改變，當然也就影響表現方式。要考慮的變項很多，只能說我還在探索，但知道愈多總是愈好。

焦：我很喜愛您錄製的蕭士塔高維契《二十四首前奏與賦格》，可否談談您如何接觸這套作品並決定錄製全集？

梅：我在學校裡沒怎麼學它，大家也沒怎麼討論。最早是1996年瑙莫夫要我彈四首，於是我選了第三、四、七、八曲來彈。後來我受邀在李希特的「十二月之夜」音樂節中演出一場蕭士塔高維契，於是我在《來自猶太民俗詩歌》（*From Jewish Folk Poetry, Op. 79*）和《小提琴奏鳴曲》之外加了這四首，僅此而已。很久以後，當和諧世界唱片老闆問我想錄什麼，我才又想到它——或許這是我能彈出別人尚未提過，屬於個人獨到觀點的作品，這才開始鑽研全集。我同時也研究巴赫的四十八首《前奏與賦格》（蕭士塔高維契寫作這部作品的靈感來源），並且好好複習了對位法。

焦：您怎麼看蕭士塔高維契與賦格的關係？

梅：他在非常短的時間內完成這套作品，經常一天就寫完一首。這反映出很多事。不少賦格其實他應該早有想法，E小調那首就可在他三年前的草稿中發現。我想他大概對賦格非常感興趣，也很得心應手，只是之前沒什麼機會寫，大概只有《二十四首前奏曲》（Op. 34）中的一曲、《鋼琴五重奏》的第二樂章和《森林之歌》（*Song of the Forests, Op. 81*）而已。

焦：您用什麼樂譜版本？

梅：你問到痛處了。此曲至今沒有一個校訂完好的版本。早期版本有很多誤印與錯誤，後來的版本很多也就照印。比較有趣的是作曲家自己犯的錯。比方說在B小調賦格中，你看到他會為了避免平行五度而調整主題，卻不小心在後面的段落中出現平行五度。這只是諸多例子中的一個。我在錄音中照他的錯誤演奏，但在現場就常會更改。

焦：您怎麼看蕭士塔高維契自己彈這些作品的錄音？（錄於1951-52年，共18曲）

梅：讓我先從另一首曲子談我對蕭士塔高維契演奏自己作品的看法。1968年12月，在正式首演之前，蕭士塔高維契在家裡和歐伊斯特拉赫演奏了他為後者寫的《小提琴奏鳴曲》並留下錄音。那時他身體很不好，右手因為在1965年罹患脊髓灰質炎而變得很不靈活；歐伊斯特拉赫才從國外回來，根本沒時間練，幾乎是視譜演奏。我和芙斯特（Isabelle Faust, 1972-）要錄這首，於是我千方百計找到錄音，和她一起聽……然後我們都愣住了，不知道還要不要錄——因為這個由小提琴家視奏和手指殘障鋼琴家所演奏的非正式錄音，所告訴我們的樂曲內涵，勝過我們所聽過的任何其他錄音，包括李希特和歐伊斯特拉赫或卡岡的精彩合作！對我而言，蕭士塔高維契的演奏幾乎都是如此。以《二十四首前奏與賦格》這套曲目來說，他的演奏無疑是最重要的版本，是絕對必須研究的錄音。

焦：在此作首演前，蕭士塔高維契曾在莫斯科音樂院彈給幾位朋友聽，聽眾之一的鋼琴名家費利爾曾說：「蕭士塔高維契以驚人的力量傳達出作品的性格。在此之後，我沒有聽過任何像那場的演奏。或許他的彈奏缺乏國際名家所有的技巧和精練，但是沒人能夠像作曲家在那場演奏中一樣，精彩詮釋出每首前奏與賦格的想像與獨特色彩。」我想他的感想完全呼應您的觀點。不過您怎麼看蕭士塔高維契演奏他的兩首鋼琴協奏曲？他彈得非常快，在蘇聯的錄音比在巴黎的錄音更快，第二號尤其快到荒謬，我不知道為什麼會是這個速度。

梅：嗯，這應該就是大家所認為，他因為技術不到位而緊張，因緊張而快速了。我想特別說一下第二號。很多人認為這是寫給學生之作（給兒子Maxim的成年禮），技巧很簡單，我完全不這麼想。對我而言第二號所要求的技巧比第一號難，特別是第三樂章的音階、震音與交替和弦要能彈得清楚漂亮，真會讓人吃足苦頭！不過說到速度，我常聽到人說對於蕭士塔高維契，我們不需要在乎他譜上的節拍器指示。我不同意。我認為他的速度指示都有清晰脈絡。有些作品，比方說《第一號鋼琴協奏曲》，由於幾個樂譜版本速度不一致，最後編校者還參考他的錄音來定奪。但就《二十四首前奏與賦格》而言，我認爲他的速度指示都非常有道理。比對其錄音，有幾曲他以和譜上完全相反的速度來彈。他爲何會這麼做？表示這幾曲速度其實不重要，於是故意錄下相反速度的演奏？還是另有所指？我們該如何取捨？我至今沒有答案。有些曲子或段落我們可以說是因爲緊張而變快，但也有幾曲彈得特別慢，遠比譜上速度指示慢，這就很耐人尋味了。

焦：那我們就來談他彈得特別慢的幾首，像是第十六首降B小調、第二十首C小調和第二十二首G小調的賦格。首先，G小調這首是全曲中唯一「寫法自由」的賦格曲。

梅：一開始我非常驚訝地發現，這二十四首中的其他二十三首，都以非常單一化，像是學校基礎賦格範本的方式譜寫，不僅增值減值都用得少，還完全沒用到逆行（retrograde）。我想作曲家可能想達到一種效果，就是即使他用這麼單一的方式寫作，還是能夠讓你感覺不到重複或無聊，因爲作品中的音樂素材實在太豐富多元、情感幅度極廣。至於爲何在G小調這首突然改變寫法，我想一方面是作曲家想要顯示他也可以寫作自由的賦格，就像這二十四曲賦格除了第九首E大調，都沒有用到倒影手法（inversion）一樣——總要讓人知道他不是不會寫。另一方面，這首前奏曲寫得極其感人，之後的F大調又洋溢機智。在作品即將結束，進入最後一組（第二十三與二十四首）之前，於第二十二首來個意外變化，頗有峰迴路轉的趣味，而我們的確可以從作曲家自己的演奏中感受到如此興味。

焦：C小調這首呢？

梅：它特別處在於這是全曲唯一沒有結論的賦格。蕭士塔高維契常有這種寫法：兩條衝突的旋律彼此互動，中間雖然想要取得共識，結尾仍然各自分開。此曲就是如此，結尾像是問號而非句點。在思考速度之前我通常會先想樂曲的功能，由功能與內容等等來決定速度。

焦：降B小調這首的原因就很明顯了。

梅：第十五和十六首可說是戲劇衝突最強烈的一組。第十五首的前奏曲是古怪的圓舞曲，旋律彷彿來自街頭音樂，賦格曲更令人吃驚地用了12個半音中的11個音，像是向十二音列技法致敬。換句話說，無論是前奏或賦格，都是全集中語彙與素材最現代、最和巴赫與巴洛克無關的一首。第十六首卻全然是古風，還是比巴洛克更早的中世紀風格——我眞不知道在1950年，蘇聯對早期音樂幾乎毫無研究、可能連錄音都沒有的情況下，蕭士塔高維契是從何學來如此風格。這可能是全曲中我最愛的一首賦格，你會非常驚訝這居然是二十世紀中期的創作！此外我一向主張這二十四曲是一組作品，一個完整的循環。全曲分成兩部分，在第十二曲的賦格情感達到高峰又隨之崩塌，第十三曲則是重新開始。第十五和十六曲就二十四曲而言正好在黃金比例分割點，果然也是對比最強烈的一組。至於最後一首，也是篇幅最長大的一曲，只有放在整組結尾，才能眞正看出它的意義，才能知道爲何它的結尾會讓我們想起他《第五號交響曲》的結尾。因此我現場不是演奏全二十四曲，就是演奏前或後十二曲，不再挑選數曲演奏。但就我經驗而言，這從來沒有令聽衆失望或厭煩，總能抓住他們的心。

焦：第十三曲的前奏的確給人重新開始之感，但爲何其賦格又是二十四曲中唯一的五聲部？

梅：這讓我想到巴赫《音樂的奉獻》(*Musikalisches Opfer, BWV 1079*)中的六聲部主題模仿曲（ricercare）。衆多聲部不是要表現複雜，而是從四面八方聚集元氣、慢慢恢復。特別在第五與第六聲部出現時，總是給我這種感受。

焦：我完全同意您的分段結構看法，但就像巴赫作品可同時具有「二」與「三」的結構，我在想這二十四曲不只可以二分，似乎也可三分（以八首爲一單位）——這似乎可解釋爲何第九首的賦格是全曲僅有的二聲部（另一種重新開始），也是唯一用到倒影技法的賦格；在第十五和十六首達到對比高峰之後（第二部分結束），作爲第三部分開始的第十七首降A大調，前奏又回到第一首的賦格主題。

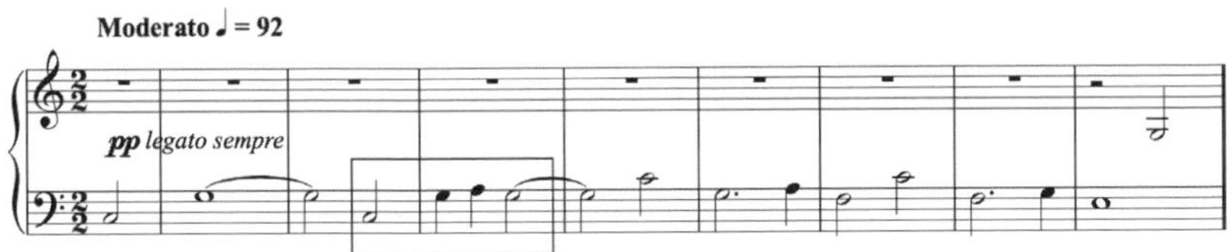

譜例 1：蕭士塔高維契第一首 C 大調賦格曲之主題。

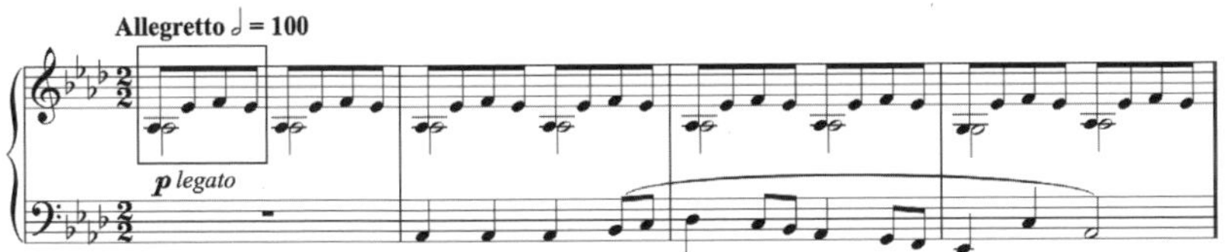

譜例 2：蕭士塔高維契降 A 大調前奏曲開頭。

梅：你的想法很有趣。我沒這樣想過，不過我若演奏全集，分段方式是十二曲、四曲、八曲，第一次休息比較長，第二次短些，這或許隱約呼應了你的三分觀點？這下我可得好好思考。

焦：也從這個重複出現的主題，我有兩個延伸問題。第一，除了第一首賦格主題，我也能從這套作品中聽到不少其他重複出現的旋律或動機，比方說第三、六、十二與十六曲就讓我懷疑作曲家是否有意引用「神怒之日」，不知您的看法如何？第二，您如何看這二十四曲和蕭士塔高維契其他創作之間的關連？除了第二十四曲結尾和《第五號交響曲》結尾相似，第三首前奏曲用了《第十號交響曲》的動機，第八首前奏曲讓人想到《第二號奏鳴曲》的開頭，第十一首前奏曲像是《第九號交響曲》開頭的改寫，而其賦格又和《第十號交響曲》終曲十分相似……

梅：如你所說，我也認爲這套作品中充滿各種引用，對自己和他人作品的引用。這些年下來，我找到上百個符碼、引用與隱藏訊息，還有很多隱藏或變形的DSCH動機——如果我能找到上百個，那表示曲中一定還有更多。知道愈多，自然愈能建立一套詮釋系統，雖然這會是非常個人的詮釋。二十四曲可能各有指涉，但我想特別提出此作和蕭士塔高維契後來作品的關連。比方說第十五曲的賦格，我爲何說這是對十二音列的致敬，因爲這個賦格主題也出現在他的《小提琴奏鳴曲》，而該曲結尾引用了一大段貝爾格《小提琴協奏曲》，是對貝爾格的致敬。就在他寫《小提琴奏鳴曲》的時候，他在訪問中譴責荀貝格和貝爾格這類形式主義、資產階級的音樂，但同時他在作品裡這樣誠懇高貴地向十二音列技法與貝爾格致敬。我們知道後者才是他的眞心話，只是在那個時代他不能說。這套作品對作曲家本人而言也必然非常重要。他在《中提琴奏鳴曲》——他人生最後一首作品——回顧他的人生，按順序引用他十五首交響曲，獨缺第十二號：當第十一號的旋律出現後，接下來不是第十二號，而是〈D小調賦格〉的主題，然後是第十三號。這實在太明顯了，作曲家不喜歡這首交響曲，而用一部他心中足夠份量的作品取代。附帶一提，我也不喜歡第十二號，這首紀念列寧的作品太過政令宣導，像電影配樂而非交響曲。總之，蕭士塔高維契雖然被迫什麼都不能說，卻想辦法在作品裡什麼都說了。但說到這裡，我對這部作品最大的疑問，正是D小調的賦格主題。我相信它必有來源，而我仍不知那是什麼，希望有天能得到解答。

焦：我一直思考，爲何蕭士塔高維契會在首演之前就先錄製十八首《前奏與賦格》，這是否代表他其實不滿意妮可萊耶娃的詮釋？我比對他們二人錄音，在後者宣稱得到作曲家許可的踏瓣或彈法更改處，也不見得都能在作曲家本人的演奏中找到。但從剛剛的討論，我想就算作曲家本人不滿意妮可萊耶娃的詮釋，這也完全可以理解，因爲不可能有人比他自己更清楚這部作品中的引用、密碼與暗語。

梅：我想這部作品是作曲家寫給自己，沒有意圖要成爲音樂會曲目的作品，而這可以解釋爲何他那麼急切地想親自錄製。我對妮可萊耶娃的演奏沒有負面意見，雖然我不知道爲何她的三次錄音第一次比第二次好，第二次又比第三次好，但她啓發了蕭士塔高維契寫作這套作品，終其一生都在推廣，甚至能背譜演奏，有非常個人化的心得。但即使如此，此曲不該只有一種聲音，在她之外也有不少精彩版本。我想此曲有太多面向可以探索，而我們到現在對它的研究都很有限，期待能有更多人投入。

焦：您怎麼看蕭士塔高維契的風格變化？

梅：很多人認爲當他從《第五號交響曲》起被迫改變作曲風格後，他就是傑出但不那麼重要的作曲家了。我不這樣想。同時期蘇聯有那麼多前衛作曲家，被迫改變風格後就無以爲繼，蕭士塔高維契卻以極驚人的才華提出新的音樂語彙，堅強地存活下來。他又有本事在這種情況下照樣說他想說的話，無論那是多麼迂迴隱晦。

焦：您的室內樂演奏相當精湛，可否談談這方面的心得？

梅：我對獨奏和室內樂其實持同樣態度，沒有特別心得。我只能說演奏室內樂讓我得以和頂尖音樂家一起工作、學習，收穫很大，也很開心。

焦：您最近錄製不少舒曼的室內樂，您認爲寫鋼琴獨奏曲的舒曼和寫室內樂的舒曼，是不同的作曲家嗎？

梅：其實若要我說，我會說舒曼聽起來和其他人都不同。他是那麼出色，卻沒有受過良好作曲教育的作曲家，到40歲以後才好好鑽研對位法。他早期那麼多鋼琴獨奏傑作，都是在學作曲之前憑其驚人天才所寫的，像《觸技曲》就來自他的即興演奏，可見他是多麼天才。我覺得寫室內樂和交響曲的舒曼，比寫鋼琴曲的他甚至更好，但那是非常高級的音樂語言，需要精妙品味方能充分欣賞。就如李斯特所言，這不是能輕鬆理解的作品。我知道對某些人而言會很難欣賞，但我實在喜愛他的三首鋼琴三重奏與《小提琴協奏曲》，對後者更是愛到極點。

焦：您覺得舒曼室內樂作品的效果如何？其中有些並非爲特定樂器而寫，但有明確編制的，如三首小提琴奏鳴曲和三首鋼琴三重奏，部分樂段聽起來很奇怪，似乎很難有好效果。

梅：知道你說的是什麼。比方說，在小提琴奏鳴曲和鋼琴三重奏中，都出現鋼琴和小提琴或大提琴演奏完全一樣的旋律，實在不知爲何他會這樣寫。但當我用歷史鋼琴演奏之後，答案就出來了，舒曼是以他那時的樂器與音響來思考，而這和現代的可說完全不同。現在大家常改他的管弦樂配器，認爲他不會寫，但如果你聽阿巴多和莫札特樂團（Orchestra Mozart）錄製的舒曼《第二號交響曲》，就會知道那是困難但也是最好的配器，寫作很合理。

焦：在訪問最後，可否請您談談作爲音樂家的社會意義？

梅：我對此很悲觀，不認爲現在的音樂家有和以往一樣的社會地位與影響力，未來或許還會更糟。太多人把音樂演出當成娛樂而非藝術，包括音樂家自己。但悲觀歸悲觀，我仍然做自己的事，持續我的探索。就像我知道舒曼晚期作品對一般人而言不好理解，但既然我喜愛它們，這就成爲我的責任，要讓聽眾感受到我們所感受的，理解並喜愛這些作品。

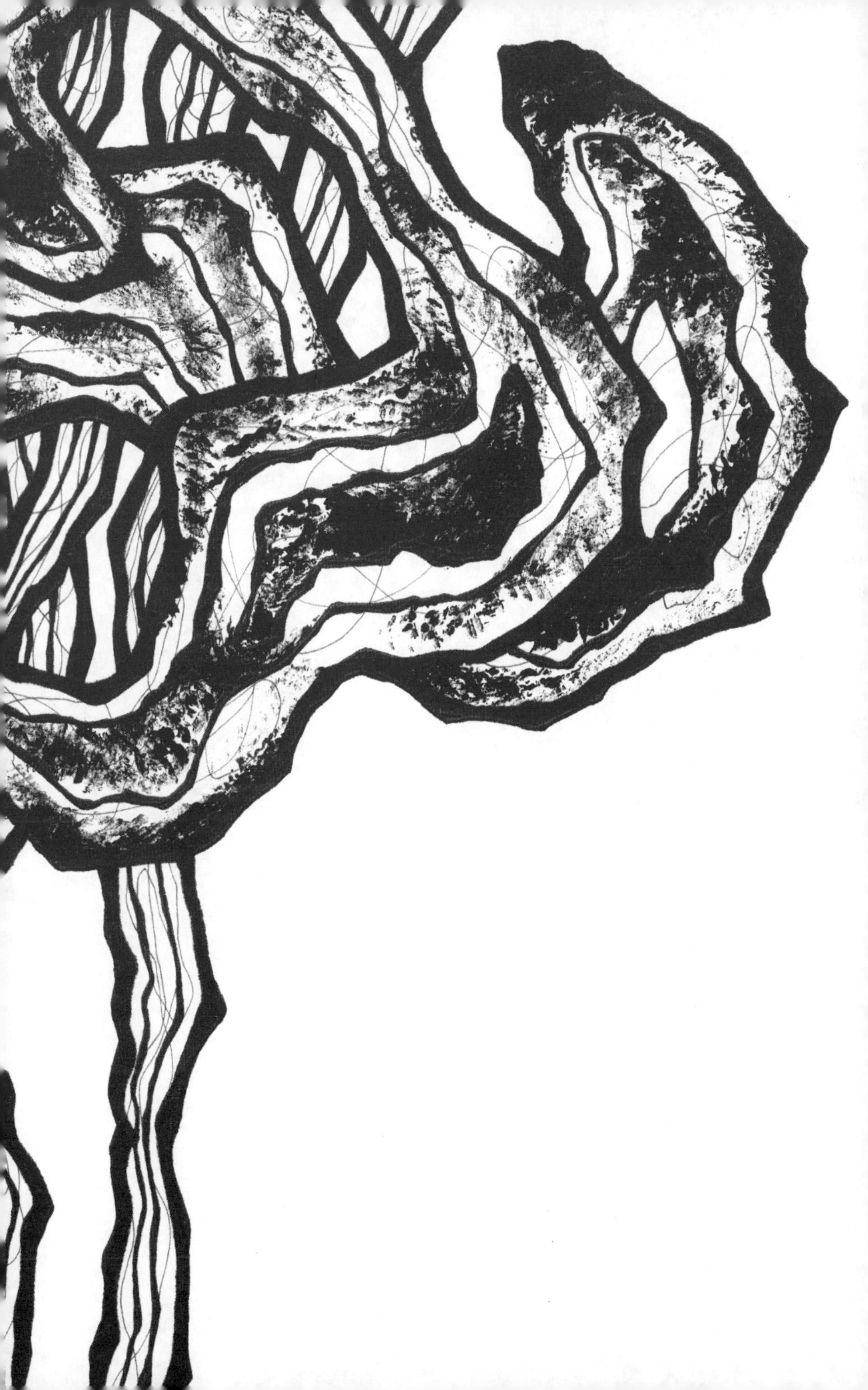

列夫席茲 1976-

KONSTANTIN LIFSCHITZ

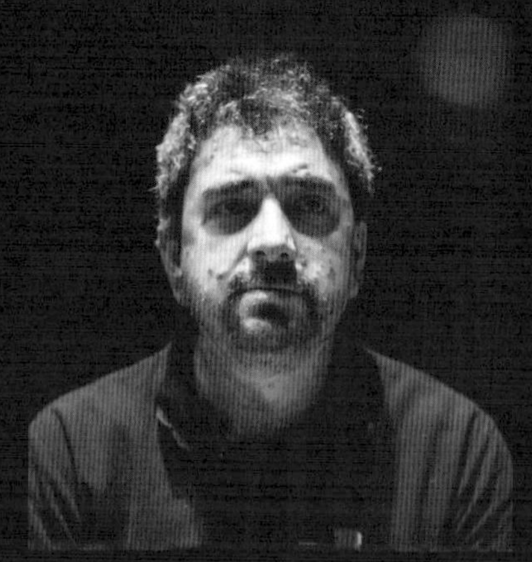

Photo credit: 林仁斌

1976年12月10日生於烏克蘭卡可基夫（Kharkiv）。他5歲進入格尼辛學校，師承柴麗克蔓（Tatiana Zelikman），13歲即在莫斯科舉行獨奏會並獲得壓倒性好評。17歲他於格尼辛畢業音樂會上演奏巴赫《郭德堡變奏曲》、拉威爾《夜之加斯巴》與史克里亞賓，日本Denon唱片公司隨後錄下其《郭德堡變奏曲》，並於1996年發行唱片，旋即入圍當年葛萊美獎。列夫席茲曲目極爲廣泛，從早期巴洛克至當代作品無所不包，亦長於室內樂，技巧卓越且音樂深刻，是當代最出色的鋼琴名家之一。近年他亦涉足指揮，目前任教於琉森大學。

關鍵字 —— 柴麗克蔓、《郭德堡變奏曲》、杜蕾克、傅聰、巴赫《前奏與賦格》、歷史資訊演奏、傳統、貝多芬（形式、個性、奏鳴曲、晚期作品、賦格）、舒伯特（貝多芬影響、晚期、最後三首鋼琴奏鳴曲）、《展覽會之畫》、忠實、詩歌、李斯特《超技練習曲》、標題、舞台表現、啟發、音樂環境、教學

焦元溥（以下簡稱「焦」）：可否先談談您的早期學習？我知道令堂就是鋼琴老師。

列夫席茲（以下簡稱「列」）：是的，家父也很喜歡音樂。從我有記憶開始，大概3歲，我就被音樂圍繞，家裡總是放著唱片。我媽媽很自然地教我音樂，包括理論和演奏。後來她發現我反應很快，似乎有天分，就讓我去格尼辛學校的預備班。我5歲起正式成爲格尼辛的學生，我們也得從莫斯科市郊搬到市內以便我上學。那是段辛苦的日子，全家得擠在小公寓，還和鄰居一起分房間，但音樂學習倒是快樂。

焦：那時學校環境如何？

列：格尼辛一直有好老師，許多名家也是中央音樂學校、莫斯科音樂院和格尼辛都教。學校間形成良性競爭，維持傑出水準。我從5歲到17歲都跟柴麗克蔓教授學習，她給我全面的音樂教育，爲我建立很好的技巧。她班上有許多好學生，大家彼此砥礪，是很好的學習環境。

焦：您畢業演奏會彈了《郭德堡變奏曲》，之後錄製的演出在西方世界發行後立刻引起轟動。這是您自己的決定要彈它嗎？

列：是的。事實上在格尼辛的最後幾年，都是我自己選擇並規劃曲目。我之前就練了很多巴赫，但要彈《郭德堡》仍是相當大的挑戰，更何況以當時的年紀。但我最後還是選了這首，把它當成一個階段的學習總結。

焦：我看您的曲目，發現您似乎非常喜愛變奏曲，從小就是如此嗎？

列：的確。蕭士塔高維契曾說變奏曲是最難寫的曲類，因爲那是在最單純的形式裡開展最純粹的幻想，沒有既定章法可依循，完全仰賴作曲者的創造力。就像大自然不會重複自己，每棵樹都是另一棵樹的變奏，變奏曲有無限的空間，演奏者也要以無盡的想像來面對。

焦：您的演奏確實很具幻想色彩，也有些很大膽的速度處理。您在2015年發行了新的《郭德堡變奏曲》，在此之前您在台灣演奏過此曲兩次。若比對這三次演出，差別實在不小。

列：我認爲演奏變奏曲本當如此，那是我內在對這些變奏的回應。這也是現場演奏永遠比錄音珍貴之處，再好的錄音都無法取代現場欣賞。我其實沒有打算在這時候再發一張《郭德堡》，但唱片公司與聽衆讓我改變了主意，而我很淸楚知道這必須要是一張實況錄音，所以最後選了在德國巴赫音樂節上的演出。

焦：您認爲現場錄音一定比錄音室錄音更好嗎？

列：要看作品性質。《郭德堡》由於是變奏曲，詮釋發展變化無窮，特別需要即興靈思，所以我選擇現場錄音。若是兩冊《前奏與賦格》，我就希望是錄音室錄音，因爲我的詮釋難以從現場演奏全曲的形式中完全達到。但無論如何，每場音樂會都獨一無二，有自己的情感與靈感脈絡。這場《郭德堡》當然有其自發性與即興思考——不見得完整或完美，但我在此追求的恰恰是「不完美」。錄音發行時我就對其中一些地方不甚同意，若我現在再聽，不同意處想必更多。但若選擇的是今天的錄音，明天的我想必也不會滿意。因此我把決定交給聽衆。

焦：您如何看此曲的結構？

列：《郭德堡》圍繞著「三」：主題是三四拍、多數變奏是三聲部、每三曲是一首卡農、總共三十段變奏……全曲處處可見三位一體的概念。我愈熟悉這部作品，對結構也就愈清楚，但也同時對結構愈不感興趣。作爲演奏者你當然要對結構了然於心，但演奏時我不會去追求呈現如此數學式的面向。這也和我追求「不完美」有關，我們的物質世界在追求完美，總是要更好，可是我們的心靈與情感世界卻總是充滿後悔與失落。

焦：在格尼辛之後您到倫敦學習，這也是您自己的主意嗎？

列：這就是柴麗克蔓的建議了。她在倫敦有些朋友，能安排我去考試。當我考皇家音樂院（Royal Academy of Music）的時候，院長哈瑞爾（Lynn Harrell, 1944-）聽到我的演奏，不但立即給我獎學金，還邀我和他去愛德堡音樂節（Aldeburgh Festival）等地演出，我也因此有了經紀人。我的演奏事業就這樣開始了，我在皇家音樂院也跟米恩（Hamish Milne, 1939-）學得很開心。

焦：您也跟杜蕾克上過課。這是在她牛津的巴赫研習營嗎？

列：我很想去，但未能成行，最後我是在義大利科莫湖的音樂營跟她學習。但我想這或許是好事，因爲我跟她學了海頓和拉摩，就是沒有學巴赫。

焦：爲什麼呢？

列：這是我刻意的選擇，因爲其實沒有必要——那時她正準備要爲DG錄她最後一次《郭德堡》，所以總是在練習。無論是聽她練習與演奏，或者是聽她的錄音，我都可以知道她的概念、思考與彈法。這已經很足夠了，可能比跟她上課更有益。如果你不能從她的錄音中學習，聽了她的演奏卻不了解她的想法，那我想跟她上課大概也沒多大幫助。我時常從錄音中學到很多，雖然現在很少聽了。從海頓和拉摩的音樂中，我能知道杜蕾克在巴赫以外的知識，她也確實幫助我增進自己的音樂思考與學習過程。

焦：傅聰呢？您也跟他學習過。

列：那是我的一大夢想呢！我其實主要是爲了跟傅聰學習才到科莫湖。那時我聽了他在皇家音樂院的大師班，非常欣賞，表示希望能跟他研習。只是雖然我們都住倫敦，行程卻難以配合，反而在義大利才有機會。他給了我許多批評，我也準備好接受種種批評。在那一段時而徬徨，憂慮自己是否迷失的日子裡，我很感謝能有傅聰、杜蕾克、羅森等人給我建議和指導，增強了自己的思考與演奏。

焦：您第一次來台灣演奏了巴赫兩冊《前奏與賦格》，那眞是令人難忘的演出，而我特別驚訝您融合各種樂器特色的演奏。像您的第一冊升G小調，從前奏開始就是以魯特琴風格做抑揚頓挫和琶音處理，甚至在接下來的賦格仍能持續以魯特琴特色開展艱難的四聲部。我很好奇您對這些作品的看法，以及如何為各曲設定角色？

列：如你所說，從樂曲風格我們可以看出，巴赫寫作時心中所想的樂器絕對不只有大鍵琴，還包括管風琴甚至魯特琴。不過我對這些作品的想像也不斷變化。有些前奏與賦格，我心裡的確有明確想要表現的聲響特色或演奏方式，但有些就因時因地而定。這是巴赫了不起的地方，其音樂總是有那麼多表現可能。所幸鋼琴是這樣出色的樂器，可以讓我模仿其他樂器。

焦：但這也正是演奏鋼琴的難處。

列：鋼琴是開始最簡單，卻愈學愈難，難到用一生努力都不可能窮盡曲目與技巧可能的樂器。因為它相對「中性」，讓我們可以從巴洛克一路彈到當代，但難處就是演奏者必須要能模擬從巴洛克到當代的所有聲音。比方說若要模擬樂團，雙簧管和單簧管的呼吸方式與聲音穿透力就很不同，和法國號更不一樣，在鋼琴上彈相應段落就必須做出區隔。同樣是樂團，巴洛克、十八世紀、十九世紀、二十世紀的樂團都不一樣，也得仔細思考模擬之道。當然鋼琴不可能真正彈出雙簧管的聲音，但可以給予巧妙暗示，在聽眾心裡勾勒出雙簧管。

焦：您考慮演奏傳統或是古樂派的觀點嗎？

列：我對傳統完全不感興趣。當然我可能直接或間接知道某些傳統，知道某些前輩的心得，但我不會被它們影響，也很難說受其幫助。這不是我驕傲，而是我把樂曲當成我唯一的依歸，也認為研究樂曲本身就很足夠了。至於在準備與研究樂曲上，我的確讀很多資料，包括最新的研究，也聽很多觀點，而這些的確可能改變或豐富我的演奏，但我不覺得我特別受到古樂運動的影響。畢竟我認為想要演奏好巴赫或貝多芬，用什麼樂器或用什麼手法固然重要，更重要的是感受、理智、熱情和人生經驗，這些才構成音樂的靈魂，才是詮釋是否成立的關鍵。

焦：您的巴赫有一點很特別，就是演奏不和諧音與和弦時，彈得非常清楚且個性強烈，不會美化或柔化。

列：在巴赫的年代，「不和諧」的定義比我們要寬，很多現在習以爲常的和弦那時都不算和諧。在如此風格下，他若還寫出以我們的標準而言都不和諧的聲音，那若非表現大膽，就是情感極其強烈。把這樣的不和諧彈清楚，其實是逼使聽衆面對巴赫內心。那才是眞實的他，七情六欲都有的作曲家。

焦：巴赫晚年專心於複音音樂寫作。這和他的時代很不一樣，他在當年也被認爲過時，到後來世人才正視他的價值。請問您怎麼看巴赫如此「反潮流」的創作？

列：首先我要強調，巴赫過世後雖被一般人忽略，但沒有被行家遺忘。傳統上認爲孟德爾頌「復興」了巴赫，但像莫札特和貝多芬等名家都研究巴赫。只能說巴赫在當時並沒有得到他應得的重視——或許，到現在人們也還沒有眞正認識到他的偉大。巴赫並不是全然「反潮流」，他的出現是偶然也是必然。偶然，在於他的特殊天分；必然，在於任何一種風格若要有輝煌無比的成就，必得經過歲月與努力的累積。巴赫之所以能成爲巴赫，雖有其個人因素，但也因爲他的時代已經積累了夠豐富的複音音樂與巴洛克傳統，是該出現一位集大成的大師了。就像古典風格差不多開始於巴赫的兒子約翰・克里斯托弗（Johann Christoph Friedrich Bach, 1732-1795）。他和海頓同一年生，而海頓活得很長也寫得很久，讓古典風格得以充分發展，於是「貝多芬」才成爲可能。就形式而言，貝多芬其實很保守，沒有建立什麼新的形式，他眞正特別之處是個性。我們對他的交響曲、變奏曲、弦樂四重奏、鋼琴奏鳴曲很感興趣，這些也的確是精彩創作，但這些樂曲的形式全都是海頓等人已經建立好的。海頓在形式的挑戰上做得更多也更有趣，但就像所有的開創者一樣，他努力的成果終究被後人貝多芬接收了去。貝多芬站在巨人的肩膀上繼續發展，現在他也比海頓更受一般聽眾歡迎。巴赫亦然。今日，他比之前的巴洛克大師都更受歡迎。音樂如此，其他藝術也是如此，甚至人生也是。

焦：提到貝多芬，我同意他在形式本身沒有太多新創造，連和聲也是，可在舊有形式的組合上，他把各種可能逼到極致。

列：這正是他。比方說《第十二號鋼琴奏鳴曲》。這四個樂章的「奏鳴曲」，其實沒有真正的奏鳴曲式樂章。第一樂章是變奏曲，第二樂章是三段式的詼諧曲，第三樂章是送葬進行曲，第四樂章是輪旋曲。

焦：這和莫札特《A大調鋼琴奏鳴曲》（K. 331）一樣，是沒有奏鳴曲式樂章的奏鳴曲。

列：而他這裡的鋪陳和設計又更大膽，第二、三樂章的處理也很不同。所以說在形式設計上，青年時期的貝多芬已做了很大的實驗。相形之下他晚年作品的形式設計倒沒有那麼讓人吃驚。他總是這樣，跳出傳統但又回到傳統，在進出來回之間反覆思考。

焦：不過形式上雖然不「特別」，就演奏角度而言，我想篇幅也必須列入考量。比方說《第三十號鋼琴奏鳴曲》，第一、二樂章都是奏鳴曲式，但第二樂章也是一段詼諧曲。要在那麼快的速度裡把音樂表現出來，難度實在很高。

列：所以我覺得第三十號演奏起來要比第三十一和第三十二號都難。後兩者的篇幅與速度讓演奏者有充分空間說故事，第三十號就不是這樣：當聽眾才開始要進入第一樂章的時候，它就已經結束了，而第二樂章又如閃電般快速，還來不及思考就又結束了。第三樂章是變奏曲，貝多芬的寫作極其縝密，素材高度精練，也很難予人冥想空間。

對演奏者而言，如何把想說的話說成功，把話說進聽眾心裡，這眞是挑戰。貝多芬所考驗的，或許不只是鋼琴家對結構的掌控，還是能否在電光石火間完全投入自己，盡情表現又不至失控的膽識吧！

焦：提到膽識，您會以貝多芬給的速度演奏《第二十九號鋼琴奏鳴曲》第一樂章嗎？

列：我剛開始彈的時候還眞彈到那麼快呢！但後來我想好好呈現這裡面的內容，而不是呼嘯飆過。我不再彈得那麼快，但也沒有刻意「放慢」。我想比速度更關鍵的是掌握這個樂章的能量。演奏它像是樂透，無論多麼辛苦練習，演出好壞實在難以預料，只能說演奏者得全力以赴。

焦：其實扣除第二十八號和第二十九號終樂章可怕的賦格，貝多芬晚期鋼琴創作並沒有特別困難，反倒是早期作品常常難得令人吃驚。

列：貝多芬作品二的前三首鋼琴奏鳴曲，技巧實在折騰人，比《華德斯坦》和《熱情》都要難。不只鋼琴獨奏，他的早期大提琴與小提琴奏鳴曲，鋼琴部分也很難，鋼琴協奏曲也是第一、二號的難度遠大於第四、五號。每次我演奏貝多芬鋼琴協奏曲全集，剛開始總是壓力很大，愈到後面愈感輕鬆。

焦：整體而言您如何看貝多芬的晚期作品？

列：我想最後幾首弦樂四重奏是通往所有晚期作品的門。如果對其無知，我們無法眞正理解貝多芬晚期作品，我們也必須將這些鋼琴奏鳴曲、大提琴奏鳴曲、弦樂四重奏、《迪亞貝里變奏曲》、《鋼琴小曲》、《第九號交響曲》與《莊嚴彌撒》等等視爲整體。像貝多芬《六首鋼琴小曲》（Op. 126）是他最後的鋼琴作品，也可視爲「寫給鋼琴的弦樂四重奏」。最後一首的調性（降E大調）正好就是作品127《第十二號弦樂四重奏》的調性，我們可以見到連貫的思考。

焦：您怎麼看這些作品中的賦格？他們究竟是何用意？

列：這也是我一直在思考的問題。貝多芬對複音音樂並不陌生。帕列斯垂納是他的大英雄，韓德爾也是，韓德爾對他而言比巴赫更重要，即使貝多芬稱巴赫爲「和聲之神」。爲何貝多芬在晚年會寫那麼多賦格？貝多芬不只是「寫」賦格，他還和賦格「搏鬥」，無論在第二十九號或第三十一號鋼琴奏鳴曲的終樂章，我們都可感受到貝多芬先決定了要以複音音樂鋪陳結尾，再去思考音樂設計。對他而言，複音音樂寫作以及賦格，很明顯是完美的象徵。這不是完美本身，但是最接近完美。這個概念從基督宗教而來，貝多芬沿襲了這個想法，但他又不是順服的信徒。他和上帝的關係並不和諧，對這個世界與宇宙有諸多抗爭，賦格正好提供了他表達複雜內心的形式。「抗拒」和「接受」是貝多芬音樂的兩大關鍵。在這些晚期作品的賦格裡，我們聽到貝多芬和上帝說話，說各式各樣的話；聽到衝突，最後也聽到和解。

焦：您剛剛提到了貝多芬《第十二號鋼琴奏鳴曲》。它的第一樂章第一主題，幾乎就是舒伯特《降A大調即興曲》（D. 935-2）的開頭旋律，而這只是舒伯特取法貝多芬的諸多例子之一。他《A大調鋼琴奏鳴曲》（D. 959）的第四樂章，結構也可清楚見到貝多芬《第十六號鋼琴奏鳴曲》終樂章的身影。您怎麼看舒伯特對貝多芬的引用？您會因此而在演奏這些曲子時，刻意往貝多芬的音樂性格去表現嗎？

列：貝多芬的確強烈地影響舒伯特，舒伯特對貝多芬也有近乎奴隸對主人般的尊敬服從，可是舒伯特仍然以自己的天才與力量，創造出無論就器樂聲響、音樂氣氛或時間發展而言，都和貝多芬截然不同的音樂。貝多芬的成就令人佩服，但就其發展來看我並沒有太大的驚訝——你可以清楚看到這是一位非常努力也經歷許多磨難的人，如何不斷精進自己的思考和技術，最後成爲音樂巨人。舒伯特當然也很勤奮、不斷精進，可是許多貝多芬極盡努力，試圖想要抓到的東西，舒伯特似乎天生就有了。要欣賞貝多芬，你可能得和他有些關係。有些人就只能欣賞貝多芬某些時期，甚至僅有某些作品，其他的對他們而言不是太強烈就是太深奧。但舒伯特幾乎總能讓人立即愛上。一旦愛上之後，他的旋律就變成我們的呼吸，想忘也忘不了。貝多芬大概是我最喜愛、演奏也最多的作曲家，但我仍要說，舒伯特是音樂史上最大的奇蹟。

焦：您怎麼看舒伯特的「晚期作品」——或者，他其實沒有晚期作品，因爲他直到死前不久，才知道自己要死了。

列：貝多芬活了56歲，雖然不長，但就其作品來看我們仍有一種完整感，早、中、晚期發展分明，也說了夠多的話。舒伯特只活了31歲。

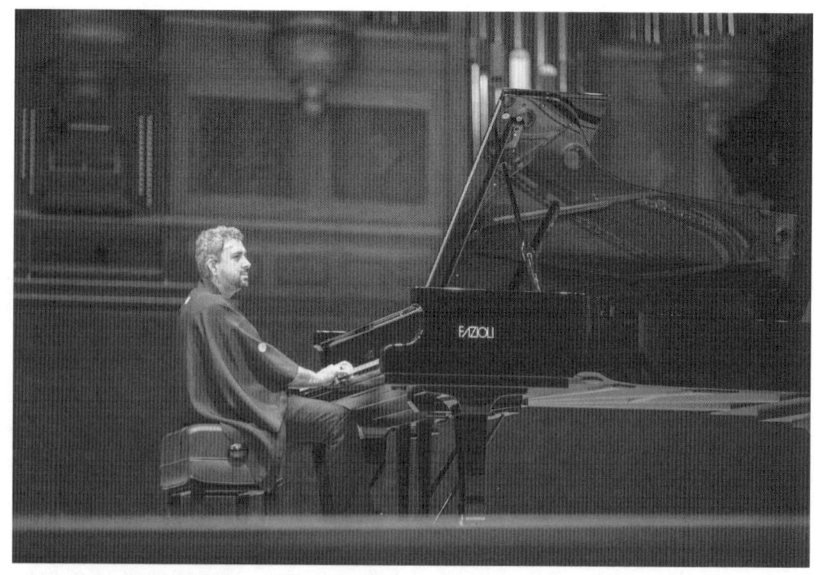

列夫席茲在台北國家音樂廳彩排（Photo credit: 林仁斌）。

在短短十餘年中他寫了那麼多作品，簡直不可思議，但它們並沒有予人完整感。舒伯特的人生是突然終止的，他的作品也是如此。我從音樂中感受到的，其實也和史料相符：他對未來仍有計畫，在思考好多作品，還考慮移民美國。他以為自己只是生病了，康復後一切都會變得更好。

焦：許多人把舒伯特最後三首鋼琴奏鳴曲彈得像是遺言，只因為裡面有些非常陰暗的描寫。

列：但我們應該看整體。比方說第二十號（D. 959）的第二樂章，那音樂充滿絕望，眞把人帶到死蔭幽谷。可是曲子不是停在第二樂章，還有第三、四樂章，而第四樂章充滿了希望。事實上這三首雖然各有天地，但它們有一共同點，就是全都充滿活力與能量。第十九號（D. 958）雖然寫在C小調，音樂卻非常積極，一點都不消沉。有人把這三首當成是已死之人從另一世界捎來的訊息，但我認為舒伯特透過音樂說的，是他要活下去，他還不想告別。《冬之旅》最後一曲〈搖琴者〉（Der Leiermann）對我而言也是如此，在鋼琴空心五度上，我聽到的是堅持前進的意志，堅持活下去的渴望，並不是鬼魂唱歌。舒伯特的早逝是極大的悲劇，而悲劇正體現在這一點：他並沒有預知死亡，死亡卻突然來到。另外，我想強調的是舒伯特始終是個年輕人。他的音樂可以極其深刻，但仍充滿年輕人的情感與活力。同樣是沮喪，31歲的人的沮喪絕對和75歲的不同。我探索舒伯特的深度，但不會把舒伯特彈得像個老人。

焦：您是用心且認眞的演奏家，對音樂全心投入，而我好奇對您而言何謂「忠實」？您顯然並不以樂譜音符為唯一標準。比方說我聽您演奏的《展覽會之畫》，您還是加了一些音符輔助。

列：這要依個案來看。穆索斯基是大天才，但他沒有「完成」過作品。他的作品多少都是由別人幫他完成，包括兩部大型歌劇。對我而言，「忠實」是指要傳達作曲家的想法與作品的精神，傳達音樂而非音符。在穆索斯基這個例子中，「忠實」是要「幫助作品完成」。每位演奏《展覽會之畫》的鋼琴家，都必須深入研究樂譜，了解它爲何「未完成」，然後提出讓聲音完整的方法。只要夠用心，每個演出也都因此而有不可取代的價值。如果以舒伯特爲例，「忠實」也很值得玩味，因爲同一首曲子我們可能有許多原意版（Urtext）。它們往往不同，也不是由舒伯特自己準備出版，而是在他過世之後由哥哥斐迪南（Ferdinand Schubert, 1794-1859）或舒曼等人整理付印，所以我們不能確定哪個才是最正確的版本。即使有很清楚的舒伯特手稿爲憑，演奏者還是必須思考他的想法究竟是什麼，而不是一味把頭埋進樂曲裡，在譜面細節上打轉。有時候我們必須離樂譜遠一點，跳脫譜面指示，才能看得更清楚、提出令人信服的詮釋。否則就會見樹不見林，或小題大作，而這大作卻沒有眞正的意義。比方說第二十號第一樂章最後幾小節，舒伯特並沒有給停留記號，在和弦之後接了休止符。如果「忠實」照譜彈，那就是彈了之後立刻切斷，但這會完全破壞尾奏那些A大調和弦的效果以及整段旋律的美感，聽起來很彆扭。所以我們應該想的是「舒伯特爲何會這樣寫？」我的解釋是他不希望這個結尾聽起來非常平和，要爲悲劇性的第二樂章鋪路，因此我要把這層意義彈出來。「從樂譜中得到訊息，但不全然照譜面演奏」，我是這樣理解「忠實」。

焦：我完全同意您的看法。更宏觀地說，音樂家也不能只沉浸於音樂，至少必須廣泛接觸其他藝術，才能更理解音樂。我知道您就非常喜愛詩歌。

列：詩跟音樂一樣，都有音韻與節奏之美，也都是藝術家情感與思考的表現。愈了解詩，對音樂也會愈有想法，甚至更知道如何以音樂表現言語所未能表現的，說出語言所說不出的話。受限於語言，我讀的詩多半以德文和俄文詩人爲主，但詩和音樂的觸類旁通不見得要有「絕對關係」。我可以讀一首十九世紀的俄文詩，然後想到巴赫或莫札特的某首曲子。那是我自己的感受，和別人或作者都無涉。

焦：說到詩、文學與音樂，就避不開標題音樂；說到標題音樂，就避不開李斯特。您演奏他許多作品，包括全部的音樂會練習曲，可否談談他以及他的練習曲。

列：大家聽到不好的貝多芬演奏，會說是演奏家不好，因爲大家仍然崇拜貝多芬；聽到不好的李斯特，許多人就怪罪作曲家了。但把李斯特彈得花俏、空虛、吵鬧，並不是他的問題。練習曲是很特別的曲類，旨在展示或解決一項以上的演奏技巧，李斯特的音樂會練習曲又是透過技巧表現技巧之外的東西，後者才是重點。若能克服技巧，那演奏李斯特其實很令人滿足，因爲技巧是爲了轉譯詩意而存在。李斯特的技巧很難，但你分析他的寫法，就會知道他不是要人做純粹鍵盤體操，技巧本身就有音樂表現。就算只看技巧設計，其高度創新的寫法，直到今天仍讓我們感到興奮，不愧是通透鋼琴演奏的大師。

焦：您如何看《超技練習曲》的各曲標題，還有沒有標題的第二和第十曲？

列：我覺得這正是李斯特的美好暗示，告訴大家其他十曲的標題也可有可無。畢竟第二和第十可以有太多種合適標題，選擇了一個就排除其他，反而限制了想像。如果李斯特活得更長，說不定他會和德布西寫《前奏曲》一樣，把標題放在曲末，還用上括號。

焦：如果我們改換標題，比方說把「鬼火」換成「螢火蟲」，是否會影響演奏家的表現？

列：或許，但我不認爲會有本質上的不同。比方說《三首音樂會練習曲》中的〈嘆息〉（Un sospiro），若是沒有標題，要是多糟的演奏者才會無視曲中的情感和詩意表達，把它彈成純粹的左右手跳接練習呢？但也容我誠實而直接地說，多數演奏者，對音樂的想像與理解都很貧乏。即使是有文字可依循的聲樂家，很多仍對字句缺乏理解，更不用說對音樂。這是惡性循環，因爲如此演奏連帶傷害聽衆對音樂的理解，結果就是聆聽標準變得單一平板，沒有想像力。我把《超技練習曲》當成一部以鋼琴表現的歌劇或戲劇。我是歌手或演員，劇情可能在教堂、森林或皇宮裡發生，而我不是靠布景，而是用演技或演唱激發觀衆的想像，把他們帶往戲劇所要求的時空。比方說第三曲〈風景〉，我們心裡都有各自的風景，我的一定和你的不同。我要做的是透過音樂，讓就算對這標題一無所知的你，也能在聽了我的演奏後，突然想起自己心中的風景。這是我所謂的藝術。

焦：第八曲〈狩獵〉有很明確的打獵號角和追逐場景，曲中發展又似乎意有所指，您認爲這是怎樣的「狩獵」？是一般的打獵，還是北歐神話中的飛天諸鬼追逐凡人的場景？

列：就我的理解這和亞瑟王傳奇比較有關，但你看 ── 如果有任何學生想研讀樂曲背後的文學，我都很推薦，特別是李斯特既然選了這個標題，就表示他希望給予某種想像的方向，但我不希望學生完全用文字來解讀。後者不只常讓演奏變得做作，更容易把藝術變成解說。就像故事書裡的插圖，不見得都能幫助我們理解故事，有時還破壞想像。

焦：音樂的確比語言更沒限制。您曲目堪稱博古通今，卻不被任何時代與派別限制。

列：我愛荀貝格，但不見得喜愛十二音列技法，就像我不見得喜愛維也納古典樂派風格，卻很愛海頓和莫札特一樣。時代風格、派別、寫作技法並不能夠決定作品的價值，只有作品才能決定。即使是荀貝格，他也說自己創作中最重要的是靈感。無論是早期的《古勒之歌》或是晚期的《鋼琴作品》（Op. 33）、歌劇《摩西與亞倫》，我們都可感受到他極其強大的情感力量。那麼多人用十二音列技法，卻沒人能成爲另一位荀貝格，道理就在於此。

焦：就演奏而言，您的觸角也愈來愈廣，現在也開始指揮了。

列：我很希望能有更多指揮機會。以前我對指揮很膽怯，現在才比較不害怕。我必須說指揮眞是非常好的經驗，幫助我在鋼琴上的表現，也讓我得以研究許多以前並不熟悉的作品與作曲家。

焦：這世上有您不演奏的作品嗎？

列：我避免次級的音樂。無論我多麼努力，就算用盡一生，也沒辦法探索完所有頂級作品。既然如此，我不想花時間在不夠好的作品上。

焦：無論彈琴或指揮，您有非常純粹的台風，我很好奇您如何發展出這樣自然且自在的舞台表現。

列：我不覺得這是可以「發展」的——我可以發展我的技巧，可以發展我的詮釋，但和聽衆溝通的本領，我覺得這是與生俱來。另一方面，我其實努力避免「個人魅力」。在上台之前，我盡我所能地準備，讓自己擁有各種演奏作品的能力，無論那是技巧、情感、知識或思考。可是我完全不去想我是否有個人風采，因爲那對音樂而言可能極爲危險。我把心力全都放在了解音樂和增進能力，而把「自己」減到最低。如果聽衆注意到的是演奏家風采而不是音樂，我想那一定出了很大的問題。

焦：有些聽衆喜歡誇張肢體動作，或刻意讓自己著迷於演奏家的風采，他們覺得這樣自己更能被啓發，更能進入音樂。

列：我對此存疑。我們眞的那麼容易就被「啓發」嗎？很多人常說自己「被啓發了」，但他們的心靈、人生或藝術思考，並沒有任何實質改變，因此這充其量只是假裝自己被啓發罷了。比方說有些音樂家很會模仿他人演奏。對他們而言，「被啓發」就是聽到某人彈得很好，然後去模仿，好像被某人啓發就得彈得和他一樣。但無論那模仿有多成功，到頭來終究不是自己的東西。如果要把音樂當成職業，音樂家就必須誠實。誠實並沒有選擇性的誠實，必須百分之百、從頭到尾誠實。

焦：我很佩服您能保持自我，始終堅持自己的藝術。在當下環境這其實很不容易，太多和音樂無關的因素在左右音樂演出，許多演奏者也把事業當成首要考量。

列：說實話，我寧可沒有演奏事業，也不要有當下許多人想的那種事業——一味討好聽衆、討好媒體、討好經紀公司、討好這個討好那個，卻沒有把心放在音樂上的「事業」。音樂是太珍貴的寶藏，我無法接受它被這種賣淫式的態度對待，而很多人還不覺得這是在賣淫。我當然也爲此付出代價，也時常思索自己是否做錯了——我並不是那種唯我獨尊，認爲自己掌握絕對正確道理的人。但我審愼地說，可能問題並不出在我，而是外部環境。

焦：小時候我覺得進步是必然，現在才知道退步也是常態。以古典音樂在二十一世紀第二個十年的發展，就我們目前的音樂演出、經紀公司、唱片公司、演出場館主事者的水準來看，我們是在退步，而且是嚴重退步。

列：我行事低調，但卽使如此，常有音樂家告訴我，說我的演奏讓他們「害怕」，覺得受到威脅。我彈得愈好，那個地方就愈不邀請我。但我也知道，我也不能因爲如此，就加入追求庸俗的共犯結構。說到最後，我們只能憑自己的良知。我當然希望能有更多音樂會，但我不願失去自己的人性尊嚴。這也是我特別喜愛台灣與日本聽衆的原因，希望能在這兩地彈完所有我想彈的作品。

焦：我知道您是很好的老師，最後可否請您談談教學心得？

列：我很努力教學，但由於演出行程，我無法像以前格尼辛的老師一樣，花那麼多時間在學生身上。以前我們的老師不只教，還會和我們一起聽錄音，分析名家演奏。這是很好的學習方式，從中可以認識曲目、傳統、學派，也建立獨立思考能力。說到錄音，現在學生的大問題，就是資訊太豐富。以前蘇聯唱片行每個月只進四、五捲新錄音帶，音質差價錢又貴，我和同學只能各自買一些交換聽。但我們聽得很認真，還會跟老師討論。現在學生一種是什麼都不聽，一種是雖然想聽，卻不知道從哪裡聽。YouTube上什麼都有，反而無所適從。這和讀書一樣，老師要帶領學生循序漸進，慎選經典並花時間消化，建立閱讀技巧與品味。如果我們在各級學校都能這樣教音樂聽音樂，我們會有更好的音樂家，也會有更好的聽眾。現在聽眾對曲目的想法愈來愈僵硬，彷彿必須演奏得和以前聽過的某版本一樣才是好，不能從作品去思考詮釋變化與創意。

焦：爵士樂之所以瀕臨死亡，在於聽眾偏愛過去大師經典，卻不欣賞即興演出。古典音樂若也走到這一步，只想聽某種制式詮釋，那真的離死不遠了。

列：聽眾如此，討好聽眾的演奏者也就這樣彈，形成惡性循環。時局很壞，但願我們還有機會挽回。

第　二　章

02
CHAPTER

1976-1990

前言

千山萬水，只是開始

本冊兩章之所以用1978年為分界，源於一次訪問經驗。

那是與艾卡德斯坦的訪談，在場還有他的日本經紀人。由於《遊藝黑白》日文版已陸續出版，經紀人也是讀者，格外慎重介紹這次訪問。「什麼？你的意思是我要和齊瑪曼這些大師放在同一本訪問嗎？」眼看鋼琴家愈來愈緊張，問題答得結結巴巴，我只好「安慰」他：「放輕鬆啦！想想看，我們兩個同年呢！我並沒有比你資深，你就把訪問當聊天吧！」

之前，我從來沒有想過這個問題。在我的廣播節目裡，即使是年紀小我一輪以上的受訪者，我都謹守分際，不曾失去應有的禮儀。訪問的本質，對我而言就是和受訪者請教，無論如何都該尊敬客氣。

然而，時光從來不等待。2007年《遊藝黑白》出版，受訪者中只有一位年紀比我小；如今發新版，又多出9位。基於某種根深柢固的美德，近幾年我愈來愈能感受到發自年輕人的「善意」，尤其當我是他們師長的朋友。即使萬分不願意，我還是得承認自己正在變成長輩，談話時的來往視角，多少也隨之變化。

認了就是認了。一般來說，我偏好在訪問整理稿中盡可能減低自己的發言。然而在第二章的訪問，我的態度比較放鬆，適度保留某些對話。關鍵在於本章的受訪者雖不見得有艾卡德斯坦的顧慮，但很多的確是本書舊版的讀者，討論中也有其閱讀心得。他們和之前的受訪者往往有各式各樣的聯繫，這也成爲本書的重要內容。例如與布列哈齊談齊瑪曼、和陳薩聊我們認識的傅聰老師、對夏瑪優說柯拉德在訪問中的「交代」，都是我極美好珍貴的回憶。雖然我與寇柏林和李嘉齡成長於不同環境，但訪問中我確實可以感覺到，我們經歷了同樣的世界變化 —— 至少一同見證了蘇聯解體，也一起目睹網路與智慧手機的誕生。

也如第一章中的布雷利和紀新訪問，本書最後幾篇訪問中的伽佛利佑克、阿芙蒂耶娃、王羽佳和張昊辰，其實認識已好一段時間。之所以選在截稿前才正式訪問，就是希望成果盡可能貼近他們的當下發展。也因爲具有一定默契，內容或許格外眞心。類似情況也出現在安寧、簡佩盈與嚴俊傑的更新版訪問。安寧與簡佩盈是本部分唯二年長於我的受訪者，但因爲實在認識甚久，只好委屈他們被我當成平輩。

第二章訪問的另一特色，是亞洲鋼琴家比例極高，而這著實反映當今國際樂壇現況。非常高興，《遊藝黑白》能有這樣的收尾，尤其以1990年出生的張昊辰作結。鑑於人生發展起伏多變，我原本不打算收錄30歲以下的受訪者，但張昊辰是想當然耳的例外。至於爲何破例，訪問本身就是最好的答案。

也從亞洲鋼琴家，最後我想談談自己的心得。

台北雖非文化沙漠，音樂活動的頻率仍不能和國際大城相比，許多名家甚至從未來過台灣。小時候我常想，如果我人在紐約、倫敦、巴黎等藝文都會，我就可以聽到最知名的音樂家和最好的演出，親眼見到唱片裡那些顯赫人物，那該有多好。

等到自己眞的在波士頓與倫敦生活過，才發現事實並非全然如此。

在西方，大家熟知常見的，總是某些固定面孔，可是還有很多傑出音樂家，由於種種緣故，不見得能在西方成名或成爲主流。透過錄音、錄影，我認識了諸多西方音樂家，但我認識的優秀東方音樂家，即便藝術成就毫不遜色，甚至造詣猶在其上，卻常不被歐美所知。我知道西方知道的，又知道西方所不知道的，還因此過濾掉許多似是而非的偏見。繞了地球一圈，才發現生長在台北雖有限制，限制中仍有幸運。

來自台灣的另一好處，在於這是音樂市場並未被唱片與經紀公司掌控的土地，音樂出版更沒有限制。在出版公司支持下，我的寫作沒有篇幅規定，也無商業考量，更可以透過訪問提出自己的觀點。

是的，自己的觀點。

鄧泰山曾表示，他愈來愈喜歡在亞洲國家演出。無論是在越南、台灣或日本，他都覺得聽衆能更理解他的音樂。也請讓我再一次引用韓國鋼琴巨擘白建宇，在訪問中的這段自我審視：

> 基本上我認為音樂就是音樂，但有時候我也試著把我的東方觀點與藝術認知帶入我對西方音樂的詮釋。東西方的生活、文化和教育都不同，但我們還是可以把東方最精緻的想法與智慧介紹給西方，甚至是透過西方音樂來介紹。舉例而言，「線條的圖畫」、「無為的意義」、「寂靜的聲音」、「留白的美學」，這些非常東方的概念皆能在我的詮釋中出現，它們也和西方作品配合得極好，彼此沒有扞格。

我相信，亞洲有屬於自己的欣賞角度與聆聽觀點，我們更該有屬於自己的聲音。這並非要扭曲西方經典音樂，或恣意比附解釋，而是在努力深入了解後，以我們的文化豐富古典音樂的內涵，爲這門藝術開創更寬廣的表現可能，探索更深邃的精神層次。「距離一樣遠，也就一樣近。」無論是指揮名家呂紹嘉（NSO國家交響樂團音樂總監），或本書中的諸多受訪者，皆表示過這樣的概念。只要我們夠虔誠謙虛，也夠積極認真，亞洲音樂家與愛樂者可以深入各類音樂，比西歐諸國彼此之間更沒有距離。

音樂世界浩瀚無涯，鋼琴演奏奧妙精深，即使訪問了108位鋼琴家，這仍只能說是探索的開始。「祝你閱讀愉快、賞樂愉快」，訪問就要結束，讓我再獻上一次祝福。珍重，再見。

安寧 1976-

NING AN

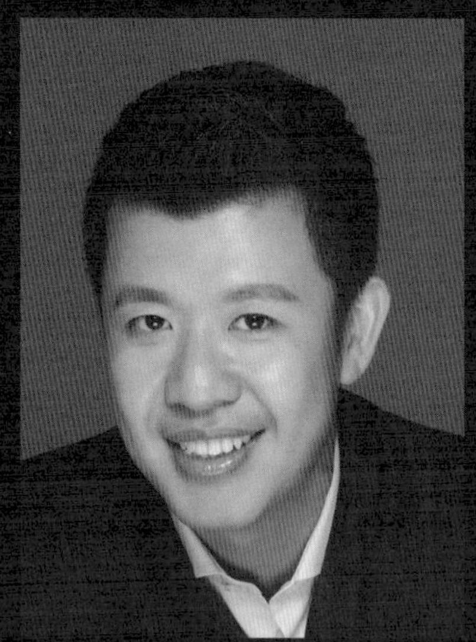

Photo credit: 黃瑞昌

1976年12月1日出生於北京，8歲隨父親移居美國，20歲獲克里夫蘭鋼琴大賽第三名，並與克里夫蘭管弦樂團合作拉赫曼尼諾夫《第二號鋼琴協奏曲》。他在克里夫蘭師事拉多莎芙耶維琪（Olga Radosalvjevich），後於波士頓新英格蘭音樂院隨薛曼學習。安寧的演奏流暢洗鍊、技巧精純，曾獲1999年比利時伊麗莎白鋼琴大賽第三名，2000年美國蕭邦鋼琴大賽第一名，與華沙蕭邦鋼琴大賽評審團特別獎，2002年西班牙歐謝雅鋼琴大賽（Paloma O'Shea Santander International Piano Competition）第三名，2003年美國卡佩爾鋼琴大賽（William Kapell Piano Competition）和2006年丹麥提弗利鋼琴大賽（Tivoli International Piano Competition）冠軍。除了忙碌的演奏行程，安寧也從事教學，現為加州州立大學鋼琴教授。

關鍵字 —— 手傷、薛曼、比賽（2000年蕭邦鋼琴大賽、2003年卡佩爾鋼琴大賽）、莫札特／古典樂派、歸零／重新出發、蕭邦（歷史鋼琴、《序奏與輪旋曲》、《二十四首前奏曲》）、拉赫曼尼諾夫《柯瑞里主題變奏曲》、中國／美國文化、西方作品中的東方風情、流行音樂與爵士樂、運動賽事、教學／音樂學習、對音樂的熱情

焦元溥（以下簡稱「焦」）：可否請先為我們介紹您的學琴經歷？

安寧（以下簡稱「安」）：我從小由父親啓蒙學習音樂。家父安純琪先生是鋼琴家，師承作曲家吳祖強夫人鄭麗琴女士。我6歲時他至美國攻讀鋼琴碩士，兩年後我也就跟著到美國。我10歲開始向南斯拉夫籍的拉多莎芙耶維琪女士學習。她非常重視音色和情感，為我奠下俄國鋼琴學派的根基。16歲則是我學習的過渡期，當時我同時跟拉多莎芙耶維琪和巴巴揚（Sergei Babayan, 1961-）學。好處是多方研究而勤學苦練，壞處是再怎麼勤學苦練，我也無法達到老師的要求。你能想像

一個16歲的孩子，同時練史特拉汶斯基《彼得洛希卡三樂章》、李斯特《西班牙狂想曲》、《梅菲斯特圓舞曲》和〈鬼火練習曲〉與貝多芬的鋼琴奏鳴曲嗎？我當時眞是疲於奔命，更糟糕的是手練傷了，乾脆停彈半年，讓自己沉澱一下。

焦：那時應該過得很徬徨吧。

安：那眞是段苦日子，不知道還能不能繼續彈。在此之前我參加很多比賽，全都有好成績，因此還有大經紀公司想簽約，可惜我的手實在沒辦法好好彈，錯失了機會。這個手傷後來持續好一段時間，前後長達六年，所幸終究痊癒了。

焦：您18歲到新英格蘭音樂院跟薛曼學習，想必是影響深遠的經驗。

安：是的。薛曼是史托爾曼的學生，史托爾曼首演了許多荀貝格作品，包括《月光小丑》和《鋼琴協奏曲》，而薛曼從11歲起就只有他這一位老師，受其影響很深。我聽薛曼講荀貝格，見解精深讓我佩服不已，我也因此學了很多荀貝格。此外，史托爾曼不彈拉赫曼尼諾夫。他認爲拉赫曼尼諾夫雖然進出很多不同調，卻沒有根本離開，最後總是回到原調。史托爾曼不彈，薛曼也就不彈。

焦：但您彈了很多拉赫曼尼諾夫。

安：這就是薛曼了不起的地方，他說：「我不教鋼琴，我教音樂。」薛曼非常重視音樂的結構與和聲，更要求我們必須認眞研究現代與當代作品。以前我怎麼好聽怎麼彈，憑直覺把旋律彈得美輪美奐就好。薛曼讓我看到旋律之外，那精細微妙、深邃而豐富的藝術世界。作品結構上的對比以及和聲間的關係，樣樣都是作曲家的巧思。從此以後，我能彈出更豐富的聲音、更細緻的表情，體察音樂更深刻的內在，這都得感謝薛曼。我現在回想過去他的指導，更覺得他的不可思

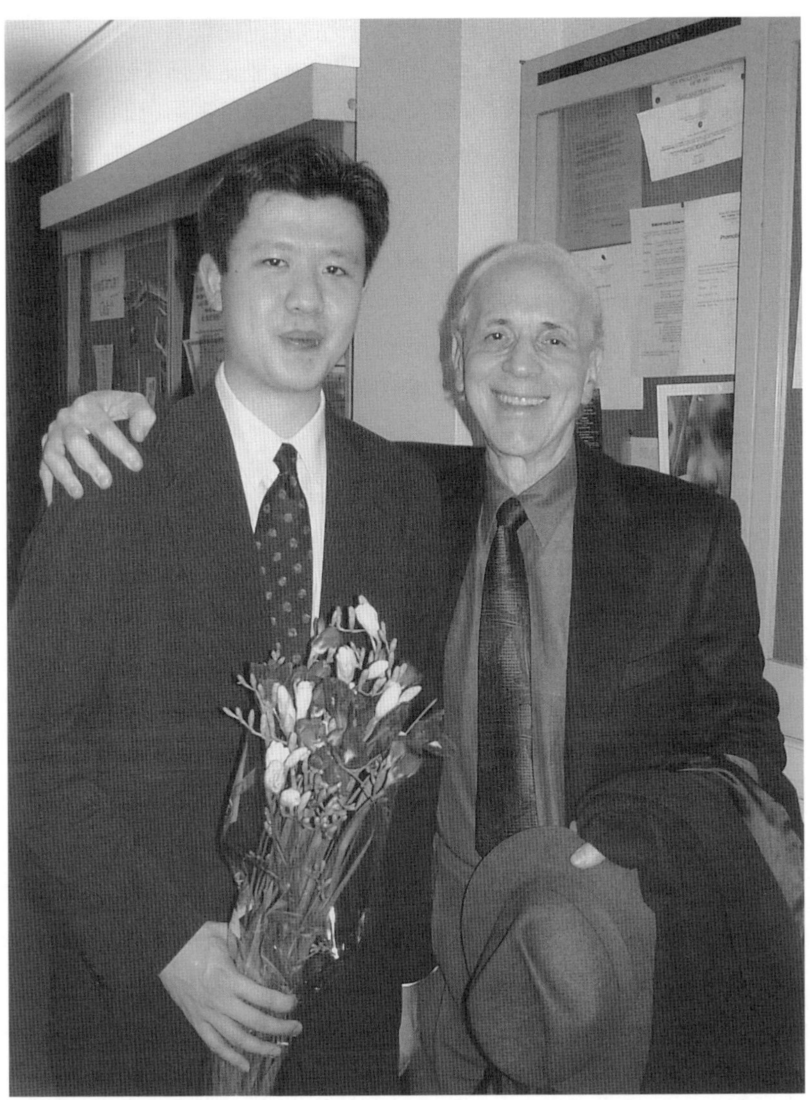

安寧與恩師薛曼於音樂會後合影（Photo credit: 安寧）。

議。薛曼極爲博學，又能把各種學養轉化成自己的智慧，給予絕佳判斷。他也從不僵化死板，具有強大的直覺，常能見人所未見，感受到在各種事實資料背後的隱藏脈絡。演奏上，他也有了不起的功夫，尤其是能創造魔法氛圍的踏瓣和無懈可擊的和弦平衡，實在令人嘆爲觀止。

焦：您以前囊括美國大小鋼琴比賽獎項，在國際比賽也有好成績，我很好奇您對比賽持怎樣的看法？

安：如果可以不比，我不會去比賽。小時候我的確很喜歡參加比賽。一來是自我肯定，二來是賺零用錢。我心情很輕鬆，即使參加伊麗莎白大賽，我也是以帶父母去旅遊的心情前往。但我後來發現，國際比賽愈來愈功利，甚至非常政治。像肯普富（Freddy Kempf, 1977-）在1998年柴可夫斯基鋼琴大賽上理應得到壓倒性的勝利，最後居然被打壓至第三名，導致觀衆爆發抗議。

焦：2000年的第14屆華沙蕭邦鋼琴大賽，您則身處風暴中心：您和16歲就得到哈絲姬兒大賽冠軍的羅馬尼亞鋼琴家烏蘇里耶莎（Mihaela Ursuleasa, 1978-2012）是觀衆和樂評最欣賞的參賽者，也是網路票選的前兩名。然而，您們竟然都無法晉級決賽。

安：這件事對我打擊很大。以前我參加比賽，在後台還在打電動，甚至沒有特別準備。但對蕭邦大賽，我可是非常認眞，選擇的曲目也累積了豐富演奏經驗，結果卻這麼不公平。我說不公平，並不是指我沒有晉級，所以不公平。我問了阿格麗希這是怎麼一回事，她說評審最後選了8位能進決賽的鋼琴家，但因爲比賽「只能付華沙愛樂6場演出的費用」，所以在第二輪投票中，把我和烏蘇里耶莎排除在外。這是什麼道理呢？如果要選6位，就應該照比賽前三輪的積分來選，怎能不管積分而隨意選？當然我後來知道發生什麼事。只能說，這實在太政治也太黑暗。

焦：我想名次之爭，往往毀了人的價值觀與道德感。

安：我希望能強調一點，就是比賽不是你死我活的事情，音樂才是最重要的。爲什麼比賽不能只選出些優秀選手，非得排出名次呢？大家應該把心放在音樂，而不是名次。如果要我對比賽提出看法，我還是只能說那句老話，就是「比賽是沒辦法選擇的必要之惡」。

焦：但您還是參加了2003年的卡佩爾鋼琴大賽和2006年提弗利國際鋼琴比賽，而且都贏得冠軍。

安：參加卡佩爾時，我其實對比賽頗爲灰心。因爲評審多半是同一群人，他們對我已有定見。不管彈得如何，我大概都會得到類似的評價。之所以還會參加，是因爲那屆評審中除了一位曾聽過我演奏，其他的都不認識我，我想這是個好機會。對他們來說，我是一張白紙，我想看看他們會如何評論，聽聽比較客觀的意見。至於會參加提弗利，一方面也是評審都不認識我，更大的吸引力是我沒去過丹麥，所以我又是抱著旅遊的心去參加。得到第一名我很高興，但我並沒有以競爭心參賽。事實上，我還得過一個摩洛哥的鋼琴比賽冠軍。我去之前只知道那是音樂節，其他受邀者也以爲是音樂節，到了摩洛哥後主辦單位才說這也是比賽。眞想不到，我居然莫名其妙地參加了一個比賽，還得到冠軍！

焦：告別比賽之後呢？這對您的演奏造成什麼影響？

安：還參加比賽的時候，顧慮很多，常會想自己是否彈得夠快夠大聲。自從知道比賽現實，也不比賽之後，我更能專心研究樂譜，思考比以前淸楚多了。比賽上的演奏其實常常離開音樂，而我總希望能回到音樂。

焦：您會爲了比賽去改變自己的詮釋嗎？比方說，美國音樂學府對古典作品的詮釋，似乎傾向放較多的情感，也鼓勵運用更多音色與踏瓣技巧。這是歐陸較不認同的彈法，特別是維也納學派。

安：想要討好所有人，到頭來很可能全部都得罪。參加伊麗莎白大賽時，我雖覺得我的莫札特不是特別好，但我忠於自己的感覺。有次內田光子打電話給我，建議我到歐洲研習莫札特等古典作品。不過我想那些俄國鋼琴家要怎麼辦呢？他們的莫札特實在有問題，一樣在比賽上拿了大獎。

焦：但我聽您這幾年的莫札特，實在愈來愈有心得，可否談談改變的關鍵？

安：我讀了很多關於維也納古典風格的著作，愈來愈能理解其特定的節奏，16分音符的群組，兩個音用小連線連在一起的長短輕重等等，總之要知道如何句法明確。以前看不懂這些，覺得譜上指示好少；現在看懂了，包括知道莫札特怎麼用休止符，反而覺得他指示太多——就這樣短的時間裡，居然要做這麼多東西！若想達成所有指示，速度必然得放慢。但這一切仍然來自樂譜，而非追求「維也納式的莫札特」。從錄音中可知，現在的維也納風格，和之前的也很不一樣，哪能說維也納風格就必然是準則呢？

焦：從參賽者到音樂會鋼琴家，從學生到老師，走過看過這麼多之後，對於演奏，您現在是什麼想法與心境？

安：一方面我持續開發新曲目，也做過很多嘗試。比方說我改編過皮耶佐拉的作品，也練了卡普斯汀的《八首音樂會練習曲》和《二十四首爵士樂風格前奏曲》，但花最多時間的，是準備巴赫《郭德堡變奏曲》。我20幾歲的時候彈了很多蕭邦、李斯特、拉赫曼尼諾夫，30多歲的時候愛上舒伯特，覺得格外能體會他的憂傷與美麗，對生命、死亡、命運的了解。現在到了40歲，我格外想彈巴赫，西方古典音樂的重要源頭。巴赫作品既規律又即興，你必須認真鑽研他與他的時代，才能妥善解讀。掌握這些知識雖不容易，卻能帶來極大的自由與滿足。我前些日子和薛曼班上的同學孫明秀（Minsoo Sohn）談到《郭德堡變奏曲》，他錄了張頗受讚譽的演奏，我問他怎能彈得這麼好，「就十年苦功啊！」——是啊，這真的沒有捷徑。另一方面，由於年輕時累積了很多曲目，現在很多演出都是隔了好一陣子後的「回訪」。再度拜訪老朋友，我當然很興奮，我也以不同的視野重新學習它們，感覺既新鮮又充滿熱情。我甚至不用以前的樂譜，用新樂譜與新版本來學，重新思考指法與分句，重新審視每一個環節。我很高興能不受制於過往的習慣，見到先前看不到的意義。比方說貝爾格的《鋼琴奏鳴曲》，即使我以前花了非常多時間研究，也很有心得，但我能說我現在更知道該如何解讀譜上的記號，知道音樂從哪裡來，又往何處走，以更適當的方式呈現。

焦：我想您一定花了一段時間，才能夠「歸零」再重新出發。

安：我有段時間在音樂上覺得茫然，之前獲得的成功不能擴展，但我也不知該如何改變。有些感覺不在了，但我也不想走回頭路。後來我理解到，要找到自己，先要把樂譜讀好；先把自己抽出來，再慢慢加到音樂裡。當然如何彈出音與音之間的韻味，如何貼近作曲家的心靈，又是另一層面的學問。但我可以說，愈是忠於原譜，也就愈隨心所欲；愈了解規矩，詮釋反而愈自由。因爲這些規矩給了原則，掌握原則就能自由發展，還能支持創新。

焦：也是您有這樣的心境，才能用這個方法進步。

安：我深深覺得，音樂是一種信念（faith），而不是討好聽衆、賺取掌聲。樂曲有其呼吸和韻律，我要做的，是讓音樂自己說話。現在演奏家常想要與衆不同，所以總是想在音樂裡做更多，愈做愈多的結果，就是氾濫。音樂裡塞滿了話，反而什麼都說不清楚了。我想，如果能夠反其道而行，不用加法而用減法，掌握音樂重點並據此發揮，一樣能給人新穎的感覺，聽起來還更清爽，也更接近音樂本來的面貌。只要誠心、認眞研讀作曲家的指示，答案眞的就在那裡。

焦：我知道您的蕭邦曲目特別多，可否特別談談您和蕭邦作品相處的心得？

安：從小老師就常拿蕭邦作品訓練我，我自然累積了很多蕭邦曲目。他也眞是我愈彈愈喜歡的作曲家，我的觀點也不斷成長。有次我受邀回波蘭演奏，有機會在蕭邦的鋼琴上練了一週。我完全沒想到，這根本改變了我對蕭邦樂曲和演奏的看法。用那架鋼琴，我發現他的踏瓣設計完全合理，但重點倒還不是踏瓣是否合理，而是那個效果讓我對樂曲有了新的認知。知道蕭邦希望某些段落聽起來如何，我就可以根據那個效果，設法在現代鋼琴上重現。比方說，根據我的經驗，蕭邦樂曲中要我們不要用踏瓣的地方，在音量大的現代鋼琴上再用延音踏瓣擴音，效果並不會更好——那只會讓聲音聽起來沉重拖沓，音樂不會唱歌了！那不會是蕭邦要的效果，也不是我在蕭邦鋼琴上所得到的效果。蕭邦的鋼琴讓我學到，他的鋼琴曲該有自然的歌唱效果，特別在高音部，許多轉折眞有花腔女高音的歌唱質感，而不只是一堆快速音符在奔跑。但在現代鋼琴上，這些特質往往都會消失，所以必須特別小心處理。現在每當我彈到蕭邦那些輕快華麗的段落，我都會想到他的鋼琴，設法往聲樂性、歌唱性的方向表現。

焦：那麼強弱對比呢？

安：蕭邦鋼琴上的強音，和現代鋼琴是兩種不同的質感，其實也是兩種不同的意義。很多樂句在現代鋼琴上聽起來很重、很大聲，但還是該有說話的語氣和感受，不應過分沉重。就聲音的連續效果而言，很多樂句也不該拖太慢。這也讓我重新思考樂曲的演奏速度。

焦：您在蕭邦大賽上彈的《序奏與輪旋曲》（*Introduction and Rondo, Op. 16*），是我最喜愛的演奏。它不是蕭邦最出名的作品，但您演奏得神采飛揚又充滿趣味——尤其是這趣味，實在極有魅力。

安：感謝你的稱讚。我彈它十多年了。這是一首展示技巧之作，但在華麗音符之外，音樂又流暢迷人。當然，能把它彈得流暢迷人，本來就需要很高的技巧，但想眞正彈好，光有技巧仍不足夠，重點在想像力。因爲輪旋曲的主題會不斷出現，如果沒有想像力，每次都彈得一樣，音樂就會單調無趣。反過來說，如果想像力很豐富，《序奏與輪旋曲》就是能讓想像力盡情馳騁的天地。每次彈它，我都覺得自己像是擁有各種食材的大廚，可以隨心所欲烹調出任何我想做的佳餚，和聽衆一同分享！

焦：如果說蕭邦的音樂有什麼缺點，那會是什麼呢？

安：我愈了解貝多芬和李斯特，我就愈崇敬他們。他們的音樂眞的是爲全人類而寫。莫札特某方面也可以如此說，但格局比較小一點。蕭邦就和他們相反。雖然像《F小調幻想曲》和《幻想—波蘭舞曲》，我們還是可以感受到他對波蘭的愛，音樂沒有那麼自我中心。但整體而言，蕭邦的音樂就是他自己。

焦：如果要您選最喜歡的蕭邦作品，那會是哪一首？演奏的難處是什麼？

安：那當然是作品28的《二十四首前奏曲》。它實在豐富，和聲、對位、性格等等都精彩多樣。每首的篇幅都不算長，卻都有明確特色，二十四首組合起來又完美協調，實在讓人驚嘆。它所要求的演奏技巧並不容易，有幾首手掌要既放又縮，每個聲部還要獨立，更是難中之難。然而，我覺得最難的還不是技巧，而是把二十四曲整合爲一，彈成一部作品的調配。這需要經驗，融合熱情與冷靜。鋼琴家不只要呈現藝術，還要像長跑運動員。

焦：以前的大鋼琴家，例如畢羅和柯爾托，爲這二十四曲寫下每首的想像。您怎麼看這些前輩的觀點呢？

安：老實說，他們的想像還眞的給我很大的靈感，尤其是柯爾托。以前演奏這二十四首，我把它們當成單一線條發展，但後來我覺得可以多線並行，幾個故事放在一起說，像是電影或小說。比方說柯爾托對第十一、十七、二十一這三首的描述分別是「少女的願望」、「那時她對我說：我愛你」、「我孤獨回到昔日海誓山盟之地」，我就想成是女孩和男孩，從男孩的暗戀，女孩愛的回應，最後男孩再回到當年許下諾言之地——但爲什麼孤獨一人？發生了甚麼事？不只這條線，其他段落也可以是線索，或是另一個與之相關的故事。這是愈演奏愈有意思，讓人有源源不絕想法的作品。

焦：拉赫曼尼諾夫的《柯瑞里主題變奏曲》也是您非常有心得的作品。我們也可從中看到蕭邦對拉赫曼尼諾夫的影響。

安：我一直很喜愛這首，融合拉赫曼尼諾夫晚期豐富的和聲與早期的技巧要求，變奏發展更是老練流暢。如你所說，拉赫曼尼諾夫本就和蕭邦接近，從此曲我們正可聽出蕭邦對拉赫曼尼諾夫的影響，包括宛如《序奏與輪旋曲》中華麗的音群，夜曲的抒情歌唱，以及《第三號鋼琴奏鳴曲》的豐厚筆法和驚人氣勢。它和《帕格尼尼主題狂想曲》的樂曲發展相當相似，都在樂曲進行三分之二時出現極爲優美的慢板，之後則以高難度的炫技段落收尾。這兩段都是用降D大調寫的，旋律甜美無比，《柯瑞里主題變奏曲》的中段尤其有濃烈的俄國東正教音樂感受，滿溢深刻的情感。在這兩首中我們也可看到一脈相承的傷感，對過去美好時代的無限懷念。

焦：這也是愈練愈難的作品。想把譜上的音彈出來，基本上不算太難；想忠實遵照譜上所有指示，卻難到令人沮喪。好可惜拉赫曼尼諾夫沒錄這首，我眞想知道他會怎麼彈！

安：光是第二變奏，要把譜上的小連線、休止符、跳奏、持續奏都彈出來，就得有不可思議的肌肉控制和專注力。有幾個地方我到現在都很難彈得完美，而我彈它已經超過二十五年了！但我不願意放棄，就是要跟它磨。這就是薛曼常說的，在音樂裡，你不是「有」就是「沒有」，不會只有一半。這一段多數人只彈音，踏瓣一踩就過去了，但若要達到樂譜上的「有」，就得花上這麼多年的苦功。

焦：您最近幾年常有機會回到中國演奏，您覺得自己是美國多一些還是中國多一些？或者您就是安寧？

安：如果你五年前問我，我感覺還滿混亂的。我現在可以說，答案接近最後一個。我對兩種文化都能適應，也知其優缺點，沒有偏向任何一方。我很珍惜自己的中國背景：我父母也是音樂家，但他們面對的環境比我艱難百倍，因此多少把自己年輕時未竟的夢想放在我身上，給我嚴格的訓練，教導我做事要做好並且不怕失敗，培養我對藝術的愛好。然而，我畢竟8歲就到美國，在西方環境下成長，英文與西方藝術也成爲我的母語。作爲音樂人，音樂更是超乎國籍與種族，我的心靈原鄉。

焦：好一段時間裡，國際比賽中得獎的美國鋼琴家，以及茱莉亞、柯蒂斯音樂院的前幾名，幾乎都是亞裔。您如何看待這個現象？東方的世代已經來臨了嗎？

安：我覺得這和社會習慣有關係。在亞洲，學校課程之外，父母會對孩子說：有空去學學音樂好了！但在西方，父母可能會說：有空？去跑跑步、打打球！我們學音樂的人口多，人才能出頭的也多。

焦：不少人認爲東方語言在聲調上比較豐富，因此比較有音樂性，也間接影響到音樂家的表現。

安：這雖然有其道理，但這就表示東方人出現比較多音色大師嗎？我還是覺得這是因爲東方人比較刻苦，就像當年的俄國人一樣。許多東方音樂家在國外一開始沒有別的出路，只能專注於自己的技藝，最後成就自然也比較高。當然每個人都有不同的故事，可是我很淸楚我同學的故事。我知道他們的背景，知道他們如何走過來。我覺得還是刻苦勤奮成就了現在的東方鋼琴家。

焦：對於西方作曲家所表現出的東方風情，您是否會覺得特別親近，或是以東方思考去表現？

安：我不覺得這些作品中所表現的東方是眞正的東方；那只是一些概念或點子，並不是深入東方文化後的產物。無論普契尼（Giacomo Puccini, 1858-1924）在歌劇《杜蘭朵》（*Turandot*）如何引用了〈茉莉花〉，《杜蘭朵》還是一部義大利歌劇。馬勒的《大地之歌》用了翻譯自唐詩的《中國笛子》（*Die Chinesische Flöte*）當歌詞，但對我而言，這和李白或王維的原作並沒有關係，馬勒音樂中的哲學概念與精神也和中國文化沒有直接相關。即使德布西《版畫》中的〈塔〉聽起來很有東方風味，但我不會以中國音樂的思維去表現，因爲那還是德布西，還是非常法國的作品。我覺得東西方文化並非沒有共同點，鋼琴家也可從東方文化找到詮釋西方音樂的靈感或方法，但前提必須是鋼琴家要看得夠深刻，也必須誠實。以我的文化背景來說，如果我對中國文化了解不夠深，卻以此到處解釋西方音樂，我覺得這是招搖撞騙，完全是噱頭。另一方面，即使我對中國文化研究夠深，如果我在詮釋西方作品時沒有想到中國文化或美學，我也不會刻意以此去比附解釋，因爲這不誠實。如果我眞的想到了，也眞能看到文化的共通處，那我才會考慮以東方觀點詮釋。這就是傅聰等人了不起的地方。他完全投入在文化裡，對西方音樂了解得那麼深刻，對中國文學、哲學、美學等又有極深刻的認識，這樣才能眞的爲東西文化搭一座橋。

焦：那您如何看待音樂與其他生活經驗的結合？有些鋼琴家能將學識具體地化爲音樂，但也有一些非常天才的演奏家卻只想享受生命，音樂就是隨興與直覺。

安：我想凡走過必留下痕跡。豐富的閱讀和對藝術、美學的廣泛涉獵，不一定會「直接」反映在立即的音樂表現，但絕對會增加想像力和音樂思考。那是從腦海背景中呈現出的內涵，也是鋼琴匠和藝術家的差別。

焦：我知道您也聽很多流行音樂與爵士樂，這是否也爲您的古典音樂演奏帶來影響？

安：直接影響可能沒有，但多認識各種音樂，總能豐富自己見聞。我基本上把流行音樂當成娛樂，雖然還是會從中找到些非常精彩的和聲與想法。爵士樂則更常讓我思考演奏的道理，包括演唱者處理歌詞與句子的方式。比方說我聽雪莉 · 荷恩（Shirley Horn, 1934-2005）自彈自唱的錄音，她停頓的方式，就像我們演奏古典音樂中的和聲轉折與解決，讓聆聽者思考一下，再接下一句，非常有道理。聽多看多了之後，自然能觸類旁通，在內心產生連結。但我還是想說，以音樂訴說人類情感與故事，古典音樂做得深刻又豐富。這不表示古典音樂就是唯一，但它所能給予的，至少對我而言，會是最深刻的感動。它能帶你到另一個世界，一個你沒想過自己可以到達的世界。這是別的音樂難以企及之處。如果能不帶成見，讓古典音樂進入自己的心，我相信你會得到百倍於其他音樂的感動，甚至發現自己對這種音樂的心靈需求，即使之前並不認爲自己需要。

焦：那身爲運動迷，尤其是棒球和籃球，運動是否也爲您帶來靈感？

安：也是沒有直接影響。我很佩服運動員的團隊合作，還有維持體能的自律。但運動賽事對在美國長大的我而言，欣賞運動員與比賽，更關乎認同。我在克里夫蘭長大，這個城市雖然有全美國最好的樂團，但1960年代以來由於經濟衰退，近半世紀來總是被人瞧不起，被說成是「美國的胳肢窩」。2016年，克里夫蘭騎士隊在客場擊敗金州勇士隊，拿下隊史第一個NBA總冠軍，也是克里夫蘭近五十二年來第一個職業體育冠軍。那天晚上我在旅館，一個人看著電視大哭。我雖然在波士頓住了很長時間，但我從沒有忘記克里夫蘭。那天在某著名網站上，有人貼出一段影片，是一個人在球賽現場邊看邊哭——你知道嗎？那人居然是我高中同學，當年我們總是一起打籃球！不只我們，太多太多克里夫蘭人在那晚結果揭曉後大哭。我現在說起這件事，仍然非常激動，這眞的代表了所有在克里夫蘭長大的孩子。我想人總是不會忘記小時候，每次我回北京，看到當年家裡的樹，就想到外公外婆對我有多好。這種對於兒時的鄉愁，展現在非常多藝術創作之中，古典音樂也不例外。

焦：《郭德堡變奏曲》最後一個變奏，巴赫令人意外地把兩首兒歌寫進去，我想或許也是這個道理。您現在也從事教學，可否談談這方面的心得？

安：美國和中國都有各自的優點，但最大的問題都一樣，就是許多學生不知道自己爲何在學，對音樂沒有熱情。整體而言，這眞的和我那輩的同學有很大不同。以前我們去圖書館總是想，還有哪些作曲家沒聽過、哪些作品我們不知道、哪些書該看還沒看。因爲我們都愛音樂，這份愛促使我們往音樂更深處探究。但現在的學生不是如此，對曲目的認識也愈來愈少。我是職業鋼琴家，天天彈鋼琴，但我都不覺得彈鋼琴那麼有趣，我眞正愛的是音樂，各式各樣的音樂。我在演奏的時候也不覺得自己在「彈鋼琴」，而是說故事，把音樂作品的意義和形象傳達給聽衆。如果對音樂沒有愛，我不知道這能怎麼學。

焦：如果對音樂沒有愛，也就很難會有想法，最後不是學音樂，也不是學演奏，而只是學曲子，每個音都要老師教。

安：或者就是照唱片彈。比方說我教某學生演奏貝多芬《熱情奏鳴曲》，他在第一樂章某處沒道理地忽然放慢。問其原因，「因爲法蘭克的錄音是這樣的。」我把法蘭克的錄音找來聽——沒錯，那段是慢了，但那樣的慢和前面的處理有邏輯關係，但我學生的演奏沒有，這就是畫虎不成反類犬。薛曼告誡我們：「聽表演或是錄音，就算演奏極差，只要能從中學到一個音，那就是好的。」聽懂爲什麼這樣演奏的道理，比只聽到演奏出什麼成果可是重要多了！

焦：有音樂天分不見得就愛音樂，但音樂眞的必須以愛爲之，不然再有天分都難以爲繼。

安：我小時候認識一對兄妹，他們的天分眞是奇高無比，不但連得大獎，連阿格麗希都特別欣賞他們。你知道他們是怎麼學習的嗎？那時我們坐同一輛車去上薛曼的課，我負責開車，哥哥就在後座聽CD，聽等一下要上課的曲子，因爲他完全沒練。即使如此，就聽這二十分鐘，他到薛曼家就可以彈了，還彈得非常好！我以前總是想，我要努力多久才能彈到他隨意而爲的水準！但爲何他們不練琴呢？因爲這對兄妹的演奏是父母逼的。他們雖有極高的音樂天分，父母卻沒啓發他們對音樂的愛。他們現在也都不演奏，轉而從事其他行業了。這大概是我所見過最極端的例子了。

焦：不過，恕我直言，新一輩音樂家現在常瀰漫功利主義，從很有天分到很沒天分的都有。不只音樂家，連音樂相關產業也是如此。這不是追求音樂，也不是想要進步，而是利用音樂。

安：很遺憾，的確如此。我相信這些人在某段時間還是很愛音樂的，只是學了一點皮毛，就覺得自己夠了，接著開始吹牛、自我膨脹，最後就只剩自己而沒有音樂。音樂，變成獲得名利的工具。所謂「不忘初衷」，在現在的世道，愈來愈難了。長此以往，音樂家還是會有很好的演奏技巧，但不會再有齊瑪曼那樣的大師。

焦：說到齊瑪曼，他有段時間不先公布曲目，演出前三個月，甚至一個月才公布，還可能更改。2008年他突然彈了貝多芬《第三十二號鋼琴奏鳴曲》。我問他何以選這首，他說：「我20出頭就學好它了，但一直沒覺得能公開演奏。我在音樂會彈過第三十和三十一號，就是沒辦法彈第三十二號。我去年底過51歲生日，我突然發現，我和他寫這首奏鳴曲的時候一樣老，我們是同輩了！這是很大的心理解放，我也馬上就在接下來的音樂會排第三十二號。」我們認識的時候，都還不滿30歲，但現在已過了40歲，比蕭邦、孟德爾頌、莫札特、舒伯特都要老了，您會覺得現在演奏他們的創作，心理上會比較「自在」嗎？

安：那是因為齊瑪曼有那樣的精神境界吧！我想時代很不一樣，我們這時代的30歲，不見得會有十九世紀30歲的人成熟。我現在看這些作曲家，還是覺得他們極其成熟，貝多芬20多歲的作品就非常成熟，完全不像現在我們對20幾歲人的印象。我想貝多芬永遠很難——他有那麼大的思想，極其堅決、永不妥協，眞的很難有人有這樣的個性，始終維持自己本心。或許對華人來說，貝多芬尤其難，因為華人比較圓滑、講究商量，但貝多芬眞的不商量，絕對不妥協。不過年紀增長當然也有好處。自己不見得能和這些作曲家一樣成熟，但眞的更了解他們，知道他們在音樂裡說的是什麼。這種了解，讓我們變得像是好朋友。我演奏的時候，就是說朋友的故事，不需要做任何誇張的東西。我覺得這是最美好的感覺。作為演奏家，就像是穿上了作曲家的衣服。我希望我能彈誰就像誰，而不是都像自己。

焦：非常感謝您說了這麼多。在訪問最後，您有什麼話特別想和讀者分享？

安：作爲演奏家，我還是想強調對音樂的熱情。當世界愈來愈功利，音樂界愈來愈商業化，支撐我們站在舞台上的力量，就是對音樂的熱情。我去過一些小地方演奏，你說這些聽衆眞的那麼懂音樂、那麼有鑑賞力嗎？我想不盡然。但是他們確實花了時間，買了不便宜的票，千里迢迢來聽，其中很多人也的確被演奏感動。我想，我們站在舞台，其實也就是爲了這些被音樂感動的人演奏，這也是我的心願。我不是那種高高在上的演奏家，來我音樂會的觀衆，完全不需要害怕。不要把音樂當成生意，我希望學生不要老是想著小利小惠，要開闊自己的胸襟和眼界。永遠保持著對音樂的愛，這份愛會讓你找到音樂；同樣地，音樂也會找到你。

簡佩盈 1977-

GLORIA CHIEN

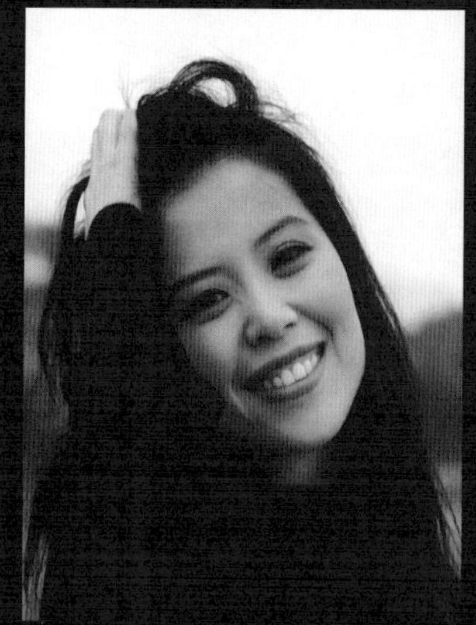

Photo credit: 簡佩盈

1977年出生於台北，簡佩盈14歲赴美隨薛曼和其夫人卞和暻學習，16歲卽與波士頓交響樂團合作演出，爲新英格蘭音樂院音樂藝術博士。她的演奏細膩嚴謹，曾獲美國世界鋼琴大賽（The World Piano Competition）第五名，與聖安東尼國際鋼琴大賽（The San Antonio International Piano Competition）第三名及委託創作特別獎。除了獨奏，近年來簡佩盈在室內樂領域卓然有成，除了是林肯中心室內樂集的成員，她於2009年創辦深獲好評的「弦理論」（String Theory）室內音樂節，2017年又和夫婿小提琴家金秀彬（Soovin Kim, 1976-）共同擔任尚普蘭湖室內音樂節（Lake Champlain Chamber Music Festival）藝術總監，又爲李大學（Lee University）駐校藝術家。

關鍵字 —— 卞和暻、薛曼、當代作品、西方音樂中的東方風情、移民背景、「弦理論」室內音樂節、室內樂（團體特色、編制、排練技巧、娛樂性和嚴肅性、初學者）

焦元溥（以下簡稱「焦」）：可否談談您學習音樂的經過？

簡佩盈（以下簡稱「簡」）：家母是小提琴家，家父非常喜愛音樂，因此我和哥哥從小就學音樂。我在國二時出國；當時連續贏得全台灣鋼琴比賽兒童組第一名和少年組第二名。我在波士頓跟隨薛曼和其夫人卞和暻女士學習，後來主要跟師母學，但也常跟薛曼上課。他們二位的教導，基本上形塑了我的音樂思考與技巧，包括讀譜、句法、聲響等等。他們很老派，是很關心學生的老師。每年薛曼演奏，學生們也會回波士頓看他。

焦：我在波士頓念書時，每年最期待的，就是薛曼一年一度的生日音樂會。那是免費索票，像是給整個城市的禮物。

簡：他的人生就是音樂和棒球，尤其是音樂，到現在仍然演奏不輟。雖然走路上台很困難，技巧還是維持得很好。他的演奏總是充滿想像力，讓我們看得更遠，想得更深。

焦：卞老師現在是美國非常著名的教師了。她和薛曼的教法有何不同？

簡：卞老師像是典型的亞洲老師，教學很有系統，能為每個學生做藝術成長與技巧發展的良好規劃，一切按部就班，對演奏基礎和細節可謂一絲不苟。隨著時間過去，她的教法也變得愈來愈開放。薛曼比較講概念與想法，偏重哲學與美學的思考。他說話很高深，我一開始不太懂，連他的英文都聽不懂……

焦：他說話用的英文，根本是博士論文程度。如果要準備GRE單字測驗，眞的看他的書就行了。

簡：哈哈哈，眞的很難懂。幸好我能從他的演奏中學習。他有極具想法的內聲部，妙不可言的左右手互動處理，還有神乎其技的踏瓣功夫——那眞是前所未見，聲音怎能有這麼多層次變化！不過在我也開始教學之後，我發現許多當年薛曼講但我沒聽懂的，經由教學過程，居然也從我口中說出來了。可見昔日學習其實留下深刻烙印，只是要經歷一番思索與人生體會，才會變成自己的東西。

焦：也唯有如此，學生才能變成獨立的藝術家，而非薛曼的影子。

簡：你看薛曼的學生，每個人都不一樣，就可知道他是成功的老師。他不會想要改變學生，而是帶出學生自己深層的想法。他兩週上一次課，要求很嚴，每次給的功課也很重，包括整部《迪亞貝里變奏曲》或布拉姆斯《第二號鋼琴協奏曲》之類。然而薛曼也教導我們「音樂不只是音樂」。他常把報章雜誌上有趣的文章剪下來與我們分享。這

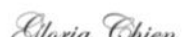

些文章的內容五花八門，從文學藝術到科技新知，包羅萬象，應有盡有，甚至還有政治與數學。他也常帶學生去看美術館、博物館，也會逛植物園、水族館，讓我們接近大自然。在這什麼都是手機聯絡的網路時代，我們以爲節省了很多時間，其實失去了時間，根本沒有機會好好思考。有時我常想到薛曼帶我們繞著池塘散步的情景。那不只是那一代美國知識分子對梭羅（Henry Thoreau, 1817-1862）與愛默生的嚮往，也是帶我們認識作曲家的生活方式。當年貝多芬就是這樣在森林裡散步，布拉姆斯就是如此遊湖，然後寫出那樣的作品，有那樣的人生態度。面對很多盤根錯結的複雜事，不要急著解決，繞著一棵大樹慢慢走，走著走著，或許答案就出來了。

焦：您在學生時代就演奏了很多極具挑戰性的作品，包括普羅高菲夫第二號與荀貝格《鋼琴協奏曲》。這是來自薛曼或卞老師的要求，還是您自討苦吃呢？

簡：可能都有吧，呵呵。某方面我是很乖的學生，會把老師派下來的任務做好。薛曼給了很多特別的作品，包括郭多夫斯基的改編，也教很多荀貝格、貝爾格與魏本。他認爲第二維也納樂派和第一維也納樂派同等重要，不該是另一種語言或領域，學生必須理所當然地學習。薛曼也常請他的朋友克許納（Leon Kirchner, 1919-2009）和舒勒寫曲，我們當然也要演奏。我還背譜彈了塞辛斯的《五首鋼琴作品》（*Five Pieces for Piano*），現在想想都是很好的訓練。但我也的確喜歡多認識較少人演出的作品。我和小提琴家庫柯維琦（Joanna Kurkowicz, 1970-）合作錄製波蘭作曲家巴絲維琦的小提琴與鋼琴合奏作品，就是非常好的經驗——這麼好的作曲家，爲何沒有人演奏呢？巴絲維琦小提琴和鋼琴都演奏得極好，也爲這兩種樂器寫下許多傑作。有太多好作曲家和好作品仍然被埋沒，我很樂意研究並推廣。

焦：您一直持續演奏當代作品，可否多談談您的心得？

簡：就如同薛曼的教導，其實我心裡並不覺得我在演奏「當代」音樂。音樂，應該就是音樂，沒有新音樂或舊音樂，也沒有男性作曲家寫的或女性作曲家寫的這樣的分類。無論面對什麼作品，都該用相同的態度去欣賞、研究、演奏。然而在呈現方法上，當代音樂可能更需要放在恰當的脈絡，演奏者必須格外注意……

焦：這我有切身體會。很多音樂會把類似主題作品放在一起，卻不管彼此聽覺上的差異，在拉赫曼尼諾夫《死之島》之後馬上接甄納基斯《冥王》（*Aïs*），結果就是對後者的樂迷而言，拉赫曼尼諾夫保守甜膩到煩人；對前者的愛好者來說，甄納基斯根本是全然的瘋子。這樣眞的會導致反效果，讓當代作品更少人聽。

簡：這還可以加上場地。不同表演場所會有不同氛圍，有些適合當代音樂，有些不見得。如果可以，演奏者若能積極地創造適合當代作品的氛圍，或節目單加上作曲家的訪問，讓大家更了解該作品的意義或創作過程，都是拉近與聽衆距離的好方法。如果不畫地自限，不預設音樂應該是某幾種樣子，就能體會更多美好。

焦：從台灣到美國，對東方人學習西方音樂，您有何心得？

簡：我可說在美國長大，對西方文化非常熟悉。我在美術館欣賞的是西方藝術，生活中聽的也是西方音樂，無論是古典或爵士。我旅行也常到歐洲，也學習歐洲文化。西方文化已是我的生活，我已經不是從外人的角度來看西方文化與音樂。

焦：那麼對於西方作曲家所表現出的東方風情呢？您會不會覺得特別親近，或是傾向以東方的思考去表現？

簡：這要看脈絡而定。以波士頓美術館的藏品，莫內以妻子穿著和服爲模特兒的畫作〈日本女人〉（La Japonaise）爲例。這是莫內受到當時日本繪畫與日本流行影響下的結果，但我們能說它就是浮世繪嗎？不，這還是莫內，還是非常具有法國風格的作品，畫中人手上拿的扇子還是法國國旗的顏色。要了解這幅畫，我們還是要從莫內，而不是從日本繪畫的角度來欣賞。現在許多西方設計師也從東方服裝找靈感，但那也只是在設計與外觀上用了東方風格和元素，並不能說那就是東方服飾。許多音樂作品也是如此。或許在表象之外，這些作品和東方文化與美學，的確有更深刻、內在的共通性。但我必須誠實，要忠於自己能感受到的。

焦：您的移民背景，是否間接影響了西方音樂的學習？巴倫波因在〈德國人、猶太人與音樂〉（Germans, Jews, and Music）一文中曾特別討論猶太人的雙重認同（double identity）。猶太人從小就必須接觸兩種文化：猶太文化與所在母國的文化。就他的個人心得，如此成長經驗幫助他進入不同作曲家的世界，轉換不同風格也相對簡單。同理，您是否也從兩種文化的成長背景中得到詮釋音樂上的益處？

簡：猶太文化其實也是歐洲文化的一部分，馬勒的作品難道不屬於歐洲音樂文化嗎？又比方說哈勒維（Fromental Halévy, 1799-1862）的《猶太少女》（*La Juive*）雖然是猶太作曲家寫關於猶太人的故事，但該劇還是法國大歌劇風潮的產物。猶太文化雖然有其獨特性，但和東方文化與歐洲文化的差距相較，實在小得多了。此外，認同可以有非常複雜的層次與情況，不能一概而論。許多猶太裔德國作家都曾在他們的著作裡呈現他們的掙扎——當納粹逼迫他們選邊，他們是猶太人？還是德國人呢？有人可以從雙重認同中得益，有些人卻受苦。不過，我想從小在兩種不同的文化中成長，在最好的情況下會讓人比較開放，能夠欣賞不同文化與傳統。倒是華人家長爲孩子付出很多，管得也多，不見得是「虎爸虎媽」，但比較盯著孩子練琴。現在美國音樂界，新生代幾乎是亞裔的天下，形成非常有趣的局面。

焦：您雖然持續演奏獨奏會，但現在主力放在室內樂。您創辦的「弦理論」室內音樂節已經進入第十年，可否談談您如何愛上室內樂？

簡：這是循序漸進的過程。我在台灣的時候沒有接觸室內樂。到美國之後，高中時和朋友組團，演奏過布拉姆斯、舒曼、德沃札克的三重奏。也因爲室內樂，我大學時認識了小提琴家薇德曼（Carolin Widmann, 1976-），作曲家／單簧管家魏德曼的妹妹。魏德曼前些日子才來我們家作客兼寄住——他實在炙手可熱，大家都要他的曲子，只好整天關在房裡寫作，在飛機上也得寫。不過以前演奏室內樂就是好玩，沒眞正想過要往這個方向發展。這也和周遭環境有關。大家覺得如果可以當獨奏家，爲何要演奏室內樂？雖然很多室內樂作品，鋼琴部分比另一樂器要吃重，像是貝多芬的第一、二號大提琴與鋼琴奏鳴曲，一般聽衆還是多把焦點放在另一樂器，把鋼琴當成伴奏。然而我開始教學後，雖然有穩定工作，卻覺得茫然。我仍然愛音樂，但我不知道自己的定位，不知道能貢獻什麼。幾年後因緣際會，我參加了門洛室內音樂節的甄選，讓自己重新當學生。

焦：那是怎麼樣的經驗？

簡：那完全是改變人生的經驗！三週的音樂節每天都有演出，非常密集。那年是莫札特年，所以都是莫札特作品，每首練個三到四天就得上台，還要被錄下來，壓力非常大，但也極其充實。對我而言，這更是恰到時候！我的技巧、藝術、成熟度等等都已經準備好，也完全樂在其中。這也正是我需要的。老實說，那段時間我有點害怕彈獨奏，也已經厭倦比賽，甚至怕上台，因爲我不知道自己要做什麼。室內樂救了我，讓我知道我不孤單，可以和大家一起開心演奏做音樂。我像進入糖果店的小孩，貪心吸收一切室內樂帶來的快樂與美好。當那像夢一樣的三週過去，現實環境顯得更爲侷促無聊，我不想再等一年，決定自己也辦室內樂活動。

焦：原來「弦理論」就是這樣開始的！美國室內樂風氣很盛，您的籌辦過程是否也相對容易呢？

簡：一點也不啊！我寫提案向一些基金會申請補助，結果沒有通過。但我實在太想辦，只好再寫提案募款。不只要募款，我要找場地、租鋼琴、設計節目，甚至架設網站，什麼都得自己來。現在回想，這是塞翁失馬。如果當年銀行貸款過了，我可能就辦那一次，也就不會得到人脈與資源，更無法積累經驗。什麼都得自己來，雖然極其辛苦、處處碰壁，最後也就是自己能學會這一切。我很幸運得到許多貴人相助，包括本來不認識的單簧管大師席福瑞（David Shifrin, 1950-）。我原本只能找我認識的朋友參與演出，但曲目中有單簧管，有人就建議我找席福瑞。「拜託，」我心想：「他怎麼可能會理我啊！」但抱著姑且一試的心，我還是寄了電郵。沒想到他馬上就回信，表示非常願意參加——啊，我到現在都還記得，我收到回覆時，自己是多麼驚訝！

焦：有了這樣的名家，音樂節絕對有吸引力了！

簡：席福瑞的參與，徹底改變了音樂節的規畫，募款也變得容易些。此外，如果他願意來，表示別的名家大師也可能願意。我要做的，不過就是邀請，不成功也沒有任何損失。這是鼓勵，也給了我很大的勇氣。後來我更知道，即使演出費不高，總會有人願意演奏，我只需要多尋找。慢慢地，音樂節的陣容變得不一樣，席福瑞和我合奏後也非常喜歡我，開始邀請我到其他地方繼續合作，我也有了更多人脈。隨著音樂節繼續辦下去，我也更了解音樂家的眞實需要，以及每個人的曲目，誰和誰能搭配愉快。這時我也甄選上林肯中心室內樂集二團（CMS Two），認識更多音樂家，也更知道室內樂主要靠口碑，每場演出都必須拿出最佳表現，才可能再被邀請。現在我是本團成員，和更多國際頂尖名家合作，音樂思考更大幅增長。回想這十年，我充滿感恩。無論音樂或人生，找到自己並且定位自己絕對非常重要。我在音樂路上學了很多也看了很多，最後仍要自己找到方向。遲到的夢想，如今成眞了。歡迎大家來「弦理論」的網站（http://stringtheorymusic.

org/），看看我們在做什麼，當然也歡迎有一天能在音樂節見到大家。

焦：您這十年看了許許多多室內樂團體，我很好奇您怎麼看不同性質的組合——名家臨時組合與固定長期的室內團體，各有何長處？

簡：讓我先說我的觀察。有些弦樂四重奏，團員都可以是獨當一面的獨奏家；也有弦樂四重奏，團員各自演奏不見得突出，一起合奏卻極爲卓越，這關鍵可能在心態。像丹麥弦樂四重奏（Danish Quartet），團員從十二歲左右就在一起拉四重奏，休閒時間也一起玩足球、一起吃飯聊天。他們都不想要突顯自己，全然享受團隊合作。但也有很多弦樂四重奏雖然演奏極爲精湛，成員並不一起旅行，演奏完就各自走人，演奏時也會想要表現自己。這當然會形成不同的表現，但只要有道理，我都欣賞。所謂的名家臨時組合，有時就是各自把音樂丟在一起。這不見得都會成功，但成功時也會極具特色。至於像阿格麗希與李希特，由於他們獨特的魅力，其室內樂綻放出專屬於他們所獨有的光芒，無法模仿但絕對可從中學到很多。我最近聽到印象最深的室內樂演奏，是史坦、羅斯和伊斯托敏合作的布拉姆斯《第三號鋼琴三重奏》。他們不是固定團體，但有長久合作默契。每位都是大藝術家，非常有話說，每個表達都做得那麼滿，三人的表達又互相連結，音樂的呈現間不容髮，眞是令我大開眼界。

焦：鋼琴在不同重奏組合中，扮演的角色是否有所不同？比方說小提琴、大提琴和鋼琴的三重奏，是否就眞如柴可夫斯基所言，這個編制本質上就比較具競奏性？鋼琴五重奏裡，鋼琴對上一組弦樂四重奏，是否也會和鋼琴四重奏有差異？

簡：就演奏態度與處理方法而言，我不認爲有什麼不同。每位音樂家都應該要知道自己在樂曲中的角色，都會當配角與主角。二重奏裡鋼琴當主角的時間很多，在四重奏與五重奏裡比較少，僅此而已。柴可夫斯基的《鋼琴三重奏》劍拔弩張，舒伯特就不是如此。比較有影響的，是和什麼樂器合奏；弦樂不用呼吸而管樂需要，和管樂合奏就必須照演奏者的呼吸走。我和聲樂家的合作機會不多，但我非常喜歡，聽他們在同一音上的音色變化、音與音之間的連結、句子與歌詞的塑造，眞的非常有趣，每次都能學到很多。因爲不用呼吸，弦樂反應最快；管樂就不會那麼快，木管和銅管又有不同，和人聲又不一樣。鋼琴家必須非常敏銳，感受這一點點的時間差，才能做出適當應對。這並不容易，但也是室內樂好玩的地方——這一切都不是用言語溝通達到，而是透過聆聽，加上信任與經驗，方能掌握「音與音之間」的連結。這極其微妙，但也極令人滿足。

焦：我非常喜愛席夫與佩仁尼（Miklós Perényi, 1948-）合作的貝多芬大提琴與鋼琴奏鳴曲，很佩服他們的默契。我請教席夫究竟如何才能達到這等境界，他只說我們就是「一直合奏，一直聽對方的演奏」，排練時並沒有怎麼討論。

簡：我的經驗也是如此。排練時最好不要說話，就是一直演奏。只要彼此都有想要一起合奏的意願，那演奏就會愈來靠近，最終合成一體——那是言語無法形容的魔法瞬間！至於這一體是怎樣的一體，會依演奏者的個性、風格、心情而不斷變化。所有享受室內樂的演奏家，都是樂於接受新觀點、心胸開放的人。比方說法國號大師福拉科維契（Radovan Vlatković, 1962-），大概演奏過好幾百次布拉姆斯《爲法國號、小提琴和鋼琴的三重奏》。他當然是此曲權威，但如果不接受別的觀點，只能照他的想法演奏，成果不就變得千遍一律？當然我也遇過互不喜歡的大、小提琴家，排練時互不相讓，完全堅持自己的詮釋，最後只好取消演出。

焦：請容我問一個外行問題：您怎麼看室內樂演奏的娛樂性和嚴肅性？比方說舒伯特的鋼琴三重奏，原本可能旨在爲朋友餘興合奏而寫，但因爲其音樂內涵實在深刻，現在變成偉大、演出也愈來愈嚴肅的作品。某弦樂四重奏團也告訴我，他們眞想演奏一次第三樂章「大家對不在一起」的舒曼《鋼琴五重奏》。他們覺得這段就是寫來玩，就是故意想讓演奏者對不在一起，譜上才會是那樣的重音。但今日大概不允許這樣的實驗空間……

簡：的確，這樣的玩興，現在可能在室內樂試讀才會有，演出時大家還是希望呈現完整而有深度的那一面，之前的準備甚至包括作品手稿分析，總之相當嚴肅。或許這也和演奏風尚有關。在美國，室內樂演出的排練很多，要練得很完美。但以我曾參與過的歐洲室內樂演出經驗，歐洲音樂家比較注重當下反應，更隨興自發。洛肯豪斯音樂節（Lockenhaus Festival）有時甚至沒有曲目，只在音樂廳門口放一塊白板，當天寫下要演出什麼，就像無菜單的餐廳一樣。兩種美學都很好，我都能欣賞。不過，我覺得演奏者如果有很強烈的意願要提出某種詮釋，那就應該付諸實現。畢竟，如此意志很可能會讓詮釋言之成理，也就成功帶來新觀點。室內樂演奏可以有堅持，但不能死板。不試，又怎麼知道喜不喜歡？常有我主觀認爲行不通，或覺得自己不會喜歡的詮釋，等到眞的這樣演奏了，卻驚訝發現自己其實很喜歡。

焦：就像我從小看到狗就躲開，實際接觸了，才驚訝發現自己很愛狗。

簡：哈哈，差不多就是這個意思。也因爲室內樂的經驗，當我回到獨奏，我可以做更多我想做的，也嘗試更多可能。

焦：您在參與門洛音樂節後，隔年就被吳菡與芬科邀請擔任室內樂教學主任。我很好奇您如何帶領剛開始進入這個領域的新鮮人？

簡：對沒有經驗的音樂家而言，很多人只是演奏自己的部分，不知道要了解整首作品的所有聲部。我會先帶大家研讀樂譜，讓演奏者全盤了解樂曲，甚至把所有樂句畫出來。如果每組中每個人都能對句法走向與結構了然於心，至少會建立合奏的基礎。再來就是教非常實際的方法，演奏中如何聆聽、觀察彼此，如何獲得精準的起音與合奏等等經驗。我也會請組員討論，腦力激盪以形成詮釋。這段音樂在說什麼？從這一段到下一段，作曲家想表達什麼？接下去爲何又那樣走？組員如果能夠想出一個故事或解釋，音樂照這個方向走，也會自然形成一致的演奏。在練了一段時間之後，我還有一個做法，就是把團員面前的譜拿開。這不是要考背譜，而是讓團員仔細觀察彼此如何演奏。對彼此演奏方式愈熟悉，當然也愈能合奏好。最後，就像所有演奏一樣，要演奏音樂而非音符。如果要有內涵，就必須多方涉獵，了解作曲家也了解那個時代，還有各類相關藝術。無論獨奏或室內樂，都該做到這些。

焦：這點眞的很重要。我最近聽了一個非常著名的弦樂四重奏演出，技術極爲扎實，音樂表現卻相當單一，孟德爾頌和舒曼聽起來是一個樣子。每個音都演奏得很好，「音與音之間」卻沒有東西，十分可惜。

簡：很多人對演奏的目標是炫目，但眞正深得我心的演奏，是能留下持續感動的詮釋。要能達到這點，就不能只在表情與表面層次打轉，必須深入作品內在，這無法速成，必須花時間。這也是我非常喜歡馬爾波羅音樂節的原因，這是爲期七週，讓人活在音樂裡的音樂節。參與者可以慢慢吸收、潛心研究，最後若覺得自己仍沒準備好，就不用上台演出，重點完全在學習過程。有耐心、不著急，慢慢來反而比較快。

焦：在訪問最後，可否談談這十年浸淫於室內樂的總心得？

簡：室內樂是音樂的基本。這是獨特的音樂藝術形式，但也是最接近人類關係的藝術形式。人世如何，室內樂就如何。大家都有話想說，也都想被理解。室內樂讓人表現自我、彼此聆聽、互相合作，大家一起感受偉大作品，又一起創造美好。這是有無限可能的藝術形式，也是最好的學習。期待有更多人欣賞並從事室內樂，特別在亞洲！

艾卡德斯坦 1978-

SEVERIN VON ECKARDSTEIN

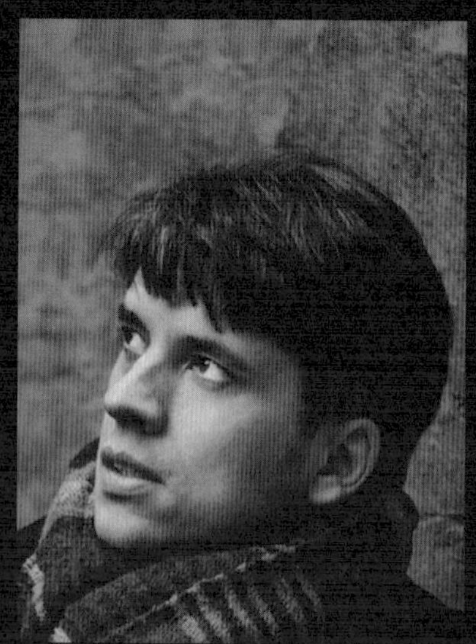

Photo credit: Irène-Zandel

1978年8月1日生於德國杜塞道夫（Düsseldorf），艾卡德斯坦在當地舒曼音樂院跟史澤潘思嘉（Barbara Szczepanska）學習，後至漢諾威與薩爾茲堡音樂院跟卡默林學習，最後於柏林藝術大學跟赫維希（Klaus Hellwig）學習，2002年亦於科莫湖音樂營進修。他於2003年獲得伊麗莎白大賽冠軍，逐步開展國際演奏事業。艾卡德斯坦不只技巧精湛，思考更極具特色，曲目選擇尤其令人驚豔，主流作品之外亦不避冷門創作，且都能提出鞭辟入裡的一家之言，是新生代音樂家中不走偏鋒但又風格特殊的精彩代表。

關鍵字 —— 內向、卡默林、赫維希、比賽、拉赫曼尼諾夫《第三號鋼琴協奏曲》、普羅高菲夫（作品、演奏）、史克里亞賓、梅特納（風格、《夜風》）、不好理解的作品、演奏傳統、古典音樂的未來

焦元溥（以下簡稱「焦」）：您可說是德國樂界中青輩的鋼琴家代表，可否談談您的學習歷程？

艾卡德斯坦（以下簡稱「艾」）：我大概5、6歲的時候開始學鋼琴。我父母都不是音樂家，但會聽些古典音樂。我還記得我第一次聽到的作品是柴可夫斯基《第一號鋼琴協奏曲》，但留下最深刻印象的是汪德利希（Fritz Wunderlich, 1930-1966）唱舒伯特藝術歌曲。我們和鄰居家中間有花園，孩子們常玩在一起。我父母很快發現，我不愛在花園逛，也不愛和別的孩子玩，卻總是跑到鄰居家的客廳去碰鋼琴，於是也就買了架直立鋼琴給我。從此鋼琴變成我的玩具，我很喜歡即興彈曲調，找喜歡的和聲。我還記得我最早找出來的，是在A小調上的諸多和聲。我剛開始跟一位大提琴學生學鋼琴。我發展很快，半年後她就建議我另找老師，於是我跟來自匈牙利的荷西特（Julia Hechter）女士學習。她用巴爾托克《小宇宙》教我。現在回想，這是我的幸

運，能先認識各種不同的節奏與不和諧聲響，再認識浪漫派作品。

焦：您的演奏很有個人風格，看來從小就是如此。

艾：小時候我只想「玩」鋼琴，總是在即興演奏，不想「練」鋼琴。荷西特很早就過世了，我改跟史澤潘思嘉老師學習。她很快就注意到我很有天分，也發現我喜愛照自己的心意走，有時走過了頭，不管樂譜寫什麼。荷西特爲我打下很好的基礎，史澤潘思嘉知道我的個性需要透過音樂抒發，需要演奏我喜歡的作品，不能只專注在技術練習，也就往這方向謹愼地引導。比方說她知道我喜愛李斯特，但實在還太小，就選了《即興圓舞曲》（*Valse-Impromptu, S.213*）讓我滿足演奏李斯特的心願。我8、9歲開始參加鋼琴比賽，包括德國國家鋼琴比賽，這分成三階段，我第一次參加，就在地區賽幾乎得到最高分；但年紀過小，不符晉級規定，沒辦法繼續。

焦：您所謂的自由抒發，也包括在公衆面前演奏嗎？我覺得您個性似乎滿內向的。

艾：你說的沒錯。我個性很害羞，第一次見到人總是不知道該怎麼說話、怎麼表現，所以看起來很客氣。但內在的我始終知道我是誰、我想做什麼，很有爆發力。我第一次參加比賽，評審問我要彈什麼。我準備了三首，包括法朗賽（Jean Françaix, 1912-1997）的炫技作品，但我不知道怎麼和陌生人說話，於是說我大概沒辦法彈它。聽我這樣講，評審微笑，覺得這就是個很普通的孩子。沒想到我一到台上，就完全揮灑自己，和台下判若兩人，大家都看傻了。只能說我是反差的融和吧。事實上我小時候還眞不怎麼怯場，在台上都能表現好，反而是現在因爲想得更多，顧慮也比較多。

焦：後來您跟卡默林學習。

艾：我13歲左右，在呂北克的大師班認識他。他馬上就注意到我，認可我的能力，很熱心地說可以幫我成爲著名鋼琴家。卡默林的教法不是很有彈性，但頗有策略，很有一套方法，什麼都幫你規劃好了。他寫了一本小書，講技巧學習，包括放鬆的手法，從這本書我也更知道他在想什麼。我跟他學了很多蕭邦《練習曲》。他教得非常仔細，每個音都要準確。像作品10的第一和第二首，我練了一年之後才獲准用快速度彈，過程中眞的就是每兩週節拍器調快一格而已。我知道這有點狹隘，但技巧訓練只是他教學的一部分，音樂當然也很重要。他會給予學生願景，讓我們知道技巧鍛鍊有意義，之後可以盡情做音樂。卡默林可說是相當情緒化的老師，當然也很有爭議，但我覺得他的脾氣很有意思，私底下也是有趣的人。

焦：我相信音樂對他仍然很重要。不過對很多人而言，尋找年輕學生，讓他們變成演奏家，在比賽得名、有事業，或許更是卡默林關注所在。

艾：我不否認，這的確是他的目標。不過我也必須說，我很早就知道比賽對我很重要。我愛彈琴，想要一直演奏下去。然而我家和音樂界沒有關係，沒有資源或管道，我也不善交際。如果我不參加比賽，沒有人會知道我。我可以告訴你一件糗事：我在瑞士跟薛伯克上過課。我非常敬重他。他教學極爲細膩，帶給我很多新觀點。我也跟他學室內樂，但我眞的對此一無所知。當他發現我連海飛茲是誰都不知道，簡直要氣昏了。我在贏得伊麗莎白鋼琴大賽之前，幾乎沒有演奏過室內樂，不是我不想演奏，而是我沒有認識的人可以合奏。我如果想走演奏的路，就只能參加比賽。

焦：不過您參加比賽時，已經到柏林跟赫維希教授學習。

艾：跟卡默林學習的日子，可說是我演奏事業最重要的關鍵，我的藝術觀和技巧都在這段時間養成。但我父母逐漸開始照顧我的演奏活動，認為我應該更獨立，要自己作決定。我只知道我想演奏，但對於事業要如何計劃，又該如何精進，卻全然沒有概念。由於我不想離家太遠，加上哥哥在柏林念書，又聽了薛伯克的建議，我最後在1997年到柏林跟赫維希學習，也是至今我學最久的老師。一開始我很不適應。我以前習慣接受指導，被告知要做什麼，而赫維希對待我就像成人，我得學習獨立思考。但時間一久，他的教學就變得愈來愈重要。赫維希對維也納古典樂派有精闢見解，教我理解音樂。演奏不是只有感受和技巧，更要看到結構，關注大的句法與整體、宏觀的視野。

焦：我很欣賞您這樣把自己充分準備好了才參加比賽的態度。您從1998年開始參加國際比賽，成績斐然，包括在1999年的慕尼黑ARD大賽得到第二名，2000年的里茲大賽得到第三，更在2003年的伊麗莎白大賽得到冠軍。雖然您剛剛說比賽對您是必須，但您比賽時是以如何心態面對這種具有高度競爭性的活動？

艾：比賽帶給我力量，讓我向世界呈現自己是誰。我喜歡上台，對自己也有信心。這個信心不是基於和別人的比較，而是對我自己的認識。我希望接下來的話不會招致誤解，讓大家覺得我很自大：比賽時，我為自己演奏。我有良好的本性，不是狡詐奸惡之徒，也認真鑽研音樂。我是如此，我的音樂也就是我，既然我不是壞人，那麼我的音樂也不會差。我對自己有相當程度的自豪，但這是私底下的自我肯定，不會是發於外的張揚驕傲。我也從來沒有對自己說「你會贏比賽」。我就是呈現自己，僅此而已。得獎當然很開心，但更重要的是被音樂界看到。

焦：您在比賽時演奏了許多俄國作品，到現在也是如此，可見是真心喜愛而非拿來炫技。

艾：的確，我對俄國作曲家滿親近，很受他們鮮明的個人語言吸引。身為鋼琴家，我感謝他們的作品開發了鋼琴聲響的可能性，創造出管弦樂般的色彩，眞是爲鋼琴家而寫的音樂——當然，這也和許多俄國作曲家本身就是鋼琴演奏大師有關。俄國音樂也常充滿激情。我第一次認識拉赫曼尼諾夫《第三號鋼琴協奏曲》，是聽加伏里洛夫（Andrei Gavrilov, 1955-）的錄音。雖然第一樂章偏慢，但讓我眞正認識到鋼琴的力量，宛如進入一個新世界。這是個慢慢展開的大故事，宛如俄國篇幅恢弘的小說，又具有非常強大的民族原始力量，讓我渾身起雞皮疙瘩。我孤單時常聽它，過了好多年後才演奏。可以說在李斯特之後，就是俄國音樂最能打動我。

焦：您在伊麗莎白決賽那輪演奏的普羅高菲夫《第二號鋼琴協奏曲》，不只技術精湛，更展現對這位作曲家風格的深入認識。可否特別談談他？

艾：我第一次認識這位作曲家，是聽李希特演奏他《第六號鋼琴奏鳴曲》的唱片。但眞正讓我愛上普羅高菲夫的，是聽紀新演奏他第一、三號鋼琴協奏曲的錄音。我常常這樣，因爲一場演出或一張唱片而深深愛上某作曲家或某作品。我立刻愛上第三號，之後認識第二號又更喜歡，覺得音樂居然可以這樣原始又精練，深刻但又充滿效果。普羅高菲夫早期作品就很迷人，《十首作品》（*10 Pieces, Op. 12*）中的〈前奏曲〉和〈進行曲〉很有名，但最後一首〈詼諧曲〉更有意思，嗆辣又好玩，是我非常喜愛的作品。這正是標準的普羅高菲夫：幽默，每首作品都不重複，都有話要說，以強大有力的原創性音樂語言描述這個世界。他的作品有深度的音樂性、美麗的旋律、俄國本性，還有別出心裁的不和諧聲響——這就像現實人生寫照，不是每天都會有好天氣，也會遇到倒楣事。有人說普羅高菲夫的鋼琴奏鳴曲「很簡單」，表達很容易，只要有技巧，任何人都可以演奏。我想他確實有直接的音樂語言，但音樂還是很深刻，絕不是把音符彈出來就自動會有音樂。

焦：如果有人覺得普羅高菲夫「很簡單」，那就來彈他的《第四號鋼琴奏鳴曲》吧。

艾：哈哈，這首眞是非常特別，但絕對是非凡創作的樂曲。它寫在C小調上，很浪漫熱情的調性。篇幅較短，結構很精簡緊湊，是純粹的普羅高菲夫。第一樂章很黑暗，在小步舞曲裡混合了優雅和威脅。它有非常長的半音化線條，有時旋律不知道要往何處走，而這創造出某種晦暗難解的氛圍。第二樂章非常精彩，不愧是普羅高菲夫自己最得意的作品之一。

焦：您怎麼看普羅高菲夫的演奏錄音？

艾：我對他《第三號鋼琴協奏曲》的錄音比較熟悉。雖然錄音品質不好，無法知道更多細節，但仍可聽出他對節奏有很敏銳的感受，還有音樂裡的諷刺感。不只演奏美麗的旋律，他的彈奏中更有陰影，聲音有很多表情。如此演奏也讓我知道，他的音樂可以有很多種詮釋，有相當開放的表現空間。

焦：您的史克里亞賓也非常優秀。當初怎麼喜歡上他？

艾：我是從阿胥肯納吉的錄音認識他的鋼琴奏鳴曲。雖然演奏不是很合我的口味，但至少從此知道有這些創作。史克里亞賓並非浪漫派，很早就發展出自己的語言。我在1996年彈了他的《第一號鋼琴奏鳴曲》，就感覺那音樂好像要離開地面，已經可以看到作者未來的發展。雖然有很大的力量，但不是浪漫派的溫暖擁抱。

焦：您這個比喻很有意思，也正是我想問的。多數鋼琴家演奏史克里亞賓第二、三號鋼琴奏鳴曲，風格像是俄國蕭邦。但您的第三號錄音，已經帶有《第四號奏鳴曲》以後的感覺，音樂似乎「往上」而不盡然「往前」。

艾：很高興你注意到這點。第三樂章的音樂已經漂浮在空中，和過去說再見。雖然和聲仍是以前的，但感覺完全不同。

焦：您還演奏很少人演奏的第七和第八號。

艾：我非常愛第八號，也在伊麗莎白大賽彈了。和第七號相比，第八號比較內向，也很曖昧。它有很多聲部，但線條很明晰，音樂材料又如馬賽克一般鑲嵌其中。它的主題多在四度音程，句子不斷爬高，進入夢幻之境後開始顫抖，出現史克里亞賓招牌式的震音。然後不知道發生何事，音樂忽然大爆發，像恐怖的鬼故事。整個曲子宛如惡夢，篇幅長又複雜，結構並不是那麼明確，大概也因此很少演出。但我就是愛這樣的朦朧模糊。第九號《黑彌撒》大家都愛，但我就不是最喜歡，因爲它太清楚，發展都可預期。我喜歡想法比較模稜兩可的作品，這樣我更可以加入自己的意見，而不是只往單一方向走。這種神祕感也可見於梅特納，或許也正是我爲他著迷的原因。

焦：您對梅特納也著力甚多，當初怎麼認識他的音樂？

艾：最早是從霍洛維茲的錄音認識，但眞正喜歡上他，是因爲2000年貝瑞佐夫斯基在柏林的獨奏會。那場他演奏了很多精彩作品，包括梅特納的《夜風》。我非常景仰貝瑞佐夫斯基的演奏，他對俄國音樂有絕佳直覺，很知道自己要什麼，又能以強大技術實踐想法。那場讓我留下很深的印象，尤其是《夜風》——我的感覺是這有點像拉赫曼尼諾夫，但又不一樣，音樂有更多自由，還可說是開放式結尾。「眞的可以這樣作曲嗎？」我這樣問自己。《夜風》聽起來有很多裝飾，但那裝飾不只是裝飾，中間有意義。雖然我未能立刻理解，卻能感受到其中有很深的意涵，是我沒有接觸過，也不知道該如何形容的音樂語言。這次聆賞經驗在我心裡埋下種子，我告訴自己，必須要再聽一次這部作品。後來我開始學《夜風》，像被漩渦吸進去，也愈來愈喜愛梅特納。

焦：現在來看，梅特納最吸引您的地方是什麼？

艾：有些人覺得他的音樂難以捉摸，事實不然。他完全知道自己在寫什麼，有很清楚的設計和架構，只是音樂又奇妙地給人即興感，好像是把當下感受捕捉到精美結構裡，還有別出心裁的設計。這是對演奏者和聆賞者都非常有意思的音樂，你大可放輕鬆欣賞。只要你相信梅特納的音樂，那音樂就會牽著你的手，帶你到與眾不同的天地，但在某個時點又會把手放開，鼓勵你自己去探索。這是具有開放心靈、深邃美麗，讓你想要進入想像世界的音樂。此外，這也是聰明有智慧的音樂。研究梅特納的寫作，你會看出來他有深厚的音樂學養，知道很多別的作曲家，對詩歌和貝多芬都非常有研究。我不能說梅特納全部作品都好，但他的奏鳴曲每首都有自己的個性，值得逐一品味。

焦：這樣看來，我想您喜愛的音樂與選曲，可說有相當明確的脈絡，也有相通性。比方說您的梅特納演奏能讓我想到舒伯特，而您的確也錄製了舒伯特，還選了我自己最喜愛的兩首——未完成的《C大調奏鳴曲》（D. 840）和最後的《A大調奏鳴曲》（D. 959）。

艾：哈哈，我的確也很著迷舒伯特的朦朧光影，這兩首也是我的最愛。李希特演奏了《C大調奏鳴曲》未完的部分，我考慮很久，還跟布倫德爾討論過，最後還是決定停留在完成的前二樂章。舒伯特在他的時代不總是被尊重，但無疑非常傑出。他或許是最私人的作曲家，有點像梅特納。即使在大音樂廳演奏舒伯特，那感覺還是很私人，不像是對公眾演說。

焦：您有長期的曲目規劃嗎？您很早就錄製梅湘作品，還錄了一張華格納作品與改編曲專輯，可否也談談它們？

艾：除了梅湘，我沒有真正錄過法國音樂，未來會花更多時間研究這個領域。我沒有什麼長程計畫，唯一可知的是大概不會錄某種全集。雖然我愛貝多芬三十二首鋼琴奏鳴曲，也認為錄全集是好事，但我很難想像自己去執行這種計畫。我對曲目不設限，也有很好的視譜能力，能快速閱讀大量音樂，總樂於有新發現。比方說我一位朋友是李希特迷，因爲李希特彈聖桑《第五號鋼琴協奏曲》，他希望我也能彈。「爲何不試試呢？」我對自己說。後來也喜歡上它，覺得聽眾需要知道這樣的作品。唱片公司主管對華格納很有興趣，給我很多他的歌劇改編曲，問我有無興趣。「爲何不試試呢？」我研究了一番，也找了更多改編，還請作曲家柯伯特（Sidney Corbett, 1960-）以華格納發想創作，最後完成一張有趣的華格納專輯。至於梅湘，我必須說，能有他的音樂存在，我實在心懷感恩。他不只是二十世紀最偉大的作曲家之一，或許也是最後一位具有巨大的個人風格並建立音樂語言系統的作曲家。我不是虔誠的教徒，但我很爲梅湘作品中的宗教情懷感動，可以有極其平和又強大的力量。那是人間與天上的連結，證明音樂可以達到何等境界。

焦：您的音樂會曲目也很特別，常有出人意料的設計，也不避諱冷門或不好理解的困難作品，連安可曲也很特別。

艾：很多所謂「不好理解的作品」，其實只是畫地自限，甚至是人云亦云。比方說我最近演奏梅湘的《鳥類目錄》，演出場館都覺得這很難懂，聽眾一定沒反應；但結果正好相反，大家都很喜歡，反應很熱烈。有人去音樂會，只是想感受演奏者的魅力，但也有人想要認識作品、欣賞音樂，得到心靈與智識的滿足。我喜愛複雜的音樂，設計節目時也喜歡安排具挑戰性的作品。世界如此複雜、充滿挑戰，音樂會也應如此——只要不變成折磨就好。我希望大家不要害怕所謂的困難作品。我最近在重讀托馬斯曼的《魔山》（*Der Zauberberg*）。他用的德文對德國人來說都很難，但作品眞的有價值。我第一次讀的時候也似懂非懂，但我能感受它的價值，願意花時間再次欣賞。經典音樂有些具有娛樂性，但其本質並非娛樂。有些音樂是作曲家爲自己而寫，例如許多舒伯特與梅特納的創作，必然有段時間不會被廣泛認識與理解，但爲人所知的那天終會來到。舒伯特已經等到了，我相信梅特納等人被認可的那天也不遠。

焦：您完全在德國受教育，但曲目並不像大家對德國鋼琴家的印象；您演奏許多俄國音樂，但曲目也不像一般俄國鋼琴家。在您身上，我們可以看到全球化的代表，又可見到極爲鮮明的個人風格。

艾：我受的教育並非完全來自德國。比方說史澤潘思嘉來自波蘭，又在莫斯科音樂院學習，我可能從她那邊得到波蘭與俄國派的觀點。我也接受很多大師指導，這都成爲我的養分。傳統的學派或地域風格，已經無法形容我們這一代的演奏者。在這個時代，可能有的是個人風格而非學派風格。我覺得無法歸類是好事，或許本來就不應該歸類。

焦：那麼您如何看演奏傳統？

艾：我不喜歡音樂被決定成某種方式。當然我對某些音樂有看法，希望它以某種方式，包括某種學派風格來演奏，但我不認爲這是定律。如果眞要說，我喜歡混合的學派風格。演奏者可以接受各家影響，再以有智慧的方式整合出自己的演奏。說到底，無論跟誰學、在哪裡學，音樂還是得以自己的想像、感受、思考來演奏。演奏者要自己決定他和每首作品的關係，決定演奏或不演奏。即使依循傳統，也不該把傳統當成解決問題的現成方法。不知道該如何演奏就沿用既成套路，這是偷懶。現在世界速度很快，講究速成，偏偏藝術最不能速成。我令人敬畏的作曲家朋友立維林（Dafydd Llywelyn, 1939-2013），總是強調「慢」的重要。學任何作品，甚至做任何事，都要花足夠的時間，慢工才能出細活。他的樂曲也是如此，非常困難，但又給人時間在他的音樂中消融的「無時間感」。

焦：非常感謝您和我們分享了這麼多。在訪問最後，您有沒有特別想說的話？

艾：我希望古典音樂能以純粹的形式存活下來，音樂會主辦人與唱片公司能有智慧與膽量，呈現好的作品與演出，而不是被商業綁架。我知道這不容易，也需要更好的學校教育和社會教育，讓聆賞者能了解純粹的音樂與其價值，欣賞音樂中的實驗性，對未知感到好奇而非懼怕。所謂「古典音樂」的範圍與表現幅度，實在非常大。如果只欣賞幾位作曲家、習慣某幾種演出方式，實在可惜。古典音樂不是古代的東西，而是由古代一路發展至今，和當代緊密連結的藝術。它有點像是宗教：世界上有那麼多宗教，每一種對其信仰者而言，都是必要而且和自己深刻連結。這也是普世性的連結，一如歐洲人可以皈依佛教，亞洲人也可信奉伊斯蘭教。人類之所以爲人類，就是因爲有智慧，我們的情感也和智性高度連結，有非常豐富的層次。古典音樂正是人類最好的代表，是無須語言更超越語言的藝術，難怪它被航海家二號帶到外太空。無論世界如何變化，我會始終爲古典音樂奮鬥。

陳薩 1979-

SA CHEN

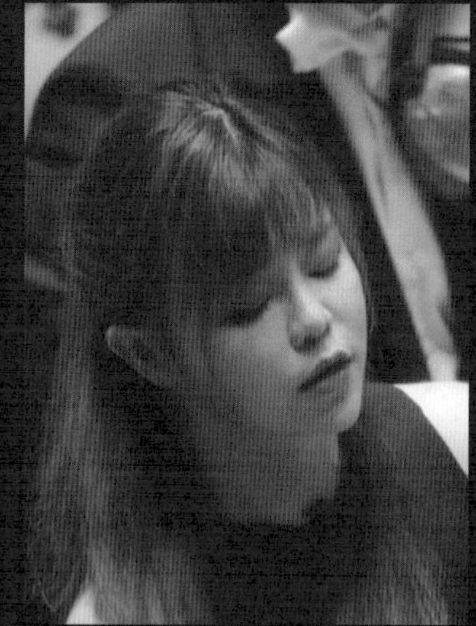

Photo credit: 陳薩

被譽爲「同時代最具魅力的鋼琴家之一」，陳薩生於重慶，9歲跟隨但昭義教授學習鋼琴。早年在里茲、蕭邦、范・克萊本三大國際鋼琴比賽中獲得重要獎項，爲她打開了國際演奏生涯的道路。她於2007年畢業於漢諾威音樂學院瓦迪（Arie Vardi, 1937-）的教學班，獲演奏家博士學位。2010年在蕭邦誕辰200年之際，波蘭政府授予陳薩「蕭邦藝術護照」，褒獎她在演奏蕭邦音樂上的卓越貢獻。2015年她成立個人工作室，2017年獨立出版德布西《二十四首前奏曲》。她在音樂之路上不斷尋求自由探索與自我突破，以浸透自然美感與獨特哲思的音樂語言爲世界各地樂迷喜愛。

關鍵字 —— 早期學習、1996年里茲大賽、國外學習、音色、觸類旁通、蕭邦（鋼琴協奏曲、馬厝卡）、傅聰、德布西《前奏曲》（東方精神、速度、傳統與學派、標題、寫意）、拉赫曼尼諾夫、中國鋼琴家、華人作曲家、東方美學、中國的古典音樂發展與教育、比賽

焦元溥（以下簡稱「焦」）：可否談談您學習音樂的過程？我知道令尊是法國號演奏家，令堂是舞蹈演員，而您在6歲的時候先學了小提琴，一年後轉學鋼琴。

陳薩（以下簡稱「陳」）：開始的過程其實沒有任何痛苦或折磨，無論小提琴或鋼琴，我都學得相當自然。我父母非常喜愛音樂。他們年輕時都有音樂夢，只是礙於環境沒辦法眞正實現，但他們也不是會逼小孩替他們圓夢的家長，只是想讓孩子接觸音樂。家父非常博學，法國號之外又自學了很多樂器，他們周圍也有很多愛好音樂的朋友。在我學樂器之前，身邊就有這樣一群人；我喜歡唱歌，在大家面前跳舞，和這群大哥哥大姐姐玩在一起，有時他們還拿吉他幫我伴奏，總之是非常快樂的記憶。當初會選小提琴，完全是因爲它不占地方，也認識

會演奏的叔叔。但小提琴要起步眞的很難，拉了幾個月也聽不到完整的音律，爲了趕快和小提琴說再見，我就自己造反，吵著說要學鋼琴。我那時的態度相當毅然決然，爸媽覺得很有趣，想說這麼小的孩子哪來這種決心？於是就找朋友幫忙，分期付款買了架直立琴回家。

焦：您還記得第一次見到鋼琴的情境嗎？

陳：這印象到現在都很鮮明。那是在家母任職的劇院，昏暗的後台，有架布滿灰塵的平台鋼琴。我不記得那是七呎還是九呎，但對當時的我而言，就是一個神祕的龐然大物。我小心翼翼地按著鍵盤，聽它們發出聲音。

焦：您在9歲的時候跟但昭義老師學習，這是怎樣的機緣？

陳：我的讀譜、樂理和鋼琴基本演奏是由家父啓蒙，之後我跟一位邱老師上課，她非常疼愛我，我也在充滿鼓勵的氛圍下學習。9歲在市裡一次小型比賽，我認識了但老師，發現自己的基本功和他的學生有段差距，而我想追求更專業的訓練，於是決定跟他學習。後來證明這對我有很大的幫助，不過對我母親或但老師，這其實相當冒險。我們家在重慶，但老師在成都，那時火車又沒有現在快，去趟成都得花11個小時。那時我們週六晚上搭車，抵達時已是週日早上6點多，上完課就得搭車回重慶，到家已是深夜，隔天還得上學。這樣每兩週上2小時課的奔波，居然也維持2年以上的時間，直到但老師也到重慶教學爲止。

焦：您2001年來台灣時曾有一場與其他青年鋼琴家的對談討論，我那時就發現您思考談吐都很有智慧。以這樣的天分，做什麼大概都遊刃有餘，而我很好奇您是否想過改學其他科目？畢竟音樂實在不能說是簡單的路。

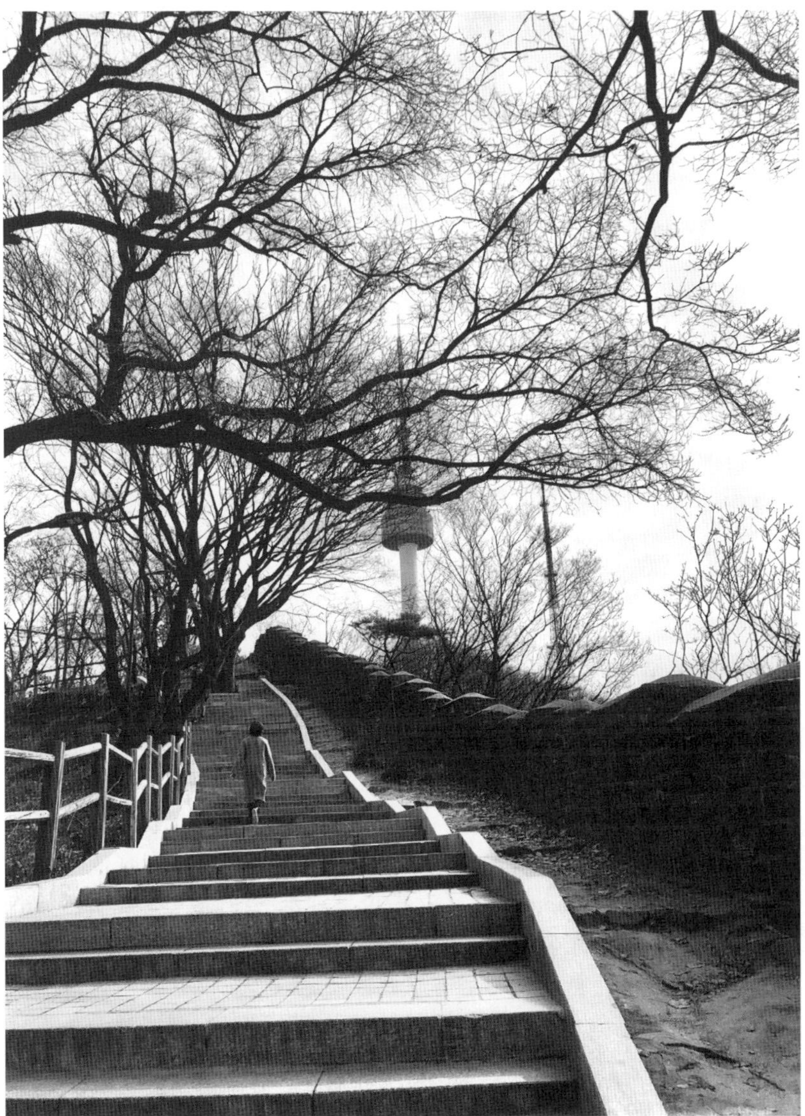

陳薩的生活攝影（Photo credit: 陳薩）。

陳：謝謝你的稱讚。我其實相當見異思遷，做過很多夢，想像自己是歌劇歌手、吹單簧管，甚至跳現代舞，現在也很喜歡攝影。但無論是什麼夢，總脫離不了音樂和藝術，因此到最後也沒有想要脫離鋼琴。

焦：但您想過以後會成爲職業演奏家嗎？如今回頭來看，這和當時的想像有落差嗎？

陳：確實想過。「鋼琴演奏家」在我小時候是很抽象、帶著光環的概念。以前資訊缺乏，但父親和他朋友們還是想方設法弄來一些錄像，所以我兒時就看過好些穿著燕尾服的大演奏家。具體名字記不得了，還有印象的是李希特。我仰望著他們，感覺他們好偉大，形成某種憧憬。但那樣的仰望，並不知道光環裡有什麼。現在自己身處演奏與音樂之中，談不上「落差」，但經歷愈來愈多，酸甜苦辣都嘗過，感受也就愈來愈豐富。和我20到30歲相比，我更喜歡30歲以後的自己，覺得更自在開心。

焦：您16歲就參加里茲大賽，爲何會有這樣的雄心壯志呢？

陳：現在回憶起來我都很驚訝，想說怎麼可能！我還記得在但老師家和同學一起看里茲大賽的錄影，讚嘆決賽者的演奏，覺得心潮澎湃，實在想不到自己後來就去比了。事情是這樣的：我參加1994年第一屆中國國際比賽青年組（18歲以下），得到第一。里茲大賽創辦人華特曼（Fanny Waterman, 1920-）女士也是評審，邀請我參加1996年的里茲大賽。我那時完全沒有主意，想說兩年後我也還是個小孩子，怎能去和許多已經非常成熟的鋼琴家比較呢？最後是但老師幫我做了決定，他認爲無論如何，基於禮節，我一定要赴約。準備比賽應該也有助於我的學習，去了也可觀摩其他好手，總之是好事。

焦：您以16歲天才少女之姿進入決賽，著實造成轟動，最後也成爲該賽有史以來最年輕的得獎者。但後來怎麼也就選擇在倫敦學習呢？

陳：那時西方對新一代中國鋼琴家沒有什麼概念，加上我的年齡，所以進決賽的時候引發了一些討論。那時在中國大使館的一位叔叔特別幫忙，和我也很談得來，後來幾乎像是我在倫敦的監護人。得獎第二年我參加了威格摩廳的演出，傅聰老師也來聽了，讓我非常驚訝。我知道他住在倫敦，就約了擇日拜訪。那時我得到不少獎學金與入學邀請，他建議我一定要先在歐洲學，還推薦了在市政廳音樂及戲劇學院任教的哈沃女士，於是我就在倫敦學了。

焦：您先在倫敦，後來又去漢諾威音樂院師事瓦迪。在學習過程中，您如何建立自己的獨立思考？

陳：家父在我12歲的時候過世，而我母親非常呵護我，照顧堪稱無微不至。在中國的時候，無論是生活或音樂學習，基本上我仍在孩子狀態。出國念書則必須獨立面對一切，自己決定要怎樣的生活，又生活成什麼樣子，而這當然和音樂思考的成長一體兩面。但老師比較像是我們傳統印象中的俄國老師，家長式的教學，上課從不管時間，務求每個小節都要精雕細琢，所有細節打磨完美。我幼年能得到這樣深入的教導，實在是很大的幸運。到了國外，無論是哈沃或瓦迪，教法都是點撥式。他們會給予方向的指引，跟我討論我演奏的優缺點，但我必須自己思考。我以前最不喜歡老師誇我，因爲我是聽了好話就會飄飄然、很得意的那種人，所以我希望乾脆就把好話省了，直接告訴我缺點。可是他們讓我知道，人不只可從缺點中反省，也能從優點裡學習，會獲得不一樣的答案。這讓我打開思維，用更多元的角度思考音樂與演奏。

焦：您還記得那時他們認爲您的優點是什麼嗎？

陳：大致上是非常自然的歌唱，在舞台上的精神自由，總之是偏向直覺。這固然是優點，但如果完全依賴它們，那也相當危險，必須有所警覺。

焦：您技巧精湛，更有相當深厚的音色。可否談談如何找到屬於自己的音色？

陳：其實我小時候從不覺得自己技術好，至少不是信手捻來，必須要努力練習才會得到。如果還有些成就，我覺得是因爲我愈來愈了解各作曲家的寫法與其音樂語言，心得積累到一定程度，技術表現也會跟著提升。技術可以分成兩方面來談，一是基礎性的技巧，包括跑動的靈活與準確，音階、琶音、三度、八度等等所謂的基本功；另一是音樂的表現力，所謂的「軟技術」，如何選擇音樂的首要內容，又如何表現。這關乎音樂理解，和基本功不一定有關。作爲演奏家，這兩種技術都必須有。至於音色，演奏前要先在內心聽到聲音，知道自己要什麼，然後透過練習以及演出的不斷試驗來實現。以前但老師用非常科學性的方法，教我們如何讓本質是打擊樂器的鋼琴唱歌，後來我慢慢體會到不同作曲家有不同語氣，要用多樣的唱法表現，聲音的厚薄與色彩都要隨之變化。

焦：在您學習過程中有哪些音樂家、藝術家或作品對您造成影響？

陳：和其他樂器相比，鋼琴大概是不同演奏者之間，音色辨識度最小的樂器。現在由於鋼琴本身的變化以及大環境影響，辨識度更是愈來愈低。但像霍洛維茲、阿格麗希、波哥雷里奇、普雷特涅夫這種音色辨識度極高的鋼琴家，自然給我深刻印象，老一輩的許納伯、費利德曼和肯普夫也是。我和克萊曼合作過幾次室內樂，他眞是特別的藝術家，讓我眼界思考大開，展現音樂詮釋這種二度演繹可以做到何其令人嘆服的地步。我很喜愛卡拉絲，也爲鮑許（Pina Bausch, 1940-2009）著迷。近年來我常去美術館，許多畫作和裝置藝術都給我啓發，但這不是直接連結，雖然也有突然疊合的例子。比方說我看到克利（Paul Klee, 1879-1940）的某幅畫，竟立即想到布拉姆斯，連我自己都覺得奇特。我想多接觸各類藝術總像如此，既拓寬各種可能性，它們也會找到彼此，在你所不知道的潛意識裡。

焦：我聽您2008年錄製的蕭邦兩首鋼琴協奏曲，感覺樂句特別恢弘長大，也有明確的方向性。如此特色也反映在您的其他演奏，這算是您的風格嗎？

陳：這的確是我會注意的方向，因爲我曾有沉溺樂曲的傾向，或許就是天性上感性了些，但如果因此失去了結構的美感，那詮釋也不能說是理想。至於我的風格，我自己很難回答，但我可以確定我不是學究型的演奏者。對我而言，風格是在經歷嚴謹學術研究步驟之後，仍然內化成最自然的存在的東西。對年輕演奏家來說，脫離比賽階段後，如何在理解作品與自我個性之間找到最適當的關係，或許是最重要的課題。個性化不是標新立異，爲了不同而故作表現，而是找到自己和作品產生連結後，最核心的部分。但這部分通常是未知的，就像我們對自己的了解總是處於現在進行式。但我一定會致力於找到我自己，找到每首作品只屬於我個人、我最相信的詮釋。

焦：從2000年蕭邦大賽至今，您一直演奏蕭邦，詮釋也持續進步。您本來就喜歡他嗎？

陳：當然喜歡，但我以前對他就像對其他作曲家一樣喜歡，沒有特別愛好。當年我其實對參賽很猶豫，就是想到我得在好長一段時間裡只專注研究蕭邦。但我的老師勸我，比賽五年一次，「五年後說不定你想做其他事了」，這才決定參加。藉由準備比賽，我把他各式曲類好好研究一回，發現自己對馬厝卡舞曲眞的很好奇。蕭邦從來就不容易，難以捉摸，你永遠不可能掌控他的音樂，只能和它保持和諧的關係，有時讓它帶著你走，有時你則推它一把。你必須敏銳且敏感，又要保持平衡，聲部或情感都是。這也是爲何我覺得蕭邦和東方人很契合。不只是詩意，他表達情感從不喧囂張揚，總帶有一絲矜持；絕不過度，但也不拘謹。我不確定這種矜持是否就等同於高貴，總之是一種特別的方式。所謂「話多不甜、膠多不黏」，如果感情放太多，什麼都暴露在外，那就顯得有些廉價了。做人也是這樣，我從來就不喜歡太侵略性的人，維持淡淡的君子之交就好。

焦：不過您在蕭邦大賽上的馬厝卡已經相當出色了。聽您後來的錄音，無論是蕭邦《第一號鋼琴協奏曲》第一樂章結尾的左手韻律感、第三樂章的重音與速度處理，或第二號第三樂章的馬厝卡，也都有讓人驚豔的演奏。可否特別談談您如何掌握這些節奏？這可以透過學習而成，或真的只能靠天分與感受？

陳：老實說，我一開始根本不知道要怎麼彈馬厝卡，後來彈給傅聰老師聽——我一直很佩服並欣賞他非常有個性的馬厝卡視角——才慢慢找到方法。我的確天生有節奏特性的感受，但像馬厝卡與波蘭舞曲這類作品，實在得花心思鑽研。但無論如何，我能感受到它們的特別，曲中獨特的磁場有時相斥、有時相吸——這種內裡的彈性速度我能感受但無法解釋，我沒辦法告訴你爲何這裡要等、那裡不等。但除此之外，其他能解釋的都有著作可查考，並非只能透過感覺理解。我對馬厝卡的好奇並沒有因爲比賽結束而停止，而是從那時開始積累，到幾年前我彈了全場馬厝卡，音樂會前當然也和傅老師討論，得到他的嘉許我很開心。本來以爲全場單一作曲家的單一曲類可能會使人聽覺疲乏，最後卻證明多慮了——蕭邦的馬厝卡實在千變萬化，充滿無限可能，眞是非常神祕的啓示。

焦：相較於比賽那時，您現在對蕭邦的理解是否有根本性的改變？

陳：我覺得核心的東西並沒有變。我現在聽我比賽的錄音，有幾首仍然很喜歡，像是第一輪的第一首，《降E大調夜曲》作品55-2。比賽以這個開始好像有點危險，但它的開頭其實滿適合那樣的狀態，讓心情得到紓解。當然經過長期大量的演奏蕭邦，又對馬厝卡這個曲類持續鑽研之後，的確看到愈來愈豐富的東西。

焦：除了蕭邦，您也演奏很多俄國作品，包括拉赫曼尼諾夫，您從小就喜歡他與俄國音樂嗎？

陳：是的，而我長大後仍然喜歡。我覺得拉赫曼尼諾夫的協奏曲應該是鋼琴家的標準曲目，所有人都會想彈的……

焦：除了傅聰老師……

陳：哈哈，他是不是說過他的音樂像糖水，甜膩俗氣？

焦：我在2010年拜訪他，聽他談蕭邦，聊到後來他說了幾個評審經驗，感嘆決賽愈來愈無聊，鋼琴家多選炫技曲，尤其愛彈拉赫曼尼諾夫這種「糖水」。後來傅老師話鋒一轉：「咦，你怎麼會在倫敦呢？總不會是專程從台灣飛過來聊天吧？」「我2007年就來這裡念音樂學博士班了，眞抱歉，實在應該早點拜訪您。」「哦，那你研究什麼呢？」「報告傅老師，拉赫曼尼諾夫。」

陳：眞的啊！傅老師說什麼呢？

焦：他沉默了幾秒，然後說：「嗯，你知道，拉赫曼尼諾夫，是……非常偉大的鋼琴家。」

陳：哈哈哈哈，他也會做這樣的調整啊！

焦：眞的！這完全是只有我們二人的私下場合，我還是比他小將近五十歲的晚輩，他大可在我面前繼續批評，或說我是浪費生命，但他居然非常努力地尋找任何他能說的關於拉赫曼尼諾夫的好話，我其實很感動。

陳：這的確也是我認識的傅老師。我都不敢想像他年過八旬，精神始終保持火熱與誠實，非常可愛，很讓人尊敬。

焦：後來我們繼續討論，發現他也沒有討厭所有的拉赫曼尼諾夫，比方說《帕格尼尼主題狂想曲》，他就認爲其中有頂級的幽默，算是傑作。至於一些他不喜歡的作品，我也同意他的看法。倒是對於他不喜歡但我很喜歡的，像《柯瑞里主題變奏曲》，我去思考他的批評，收穫很大。比方說第四變奏，不只是他，很多學申克分析法的也受不了。但傳統申克分析法不太能解釋德布西，傅老師對德布西卻很喜愛。其中差異，或許就是對和聲語法所形成的空間感看法不同。德布西就算停留於一個和弦，創造出的空間感的確比拉赫曼尼諾夫要開闊與立體。

陳：你說的這點很有趣。我最近錄製了德布西《前奏曲》全集，我覺得法國音樂，特別是德布西，和東方人眞有某一種精神上的契合度，對空間感的想像頗能互通。傅老師就非常愛德布西。他對我說過：「大家都知道我喜愛蕭邦，知道舒伯特和我很親近，但我最愛最愛的，還是德布西。」有次他彈德布西，覺得那音樂實在深深觸及靈魂，彷彿看到茫茫無垠的沙漠。他像是站在一個臨界點上，面向的不知道是東方還是西方。

焦：您的德布西《前奏曲》，不只專輯設計很有意思，更有趣是這可能是演奏時間最長的一套，總長超過96分鐘。

陳：我自己都沒注意到用了這樣長的時間。音樂是流動的建築，時間和內容必然有關。在很快的速度下，勢必無法呈現較多的內容；即使能呈現，人腦也無法接收。然而在偏慢的速度下，演奏者是否有能力塡滿內容，眞正言之有物，這又是很大的考驗。希望大家能喜歡這份錄音。

焦：您的詮釋很有個人風格，情感投入很深，和法國學派那種比較冷靜、疏離的彈法相當不同，您會害怕自己的演奏因爲「不法國」而被批評嗎？

陳：我不怕。對於德奧音樂，我認爲其中有相當數學性的準則，和聲進行關係很嚴密，必須按其章法處理。但即使如此，也不是所有人都必須要彈得像德奧鋼琴家。德布西的和聲，當時是新的語言，他也一直追求原創並抵抗別人的影響，最不希望被人貼標籤。對這樣的作曲家，詮釋更應該不斷成長變化，不能僵固於某一種方式，才能眞正展現其音樂的生命力。我不摒棄傳統與學派心得，知道任何風格與其源頭，都是音樂家該做的功課，但不該不經消化地挪用，而是要從中感受、體會當中的信息，然後以自己的方式傳達出來。

焦：談到做功課，我很好奇您怎麼看這些作品的標題？聽您的演奏，我覺得有幾首的詮釋，和我心裡對那標題的感受實在相差甚大，我覺得非常有趣。這是因爲我們對標題有完全不一樣的想法，還是您在某些作品，詮釋發展到最後其實離開了標題？畢竟德布西把標題放到括號裡，還置於曲末。

陳：德布西的標題，本質是「寫意」而非「寫實」的標題，甚至也沒把話說完。比方說第一冊第七首〈西風之所見〉（Ce qu'a vu le vent d'ouest）。西風看到了什麼？作曲家把話寫在音樂裡，你要自己去想，而每個人看到的都不同。這像是唐詩，不過幾行字，也不把話說完，卻在你心裡投下石子，漣漪慢慢散開。這是非常寬廣、幅度極大的樂曲，到了曲末我簡直能看到世界的終點。標題在此給予我們想像的方向，也給了我們想像的信心，但它只是載體，不是目的。我們要繼續往前走，不能只停留在標題。

焦：我非常認同您的說法。就以此曲來說，我們當然可以考證，認爲這是德布西引用安徒生童話《天堂花園》（*The Garden of Paradise*），故事裡東南西北四風神，描繪所見事物的段落，還是大雨滂沱的場面。但我眞的不認爲我們就只能從安徒生的文字和作品插圖去想，這樣就把樂曲說死了。

陳：像第八首〈棕髮少女〉（La fille aux cheveux de lin，亞麻髮色的少女），我們知道這標題來自德・里爾（Leconte de Lisle, 1818-1894）的詩，和蘇格蘭有關，但我們的想像不該只照著詩。這少女是站是坐，是面向還是背對？你可以有非常多的想像。德布西的《海》是大海，但爲什麼不可以是人生呢？我認爲音樂無論和文字或圖像有多少關係，最終是完全抽象的，因此特別神祕、不可思議。它能以不可知的方式誘發詮釋者的創造力，超越日常現實而在獨立之境存在。在德布西的時代，藝術家尤其不滿意現實，講求個人化的意志。繪畫不要忠實描繪景物，而要呈現畫家看到的是什麼。梵谷的《星空》如此，德布西的音樂亦然。

焦：您在研究這二十四首的過程中，有沒有遇過理解困難？

陳：有的。像第二冊第十首〈骨壺〉（Canope），就讓我花了好一段時間。譜上眞的沒有多少音符，音與音之間究竟是什麼關係？或是沒有關係？標題是古老的骨灰罈，可能來自希臘或埃及，重點是走到遠古，但該怎麼走？我最後是從旋律的裝飾音，才找到通往遙遠過去的渠道。演奏它幾乎要把自己放入冥想狀態，必須要「進入」這個音樂才行。

焦：那另一首也沒有多少音的〈雪上足跡〉（Des pas sur la neige）呢？

陳：這就完全直指我心。譜上的音量是弱、再弱、最弱，彈這首好像要用氣功，才能穩穩地控制音量。它總是給我很多想像。就音符的安排來看，這是步伐很窄、小心翼翼地走路。爲什麼這麼小心呢？是走在冰上，還是經過以前走過的路，但小心地不去想起以前的事？德布西給的標題很模糊，譜上指示卻非常細膩，記號相當嚴格，能夠讓演奏者找到很多線索。像第一冊第二曲，標題可以是「帆」也可以是「紗」，但無論是何者，都有動態、不穩定之感，而譜上給的完全能顯現這些。

焦：您這張德布西，必然在《前奏曲》衆多錄音之中占有一席之地，我也希望您幾年之後再拿回來演奏，應該會是另一番面貌。

陳：我最近認識波里尼的錄音師。他說波里尼現在的錄音方式，是把樂曲在不同地方錄個幾次，但他自己不聽，完全交由唱片公司來選。這眞是很有資源才能做到的事。但我相信這幾次一定相當不一樣，因爲我現在彈這套《前奏曲》也已經和錄音不同了。究竟十年後會是什麼樣子，我也很期待。

焦：現在讓我說回先前提到的拉赫曼尼諾夫，他在您心中是什麼樣子？很多人想到他，刻板印象的確也是很濫情。

陳：我所認識的俄羅斯音樂家，哪怕不是古典音樂家，性格中都有某種民族自豪。我非常欣賞這點，蕭邦也是這樣的人；這種傲骨也在俄國音樂之中。如果把這種尊嚴感放在心裡，就不會把俄國音樂彈得廉價濫情。拉赫曼尼諾夫的作品非常適合現場演出，恢弘燦爛又充滿民族熱情，極富感染力，但不浮誇淺薄。我其實不相信有什麼「壞音樂」，但的確有壞的、品味很差的詮釋。

焦：不過我也有種感覺，亞洲鋼琴家似乎「必須」喜愛俄羅斯音樂，純粹因爲其中有許多技巧難度很高的作品。不像西歐同行總可以從本國本地作曲家中找到「家」，有曲目可依賴，亞洲鋼琴家很難把自己直接和任一作曲家或派別連在一起。在國際舞台上若要引人注目，就必須先在技巧上服人，俄國曲目則提供了這樣的展示工具。

陳：這是一個原因，但就中國而言，對俄國作品的喜愛其實可以追溯到我們的近代發展。畢竟中國前輩鋼琴家的學習和發展，主要受俄羅斯影響，無論是中國鋼琴家赴俄留學，或是俄國音樂家來中國教學。來自其他派別的影響不多，周廣仁老師大概是最早受德國影響的鋼琴家。也因爲當年中國鋼琴家多去參加柴可夫斯基大賽，獲得很好的成績，回國後自然也常彈俄國作品，這使俄國音樂在中國普及，又進一步影響教學。所以俄羅斯樂曲雖是「外國」作品，但在文化上，中國鋼琴家對它並不陌生。俄國音樂在世界上流傳最興盛的，可能就屬亞洲和美國，而美國也有很多亞裔。不過回到你說的，中國鋼琴家確實面臨曲目特色問題，但這有劣勢也有優勢。我們發展比較晚，沒有像法國、德國、俄國發展出歷史悠久的學派，但也因如此，我們能開放面對所有派別，從中找到和自己最契合的而不囿於傳統。這種開拓性與空間，還是能讓我們保持樂觀。在東方與西方之間，可能很多東西需要追本溯源，到更早以前去理解彼此的不同。

焦：您在BIS唱片公司錄製了「琴懷」專輯，除了賽伊（Fazil Say, 1970-）都是華人作曲家作品，可否請談談您對華人作曲家的期待，希望見到什麼樣的鋼琴創作？

陳：這張專輯我堅持自己選曲，錄音時都是還在世的作曲家，很可惜現在蕭泰然老師已經過世了。當代作曲家創作時可能受到很多侷限和影響，但每個時代都有自己的挑戰，不同挑戰會刺激出不同火花。我心中好的作曲家要有自己的審美體系，由此展現自己的世界觀。我很喜愛陳其鋼老師，他完全達到了這一點，幾個小節出來你就知道是他的創作。此外我也非常期待作曲家能寫極其眞實的創作。王西麟老師就是如此，即使眞實到血淋淋。

焦：您可曾意識到自己是亞洲音樂家？如果是，東方藝術是否也曾影響您的西方音樂詮釋？韓國鋼琴大師白建宇曾說，許多非常東方的概念，像「線條的圖畫」與「留白的美學」皆能在他的詮釋中出現，也和西方作品配合良好。

陳：當我們走到這個階段，很多「好」與「不好」的分界慢慢變得不明顯；它們沒有高下，只是不同，而你要如何選擇。這有時讓人迷茫，有時卻很有趣。你剛剛提到白建宇說的「留白」，我覺得非常有意義。相較於西方畫是以逼眞的基礎開始，「留白」始終是東方畫的特質；它所反映的美學，所要追求的「好」，也是「寫意」而非「寫實」。爲什麼剛剛我說德布西的精神很東方，就是因爲他也是「寫意」。

焦：這種美學的確成爲「好」與「不好」的判準。像郎世寧以西方寫實技法繪畫，就曾被批評爲「雖工亦匠，不入畫品」。

陳：中國畫不像照片一樣準確描繪景物，後來更有沒骨與潑墨畫法，甚至不用筆去勾勒線條。這是截然不同於西方的美學與審美體系，而這種不同很有意思。我也受東方美學影響，始終不喜歡過於忙碌、音太多或完全不留白，不能給人太多回味空間的作品，演奏時我也會想帶出「寫意」的感受，特別像舒伯特在大三度與小三度之間的朦朧光影變化。但無論如何，各種美學與藝術上的互動交流，都必須自然而非刻意；要讓它們進入內裡自行融合，以和自己相關的渠道表現出來才行。

焦：古典音樂的未來會在亞洲、甚至中國嗎？您對中國的古典音樂發展與教育有何觀察和看法？

陳：我覺得現在尚未有絕對的答案。目前看起來當然很樂觀，有那麼多人在學音樂；基數大，出現傑出音樂家的機會當然也大。但如果學習與發展普遍走入誤區，人數多也沒用。學習音樂和藝術，首先要屏蔽很多社會本身的浮躁與功利的價值觀，必須培養獨立思考與鑑賞力，當然還有眞誠。演奏必須發自內心的藝術想法，而不是老師教你「看起來該是怎樣」而表演成某種樣子。

焦：您在國外生活多年，回到中國會不會不適應？您自己如何調適？

陳：當然會，也著實經歷了一番「文化震撼」，雖然這樣說有點奇特。我常看到不贊同的事。當我有機會能做或能說的時候，我不會遲疑，希望還能影響一部分的人。就像有些素食者，知道個人吃素並不能因此解決環境問題，但還是願意貢獻自己的力量。

焦：您在里茲、蕭邦和范・克萊本大賽都得到名次，也是至今唯一在這三個大賽都獲獎的鋼琴家，一定常有人問您對比賽的看法。

陳：我一開始把比賽當成積累舞台經驗的方法，得名當然也帶來關注與機會，但後來發現世上眞的有太多比賽，對演奏家不必然是好事。我覺得看你用什麼心態看待吧！它可以是很刺激性的遊戲，高度壓力會帶來不同的狀態，你可能進而發現之前所不知道的自己。但我想強調一點，就是比賽絕對不是唯一的救命稻草。當你藝術進展出現瓶頸，甚至在音樂上絕望，千萬、千萬不要把比賽當成出路，那樣就算贏了也是飲鴆止渴，長期來看必定更糟。關於比賽，可能大家都要看得更開一些吧！

焦：但許多人就是看不開，還特別是旁人。不過以您的例子，我能理解爲何看不開。像您在范・克萊本大賽上演奏的拉威爾《夜之加斯巴》和李斯特《西班牙狂想曲》，是放到任何比賽都有奪冠資格的演奏，也完全是成熟音樂家的詮釋，史特拉汶斯基《練習曲》甚至是我能用「最好」來形容的演奏。但我也知道您在巴伯《鋼琴奏鳴曲》的漏譜意外——漏了三頁還能得到前三名，證明了您的演奏極其出色，但也因此格外覺得可惜。

陳：我明白那種感覺，其實也眞是有點可惜。這畢竟會成爲我履歷的一部分，又會形成別人對我的理解與期待，甚至從此被定格成某種鋼琴家。但我想還是看個人角度吧！范・克萊本是我最後一個比賽，倒不是我不想有個第一名，但或許就眞的煩了。現在回頭看，比賽確實很有壓力，不過我只是把它當成一次又一次的演出；這其實也是唯一的方法。不然若是上台前總是想著底下有群人抓著每個音聽，分分秒秒都在挑錯，那我不知道得用什麼心態來彈。但像那個在巴伯發生的錯誤，也許就是天性問題，腦子就是會轉一下或跳一下？我真是不知道，不過那也都是過去的事了。

焦：您對演奏曲目是否有長程規劃？未來想往哪些方向發展？

陳：我現在會更有意識地帶來不同演出形式，呈現不常聽到的作品。這對我和聽眾都是挑戰，但挑戰總是很有趣也有意義。可以實踐和看到不同事物，必然存在驚喜。

焦：在訪問最後，有沒有什麼話您特別想用來當結語？

陳：既然剛剛討論了留白，那訪問也不一定要說滿，就讓我們期待下次的討論吧！

寇柏林 1980-

ALEXANDER KOBRIN

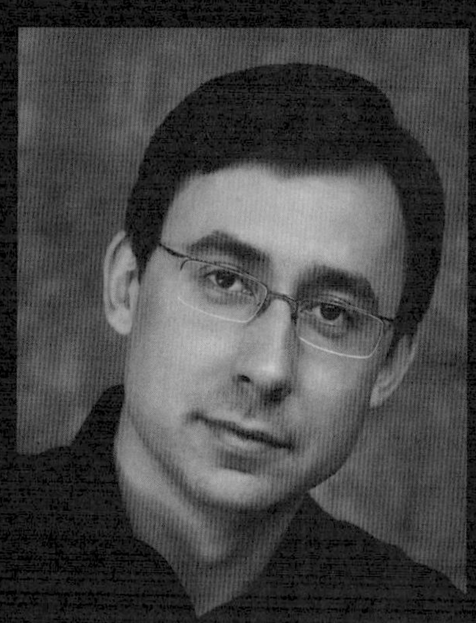

Photo credit: Alexander Kobrin

1980年3月20日生於莫斯科，寇柏林5歲進入格尼辛學校跟柴麗克蔓學習，進入莫斯科音樂院後跟瑙莫夫學習。他是比賽常勝軍，18歲獲蘇格蘭鋼琴比賽冠軍，19歲贏得布梭尼大賽冠軍，2000年獲華沙蕭邦大賽第三，2003年獲濱松大賽亞軍（未頒冠軍），2005年他贏得范・克萊本大賽冠軍，大幅開展歐美演奏事業。寇柏林對德奧古典與浪漫派作品情有獨鍾，蕭邦亦頗見心得，也是蕭士塔高維契名家，錄製了他所有鋼琴與弦樂的室內樂創作。除了忙碌的演奏行程，他也從事教學，現爲伊士曼音樂院（Eastman School of Music）教授。

關鍵字 —— 柴麗克蔓、童年、紐豪斯、蘇聯瓦解、國際比賽、海頓、舒曼（文學、個性、作品、心理層次）、布拉姆斯（寫作方式、技巧、《四首鋼琴作品》）、蕭士塔高維契、美國生活

焦元溥（以下簡稱「焦」）：可否談談您的早期學習？我知道令尊就是鋼琴家，也是鋼琴老師。

寇柏林（以下簡稱「寇」）：是的，因此我很自然地開始學鋼琴。我5歲進入格尼辛學校跟柴麗克蔓學到18歲，之後進入莫斯科音樂院跟瑙莫夫學習。後來我擔任卓普（Vladimir Tropp, 1939-）教授在格尼辛學院的助教，當了七年。卓普正是柴麗克蔓的先生，我和這一家可說有相當深厚的關係。

焦：卓普是我持續關心的演奏家，我幾乎蒐集全了他在日本錄製或發行的唱片。聽說他是非常嚴厲的老師。

寇：這麼說吧，無論你聽到關於卓普的什麼故事，那都不可能和柴麗克蔓的嚴厲相比。事實上她也以此聞名，教學方法獨一無二，暴怒時

宛如世界末日。她上課完全沒有時間觀念，動輒三小時，簡直要徹底摧毀學生的童年（笑）——我小時候不能欣賞這樣的教法，現在回想卻充滿感恩。她對音樂有極高，甚至絕對的要求，但也把人生完全奉獻給教育，對學生非常關心。這對夫婦能造就那麼多好手，眞不是沒有原因。

焦：看您這樣笑著抱怨，我想您應該還是有相當多彩多姿的童年。

寇：是的，而且這很重要。很多孩子花大量時間練琴，其實只是出於父母的錯誤預設，認爲練四小時一定比三小時好。如果家長懂演奏，就會知道專注、有方法地練一個小時，絕對勝過漫無目標地瞎練三小時。另外，如果孩子花了所有時間在練琴，等於沒時間體驗生活，終究會成爲無聊的人。一個無聊的人，又怎可能會演奏出有趣的音樂？我們演奏的這些偉大作曲家，又有誰無聊了呢？

焦：傳統莫斯科音樂院四大分支，到您的時代是否還有影響力？

寇：我的例子比較特別。瑙莫夫是紐豪斯的助教，柴麗克蔓跟古特曼（Theodor Gutman, 1905-1995）學習，而他是紐豪斯在格尼辛學院的助教，因此我很幸運地從小就在紐豪斯的教學傳統中長大，相當熟悉他的觀點。當然我也要強調，瑙莫夫和柴麗克蔓之所以著名，並不是因爲他們繼承了紐豪斯的傳統，而是因爲他們是了不起的老師。瑙莫夫尤其可說是教學界的天才，很能啓發學生思考。我很以我受到的教育爲榮。

焦：蘇聯在您11歲的時候瓦解。如此驚人的政治轉變，是否也影響到您的學習？

寇：格尼辛學校在市中心，因此我們實際目睹很多變動。但身處其中，包括我家人，大家都無法眞正知道正在發生什麼。音樂學習上倒沒有什麼變化，但我確實感覺老師們變得比較暢所欲言，敢說一些以前不會討論的事。當然還是有保守、維護蘇聯制度的人，但像我們的音樂史老師，雖然不走極端，也不黑白一刀切，卻能勇敢地在課堂中說很多眞話，我們也因此長了知識。生活上，那就是截然不同的改變。至少邊境開放了，人民可以自由出國，音樂家也可自由參加國際比賽，這都是以前無法想像的事。

焦：您還記得蘇聯解體那時，您在做什麼嗎？

寇：非常清楚，因爲那天我和一些學生本來該在義大利作慈善演出，因政局動盪而無法成行。好笑的是隔天報紙刊登了我們演出大獲成功，「蘇聯孩子震撼義大利」之類的報導，完全是官樣宣傳。不過一週後我們還是去了。

焦：您參加了許多國際比賽，全都獲得非常好的成績，可否談談您的心得？

寇：其實我只在七年內參加了五個國際比賽，並不算多。這五個都有明確的參加理由。第一個是蘇格蘭鋼琴比賽，這完全是柴麗克蔓的決定，她認爲我已有足夠的曲目，也該開始累積比賽經驗。第二個是布梭尼，這和瑙莫夫有關。他受邀當評審，問我想不想參加，我覺得我有曲目，想試試看，於是他還得退出評審。第三個是蕭邦，因爲我很愛蕭邦，想去華沙演奏蕭邦。第四個是濱松，原因容我保密。第五個就是范．克萊本，原因是我沒去過美國，想看看那是怎樣的國家。

焦：身爲俄國鋼琴家，也是您那一輩最頂尖的演奏者之一，您沒想過參加柴可夫斯基大賽嗎？

寇：那時柴可夫斯基大賽有些爭議，我很猶豫。我其實報名了里茲，但主辦單位竟然把我的申請資料搞丟了，不過後來我去了濱松。在幸運地贏了范．克萊本大賽之後，我的人生大幅改變，也不需要繼續比賽了。

焦：在范．克萊本大賽之前，您已經有很多演出，在得獎後您如何調適大量的演出？

寇：這關乎選擇。彈了幾年之後，我的確覺得精疲力盡，覺得需要給自己更多時間。因此我接下教職。一方面我對教學還是很有興趣，二來我也能花更多時間學習新作品。當然，作爲丈夫與父親，我也花很多時間照顧我的私人生活。

焦：我聽您在濱松決賽演奏的拉赫曼尼諾夫《帕格尼尼主題狂想曲》，驚喜地發現您彈出很多有趣想法，不誇張但也絕不保守，不像許多比賽現場的規矩演奏。

寇：感謝你的稱讚。我很誠實地說，那次是我第一次在比賽前做好完全的心理準備，當成在開「一般」的音樂會：如果有人喜歡我的演奏，就會邀請我彈下一場，僅此而已。我完全不想討好評審或任何人，只想爲聽衆演奏我心中的音樂。我也很幸運，在比賽遇到許多同樣不害怕展現個人想法的同行，我們因爲比賽變成朋友，大家現在也都有很好的職業演出。以此回想，就會知道評審其實很難當，有很多選擇可能。老實說，我認爲比賽和音樂無關。如果能遇到以藝術考量爲主的評審，那是比賽的幸運；如果不是，參賽者仍然要維持自我個性，不能爲了比賽而扭曲或隱藏自己。現在我的學生也常參加比賽，我都說請關心音樂而非關心自己，比賽只是一個讓人注意到自己的工具。如果能不比賽，我絕對不會去比，況且現在比賽也太多，關注都分散了。

焦：您有非常卓越的演奏能力，彈什麼都行，我很好奇您如何建立曲目？

寇：說來很難相信，但眞的是瑙莫夫開啓我對海頓的喜愛。我以前根本沒彈過他，也沒想過爲何柴麗克蔓給我莫札特、貝多芬、舒伯特，就是略過海頓。但我剛跟隨瑙莫夫上課的時候，他聽了我的演奏，突然說：「我覺得你應該彈海頓。」然後給我了些指點與曲目，要我回家研究。我當下實在不知道爲何他會這樣說，但事實證明他完全正確，我眞的非常喜愛海頓！

焦：您的海頓作品錄音也著實出色。海頓爲何這麼吸引您？

寇：提到海頓，大家會想到他的幽默，但這只是他諸多面向之一而已。在我心中，他是非常戲劇化的作曲家，寫下很多緊湊而富張力、甚至悲劇性的作品或樂段。在海頓的時代，音樂在各個社會階層提供重要的娛樂與社交活動。他的作品一方面照顧了娛樂的需求，一方面又有精緻的內容，更在和聲、句法、結構上帶來出乎意料的驚喜。他所開創出的技巧與建立的成就，完全爲貝多芬鋪路。尤其是弦樂四重奏——他是這個形式的建立者，而我們可看到貝多芬如何在這個領域和海頓競爭。愈研究海頓，就會愈知道他的精彩與不凡。

焦：說到貝多芬，您怎麼看他的作品二，前三首鋼琴奏鳴曲？這雖然題獻給海頓，但我總覺得貝多芬像是要和前輩鬥智。

寇：哈哈，我也覺得貝多芬不懷好意，甚至在開海頓玩笑，而且是用莫札特來開玩笑。第一號第一樂章的第一主題，幾乎就是莫札特《第四十號G小調交響曲》第四樂章的第一主題。第二號用A大調寫，那也是很莫札特風格的調性。第三號是炫技之作，似乎在挖苦海頓從來不是演奏聖手。

焦：除了海頓，您跟瑙莫夫學了哪些作品？

寇：不知爲何，他不太喜歡教我貝多芬，留給我自己發展，比較喜歡教我海頓、蕭邦、布拉姆斯、史克里亞賓、拉赫曼尼諾夫等等。不過我很知道自己喜歡什麼，我沒有很大的胃口，至今已彈了絕大多數我想彈的曲子。現在進入第二輪，等著逐一把它們再彈一次，看自己改變了多少。

焦：既然如此，可否就以蕭邦爲例，談談自蕭邦大賽後，這十八年來您對他的看法是否有所改變？

寇：因爲準備蕭邦大賽，我彈了很多蕭邦。但密集演奏大量蕭邦的結果，就是比賽完覺得倦怠。我大概在2003年之後就把蕭邦暫放一邊，到2018年才重新回到他。我很高興這十五年並未白費。我變得更成熟，不只更了解蕭邦的作品，也更能理解他的心理發展，體會他經歷了什麼。他不再只是作曲家，而是眞實的人。我也研究了許多之前沒演奏過的蕭邦，得到全新的感受。比方說他的《第一號C小調鋼琴奏鳴曲》，那種創意、想法與寫法，包括第三樂章的五拍節奏，實在讓我驚奇。尤其我能看到貝多芬的身影：我覺得選擇C小調這個非常貝多芬的調性，絕非偶然。此外，貝多芬《第十二號鋼琴奏鳴曲》的〈送葬進行曲〉樂章，以及《第三十二號鋼琴奏鳴曲》的開頭，或許都是蕭邦《第二號鋼琴奏鳴曲》的靈感來源。

焦：您能從蕭邦三首鋼琴奏鳴曲中看到連貫性嗎？這三者似乎相差很大，但第一號和第三號某程度來說又頗相像。

寇：尤其是兩者的第三樂章，我愈看就愈覺得像，可能是相同概念的不同化身。第二、三號則在概念上反映了蕭邦對死亡的執迷。蕭邦總是在想死亡：他看了許多朋友的死亡，也常想自己會如何死。這種近乎折磨的心理，在第二號變成瘋狂的執念，被死亡擊敗，在第三號則成爲心理上的勝利，即使生理上他愈來愈衰弱，也愈來愈接近死亡。兩曲的第四樂章，主題都是三連音，一個是墓園陰風，一個是自我安慰的精神勝利，雖然這多少也是自我解嘲。

焦：您怎麼看蕭邦的革命性或創新性？

寇：我覺得他是太特別的人，和所處的時代風潮完全無涉。不只作曲筆法如此，連演奏也一樣。蕭邦不追求巨大，演奏技術或作曲規模皆然，這應該和他的人格特質有關。在那個鋼琴性能不斷開發、音樂會愈來愈多、演奏家愈來愈著名的時代，蕭邦卻鮮少公開演奏，也始終偏愛私人沙龍的氣氛，但這樣細膩、親密、小聲的演奏，最後征服了所有人。畢竟，讓鋼琴這種打擊樂器奏出圓滑奏，其實只能靠錯覺，而蕭邦，是讓鋼琴唱歌的幻術大師。如此本事之前並不存在，頂多只能說在莫札特作品裡見到。就像他宛如巴赫的對位筆法，蕭邦眞是隔代遺傳的異數。

焦：到您的時代，您覺得還有俄國風格或俄國學派的蕭邦嗎？

寇：以我接受的紐豪斯傳統而言，紐豪斯其實是德國和波蘭根源，反而不見得非常俄國。我想相較於法國和波蘭的蕭邦，俄國學派或許更熱情，也非常注重聲響、音質與色彩。不見得每個音都要很清楚，但必須能以音色、聲響來表現。

焦：那麼樂譜版本的選擇呢？

寇：接下來我要說的，已經爲我創造很多敵人了，所以我盡可能長話短說：直到今日，我還是偏好帕德瑞夫斯基版而非波蘭國家版（艾基爾版）。我的理由很簡單：我尊重音樂學者的研究，但我更相信音樂是「從做中學」的藝術。研究樂譜和實際演奏作品，是相當不同的事，而有些體會只能由實際演奏中獲得。當演奏者在舞台上演出一首作品，她或他馬上知道下次演奏會在哪裡有不一樣的變化，能嘗試怎樣的可能。爲何作曲家會對同一段落寫下許多不一樣的想法，原因也在這裡。比起學者的校訂版，我更相信由活躍的大演奏家所編訂的版本。以蕭邦來說，不只帕德瑞夫斯基版，柯爾托版也是很好的參照。

同理，我也更看重許納伯、阿勞，甚至拉蒙德校訂的貝多芬鋼琴奏鳴曲。這麼說吧，如果你選擇上大師班，你要跟帕德瑞夫斯基或柯爾托上課，還是跟艾基爾上課？他們校訂的樂譜就像是他們教的課，而我當然選擇跟帕德瑞夫斯基或柯爾托學。

焦：在您學生時期，俄國用的是什麼蕭邦版本？還在用克林德沃斯或米庫利版嗎？

寇：我那時已經用帕德瑞夫斯基版，但我也會比較克林德沃斯與米庫利版。鋼琴家米爾斯坦校訂的版本也很流行。

焦：我知道您非常喜愛舒曼，那就先從您在台北演奏的舒曼《交響練習曲》來說吧！這是您超過十一年沒彈的作品。

寇：而我現在的演奏變得完全不同。比方說，以前我彈布拉姆斯修訂的1862年版，現在則參考1837年版，終曲加回一些舒曼刪掉的樂段，在光輝的大調裡添上一點暗影，也加入補遺變奏第一、三、四、五首。我試了非常久才找出滿意的添加方法。通常我對同一作品的不同版本，都保守地傾向選後來的，但這次再看《交響練習曲》，發現它豐富到像一個世界，我的處理也隨之改變，幅度之大連我自己都驚訝。就演奏實踐而言，舒曼作品中也沒有另一部像它一樣，能提供那麼大的結構設計空間。光是補遺變奏的添加方式，少說就有一、二十種版本，大家的想法可以這麼不同。

焦：在尋找詮釋的過程中，您會拒絕聽別人的錄音嗎？

寇：我現在已有相當成熟的思考，不會被別人的詮釋牽著走，因此多方聆聽並無害處。我可以說索封尼斯基的《交響練習曲》給我很大的啓發，即使我沒有照他的方式添加補遺變奏。他的《克萊斯勒魂》也影響我很大，可說教會我如何看這部作品。

焦：您怎麼看舒曼的音樂創作與文學的關係？

寇：從更宏觀的角度來看，不只舒曼，德國早期浪漫派作曲家，整體來說與文學的關係都非常強，包括布拉姆斯，早期鋼琴作品尤其和文學有關。這也是某種必然，因爲這是德國浪漫主義文學的興盛時期，偉大文學創作當然會激發其他藝術家的靈感，而我對此一直很著迷。對於舒曼，我們要讀他的寫作，欣賞他的歌曲——這是認識他的文學造詣最好也最直接的方式。但我們也不能忘記，他的音樂作品就是音樂作品，不是文學的附屬。

焦：整體而言，您怎麼看舒曼的人和作品？

寇：雖然他最後發瘋了，但不能就說他的作品都很瘋狂；雖然他可能有躁鬱症，甚至一點分裂人格，但不能就說這是他音樂中兩面性的來源。舒曼在創作上最了不起的地方，在於能把諸多不同概念整合於一首作品，而這作品又表達出他的主張與想法，爲自己的需求找答案。這是很了不起的作曲功夫。他受時代影響，也影響了他的時代。他知道自己的公衆身分，作品不只表現私密內心，也可見對外宣言。他許多作品的終曲，像是《狂歡節》、《交響練習曲》等等，就像是政治演說。他的音樂變化極快，在短時間內說很多不同的東西，甚至同時說，要演奏眞的很困難，即使是非常抒情的段落都可能含有大量訊息。彈舒曼不可能說上台就上台，一定要準備充分，在腦子裡先走過一遍，才可能現場處理這麼多訊息，更不用說其中還有如火熱情要表現。每次演奏完舒曼，我都感到體力用盡，好像走過滾燙石子鋪成的路。就心理層面來說，這是最難演奏的作曲家之一，鋼琴家得是最頂尖的演員才能準確呈現如此複雜，但我就是喜歡這樣的難。

焦：以訊息量而言，您認爲舒曼最困難的作品是什麼？

寇：舒曼一些很困難的作品和我不親，至少我目前對他們仍然沒有興趣。在我喜愛的作品中，最難的可能是《大衛同盟舞曲》。我想彈它很久了，但仍不敢貿然嘗試，希望有朝一日能克服如此艱鉅挑戰。

焦：可否也談談布拉姆斯？我知道您幾乎演奏過他所有的鋼琴獨奏作品，用心很深。

寇：我對作曲家的心理狀態與發展，他們究竟怎麼想事情、看世界，總是非常有興趣，而布拉姆斯是很特別的例子。我常想，如果他是個快樂的人，或許就不會寫出那麼多精彩傑作，至少不會有許多燦爛又悲劇性的作品。撐持他度過難關，給予他生活力量與創作靈感的，或許恰恰是他的不快樂。這從一開始就註定了。布拉姆斯在很有爭議性的環境長大，一個你絕對不會希望孩子在那裡長大的地方。心理醫師常說，人後來的一切都和童年有關。布拉姆斯一生對女性的態度，包括罪惡感以及「遙遠的愛人」的想像，還眞應了這樣的理論，後者又和他對貝多芬的尊敬混合在一起。然而他心裡有旺盛的燃燒火焰，更有非凡才華與極其強大的意志。這形成不可思議的決心，讓他能從三首鋼琴奏鳴曲、《雙鋼琴奏鳴曲》、《第一號鋼琴協奏曲》等等一路走來，花了二十一年找到完美的形式，在《第一號交響曲》中表現那麼多複雜的心思與感情。除了布拉姆斯，大概沒有別人能做到。

焦：剛剛您提到舒曼對自己公衆性的認知，以此來看布拉姆斯，他又是非常特殊的例子。

寇：很少人像他一樣，享有很好的名聲與生活、非常卓越的作曲事業，卻又處心積慮——而且成功地——和社會隔開。布拉姆斯不只燒掉自己的草稿，甚至也燒毀絕大多數信件，只留下音樂講他要說的話，而他又說得那麼多、那麼好。

焦：就說得好這一方面，布拉姆斯實在錘鍊出非凡寫作技巧，愈研究就愈佩服，愈欣賞也愈耐聽。

寇：我深愛這種宛如建築，以簡單素材創造嚴密結構甚至宏大格局的譜曲手法。我們聆賞時只會享受、讚嘆音樂的美，但拿譜一看，就會發現這是何等高超的寫作。也因此，我最喜歡的作曲家，都不是俄國作曲家。我直到最近幾年，才演奏比較多俄國音樂。一直以來，我最喜愛的作曲家是海頓、貝多芬、舒曼、布拉姆斯，近年又加了舒伯特，都在德奧音樂的領域，他們的作品也彼此連結、互爲脈絡。我也很愛亨德密特，他完全可說是布拉姆斯的延續。

焦：就筆法來看，荀貝格甚至比亨德密特更像布拉姆斯。

寇：的確。布拉姆斯發展出他自己的音樂語言與聲音。他和貝多芬一樣，鋼琴作品有管弦樂的色彩與織體，甚至有過之而無不及，聲部寫作極爲嚴謹豐富。然而他推動樂思的手法堪稱一絕，和聲語言相當前進。這相當不同於貝多芬，而荀貝格顯然學到這一點。布拉姆斯的張力一直持續、未曾解決，這也影響荀貝格很大。布拉姆斯最後的鋼琴曲《四首鋼琴作品》(Op. 119)，第一首如果改一些音，就完全像是荀貝格的創作。我對這組有難以言喻的喜愛：這是在經歷過一切、寫過各種管弦樂與合唱之後，布拉姆斯最內心、最私密的作品，是他和自己的對話。前三首整體來說，和聲與調性走向大調；到了最後一首〈降E大調狂想曲〉，大小調來來回回，最後居然以小調結尾，實在太特別。這也是心理層次很多，相當不好演奏的作品。

焦：您最近在台灣演奏了布拉姆斯寫於1852年的《第二號鋼琴奏鳴曲》。它的第二樂章是變奏曲，但第三樂章詼諧曲開始的旋律，幾乎就是第二樂章的主題。我對此頗好奇：想到他在1853年見過李斯特，在1863年寫的《帕格尼尼主題變奏曲》則題獻給李斯特的學生陶西格(Carl Tausig, 1841-1871)，不知道此處的主題循環設計，是否也算是布拉姆斯對李斯特學派「主題變形」技法的回應？

寇：我覺得這還太早。若說是回應，他心裡想的比較可能是舒曼《第四號交響曲》這類主題也循環變化出現的作品。不過關於布拉姆斯和李斯特的比較倒是有趣。每次學生要學李斯特，我都建議何不學布拉姆斯？兩者技巧都難，但布拉姆斯有更多音樂，也是更好的音樂。李斯特的歷史地位無庸置疑，他不只對音樂發展很重要，今日獨奏會的形式基本上也由他建立。他的鋼琴藝術很大一部分針對效果，布拉姆斯則針對內涵。即使有《帕格尼尼主題變奏曲》這種例外，裡面的技巧也更有變化和創意。根據文獻，布拉姆斯是很有本事但不精準的鋼琴家，他花最多的時間在作曲，也沒耐心練琴，但從他的鋼琴寫作，我很確定他能演奏他寫下的艱難作品。他的演奏曲目包括很多舒曼，如我剛剛所說，這可一點都不容易。

焦：我想技巧雖然重要，更重要的是表達，無論演奏的是李斯特或布拉姆斯，光靠技巧都不足夠。

寇：「現在每個人都彈得非常好。」——早在二十世紀初，拉赫曼尼諾夫就說過這樣的話。一百年後的今日，情況更是如此。技巧好的人實在太多，現在已經沒有多少演奏家能夠僅用技巧征服人了，只有表達才能真正打動人。

焦：如果您喜愛德奧音樂，以此脈絡來看，我想您最喜愛的俄國作曲家，應該是蕭士塔高維契。

寇：他不只是我最愛的俄國作曲家，而是我最愛的作曲家之一。蕭士塔高維契是德式音樂寫作的終極展現，每個聲部都有意義，都有精心設計的關係。他以這種手法說出極深刻、甚至深奧的話，沒有任何不重要的音符。他也找到了自己專屬的表達方式，你一聽就知道是他。除此之外，我之所以和蕭士塔高維契很親近，在於他的故事也就是我家族經歷過的故事，我太清楚那是怎麼一回事。他代表了太多在那個時代受苦的人，不只呈現蘇聯／俄國，也呈現了二十世紀。

焦：您覺得西歐與美國的聽衆，能理解蕭士塔高維契身處的時代嗎？

寇：你說到重點了——的確，我發現我很難和西方人解釋蕭士塔高維契所經歷的時代，包括音樂與政治的關係。他們幾代以來，都不知道每天生活於恐懼，如影隨形的恐懼，究竟是什麼感受。這會影響你的一切行爲與決定，甚至將人逼到瘋狂。蕭士塔高維契不是幻想者，他活在非常眞切的現實裡，他的音樂也是如此。

焦：您怎麼看蕭士塔高維契的鋼琴演奏？我們可以從中得到什麼？

寇：他的鋼琴演奏代表他的人生，本質上相當害羞，盡可能想隱藏想法。這包括那不尋常的快速：當你話說得愈快，也就愈能隱藏感情。如果他願意，他可以成爲自己鋼琴作品的權威，包括室內樂與聲樂作品的鋼琴部分，但他並沒有往這方向發展。話雖如此，我認爲他仍是非常卓越的鋼琴家。在歌曲集《來自猶太民俗詩歌》的錄音中，他的鋼琴伴奏眞的精確告訴我們故事在說什麼。很遺憾，他無法暢所欲言，但在冷淡無味的表象下，他的演奏其實言簡意賅，有著巨大的音樂力量。

焦：您演奏並錄製了蕭士塔高維契所有附鋼琴的室內樂器樂作品，可否談談鋼琴在其中的角色？

寇：鋼琴對蕭士塔高維契而言非常重要，但論及他的室內樂，我想弦樂四重奏仍然最重要。他爲弦樂與弦樂重奏寫出新的語言，寫到弦樂家抱怨連連，就像當年的貝多芬。他對弦樂的認識與理解，讓他爲小提琴、中提琴、大提琴都寫出經典，也無怪乎他人生最後一部作品是《中提琴與鋼琴的奏鳴曲》——他就是需要那樣的音色來說話。當他混合鋼琴與弦樂，兩者必然沒有高下分別，彼此對話且平衡。但無論鋼琴在室內樂或是獨奏，我必須說蕭士塔高維契寫出非常原創獨特的鋼琴語言。拉赫曼尼諾夫的鋼琴作品很原創，但我們還是可以看到蕭邦、李斯特，甚至布拉姆斯的身影。蕭士塔高維契鋼琴作品的聲響與句法，卻只能是他，也和他想表達的完全合一。這種高度密合的適當性與專屬感，或許只有普羅高菲夫能與之相比。

焦：您怎麼看蕭士塔高維契作品中的諸多引用？

寇：他的引用極多，包括引自己的作品，但每回引用的意思並不一樣，也很難有固定的解釋。我能給的建議，就是不能只看字面，比方說《中提琴奏鳴曲》引了貝多芬的《月光奏鳴曲》。我想這和月光沒有關係，而和《月光奏鳴曲》的葬禮氛圍有關，是象徵性的引用。

焦：您可否特別談談對他《G小調鋼琴五重奏》（Op. 57）的看法？

寇：首先，我們要記得這是寫於1940年的作品，那是非常黑暗的時代，蘇聯對內對外皆然。雖然最慘烈的還未發生，但我相信蕭士塔高維契一定已經感受到了什麼。此曲有他室內樂裡最澄澈透明的結尾，但那不是純然開心，而是暴風雨來臨前的寧靜。作曲家用很隱諱的方式和政權抗爭，包括巴洛克、古典風格的模擬，甚至由中提琴給出第一主題，都給予諸多暗示。如果評審者能聽懂，就不會因爲這首而頒給蕭士塔高維契史達林獎。它很複雜，合奏困難，演奏時必須極爲專注。有趣的是我雖然演奏過它很多次，每次卻都不一樣，差別可以很大，難怪蕭士塔高維契自己的兩次錄音也是這樣。

焦：從俄國移民到美國，在訪問最後，不知可否談談您在美國生活的感想？

寇：美國是非常友善的地方，充滿機會而且看重努力。如果辛勤工作，就會得到認可與報償。很遺憾俄國仍然不是如此。在美國，我從沒有感覺自己是俄國猶太人或外來者，畢竟除了原住民，這個國家的人都來自其他地方。

焦：面對即將到來的川普政權，您還能保持這樣的信心嗎？

寇：美國是法治國家。法律之前人人平等，逾越法律者必會受到制裁。對此我仍有堅定的信心。

李嘉齡 1980-

KA LING COLLEEN LEE

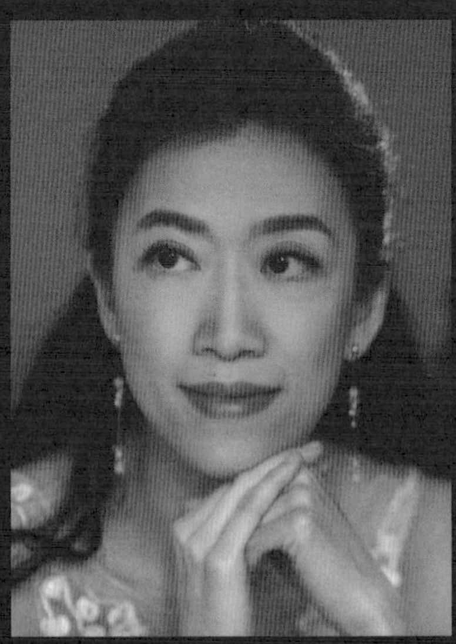

Photo credit: Heman Lam

1980年10月11日出生於香港，李嘉齡5歲開始學習鋼琴，7歲起師事香港演藝學院鍵盤樂高級講師暨駐院藝術家黃懿倫女士，2001年以一級榮譽畢業於演藝學院，兩年後獲專業文憑，後至漢諾威音樂及戲劇學校跟瓦迪學習。她13歲就於芭蕎兒鋼琴比賽少年組獲得冠軍，之後多次獲得國際獎項，包括2002年日本濱松國際鋼琴學院比賽冠軍與2005年華沙蕭邦大賽第六名，從此演奏邀約不斷。李嘉齡曲目寬廣，從巴洛克到當代作品皆有涉獵，是傑出的獨奏家也是卓越的室內樂好手，爲香港當代最具代表性的音樂名家之一。

關鍵字 —— 學科與術科、室內樂、黃懿倫、培列姆特、瓦迪、建立風格、香港特色、蕭邦大賽（2000年與2005年）、生活平衡、歷史鋼琴演奏蕭邦、史卡拉第奏鳴曲專輯、凱吉、預備鋼琴、布列茲《第三號鋼琴奏鳴曲》、費德曼、東方人學習古典音樂、游泳

焦元溥（以下簡稱「焦」）：請問您如何開始學習音樂？又爲什麼學音樂？

李嘉齡（以下簡稱「李」）：我父母都不是音樂家，但他們很喜歡聽音樂，也因爲是基督徒，所以常參與教會合唱活動。有次某位合唱老師建議，孩子應該從小學唱歌，於是我去了兒童合唱團。唱了一年，家母發現我好像對鋼琴更有興趣，總是遠遠望著那個三角形的大東西，就問老師可否讓我試著學。老師覺得我耳朵還算敏銳，這就開始了我的鋼琴學習。剛開始並不順利，我手指在鍵盤上放得不好，常垮下去，老師說如果我能在兩個月內改好，他才會繼續教。我是很聽話的學生，就努力練指力。我開始彈的都是音階，很枯燥的技巧，但也就乖乖學。老師挺嚴格，所有技巧都不給譜，要我記指法，但他也訓練學生讀譜，要學生跟他彈。因此我才學半年，譜還不是看得很懂，

就跟他四手聯彈。學了差不多兩年，他建議我考演藝學院。我才6歲多，但剛好在我考的那年，學校開了幼年班（junior program）之前的幼年先修班（pre-junior），我也很幸運成爲黃懿倫老師的學生，一直學到出國爲止。

焦：您學得愉快嗎？

李：一開始格外開心。因爲從小都是一個人學琴，但演藝學院每週都可以跟別的小孩一起上課，月底還有發表會。我很喜歡這樣的氣氛，覺得學音樂是挺快樂的事。

焦：但您何時決定自己要走音樂的路？

李：我小時候就喜歡彈，不怕練，也不怕嚴格老師。反而有時是因爲自覺練得不好而不敢上課，還要黃老師打電話來哄。然而我只是喜歡音樂，到高中才思考是否眞要走專業。黃老師說，音樂這條路，必須要非常喜歡才能走，但也必須先走，學完音樂想再學其他，改行仍不晚，但音樂就不等人。我13歲首次出國參加比賽，看到世界各地很有才華的年輕鋼琴家，開始知道音樂的高要求，我也問他們受到怎樣的訓練。整體而言，香港和台灣有點像，中小學階段沒有專門的音樂學校。我讀的協恩中學很傳統，功課很重，老師雖然鼓勵我發展音樂，但心裡把它當成才藝，認爲不該花過多時間。畢竟我若學業成績不好，根本無法畢業。但最後我還是選了音樂，也因爲很喜歡黃老師，就繼續留在香港。

焦：我訪問安德謝夫斯基的時候，他提到在波蘭當時音樂學生也是各科都得會，化學不及格可能導致留級，讓他非常驚恐。很多音樂學生覺得學音樂就好，爲何還要上許多「沒關係的課」。您怎麼看呢？

李：我覺得全方面的教育非常重要，因爲音樂家也是人，一定要看很多不同事情。以我的經驗，我學得非常快樂。比方說，音樂學院規定第一年的學生一定要從另一學院選一門課來修。我很喜歡繪畫，就選了後台設計相關的課。這讓我了解舞台工作，更看到琴房以外的世界。我也很幸運遇到一群很會讀書、非常學術型的同學。像音樂史之類的課，我們都一起準備，學起來就輕鬆多了。大家都很用功，學習忙碌但充實。老師也鼓勵學生到處走走，多看多學。

焦：我非常同意您所說的，如果想把任何一門藝術學好，都必須觸類旁通。我最近讀一本討論法國傳奇大廚卡雷姆（Marie-Antoine Carême, 1784-1833）的書，才知道這位名家原來是被遺棄的孩子，雖然失學，但他只要有空就到公立圖書館研讀，包括各種建築著作，果然整合所見所聞創造出華麗廚藝，包括美輪美奐的裝飾蛋糕。您能和同學互相砥礪，專心致志地學習，也眞是非常美好的事。

李：當然我們也有同學已經開始教學，還有很多學生。這是個人選擇，每人狀況不同，而我其實滿佩服，因爲眞的很難平衡。他們可以終日忙碌，晚上十點以後再回學校練琴。這我眞是望塵莫及。

焦：您除了獨奏和協奏演出，也常參與室內樂。這是求學時期就培養出的興趣嗎？

李：是的。學校裡有誰找我彈伴奏或重奏，我都非常樂意。雖然有時也覺得好笑，怎麼會找這麼多麻煩、彈那麼多曲子。但我覺得，這都是音樂啊！如果不彈，也許我就沒有機會接觸到某一領域的作品。更何況有時跟某樂器合奏，我能聽到學到更多東西，因爲大家是以音樂的語言在表達與溝通，傾聽別人也傾聽自己。

焦：黃老師是培列姆特的學生，您是否也因此學了很多法國曲目，特別是拉威爾？

李：其實還好。我第一次彈拉威爾，甚至不是黃老師派給我的功課，而是我聽到某學姐彈他的《小奏鳴曲》，覺得這音樂對我非常有吸引力，我自己提議要學。不然黃老師對學生曲目都很有規劃，也不會讓幾個學生同時學某一作品，除非是比賽指定曲。黃老師的法國作品教得很好，有時也會告訴我她跟培列姆特學習的情形，但她跟培列姆特學的並非只有法國音樂，蕭邦也很多。我印象很深的，是黃老師說她彈蕭邦《第四號敘事曲》給培列姆特聽，培列姆特可以把左手單獨背下來，所有複雜的對位都一清二楚，可見基礎之扎實。如果學生時代能下這種功夫，日後也就不容易忘。

焦：那黃老師的教學呢？

李：她非常認眞仔細，對樂曲也有很特別的理解，對學生很關心。比方說她上課時教學生某個方法，回家後還會不斷研究樂譜，可能某天突然會打電話來，告訴你另一個練法。她會錄下學生的演奏，幾個月後再拿來聽，思考學生原本的想法是否可行，這段時間的進展又是如何。總之，黃老師眞的很像我們的媽媽，每個音符都不會放過。她對音樂有極高的要求，有時確實讓我緊張，覺得自己根本無法達到、讓老師失望。但黃老師不是只要求，也會盡力幫學生達到某一水準。然而，我雖然非常信任黃老師，但也覺得不能永遠依賴她，必須思考如何獨立，建立自己的音樂觀與彈法。

焦：這點非常重要，而您接下來到漢諾威音樂院跟瓦迪學習。這是本來就有的打算嗎？

李：這是意外。我本來想去茱莉亞。說實話我也不知道爲什麼會這樣想，可能覺得那裡出了很多大音樂家，感覺有很多好老師吧。但黃老師其實說過，歐洲可能更適合我，雖然我從來沒想過。後來我參加某比賽，雖然連第二輪都沒進，但瓦迪老師是評委，跟我說了些意見。當時我只是隨便問了一句，是否有機會可以正式彈給他聽，他就建議

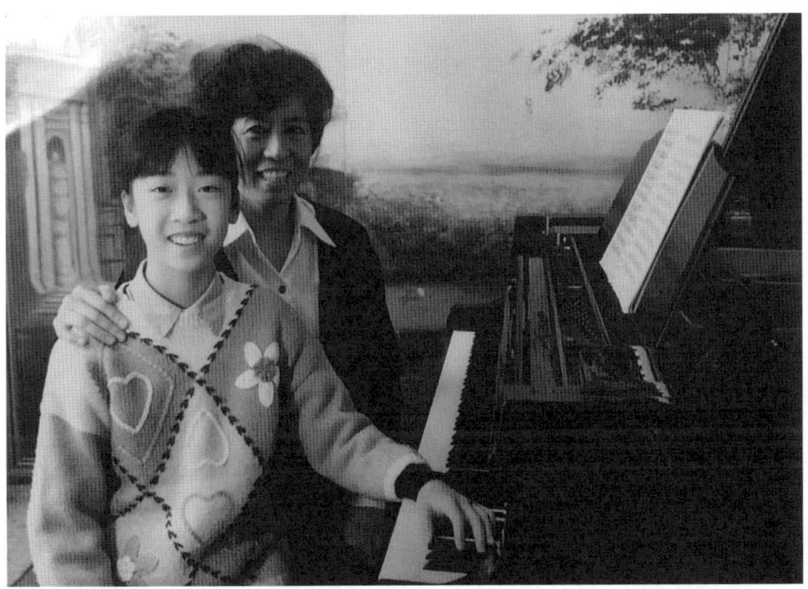

李嘉齡與恩師黃懿倫（Photo credit: 李嘉齡）。

我去考某歐洲大師班。當然之後我也去其他大師班，看歐洲那邊的老師怎樣教。相較之下，我覺得瓦迪老師的教法很吸引我，每次都能點出問題，給予新東西。後來他說，如果我考進漢諾威音樂院，他願意收我當學生，我就去考了。那時我已經過了二十歲，不知道能否適應新的環境……

焦：尤其從香港如此熱鬧的都會，搬到漢諾威那麼安靜的地方。

李：眞的非常非常安靜。我也意外發現，原來我很喜歡這樣安靜的環境，很能適應。雖然第一次得自己打理生活，出了很多問題，但也累積了寶貴的生活經驗。我小時候是比較聽話的孩子，雖然有想法，但總覺得老師說的會比自己想的更重要。到了德國，生活要自己來，也就進一步發展自己的想法，建立自己的風格。

焦：說到建立風格，您在跟黃老師與瓦迪學習的時候，是否想過要往某一類曲目發展？

李：這的確是我一直思考的問題。香港是文化交會之地，綜合了各方影響。但也因爲香港的特殊之處就是融合，所以很難向外人解釋。提到香港，大家第一個想到的，幾乎都和吃有關，但藝術上什麼能代表香港？多虧許多好老師的努力，現在香港音樂家多了，國際上也有名聲。不然像我第一次出國比賽，眞的有參賽者問我：「你從香港來的啊？香港人彈琴嗎？」不過我在演藝學院的時候，並沒有想要專精某類作品，什麼都喜歡彈。那時我和學作曲的同學特別能溝通，有一位常介紹作品給我，還直接送我譜。我大一他就給我《夜之加斯巴》的譜：「你學吧，這是很有趣的作品。」我當時翻了一下，就說明年吧，畢竟我那時還是比較喜歡彈舒曼、李斯特那種浪漫派。沒想到過了一年，這位同學又來了，加碼帶來貝里歐的《模進五》，後來還給我史克里亞賓《鋼琴協奏曲》。總之他看到什麼有趣，就希望我彈，我也幫他發表他的作品。

焦：難怪您完全不怕當代音樂。

李：是的，我也彈過很多香港作曲家的創作，始終樂於嘗試。我覺得鋼琴家彈得再好，也只是以樂器去執行作曲家的想法，沒有那麼了不起，最重要的訊息還是在作品之中。演奏和創造畢竟不一樣。沒有作曲家，演奏家不可能做出什麼事。知道這一點，就會懂得謙虛；也因爲謙虛，才可能把音樂演奏出不一樣的感受，給予聆賞者感動。

焦：所以當您自演藝學院畢業的時候，您選了什麼曲目？

李：一般畢業音樂會，曲目都很傳統，就照時代順序安排每種作品。我最後決定彈《夜之加斯巴》和蕭邦《二十四首前奏曲》。當時學校沒人這樣彈，但我有點冒險性格，覺得這樣才能學得更多。雖然不見得能彈得理想——事實上，我後來花了五、六年的時間，才算眞正精熟這兩部大作——但總該跨出決定性的一步。如果還沒試就害怕，那有些事就永遠不會做了。

焦：那麼經過這幾年的尋找，您有想要特別專注的領域嗎？

李：也不能說有。我還是各種作品都想嘗試，若說有什麼計畫，那大概是「補缺口」。有些很基礎的曲目，像莫札特、貝多芬的鋼琴奏鳴曲，大家都會學其中的名作，但不見得對作曲家的整體創作有深刻認識。例如我很早就彈了貝多芬《第三十一號鋼琴奏鳴曲》，那時技巧能及，心理上卻沒辦法明白，也不知該如何表達。現在彈它當然感受不同、能理解更多，但更重要的是我去探索貝多芬早期與中期創作，如此再回到晚期，自然有更成熟的處理。我希望我的音樂認識能夠豐富且扎實，不是只彈高難度的浪漫派炫技名作。不過，我心裡的確有個長程計畫，就是希望能演奏完莫札特所有的鋼琴協奏曲。我眞心喜愛他的音樂，更愛這些協奏曲。這是非常簡單、純粹的音樂，但如果只是簡單、純粹地去彈，其實沒辦法彈好。必須學過很多其他音樂，再回到這些作品，才可能有深刻的體會。或許以後我會專注於某些作曲家，但現階段我仍想多學多體驗。

焦：那蕭邦呢？他是您比較喜歡的作曲家嗎？

李：哈哈，很多人這樣問我。我是喜歡，但在參加蕭邦大賽前我沒有特別喜歡。只能說蕭邦鋼琴作品實在太多又太經典，風格也相當多樣，無論如何都會學到，而且會長期累積。當我學了他各種不同的作品，就能咀嚼出其中的滋味。以前喜歡蕭邦，是被其表面的美麗所吸引，後來則是因為能感受到他豐富的層次，產生共鳴而喜歡。話雖如此，我沒辦法長期只彈蕭邦——這像是在進行某種特別的飲食，實在太可怕。如果要我這樣彈，我應該會崩潰。

焦：但您仍然參加了蕭邦大賽，還參加兩次。

李：第一次其實沒很想去，因為要準備的曲目實在太多了。其他比賽可說仍有重點，但蕭邦大賽沒有，每輪都很重要。然而黃老師鼓勵我參加，認為我該見見世面，知道國際大賽是什麼水準，該準備到什麼程度。比賽前我也特別彈給一些波蘭老師聽，聽他們講蕭邦的音樂，獲得不同的思考刺激。因此準備過程中我學到很多，雖然執行起來實在比想像的難。就像我剛剛說的，我不是那種一次只做一件事的人，沒辦法只彈蕭邦，所以也偷偷在練其他曲目，加上那時對自己的要求也高了，時間就更不夠，練到最後我幾乎想放棄。

焦：但最後還是去了。

李：當我聽到其他選手的優秀演奏，我就知道我來對了。大部分去比賽的人，都展現出最好的自己。我不只欣賞到各種精彩演奏，見識到各種觀點，也更知道和這些同儕比，我的位置在哪裡。然而比賽後我並沒有想要參加第二次，畢竟五年是很長的時間。但後來我參加波蘭鋼琴家帕列茲尼（Piotr Paleczny, 1946-）的大師班，他很鼓勵我再參加：「有什麼不好？五年過了，你長大了，爲何不再試試？」有過一次經驗，我第二次就有非常不同的準備方式。首先，我不選第一次準備過的作品，學了全新曲目，有機會就演奏。但很搞笑的，是上天大概聽到我內心的呼喚，所以派了另一個功課給我……

焦：我正想問這個。2005年不只10月有蕭邦大賽，9月初也有第一屆香港國際鋼琴大賽，而您兩項都參加！

李：因爲黃老師鼓勵我去。那時掙扎很久，因爲香港大賽除了練習曲，幾乎不能用蕭邦曲目，又是包括室內樂的四輪比賽，同時準備實在壓力很大。我雖然沒辦法只彈蕭邦，但一下子要彈這麼多，也是出乎意料。但考驗既然來了，就迎接吧！只要過關，以後就沒有什麼好怕的。

焦：2005年的蕭邦大賽非常奇特，得獎者就是波蘭人跟亞洲人。您怎麼看亞洲和亞裔鋼琴家在國際樂壇逐漸興起的趨勢呢？

李：這個趨勢之前就開始了，因此在比賽的時候，我可以感覺到美洲和歐洲的參賽者，見到亞洲人都有點敵意，覺得是很厲害的對手。但我並沒有這樣想。一方面，我覺得可能剛好在那個時間點，這個年齡裡面的亞洲鋼琴家比較優秀。二方面，亞洲鋼琴家的實力其實一直都很好，但以前的評委不見得喜愛。有時候比賽就是遊戲，還是非常主觀的遊戲。某一陣子亞洲鋼琴家無論有多好，就是得不到獎，又某一陣子只要是亞洲鋼琴家，就會得到偏愛。

焦：這種狀況就發生在俄國鋼琴家。有陣子無論如何，就是不把首獎給俄國人，因爲著名的俄國音樂家已經很多。

李：比賽看多了，眞的就是這樣。不過亞洲鋼琴家，實在勤奮刻苦。

你若去看琴房登記，在排隊的永遠是亞洲人，可能我們的教育訓練就是如此。參加比賽，我想每個人都會想獲獎，但獲獎以後，也有很多事要懂得放下。得獎固然可喜，卻不是最重要的事。真正重要的，是以後能不能繼續走下去。我希望聽眾也能知道這點，看長不看短，不要以一場比賽的成績來評定鋼琴家。

焦：那屆您的參賽過程如何？是個愉快的經驗嗎？

李：很有趣。首先，蕭邦比賽很特別的，是每地的使館或代表處，都會辦接待會，邀請選手參加晚餐。這是蕭邦大賽行之有年的傳統，應該很少比賽會辦這種活動。選手都住在大賽安排的飯店，每天吃飯都會見面，大家還是能溝通、聊天，這非常難得。有次某選手對我說，想要我簽好的琴房時間，因爲他後天是某某時間彈，必須要在我的時間練習。我想能幫別人總是好事，就跟他換。不練琴的時候我也會去聽比賽，或到處逛逛，尤其到公園，讓自己安靜下來。但另一方面，由於我和很多同學一起去，大家一起訂機票，感覺像郊遊旅行團，可以互相幫忙。總而言之，比賽氣氛比我想像中的好很多。那將近一個月的時間，大家每天都會見面，感覺很和善溫馨。

焦：說到練習時間，我2002年看柴可夫斯基大賽，就覺得這雖是「鋼琴比賽」但也是「鋼琴的比賽」，幾個廠牌互相較勁。

李：真是如此！如果你進入第二輪、第三輪，你選的某品牌就會安排琴房，讓你能練更多。毫不意外，又是亞洲參賽者最積極，總是最早排隊，總有辦法練到最多。相形之下，歐美選手真的就沒有非常在意。總而言之，我很鼓勵有志於演奏的年輕鋼琴家，能參加諸如蕭邦或柴可夫斯基這樣歷史悠久、程度很高的比賽。如果心態正向，必能從準備與參加過程中獲得很多。

焦：您獲獎之後，在香港當然是轟動新聞，我很好奇您怎麼從突如其來的名聲中找到自我平衡？

李：得獎之後，剛開始的幾個星期會有很多媒體報導，很多人會突然知道有個叫李嘉齡的人會彈琴，但之後就不見得會記得。獲獎當下，當然覺得很開心，也很感恩，但接下來我該怎麼做呢？新聞帶來知名度，回香港也許演出機會多一些，但香港就這麼大，總不可能每個月都在不同地方彈一樣的作品吧！我知道大家對我有一定的期望，但我不希望這個期望形成不必要的壓力。我想保持最好的狀態，因此我沒有在比賽後就馬上回香港開獨奏會，而是過一段時間，把自己調整好再開。即使是那場，我也沒有只彈蕭邦。蕭邦的作品融合古典與浪漫，能把蕭邦演奏好，一樣可以演奏好其他作曲家。身為蕭邦大賽的得獎者，把蕭邦演奏好是責任，但這不表示我只能彈蕭邦，或彈蕭邦才好。我也很少純彈單一作曲家的獨奏會，頂多像是全場俄國曲目。我倒是利用演出邀約，學了很多協奏曲。蕭邦只有兩首協奏曲，實在不能每次都彈它們。如果只著重已經熟悉的作品，這很容易讓自己退步。

焦：其實就像您剛才說的，要把莫札特彈好，不能只彈莫札特；想把蕭邦彈好，也不能只彈蕭邦。

李：要不停學新曲目，才能觸類旁通，回到蕭邦才會看到更多，包括技巧都能磨出新想法。如果贏了比賽，卻不能持續學習、進步，等於藝術人生就停在得獎那一刻，那得獎就成了詛咒。比賽之後的邀約，也讓我慢慢學習自我管理。我沒有經紀人，音樂會都自行打點，曾經有過美國日本短時間內來回跑的狀況，非常瘋狂。如果有人管理，絕對不會是這個樣子。但時間久了，慢慢知道取捨，也就一路走到今天了。

焦：您在蕭邦大賽之後，馬上應波蘭蕭邦學會之邀，以1848年的普列耶爾歷史鋼琴錄製了以蕭邦晚期作品為主的專輯。可否說說這個經驗？

李：還在決賽進行中，蕭邦學會的主管就來找我了。他沒有說專輯，只說有架歷史鋼琴，覺得很適合我去彈，希望我去參觀試彈。當時我覺得很有趣，因爲那不是古鋼琴，而是十九世紀中的鋼琴，我覺得和現代鋼琴的差別不算很大。

焦：它的鍵盤不是比較窄嗎？

李：對，琴鍵也比較輕，調律基準音高也低。如果你有絕對音感，會有點難受，也必須適應歷史鋼琴的音色與聲響。但我覺得很新鮮。製作人看我不排斥，就提出錄音邀請，我以爲他只是說說，畢竟比賽還沒結束。能看到這架琴，長了見識，我就非常滿足了。沒想到最後他說，無論我有無獲獎，他都想邀請我錄音，因爲他覺得不是每位鋼琴家都適合彈歷史鋼琴。我非常感謝這位先生的信任。

焦：從錄音成果看來，您的確很適合演奏歷史鋼琴，但我想這其中必然還是得有技巧轉換，不能完全以演奏現代鋼琴的方式演奏歷史鋼琴。

李：的確。比方說演奏《第三號鋼琴奏鳴曲》需要相當的音量，但在那架鋼琴上，我習慣的演奏方式並沒有效果，必須以另一種方法才能把它最厚、最有力量的聲音放出來。另外，歷史鋼琴的泛音比較豐富，麥克風不見得能充分捕捉。適合彈給現場聽衆的奏法，錄起來不見得好聽。幸好製作人對這些都給了很多有用的建議，幫助我得到最好的效果，包括非常技術性的指導。錄音出來的感覺，讓我相當驚訝。歷史鋼琴的音量並沒有那麼大，但經過仔細的調整，仍然能給聽者很強勢的感覺。

焦：歷史鋼琴泛音那麼豐富，剪接上好處理嗎？

李：不太容易，最好是整段錄。那個錄音只有一天半的時間，一般我都是從頭彈到尾。這是我第一個錄音，和以前在香港電台的錄音是截然不同的感覺，錄音時滿緊張，但我很感謝能把當時表現最好的一面錄下來。也因爲這張專輯，後來得到錄製史卡拉第奏鳴曲的機會。那是完全不一樣的挑戰，最難的不是錄音，而是選曲。在我之前已有九位錄了，所以我不能選先前錄過的作品，那就是我所有知道的史卡拉第奏鳴曲都不能選。我花了好幾週的時間在圖書館看譜，找出自己還喜歡的作品。幸好我是第十個，如果我是第二十個，大概什麼都選不到了。這個錄音用現代鋼琴，比較好剪接，但我還是希望能一次錄一大段。製作人說反覆樂段可以不錄，後製處理即可，但我覺得反覆段不可能彈得一樣，還是應該錄。透過錄製CD，我發現另一種對自己的要求，但也讓我反思進步科技的盲點。從前錄音技術不好，但很多很好的藝術家，能在那樣的錄音裡展現真誠的感覺。現在錄音技術相當完美，出來的成品卻往往少了內在、原本的東西。一般人覺得這和鋼琴家本身有關，但我認爲錄音過程與方式，也必然會有影響。

焦：您在2018年演奏了很多現代、當代作品，除了香港作曲家創作，還包括凱吉爲預備鋼琴的作品，艱深複雜的布列茲《第三號鋼琴奏鳴曲》，以及和小提琴家格德霍特（James Cuddeford）合作費德曼的樂曲。可否談談這些很不尋常的挑戰？

李：如果看到譜，覺得困難就放棄，那很多作品根本不用彈了。我對凱吉格外有興趣，因爲一般眞的不可能爲了一、二首，就花那麼多功夫去準備預備鋼琴，要彈就彈多一點。我請作曲家鄺展維幫我找各種材料，試驗放到鋼琴中的各種聲音，發現凱吉的設計非常仔細，聲響有完善規劃。至於布列茲，眞的讓我想回到學校——唉，當年怎麼不更用功呢？這實在好難分析啊！剛開始我每次練，都不知道自己在做什麼。即使買了很多錄音研究，看譜仍會迷失。但研究一段時間之後，就發現布列茲寫的都是能做到的。雖然複雜，但複雜的有意義、有效果，是很有意思的作品。至於費德曼，那是全新的體驗。我第一次看到許多地方只有符號、沒有音的譜，要自己照指示發揮。但作曲家對每個音要多長、休止多久，都有完善設計。換句話說，就是對音樂的時間和空間很有要求。香港很忙碌，這樣安靜、緩慢、音量沒有很大對比，但有自己規律的作品，給我很大的啓發，讓我表現最內心的感受。也因如此，我發現自己彈出的琴音也變了，聽到另一種自己。我接下來還會演奏陳銀淑（Unsuk Chin, 1961-）的作品。讀譜過程一樣很不容易，但音樂對我有種無名的吸引力，相當現代，倒不覺得非常韓國或東方。接下來還會有什麼邀約，就讓事情自然發生吧。

焦：以您浸淫古典音樂多年的心得，對於東方人學習西方古典音樂，您有什麼建議？

李：從最近幾十年看來，東方人對西方音樂的理解和感受，可說愈來愈好。古典音樂早已在東方人的生活之中，不是「西方」古典音樂了。現在又是網路時代，只要手機一按，什麼音樂都能聽到。交通便利讓學習變得很容易，只要有心，以東方人的細膩，一定能把古典音樂學好。我希望有更多東方人投入古典音樂，對我們或對這門藝術，都一定是好事。然而我們也必須知道，文學、藝術等等都和音樂相連，想把音樂學好，就必須廣泛認識這些。但這些講到最後，又都以人爲出發。因此，音樂家不能只有技術，也不能只有音樂，必須要有生活，這樣才會有眞正的藝術。

焦：在台灣，不時還會聽到把古典音樂視爲外來物，資源應該多放在本土藝術這樣的意見。

李：如果沒有古典音樂的影響，很多我們認爲是我們的東西，根本不會存在。難道現在的中文流行歌曲，沒有用西方的和聲與對位嗎？古典音樂——或說經典音樂——最傲人之處，不是古典或經典這個名字，而是時間。無數有才華的人，而且是跨領域、跨國界、跨種族的人，在好幾百年的時間裡爲這門藝術奉獻，自然積累出非凡的深度與廣度。然而這和發展本土文化藝術並沒有衝突，完全可以一起。在最好的情況下，只要喜愛哪門藝術，就可以學，不該被任何成見束縛。

況且，在國際化、全球化的時代，外地人也可以來香港發展香港文化。香港畢竟是比較開放的地方，在新時代更不能自我封閉。

焦：現在都有西方人專程到廣東學燒臘，我相信未來這樣的文化交流與學習一定只會愈來愈多。在訪問最後，身爲游泳迷，很高興知道您是游泳好手。不知道這對您的生活與音樂是否也有影響呢？

李：哈哈，小時候學游泳，因爲學得很好，老師就建議我參加游泳隊。這眞是很好的運動，健身又能讓人放鬆，還可以用來背譜。無論多麼困難的作品，邊游邊想，最後總會理出頭緒。

夏瑪優 1981-

BERTRAND CHAMAYOU

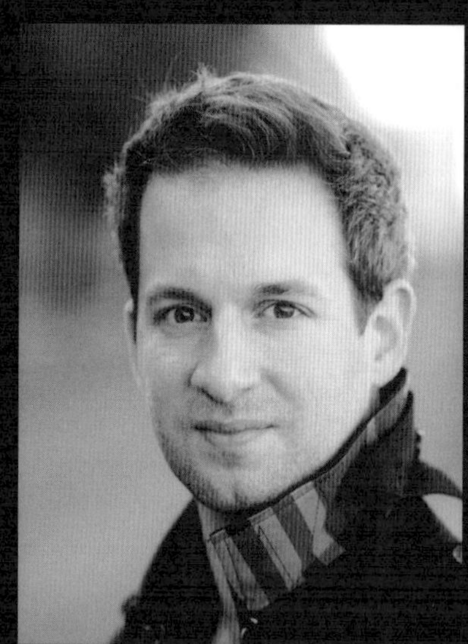

Photo credit: Marco Borggreve

1981年3月23日生於法國土魯斯（Toulouse），夏瑪優在當地音樂院隨薇洛詩（Claudine Willoth）學習，15歲進入巴黎高等音樂院跟海瑟學習，同時在倫敦跟庫修女士學習。他曾於2001年隆—提博大賽獲獎，從此逐步開展演奏事業。夏瑪優的專輯規劃頗見巧思，在室內樂也有傑出表現。他對李斯特和拉威爾極具心得，曾錄製李斯特《超技練習曲》和《巡禮之年》全集以及拉威爾鋼琴獨奏作品全集，曲目亦相當廣泛，包括梅湘《耶穌聖嬰二十凝視》全集在內的許多二十世紀與當代創作，是法國新生代最受矚目的鋼琴家之一。

關鍵字 —— 海瑟、技巧練習、庫修、舒伯特、孟德爾頌、演奏風格變化、歷史資訊演奏、拉威爾鋼琴作品詮釋（培列姆特、速度、《水戲》、〈絞刑台〉、《庫普蘭之墓》、《鏡》）、李斯特《巡禮之年》、專輯專文與訪問、法朗克

焦元溥（以下簡稱「焦」）：您在怎樣的環境長大？爲何會學習音樂？

夏瑪優（以下簡稱「夏」）：我在土魯斯長大，家裡沒有音樂家。我爸喜歡鋼琴，小時候學過，因此我們家有鋼琴。我媽喜歡繪畫，尤其是當代藝術。我學鋼琴完全是湊巧——我到鄰居朋友家玩，看到朋友上鋼琴課，就吵著也想學。然而我一開始學就產生興趣，進展也很快，於是進了土魯斯音樂院。我很有天分，但不喜歡制式練習，對琶音、音階等等完全沒興趣。我喜歡自己寫曲子或即興演奏，也喜歡讀樂譜。我爸常買各種譜給我，即使那些都超過我的演奏能力，我還是能從閱讀中得到很多樂趣，也喜歡在鋼琴上玩這些作品。比方說我9歲，爸爸就給我買了拉威爾《水戲》和貝多芬三十二首鋼琴奏鳴曲。我像一個小動物，很本能性地自己探索。後來老師也發現了，就引導我這樣學。我對音樂很有熱忱，但基本上把它當成嗜好，沒想要當職業音樂家，除了上音樂院我也念一般學校。

焦：所以什麼是您成爲音樂家的轉捩點？

夏：我在13歲左右考到土魯斯音樂院的鋼琴一等獎，評審包括海瑟。這是我第一次在這麼有名的音樂家面前演奏。那時我彈了舒曼作品和普羅高菲夫《第三號奏鳴曲》。考完之後，海瑟主動找我，希望我到巴黎跟他學習。我和家人都非常驚訝——就像我剛剛說的，我從沒想過要當音樂家，搬去巴黎又是太大的改變。最後我們決定，我先每個月到海瑟家上兩次課，看看進展如何，再考慮是否專注於音樂學習。

焦：如果要準備巴黎高等的入學考，這下子您可得練音階和琶音了。

夏：的確。我到14歲才開始練音階和琶音，不過這時就是很認眞地練。我之前是照直覺來彈，但比照海瑟教我的技巧系統，像是琶音和音階指法，我發現我的直覺很正確，手指動作好像都和海瑟教的方法吻合。後來我想，這才是學技巧最好的方法，也就是要照著本能來走。像瑪格麗特．隆那種傳統法式，手指抬高往下擊鍵的技巧，等於把手指規訓成完全不自然的樣子，強迫身體又沒有效率。演奏必須要自然。海瑟的教法也很自然，不是這種法式技巧。這也讓我想到，如果我小時候就接受不自然的技術指導，大概早就放棄鋼琴了。很多人之所以被認爲沒有天分，可能只是跟錯了老師。

焦：您後來還有繼續寫曲子嗎？

夏：很遺憾沒有了。由於鋼琴學習占了大部分時間，就慢慢把作曲放下了。但我對作曲還是很有興趣，說不定有天能再回到譜紙。

焦：您16歲進了巴黎高等音樂院，跟海瑟學了5年，也在倫敦跟鼎鼎大名的庫修女士學習。就我所知，包括阿格麗希、魯普等名家都跟她學過，而她非常挑學生。

夏：我很幸運，海瑟也是庫修的學生。跟海瑟學了一年後，他建議我彈給她聽，我就搭剛建好沒多久的歐洲之星，到倫敦庫修家中跟她上課。我彈了孟德爾頌《嚴格變奏曲》和貝多芬《華德斯坦奏鳴曲》。她先閒聊，之後開始教，這一教就是快五個小時。「你明天有什麼活動？」庫修問：「能不能繼續留在倫敦？我可以幫你準備房間。」我本來只預計上一天的課，就連忙取消巴黎活動，再留一天。但隔天庫修又問了一樣的問題，最後我在倫敦待了整整一週。之後她表示願意教我，海瑟也同意，從此我每個月去倫敦一週，跟她學了5年。庫修女士的教學以德奧作品與蕭邦爲主，我學了整套維也納古典樂派、舒曼、孟德爾頌、布拉姆斯等等作品，她也是我最後的老師。這不是說我不用繼續學習，而是我覺得更需要從實際演奏中整合所學。

焦：您的德奧作品確實非常出色，而我得跟您說一件事：我在2004年訪問過鋼琴家柯拉德，訪問最後，他說了作爲鋼琴演奏家的初衷。九年後我再次訪問他，這次他要我務必欣賞一位法國年輕鋼琴家的演奏，尤其是他的舒伯特，說那「眞是發自內心而出的音樂」，聽了之後簡直「被帶往另一個世界」。那位鋼琴家就是您。可否談談您的舒伯特專輯？

夏：啊！柯拉德眞是好人，我完全沒想到他會這麼說！但我必須老實招認，這張舒伯特，是目前我錄過最具挑戰性的專輯。我從小就熟悉也喜歡舒伯特，也一直聽他的作品，但相較於拉威爾與李斯特，我沒有花那麼多時間在他身上。《流浪者幻想曲》是我最有心得的舒伯特作品，後來我決定在音樂會演奏，並以它爲中心設計了一套發想自「舒伯特幫」的節目，彈了好一陣子之後決定錄音。但我對他的知識少於拉威爾，主要靠直覺去探索。對拉威爾，我很明白詮釋方向；對舒伯特，我像是在黑森林裡找路。找路之中我獲得很多，但也覺得茫然，總之就是即使過了這些年，我仍然無法眞正定位這張專輯，這也是我得到最多不同意見的專輯。有人完全不喜歡；喜歡，甚至完全滿意的人，看法也很多，「這是奇特的舒伯特」、「這是不一樣的舒伯特」。我錄法朗克或孟德爾頌，都很確定我要什麼；錄舒伯特，我像在月亮上行走……唔，柯拉德眞是對的，這眞是在「另一個世界」，哈哈。

焦：哈哈，我想我能站在柯拉德那邊。另外，從您第一張唱片李斯特《超技練習曲》開始，您就展現出精湛而有個人色彩的鋼琴技巧。可否談談您對技巧的想法？

夏：我的確在尋找某種聲音，但各時期都不同。我受到很多影響，比方說霍洛維茲與柯爾托，也常從現場音樂會得到啓發，但終究得回到個人性格。我希望演奏能非常清晰。這像是傳統法式的美感，但我絕不要乾澀乏味的聲音；我要乾淨的起音，但不是法國「似珍珠的」感覺。我很鍛鍊我的手指，讓它們很有力氣。我要從琴鍵中「抓」出更深的聲音——來自鋼琴深處，非常深厚的聲音。要清晰乾淨又能深厚，可說是混合式的風格。不過這也只是我現階段的追求，未來會往何處去，我自己也很好奇。

焦：您對技巧的理想，在您演奏的孟德爾頌中得到極精彩的發揮，眞的乾淨俐落又有立體聲響，您也設計出一張非常有創意的孟德爾頌專輯。

夏：謝謝你的稱讚。孟德爾頌實在被不公平地忽略了。或許我們不能把他和蕭邦、舒曼和李斯特直接放在一起，應該把他想成「浪漫派之前的晚期」；別把他當成「過渡」，而是新時代到來前，舊時代最成熟的積累。或許一般演奏者覺得孟德爾頌技巧不夠難。我想，如果眞能把每個音都彈清楚，孟德爾頌這位鋼琴演奏大家，還是知道如何讓他的樂器發光。

焦：那麼就宏觀角度來看，您怎麼看世代之間的不同演奏風格？您又會追求怎樣的風格？

夏：風格一直是現在進行式，不斷演化，而且反映當下。我用一個例子說明：我一直對歷史鋼琴和巴洛克音樂很有興趣，常聽演奏也一直看相關研究。大家說「歷史資訊演奏」注重「正確性」，以十七和十八世紀的樂器，還有演奏教材中所呈現的演奏技法「復古」，但我聽當下的古樂演奏，我想我應該可以很有信心地說，以前不會是這個風格，即使我很喜歡。現在的古樂，多數風格其實非常二十世紀後半與二十一世紀，尤其是對節奏和重音的處理。此外，現在的古樂也往往陷入迷思，好像必須要創造什麼新東西、讓人感覺新鮮，才算是成功的演奏。但這就失於刻意。我有時也彈歷史鋼琴，嘗試各種不同風格，但這說到底是詮釋而非眞的復古。若比較今日演奏與一百年前的演奏，應可明顯發現以前比較重歌唱性與人聲，著重水平面的線條；現在比較重節奏，關注垂直面的力度。現在也有人用百年前的鋼琴演奏德布西和拉威爾，但追求的只是鋼琴聲音，並沒有用百年前的方式演奏。因爲我們已經有錄音，不需要複製。若聽二十世紀早期的弦樂錄音，比方說卡佩四重奏（Capet String Quartet）和提博的演奏，他們的滑音運用和句法，和現在完全是兩個世界。巴洛克時代沒有錄音，大家更是只能靠想像。我喜歡發現新東西，我們不只能從現代事物中發現新點子，也能從過去事物中得到啓發。我對聲樂尤其有興趣，喜歡研究不同唱法。有些個人風格也很讓我著迷，比方說拉赫曼尼諾夫，那種高尚、貴族一般的演奏，現在也沒有了，雖然和聽衆有點距離，但品味很高，也很深刻。

焦：從您的回答，接下來我想專注於拉威爾鋼琴作品詮釋的討論。培列姆特曾跟隨拉威爾學過他所有的鋼琴獨奏作品。1950年他和拉威爾好友小提琴家莫安琪（Hélène Jourdan-Morhange, 1888-1961），在法國廣播電台進行一系列拉威爾鋼琴作品討論，直接解釋了自己的詮釋和拉威爾的意見。廣播內容後來編爲《拉威爾談拉威爾》（*Ravel d'après Ravel*）一書，是研究拉威爾的重要著作。然而不只培列姆特，卡薩德許和費夫希耶也和拉威爾學過他全部或多數作品，也留下全曲錄音。如蕾鳳璞這樣的鋼琴家，也曾就某些作品和拉威爾討論。您錄製了一套非常精彩的拉威爾鋼琴獨奏作品全集，我很好奇當您準備這些作品，是如何看這些據稱直接來自作曲家本人的意見？

夏：我10歲就看《拉威爾談拉威爾》，讀得非常熟。我聽過培列姆特現場兩次，非常尊敬他。他也是海瑟的老師，海瑟和我說了很多培列姆特的演奏心得。我對他的錄音很熟，也從小聽卡薩德許、費夫希耶、蕾鳳璞等人的錄音。但我錄製拉威爾的時候，並沒有把他們的錄音再拿來一一比對。我認爲最好的方式，是熟悉這些資訊，讓這些影響進入頭腦、心靈與手指，然後將其擱在一邊，過幾年再說。在最好的情況下，或許會有非常個人化且原創的想法出現。傳統很重要，但必須將其內化成自己的語彙，我絕不想模仿或照抄什麼。詮釋也不能速成，不能現買現賣，必須由生活積累，自人生閱歷中沉澱。畢竟，最重要的還是樂譜。我們要努力了解作曲家要什麼，但仍有無限的表現可能。這也是爲何演奏當代作曲家的作品並向其請益非常重要——眞的鮮少有無法更改的表現方式。演奏者要知道作品的主要想法，感受它告訴自己的是什麼，然後建立詮釋。就如大家念同一本書的一句話，先要知道作者想說什麼——這可能有很多種解釋——然後用自己的方式表現。卽使我和你對這句話的想法一樣，我們念的方式也不會一樣。

焦：如果遇到您心裡的詮釋和樂譜指示完全相反的時候，您會怎麼取捨？

夏：通常不會發生這種事，哈哈。我讀樂譜，就是照作曲家的指示與思路去想，倒不會想要挑戰它。以拉威爾而言，由於他的樂曲實在寫得好，結構、章法、和聲都非常淸晰，卽使把譜上所有強弱指示拿掉，你應該還是會得到極爲相似的答案。至於貝多芬，的確常會非常強烈地要你做和音樂直覺相反的事。可能明明音樂感覺要漸強，他偏偏要你收弱。這是非常強烈的音樂語言，但爲何會這樣？這往往是他表現痛苦或掙扎的方式，背後都有原因。了解原因之後，也就不會覺得奇怪了。

焦：那麼速度選擇呢？

夏：當拉威爾——以及絕大多數的作曲家——寫下節拍器速度，所要的不見得就只能是那個速度，而是以那個速度爲中心的區間。比方說拉威爾寫每分鐘90拍，你可以在90附近，但不能變成70或110。然而區間內要如何選擇，每個人都有自己的理由。有人喜歡快，有人偏好慢，若要令人信服，就必須自然。我每次彈拉威爾速度不會一樣，有時會比樂譜指示快，但那必然是我感受如此。我覺得速度要能合於自己，詮釋才會成功。指揮家與作曲家羅森塔（Manuel Rosenthal, 1904-2003）是拉威爾的作曲學生，也成爲他相當親近的朋友。羅森塔演奏拉威爾的《圓舞曲》給他聽，拉威爾覺得結尾太快，於是正式演出時羅森塔放慢了速度。但音樂會後拉威爾反而說他改變了想法——羅森塔應該用他的速度，不然音樂就不自然了。我不會刻意做和樂譜相反的事，速度選擇都有理由。比方說我演奏《庫普蘭之墓》的〈佛蘭舞曲〉（Forlane）會用偏快的速度。巴洛克時代的佛蘭，其實是很快的舞曲，拉威爾一定知道。培列姆特用了比較慢的速度，但我不認爲它就只能這樣彈。

焦：我想這些作曲家認可的演奏，爲我們提出了方向，包括應該避免的方向，但不該是唯一解。作曲家如果聽到不一樣但具說服力的演奏，很可能也會認可，就像蕾鳳璞用「半斷奏」而非連奏彈《水戲》開頭一樣。她那樣演奏的確效果出色，但分寸很難拿捏，一般人不容易照做。拉威爾若聽了效果不好的模仿，應該不會認可。

夏：我完全同意你的看法。我可以再舉一例。我對培列姆特非常尊敬，非常愛他的演奏，但拉威爾樂譜中有些印刷錯誤，像是《高貴而感傷的圓舞曲》中的和聲錯誤，拉威爾在管弦樂版本中更正了，培列姆特仍彈了錯誤的音。不只是他，卡薩德許的錄音也錯了。如果和聲錯了但拉威爾沒有挑出來，或是他們沒有仔細討論，這表示拉威爾雖然認可他們的演奏，但這演奏絕對不是唯一。身為演奏者，我們努力忠實作品，但要自己思考，然後以最自然的方式呈現。忠實並不意味死板，但死板必然不忠實。

焦：不過回到《庫普蘭之墓》的討論，我想培列姆特在〈佛蘭舞曲〉用比較慢的速度，或許和作品背景有關？畢竟這名義上是悼念故友，紀念消逝時代之作。像培列姆特演奏的〈小步舞曲〉，中段不只音響效果神乎其技，更有宛如來自一次大戰的恐怖與傷感。

夏：我對創作背景非常熟悉。拉威爾對一次大戰反應激烈，還想要參與戰事，但我實在沒辦法從《庫普蘭之墓》中感受到戰爭。倒是沒上戰場的德布西，這段時期的作品常有戰爭省思與批判，《黑與白》（*En blanc et noir*）的第二樂章就是如此。我反而覺得，或許拉威爾想要用音樂來抹去戰爭陰影。無論如何，我必須忠於自己的感受，我也不是唯一這樣想的。比方說富蘭索瓦彈的《庫普蘭之墓》就極為喜悅，速度也非常快，像是巴洛克舞蹈和大鍵琴音樂。

焦：論及快速，李希特的《水戲》因為極為快速而遭致批評，但柯爾托和卡薩德許的《水戲》也非常快，季雪金甚至不到4分鐘就彈完了（現在一般演奏時間約在5分半）。對於這樣的快速，您有任何解釋嗎？

夏：我沒有解釋，只有猜測：我們現在離《水戲》已經有好一段距離了，會用所謂印象派的方式來想像。但對柯爾托、卡薩德許和季雪金而言，這是當代音樂，而且是看起來很炫技，頗有李斯特風格的作品，所以才彈得那麼快。

焦：此曲標題是有雙關意涵的文字遊戲，但若真要「翻譯」，您會解釋成「水的遊戲」或「噴泉」？這是否也影響您對此曲的詮釋？

夏：「水戲」(Jeux d'eau) 這個詞來自李斯特〈艾斯特莊園的噴泉〉(Les jeux d'eaux à la Villa d'Este)，而李斯特用的這個詞來自義大利文「水的遊戲」(giochi d'acqua)，泛指花園中的水裝置，包括景觀噴泉、水舞，或者是突然噴水的整人機關等等。在艾斯特莊園當地的「水戲」本質是噴泉，但噴泉並不是「水戲」，法國一般人也不會稱噴泉是「水戲」，而是稱Fontaine。對我而言，此曲就是表現水的流動，在空中流動。譜上附的詩「河神被水逗笑了」(Dieu fluvial riant de l'eau qui le chatouille)，河神就是水，笑則是動作、流動。詩句也點出這是很快樂的樂曲，雖然仍有一絲憂傷。比較有趣的是在第一主題的新呈現，拉威爾寫了鐘聲。他相當喜愛鐘聲，除了許多明顯的例子，〈蛾〉的中段也有，令人玩味。

焦：說到鐘聲，就不能不說到《夜之加斯巴》中的〈絞刑台〉。培列姆特認爲演奏者無需害怕貫穿全曲的鐘聲被彈得太單調，「拉威爾就是希望在嚴格的速度下，鐘聲被彈得從頭至尾一致，不能有改變」。作曲家似乎就是如此堅持，當年就和首演者維涅斯的意見嚴重分歧。(拉威爾在信中提到，維涅斯表示如果照拉威爾的方法，「聽衆會無聊到死！」) 有趣的是培列姆特在第一次錄音中照拉威爾的意見演奏，第二次錄音則否。您的錄音也沒有完全堅持拉威爾的設計，鐘聲仍有音量起伏。可否談談您的想法？

夏：對我而言，這應該是相同的「聲音」，因爲是相同的鐘。中段的漸強不應過分誇張。然而這鐘是否每一響都要完全一樣，我並沒有往這方面想。畢竟眞實世界的鐘聲，每一響也不會完全一樣。鐘聲雖是關鍵，但〈絞刑台〉不是只有鐘聲，和聲與線條都要考慮。我認爲鐘聲是主角，其他是背景，主角與背景之間隨音樂發展而有互動。鐘聲小聲但要非常明晰，和弦則像是鬼魅與模糊暗影。我不想要非常戲劇化的表現，像是一些人會彈出重低音，因爲它該是和前後兩曲的對比。但我還是強調，整體呈現要自然。〈絞刑台〉的確該穩定地予人恐怖感，但如果過分堅持，又顯得刻意了。

焦：關於拉威爾作品的題名，對於《鏡》組曲，他曾引用莎士比亞在《凱撒大帝》（*Julius Caesar*）中的名句「眼睛看不見自己，必須靠別的東西反映」（The eye sees not itself but by reflection, by some other things.）。他也提到《鏡》被歸類在「印象派運動」這個「在繪畫之外並不實際」的分類。您怎麼看拉威爾與所謂的「印象派」？

夏：這個題名的確可從印象派的角度去想，是反照，像水面反光。「印象派」可以理解成些許和聲的使用，或者描寫的態度與角度，但拉威爾屬於「印象派」的作品並不多，我認為只有《水戲》和《鏡》，或許勉強可加上《夜之加斯巴》。即使如此，《鏡》中的〈小丑的晨歌〉（Alborada del gracioso）也不是印象派。我想拉威爾愛「鏡」這個概念，但這畢竟是概念，演奏者必須自己體會，作詩意的想像。我們也別忘了此曲和拉威爾所在的「阿帕許幫」（Les Apaches）的關係。這是銳意摩登之作。雖然不同於德布西，但都在尋找新的聲音和表達方式。拉威爾之後反而往傳統走。如果只聽作品，大概難以想像《庫普蘭之墓》是《鏡》十年後的創作。

焦：您在30歲那年，也是李斯特200歲紀念年錄製了《巡禮之年》全集。不只演奏精彩，解說設計等等也十分用心，是精緻藝術品也是向李斯特致敬，可否說說您對這部作品的看法？

夏：你說的沒錯，這真的是向李斯特致敬。《巡禮之年》中我最愛的是《第三年》，錄製全集其實也是為了要呈現《第三年》，因為它最被忽略，人們通常只知道其中的〈艾斯特莊園的噴泉〉。事實上，就連比較常錄製的前兩年《瑞士》和《義大利》，許多人也只對著名的幾首用心，實在很少聽到從頭到尾都有相同專注度與強度的演奏。我認為最重要的也是《第三年》。我沒有什麼宗教情懷，但能從中感覺到神祕主義——那是當我進入大教堂、看到古蹟，甚至欣賞大自然美景，心中油然而生的神祕感受，感嘆人類創造物的偉大與自然界的神奇。前兩部眞如名稱所言，是旅行。第一年是風景，實際的旅行，雖然也有〈歐伯曼山谷〉這樣融合風景、文學與心境的作品。第二年是藝術，題材包括拉斐爾、米開朗基羅、但丁、佩脫拉克，從繪畫、雕塑、文學一路走來，是心靈與智慧的旅行。《第三年》隔了好多年才寫；當年一起旅行的達古夫人已經過世，李斯特譜出完全不同的音樂，是內在、神祕的旅行。無怪《第三年》有匈牙利主題作品，那是作曲家心靈深處的映照。我常在音樂會演奏《巡禮之年》全集。這不是要挑戰什麼，而是想帶聽眾從熱情、浪漫、超技，一直到無以名之、全然神祕的精神境界。如果一次聽完全集二十六首作品，相信會有很特別的感動，對《第三年》也會有不同的理解。

焦：就第一、二部的種種文學與藝術指涉，您如何將其表現在演奏裡？

夏：我做了所有的功課，讀了看了所有李斯特提到的作品，甚至也去過那些景點。然而，就如我剛剛所說，我吸收所有資訊，讓它們內化成我的一部分，再以直覺、本能的方式演奏。我無法說拜倫的哪句詩對應李斯特哪段旋律，我也不覺得這會是理解李斯特這部作品的好方法。這世上的確有非常描述性的音樂。但即使如此，音樂說的也比文字要豐富，演奏者也要呈現這樣的豐富。

焦：從您第一張專輯開始，CD解說中就放了您寫的文章或您的訪問，討論該專輯的作曲家與作品。這是您的想法嗎？

夏：是的。我喜歡寫東西也常看曲目解說，但很少解說能讓我喜歡。事實上我爲李斯特《超技練習曲》也寫了一篇曲解，唱片公司卻把我的文章剪輯成個人心得，另放了一篇音樂學式的樂曲介紹，而我一點都不喜歡。但那是我首張專輯，所以我沒能多說什麼。許多樂曲解說是這樣寫的：「某某樂曲是什麼調，經過幾小節轉到什麼調，相當激動，然後在哪裡進入發展部，風格如何，最後到再現部……」嗯，對不懂音樂的人而言，誰知道這些術語與轉調是什麼意思呢？但看在懂音樂的人眼裡，這只是描述音符分布，對音樂卻什麼都沒說。所以這是對兩者都無用的廢文，我幹嘛要它出現在我的專輯裡？與其讀這種文章，我認爲聽衆更想知道的，是演奏者自己的看法與感受，他和作品的關係等等，即使寫得不好，至少能讓讀者和演奏者產生連結。

焦：最後，請您談談法朗克。我已經不知道多久沒有看到一張全是法朗克作品的鋼琴專輯了，您對他一定有所偏愛。

夏：我眞的非常愛法朗克。《前奏、聖詠與賦格》還是很多人演奏，《前奏、歌調與終曲》就乏人問津。我承認它的演奏效果沒那麼亮眼，但有些段落法朗克眞的譜出極爲動人的偉大音樂，我每次聽都會起雞皮疙瘩。很可惜，法朗克現在並不流行，除了《小提琴與鋼琴奏鳴曲》，連他的交響曲都演得少了。

焦：《交響變奏曲》，那麼精彩的創作，已經好久沒有新錄音，也愈來愈少在音樂會出現，更不用說驚悚又炫技的《靈魔》（*Les Djinns*），幾乎完全被遺忘。

夏：因爲它們時間不夠長，不像一般的協奏曲。這不是作品的問題，而是音樂會節目僵化的問題。現在的樂團音樂會就是「序曲、協奏曲、交響樂」如此形式，非常死板，時間長度也很僵化。當我看展覽、欣賞戲劇、聽音樂，我想置身於藝術宇宙，在其中做夢，最不該有的就是形式主義。音樂會爲何只能有一種樣子？爲何不能有兩個中場休息，或者沒有中場休息？舒曼、孟德爾頌、蕭邦等等，都有15分鐘以內的鋼琴與樂團作品，爲什麼只因爲不符合現代音樂會的制式框架就不演出了？音樂會應該有更多變化，最好每次都不一樣。我就在努力嘗試，希望多少能帶來一點改變。

焦：在訪問最後的最後，有沒有什麼對您非常重要，但我還沒有問的問題，而您願意將其當成結語？

夏：很抱歉我得讓你失望了。我很能回答問題，可是要我自己說，一時實在不知要講什麼。不過你今天給了我一個人生方向：如果我夠努力，十年後我們再次見面，我或許也有資格和柯拉德一樣，告訴你我最喜歡的新生代鋼琴家是誰。就讓我期待這一天吧！

嚴俊傑 1983-

CHUN-CHIEH YEN

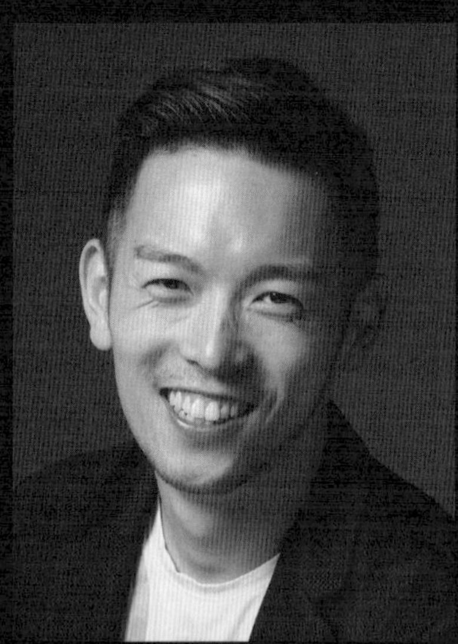

Photo credit: 曾懷慧

1983年9月29日出生於台北，嚴俊傑自13歲於第三屆國際柴可夫斯基青少年比賽贏得第三獎後，便活躍於國內外樂壇。1999年他受兩廳院之邀與國家交響樂團（NSO）合作國慶音樂會，並贏得第四屆濱松鋼琴學院比賽冠軍，更於2004年初獲聖彼得堡普羅高菲夫鋼琴大賽季軍。他曾參與霍爾斯坦音樂節（Schleswig-Holstein Musik Festival）、布梭尼音樂節、布朗斯威克室內樂音樂節（Braunschweiger Kammermusikpodium）演出，皆獲好評。2014年他擔任陳其鋼《二黃》世界首錄，2015至2016年間則舉辦「一日三饗」系列演出，一天內以三場獨奏會紀念貝多芬、蕭邦與拉赫曼尼諾夫。現任教於台灣師大音樂系。

關鍵字 —— 魏樂富、凱爾涅夫、紐豪斯、俄國傳統、技巧訓練、施力方法、德國派和俄國派比較、法國學派、蕭邦、藝術圖像、建立詮釋、樂譜版本、國外學習、技巧轉變、比賽、曲目規劃與設計、德布西（風格、《練習曲》）、拉威爾、陳其鋼《二黃》、亞洲音樂家之於古典音樂

焦元溥（以下簡稱「焦」）：請談談您學習音樂的經過。

嚴俊傑（以下簡稱「嚴」）：我從小就很喜歡彈琴，在音樂班長大。我最早跟陳香如老師學習。她很愛唱歌，唱了許多曲子給我聽，培養我對音樂的興趣。真正開始教我鋼琴技巧的是陳美富老師，她奠定我的基礎，包括手指、手腕的運用以及手指的獨立性。陳老師非常仔細，每個音都不放過。升上國中後，我跟魏樂富老師學習，他給我非常大的衝擊與很多不同的觀點，讓我在音樂處理與詮釋思考上得到很大的啓發。魏老師不只教我音樂，也常帶我看美術的書，和我討論宗教、哲學等等話題，是非常全面的老師。

焦：您跟魏老師學了許多艱深作品，這是他特別要求的嗎？

嚴：其實我是被騙的！比方說，我13歲很想彈李斯特《梅菲斯特圓舞曲》，魏老師竟然說那太難了，要我去練比較簡單的——於是，他給我《伊士拉美》，而我也就眞的傻呼呼地練完。現在回想，我很感謝魏老師鼓勵我在很小的時候就挑戰高難度作品，我的柴可夫斯基《第一號鋼琴協奏曲》也是在13歲練成的。

焦：您贊成這樣的學習方式嗎？

嚴：因人而異。對一般人來說，的確不宜在年紀過小的時候就學技巧艱深、篇幅龐大的曲目。然而基本功若無問題，反而該趁早學這些作品，因爲這是對技術掌握與手指獨立性極好的訓練。我12歲考國中音樂班就彈了拉威爾的〈觸技曲〉。那時眞得一天6小時坐在琴前，從最慢的速度一頁一頁練。但最後收穫相當可觀，不只把曲子練好，技巧也更上層樓。只是大部分情形卻本末倒置：小孩基本功沒練好，卻拚命彈大曲目，到最後手指功夫還是沒練好，又永遠在同樣問題裡打轉，一輩子彈不好。

焦：後來您到漢諾威，跟俄國鋼琴大師、第四屆柴可夫斯基大賽冠軍凱爾涅夫學習。

嚴：那也是很大的衝擊。我已經習慣魏老師那種天馬行空的寬廣想像與詮釋空間，但凱爾涅夫給的自由度其實不多。他是偉大演奏家，非常熱情開朗也很關心學生，但教學上他相當堅持俄國傳統和他的老師紐豪斯的理念與解釋。他尊重他所學到的東西，這一點幾乎無法商量，許多樂曲的解釋，凱爾涅夫甚至會絕對堅持他的見解。但也就是透過這種學習，讓我深入了解俄國鋼琴學派的思考邏輯以及這傳統背後的精神。卽使我算是他滿調皮的學生，常彈些奇思妙想和他開玩笑，但這樣扎實學習一套美學與音樂思考，仍然非常重要且有益。

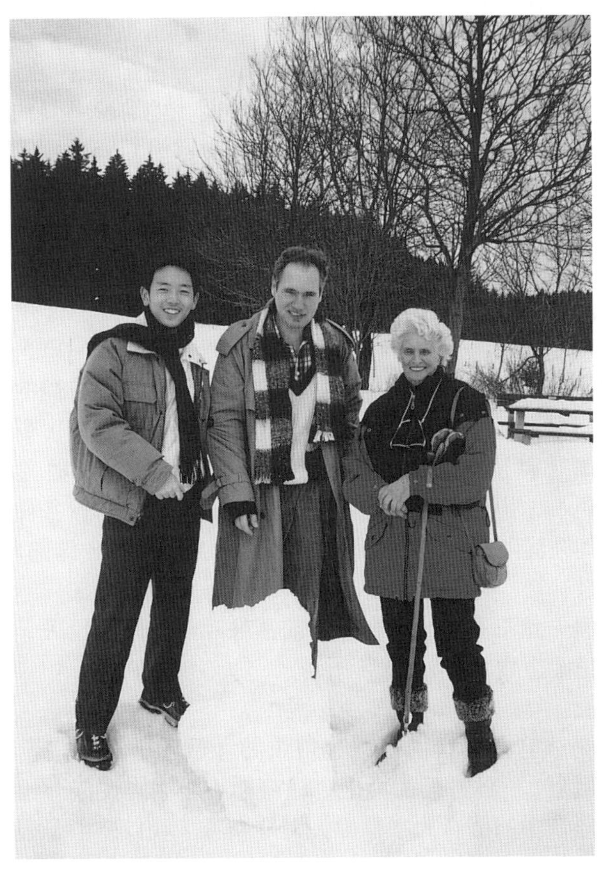

與魏樂富教授及其母親合影（Photo credit: 嚴俊傑）。

焦：哪些曲目是他「堅持」的？

嚴：幾乎所有的俄國曲目他都很堅持；當然還有蕭邦、李斯特……以及貝多芬！

焦：不過有些曲目似乎不是俄國派的特長，也不是紐豪斯的長處，比方說您常演奏的佛瑞。對於這些曲目，您和老師又會如何溝通？

嚴：在這些曲目上，凱爾涅夫倒是相當開明。他會參考其他派別的解釋，也會用心聆聽學生的演奏，就其詮釋討論是否有邏輯問題。如果我演奏佛瑞，他都仔細聽我的音色處理和樂句設計，但不會在詮釋上表示太多意見。

焦：能不能談談凱爾涅夫對你技巧和演奏上的幫助？

嚴：他對我技巧上最大的幫助，在於音色塑造與放鬆身體的訓練。他確實得到紐豪斯運用全身力量但又必須舉重若輕的眞傳，幫助我運用手肘、手臂，甚至全身的力量來控制聲音。他對聲音與音色非常注重，而音色、力道和踏瓣的運用絕對是一個系統。對於各種音色的演奏方法，他在講解之外也會親自示範，讓學生有更深一層的體會。

焦：凱爾涅夫並不高大，坐在鋼琴前卻像呼風喚雨的巨人，想必也是施力方法正確之故。

嚴：不只是強音，弱音的表現也很重要。俄國學派的宗旨之一，便是「超越極限」，各方面的極限。紐豪斯不是說，要能彈出「強音中的強音，弱音中的弱音」才是偉大鋼琴家嗎？我以前不是很確定弱音的深淺度，但凱爾涅夫給我很好的訓練，琢磨出我對極弱音的控制。另外，他也極注重高低音的平衡。低音要穩固扎實，高音除了清晰凝聚，更要能飄浮縈繞。我以往在琴鍵水平面的移動跳躍已得到相當好的訓練，凱爾涅夫所增進的是垂直面的重量控制。

焦：但這超越極限的宗旨仍然是爲音樂服務。

嚴：因爲技巧不能脫離音樂而存在，音樂表現也不該受限於技巧，這才是俄國學派追求極致技巧的道理。許多人慢板快彈、快板慢彈，其實是因爲技巧不足。凱爾涅夫完全不是這種人。在許多人放慢以求安全的段落，他都透過一次次練習，練到音樂該有的速度，也要求學生要爲音樂奮鬥，盡全力達到音樂的要求。不只是速度，俄國學派追求高超技巧，而且是全面的技巧——強弱對比、音色變化、弱音，特別是極弱音，每項都要注重，都要精益求精，因爲音樂就是要求這麼多！事實上，凱爾涅夫訓練我最多的其實是弱音，各種層次與色澤的弱音。他可以彈得很大聲，但聲音都非常飽滿；他無法忍受任何爆裂或粗糙的強音。許多人想到技巧，就想到快速和大聲，卻不注重層次、音色、音響，這完全是錯誤觀念。

焦：您跟俄國學派大師學習，但畢竟身處德國，一定也接受過很多德國老師的指導。我很好奇您如何看德國派和俄國派在音樂處理上的異同？

嚴：俄國學派非常重視旋律的歌唱性，不但句法要彈得宛如歌唱，音色也要是歌唱般的音色。這又可以分成幾個部分討論。俄國人有很強的音樂感，音樂更是生活中不可或缺的一部分。這完全反映在俄國音樂創作之中。比方說，拉赫曼尼諾夫的作品就根著於東正教聖歌，而大力發展鋼琴打擊性能的普羅柯菲夫，作品也都充滿民歌素材。另一方面，俄國人唱歌有自己的唱法，發聲和語韻都有其獨特性，最好的例子便是藝術歌曲。各國的藝術歌曲，表現了該語文與該民族的歌唱方式，俄國藝術歌曲的唱法就和德國藝術歌曲完全不同，這種屬於俄國人的歌唱法，也成爲俄國學派的彈法。在俄國鋼琴作品中，許多旋律不只要歌唱，還要彈得像俄國人唱。最後，由於俄國鋼琴學派重視旋律和歌唱性，音樂處理上就特別強調和聲的平衡，而且是以旋律爲主的平衡。

焦：這點就和德國學派有很大不同。德國學派重視和聲，巴克豪斯就是最著名的例子。聽他的演奏，幾乎可以明確聽到和聲級數行進。他的現場演奏還會在不同樂曲間彈奏和弦做轉調，當成兩曲的連繫。

嚴：所以許多德國鋼琴家聽俄派演奏，會覺得和聲「彈得不夠」，但其實兩派都看到同樣的和聲，只是看的方式不同，注重方向也不同。同一首曲子，俄派老師多半會要求學生把和聲主音找出來，對照旋律的走向來表現和聲，總之以旋律爲主；德派老師就會強調要把和聲的行進感彈出來，和聲往往比旋律重要。所以學生要知道這兩派觀點和看法的不同，知道如何取捨不同意見。

焦：但當旋律與和聲同等重要，或難以辨別何者爲重時，您如何取捨？

嚴：這時，我認爲演奏者要自己提出具說服力的詮釋，而非完全奉某一學派當聖經。我想音樂家應該盡可能眼界開闊，盡可能多方思考，欣賞各家各派的邏輯。這其實是來自亞洲的好處，我們本來就不該讓自己受限。除了技巧，演奏者更要發展獨立思考能力，找到自己的藝術個性和表現方式。

焦：那您怎麼看法國學派呢？

嚴：相較於德俄兩派，法國鋼琴學派有時顯得格局受限、不夠大氣，但在細節修飾上卻能有非常巧妙的心得，展現微觀的獨到魅力。像拉威爾《小奏鳴曲》第二樂章，法國派的詮釋就像音樂盒或機器娃娃；拉威爾喜歡精美小物，家裡都是小藝品，朋友來了就展示給他們看。這個樂章宛如上了發條的轉動玩具，精緻可愛，最後的漸慢還眞像是發條慢慢停了。如此詮釋和俄派非常不同，但表現得好就會迷人至極。我其實不太講學派，因爲現在學派已經高度融合、互補有無，只能說盡可能學習各種觀點，但永遠要警醒地保持思辨能力。

焦：這些年來您演奏了相當寬廣的曲目，從早期巴洛克到當代作品，也包括西班牙與南美作曲家，但或許最多的還是蕭邦。您怎麼看您學到的蕭邦傳統？對俄國鋼琴學派而言，「紐豪斯—蕭邦」有著等同

「索封尼斯基—史克里亞賓」的經典地位。凱爾涅夫身爲紐豪斯的閉門弟子，在俄國又錄製了衆多蕭邦作品，想必對他極有心得。

嚴：我的確極欣賞凱爾涅夫的蕭邦，他的蕭邦《第二號鋼琴協奏曲》簡直是夢幻演奏！他對蕭邦鑽研極深，也有許多獨創的音色和句法設計，能彈出與衆不同的見解和效果。例如《第三號詼諧曲》中段，他就要我彈出如同「試管中化學作用的微妙變化」。他的蕭邦很注重音樂細節，大結構之外又有許多小迷人之處。但回到詮釋方法，無論是紐豪斯的書，或是凱爾涅夫的教學，他們都強調「藝術圖像」的概念。所謂「藝術圖像」，是從要演奏的作品中，先看到或感受到某種形象，心裡聽到這個形象所透露出的獨特聲音，最後用樂器實踐。

焦：有些音樂家則是喜歡爲作品編故事，您的看法呢？

嚴：我倒不一定會這樣做。畢竟許多音樂是純粹的抽象之美，編故事反而降低了格調。對於我演奏的作品，我的詮釋仍是從樂曲本身出發。我會花極大心力蒐集資料，研究作曲家的風格和相關作品，分析時代的變遷與演奏派別。像舒曼的《狂歡節》，許多人彈得非常吵鬧，詮釋很浮面，但它其實不好解釋，很多話都是意在言外。舒曼就說：「《大衛同盟舞曲》各曲是人的面孔，《狂歡節》的各曲卻是面具。」「面孔」與「面具」的差別，就構成我的詮釋重心。此外，我也閱讀影響舒曼的文學作品，如尚・保羅和霍夫曼等人的著作，感受當時的藝術環境與影響舒曼的美學。詮釋思考不是在鍵盤上的空想，而是多方涉獵後的觸類旁通，像是布倫德爾和內田光子的演奏，總是散發智慧之光。我和他們的見解與演奏風格並不相同，卻非常喜愛如此充滿智慧的演奏。

焦：很多人想到德國，就想到理性與分析，這對您的音樂是否也有影響？除了各家解釋與學派傳統，您如何學習一部新作品？

嚴：理性與分析很重要，但就音樂詮釋來說，分析是在學習過程中不自覺地完成，直覺也扮演很重要的角色。畢竟詮釋必須令人信服，但如果失去自己，連自己都取信不了，又怎能令人信服？因此詮釋並不能用理性來涵蓋，必須是全面性的整合，也必然包括個人在音樂上的直覺與情感衝擊。我學新作品會希望能直接和樂譜溝通，藉由作曲家的指示來建立詮釋，所以盡可能避免聽同曲的各種版本。也因此，樂譜版本對我非常重要。像我學蕭邦《B大調夜曲》（Op. 62-1），一開始用帕德瑞夫斯基版，但學到一半出了波蘭國家版，而這兩個版本的差別實在巨大，導向極不同的樂句設計，完全改變了我對這首夜曲的想法。所以演奏者的音樂直覺和音樂能力都很重要，必須能直接由作品建立想法，也必須小心選擇版本。

焦：除了不一樣的生活環境，到德國學習對您有怎麼樣的意義？

嚴：某種程度上是追本溯源的過程。歐洲畢竟是古典音樂的發源地，而詮釋音樂不是把曲子彈得有樣子就行，必須深入音樂背後的文化。光是演奏西方音樂但不能深入西方美學，音樂終究是空的。若要掌握這種文化氛圍，就必須從生活、語言等各方面學習。舉例而言，西方人和東方人的情緒反應就不同，驚嚇、歡笑的表現都不一樣。反映於音樂，也會有不同表現，生活體驗自然非常重要。對歐洲語言的熟悉，也必然有助於音樂的認識。我剛到德國時語言不通，大小事都得自己來，非常辛苦。不過語言沒問題後，就能學到很多東西，我還學了法文與俄文。德文、法文、俄文的文法結構不同，所表現出的思緒與文學型態也不同，這些都會影響到音樂。更何況各種語言中都有無法翻譯的字，但那些字往往就是文化的核心，像中文的「孝道、緣分」、波蘭文的Żal，都是很好的例子。我想，文化的薰陶是到歐洲學習最重要的收穫。

焦：您後來到美國柯爾本音樂學院（Colburn Music Academy）跟派瑞（John Perry, 1943-）學習，這又是怎樣的經驗？

嚴：在音樂表現上，不同於德國較內斂、深沉的詮釋，美國有其爽朗直接，但也有智性思考，這自然帶來藝術上的文化衝擊。就演奏而言，帶給我最大衝擊的，其實是樂器。在德國我們用漢堡史坦威，琴鍵比較輕，很容易就可以彈得很大聲。然而在美國大家用紐約史坦威，鍵盤重很多。柯爾本又是新成立的學校，用的都是新琴，琴鍵又更重，我必須用另一種方法才能彈出我想要的音量，因此也重新思考施力方式。在思考過程中，我剛好參與了20X10國際蕭邦音樂節，演奏了蕭邦二十七首《練習曲》，也在2012年Debussy Touch德布西鋼琴音樂節中演奏了德布西《練習曲》第二冊。藉由準備這些作品，我審視所有基本技巧，從練習中慢慢整合出有系統的身體控制方法。因此我現在的演奏技巧，又和在德國求學時大不相同了。

焦：您這幾年來擔任教職，我想這樣的技巧轉變歷程，應該也是您的教學重心之一。

嚴：的確，我發展了一套方法，教導學生這樣的技巧系統。但我也發現，多數學生沒有好的基本功，不只手腕、手肘的位置與使用不正確，第一指節的訓練尤其不足。演奏鋼琴雖然要用整個身體的力量，但和鍵盤直接接觸的，畢竟是第一指節。如果沒有鍛鍊出堅實的指力與敏銳度，就算能把身體能量運送到指尖，也沒辦法做到細節控制。但古典音樂要的就是細節！

焦：但學生能夠分辨出差異嗎？

嚴：這是另一個嚴重，或許也是最根本的問題。學生無法分出差異，不能眞實聽到自己彈出來的聲音，也就無法跳脫僵局。這包括踏瓣起落時點不精確，耳、手、腳沒有好的連結，甚至整個身體都打不開。我近年來忙於策劃舉辦國際鋼琴大師班，就是希望學生能多方比較，從上課、聆賞音樂會、觀察同儕演奏中，磨利自己的感官，知道自己不足之處。很多學生只練琴，平常不去音樂會，也不聽經典錄音，在

YouTube上隨便點開一個演奏就當成範本。如果耳朵不敏銳，也不想要敏銳，那眞的不可能把鋼琴彈好。

焦：對年輕音樂家而言，比賽幾乎無法避免。我很好奇您對比賽的意見？

嚴：比賽其實是很好的活動，可以激發參賽者的潛力，也算良性競爭。不過，它總給人「鯉魚躍龍門」的感覺，卻不一定能反映眞實結果。我覺得音樂家自己的態度比較重要。許多選手一味討好觀衆和評審，到頭來或許能贏比賽，卻無從建立藝術風格。爲了爭奪名次而扭曲自己，磨滅自身的藝術個性，最後必然得不償失。

焦：比賽對演奏藝術已造成很大的傷害。現在太多人在比賽中只是一味表現快速和大聲，好像非把鋼琴給砸爛不可，但那和音樂一點關係都沒有。

嚴：這就是我說的，鋼琴家在討好評審和聽衆，而這兩者的水準都在下降。一些評審在比賽時並不專心，當場打瞌睡也時有所聞。在大家技巧都有一定水準的情況下，許多人便以誇張演奏來吸引評審注意，畢竟就算你極弱音彈得再好，有時評審在不經意下還是會被拚命砸琴的演奏吸引。鋼琴家還是要認清自己的角色——我們要表現藝術，而不是表演吞劍或跳火圈，不能爲了吸引多一些聽衆，就把鋼琴演奏變成娛樂。

焦：您如何選擇自己的曲目？如何透過曲目來表現自己的藝術個性？

嚴：我的曲目以當時和我最有共鳴的作品爲主。畢竟作品要先能感動我，我才有可能感動聽衆。另外，聽衆交流也是我的考量。即使是同一季的演出，我在巴黎、台北、漢諾威所排的曲目，都會有所調整。這調整並不是去迎合各地聽衆的喜好，而是我讓曲目設計反映我對那個城市的想法與感受。我一樣會在巴黎彈巴赫，在漢諾威彈佛瑞，但節目設計組合會有不同。當然，我也不會避開在法國彈法國曲目或在俄國彈俄國曲目，因爲這是非常大的挑戰，就像要在英國演莎士比亞一樣，可以督促我精益求精。

焦：您如何增加新曲目？

嚴：我覺得當音樂家必須平衡學習，各時代與作曲家都該涉獵，因此我每隔一段時間就會檢查一下自己的曲目，看看有哪些作曲家被忽略了，我就會花時間特別研究。比方說我以前不怎麼彈拉赫曼尼諾夫，總覺得他的音樂太過浪漫，浪漫到不眞實。但這幾年我重新研究，才發現他的深刻。拉威爾則正好相反。除了《鏡》，我已經學完他所有重要的鋼琴獨奏作品。我一直很喜愛拉威爾，他也常在我心，我在美國優詩美地國家公園，見到驚人的壯麗瀑布，陽光照耀水氣氤氳，每走一步就看到不同的彩虹光影，自然卻又夢幻，我就立刻想到拉威爾的《水戲》。希望有一天我能把他所有鋼琴作品都納入曲目，建立對拉威爾的完整詮釋。

焦：那麼您怎麼看德布西呢？

嚴：德布西比拉威爾年長，音樂卻比較前衛，也比較抓不到。我到後來才慢慢深入了解，他是那麼全方位、多樣性的作曲家，從蕭邦、華格納的音樂開始，他一路鑽研，最後走出完全屬於自己的路。

焦：拉威爾和德布西雖然有時會用相同的和弦，寫作方式卻相當不同，您怎麼比較這二人？

嚴：因爲這兩人個性完全不一樣。同樣以巴洛克舞曲組曲形式寫作，德布西《爲鋼琴》組曲和拉威爾《庫普蘭之墓》，就是截然不同的世界。《爲鋼琴》的〈前奏曲〉寫得非常大氣，我覺得那個音型是從巴赫《前奏與賦格》第一冊的〈降B大調前奏曲〉來的，但轉化出完全新穎的音響，既是他個人的突破，也是鋼琴音樂的突破。《庫普蘭之墓》雖然也有很新奇的聲音，但始終維持在優雅的古典造型裡。德布西的鋼琴作品幾乎都可看到管弦樂的影子，拉威爾則讓我感覺，他是以管弦配器的想法來精雕細琢鋼琴曲，和聲層次編排極爲清晰。就情感而言，拉威爾雖然親自跑到前線，《庫普蘭之墓》也是爲了悼念過去美好時代與亡友而寫，但情感仍然有所節制。反倒是沒有上戰場的德布西，寫下的《英雄搖籃曲》（*Berceuse héroïque*）滿溢難以言喻的悲傷。前者像是古雅青花瓷，後者卻是墓地遊訪。

焦：您剛剛提到德布西《練習曲》第二冊，您的演奏不僅分析精細，更可貴的是情感表現深刻，沒有將其當成冰冷的技巧練習。

嚴：這眞是德布西以一生作曲功力和藝術修爲寫出來的經典，可以用很簡單的動機就譜出各種不同的世界，每曲動機運用又非常豐富。我也演奏了〈爲琶音的練習〉（pour les arpèges composés）的前身〈補遺練習曲〉（Étude Retrouvée）。〈補遺練習曲〉以一種元素寫成，已經寫得非常優美，是首好作品，可到了眞正出版的〈爲琶音的練習〉，居然能用非常多樣的素材，將其高度濃縮整合後組織成一曲，手法實在令人讚嘆。做爲最後的創作之一，我覺得德布西的《練習曲》不只是練習，更有非常眞誠、發自內心的感懷，和同時期創作的《英雄搖籃曲》一樣，都是一次大戰中的心靈映照：當你聽過《英雄搖籃曲》，再去聽〈爲對比聲響的練習〉（Pour Les Sonorités Opposées），我想你會聽到非常相近的鐘聲與號角，作曲家都在感懷故人。當然就技巧而言，這也眞是非常困難的作品，〈爲和弦的練習〉（Pour Les Accords）根本是在整人！

焦：除了拉威爾，還有沒有和您特別親近的作曲家？

嚴：普羅柯菲夫一向都很適合我，我也和他相當親近。雖然他很有知識，作曲技法也很高超，但他的音樂仍然訴諸直覺，下筆常常渾然天成。如果個性能和普羅柯菲夫共鳴，那演奏他的作品就不會太困難，我也期許自己能把普羅柯菲夫彈出一家之言。我小時候不是很喜歡貝多芬，以前跟魏老師學習時，他希望我把貝多芬鋼琴奏鳴曲練完，所以每週都得學一個樂章，但我不覺得能把他表現好。然而最近這幾年，我愈來愈發覺，貝多芬能說我想表達的情感與思想，我和他的音樂愈來愈親近。我喜愛蕭邦，但他的音樂太高貴又太深刻，表現起來又必須純粹而眞誠，這需要時間來磨練。

焦：現在音樂會曲目太過老套，幾乎都是某幾首在重複，我非常希望年輕音樂家能勇於挑戰被忽視的精彩作品。

嚴：其實這也是我想努力的方向。我一直希望能演奏非熱門作曲家的經典創作，比方說梅特納的《夜風》奏鳴曲，或是現在音樂會少人演奏的作品，諸如韓德爾、拉摩、庫普蘭等人的鍵盤作品。大家彈史卡拉第，卻對這些精彩作品置若罔聞，實在很奇怪。不過，我還是強調，我的曲目選擇仍以我的藝術感受和音樂學習爲主。之前很多年輕鋼琴家突然一窩蜂地彈起阿爾坎（Charles-Valentin Alkan, 1813-1888），卻對他的時代、當時鋼琴技法的發展，以及他個人獨特的音樂觀缺乏認識。我不覺得這樣就眞能推廣他的作品，果然熱潮一退，現在又沒人演奏了。莫名其妙的推崇，其實也是一種毀謗。我希望每一步都走得踏實，認眞並誠實地鑽研，而非跟風隨衆。

焦：說到冷門創作，您和張艾嘉合作了李斯特寫給朗誦與鋼琴的《蕾諾兒》（中文翻譯版），可否說說這個有趣的合作經驗？

嚴：《蕾諾兒》是德國詩人柏格（Gottfried August Bürger, 1747-1794）的敍事詩。德文詩歌非常講究節奏，處理各種輕重揚抑格，朗誦的時候也必須表現出來。然而譯成中文之後，由於節奏型態改變，韻味也就不同，文本從詩歌變成戲劇。張姐是非常了不起的聲音表演家，音色與表情變化都很大，也就更往戲劇方向表現。我把我們的合作看成中西結合，而不是純粹的古典音樂作品詮釋，也很高興能激發出不一樣的火花。

焦：您也和呂紹嘉與國家交響樂團在陳其鋼的監督下，錄製了他的《二黃》。錄音過程中，陳老師給了什麼樣的意見？

嚴：這是很特別的錄音經驗，過程非常順利，錄了兩次與片段，兩個小時不到就錄完了。《二黃》是非常講求意境和氛圍的作品，尤其是慢的地方。陳老師說一開始的鋼琴獨奏，要很靜很靜，音色非常純淨，宛如唱歌沒有子音，要練到按鍵時沒有木頭的聲音才行——可能就是德布西說的，沒有琴槌的聲音。《二黃》還是有頗具技巧性的段落，但最難的，還是這種類似禪的意境。不過陳老師是滿尊重演奏家的作曲家，除了關鍵樂段，並沒有事事要求，演奏者還是有很多的自由空間。

焦：您在台灣出生長大，在德國與美國受教育，又接受俄國學派的訓練。在亞洲音樂家逐漸成爲古典音樂支柱的今日，您怎麼看這樣的變化？亞洲音樂家能爲古典音樂貢獻什麼？

嚴：不只是音樂家，現在連很多歐洲的音樂經紀公司，都是由亞洲人主導，從音樂院到市場都漸漸成爲亞洲人的天下。就像俄國人與其音樂表現，亞洲人也有自己的歌唱方法、語言韻味和民族性，這都會反映在音樂裡，成爲我們的資產。德國人彈德國作品固然有優勢，但也可能沉浸在自身傳統而難以創新，或是因此而有盲點。反觀亞洲鋼琴家，我們一樣努力學習德國音樂，希望能表現出正統的德國精神，但我們也能夠以相對客觀的立場，既在德國傳統中看到新觀點與想法，也表現出自己的文化。這種多樣性，其實正爲古典音樂的詮釋與創作注入活水，讓音樂文化更爲豐富。

焦：您會特別去表現自己的文化背景於音樂詮釋之中嗎？

嚴：我想藝術表現都必須自然、不能刻意，我不會刻意拿亞洲文化去比附解釋西方作品。但是許多西方作品其實也有東方文化的影響。比如說許多法國作品就深受亞洲音樂與藝術影響，不少俄國作品也有中國北方民族的音樂風格與民歌元素。亞洲鋼琴家來演奏，或許能夠更直接，甚至本能地表現出這些音樂風格，這反而是我們的強項了。進一步看，每位音樂家都有自己的性格，每個人都不一樣，不能說亞洲鋼琴家就會彈出類似的音樂表現。我傾向把道家思想中的清靜無爲表現在我的音樂，但那是我的個性，許多亞洲鋼琴家彈琴可是相當兇猛的。

焦：身爲古典音樂演奏家，您對自己有何期待？

嚴：音樂家不該孤芳自賞，必須用心和聽眾溝通，只是也不能本末倒置。音樂家要以音樂和聽眾交流，爲藝術而溝通，而不是爲了名利與票房而溝通。如果音樂家不追求藝術而追求名利，古典音樂只會更式微。

焦：在訪問的結尾，您有沒有特別想說的話？

嚴：可能有點老套，不過我眞的相當感謝我的父母和曾經指導我的師長。我擁有開明且開朗的父母，他們給我自然的習樂環境與和樂的家庭。我非常感謝他們爲我所付出的一切。台灣對我非常重要，我非常感謝台灣樂友對我的支持。每場演出都有那麼多聽眾來鼓勵我，還有人不辭辛苦地奔波，聽完我同一曲目的數場演奏，我眞的非常感動。期待在音樂會中見到大家，在音樂裡默默地交心。

伽佛利佑克 1984-

ALEXANDER GAVRYLYUK

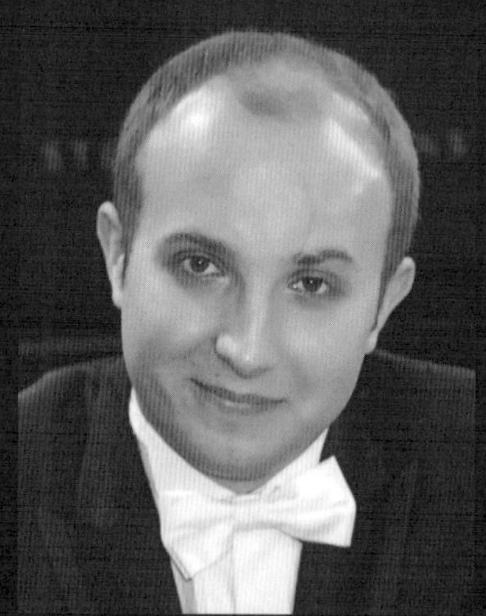

Photo credit: Mika Bovan

1984年8月19日生於卡可基夫，伽佛利佑克7歲開始學習鋼琴，9歲首度登台。1999年他在基輔舉行的第三屆霍洛維茲國際鋼琴大賽獲得首獎，隔年參加濱松國際鋼琴大賽亦獲首獎，2005年更贏得魯賓斯坦大賽冠軍與最佳協奏曲演奏獎，從此活躍於國際樂壇。伽佛利佑克具有罕見的卓越技巧，25歲即和阿胥肯納吉與雪梨交響錄製普羅高菲夫鋼琴協奏曲全集，也常於兩晚音樂會演奏拉赫曼尼諾夫鋼琴與管弦樂團作品全集，近年在音色與音樂表現上更見豐厚成熟，是歐洲青壯世代中最具感染力的鋼琴家之一。

關鍵字 —— 自由、車禍、技巧發展、演奏觀念轉變、德國／德文與德國作曲家、布拉姆斯《帕格尼尼主題變奏曲》、舒曼、蕭邦、魯賓斯坦、普羅高菲夫鋼琴協奏曲、拉赫曼尼諾夫（鋼琴和樂團合奏作品、《第二號鋼琴奏鳴曲》）、維也納古典風格、霍洛維茲（演奏、改編樂曲、技巧）、無我

焦元溥（以下簡稱「焦」）：可否談談您接觸音樂的過程？

伽佛利佑克（以下簡稱「伽」）：我父母演奏手風琴，有時也指揮。我祖父母也很愛音樂，因此家裡總是充滿音樂，包括大量古典音樂。從我有記憶以來，我就被音樂環繞。我7歲開始學鋼琴，媽媽總陪我練，我也加入合唱團。我學得非常快，也愛演奏，就這樣走上音樂之路。

焦：您13歲搬到雪梨繼續學習。從烏克蘭到澳洲大都會，應該是很不一樣的經驗。

伽：何止不一樣，根本像是搬到火星，哈哈。我在澳洲住了快九年。這是非常有挑戰性的一段時光，對我的藝術思考、技巧發展與人格發

展皆然，我必須作很多個人決定。若要說澳洲生活對我最重要的影響，應該是對自由的了解。之前在烏克蘭，我已經知道什麼是自由，但澳洲給我全新的概念。這個社會給予表達與思想的自由，美麗的自然環境也給予的心靈和身體的自由感。澳洲是移民社會，觀念相當開放，讓我知道很多自我設限完全不必要。當然，對我非常重要的，還有我在澳洲遇到未來的妻子——現在我們有兩個可愛的女兒，這眞是我幸福的泉源。

焦：您的人生還有一項足稱轉捩點的重大事件。

伽：我想你指的是2002年的那場車禍吧。的確，能從這麼可怕的意外中康復，在頭骨都凹陷了的情況下還沒有影響到演奏能力，實在是奇蹟。當我從昏迷中甦醒，我完全不記得發生了什麼，覺得能醒過來就代表沒事，反而是看到身旁的人總是非常緊張、眉目糾結，我才知道要擔心。因此，雖然嘴裡插了一堆管子，我還是努力逗笑大家，希望我們都能樂觀。這個意外加深了我對自己演奏能力的感恩、我對音樂的愛，也改變我對人生的了解與態度。遇到問題，你可以看成「困難」或「機會」，而我現在都往積極、正向的那一面去想。畢竟從鬼門關回來後，相較之下，很多事眞的沒什麼大不了。

焦：您這十幾年來，幾乎每一年半就到台灣演奏，本地樂迷對您非常熟悉，也和您一起成長。您有非常卓越的演奏技巧，但就我的觀察，這些年來可有不少變化，可否談談您的技巧發展？

伽：我確實經歷了很多階段的改變。現在影響我最大的，倒不是身體如何運用，而是心理、精神上的概念改變。技巧有很多種，也有很多面向，也有人說根本沒有技巧這種東西，端看你的定義。我早期用的方法與所受的教育，來自俄國學派，而且源自著名的紐豪斯和伊貢諾夫等派別，這也是多數俄國鋼琴家用的方法。我小時候學了很多很難的作品，像是11歲就練了李斯特〈塔朗泰拉〉。這和練習無關，而是把自己逼出舒適區。爲了要實現音樂，我的技巧也必須跟上，最後果然也快速成長。現在我不需要繼續練更多困難作品，練習重心放在如何保持技巧，我也花更多時間於創造心智和手、身體的連結。過去我的手受過一些傷，這肇因於姿勢不正確而不自知……

焦：這大概是什麼時候的事？我聽您的演奏，從來都不覺得有技巧問題啊？

伽：這發生在我參加魯賓斯坦大賽（2005年）之前。我那時過度演奏布拉姆斯《帕格尼尼主題變奏曲》，加上身體姿勢不正確，導致些許問題。雖然演奏外觀沒有什麼不對，但我知道這非常危險，因爲作品很難，很可能造成難以恢復的傷害。一年後，我開始思考如何改變技巧。我以前的演奏主要運用肩膀到手這一部分，現在我更運用整個身體，力量主要來自背部的底端。藉由平均分配力道，讓更大的肌肉承擔演奏壓力，身體就不容易受傷。但更關鍵的是心態：如果不和音樂鬥爭、非要拚個你死我活，而能消解自我、爲音樂服務；如果能讓音樂帶著自己走，而非想要「征服」作品，那麼身體自然會往這個方向調適。鬥爭帶來緊張與僵硬，音樂和身體皆是。讓音樂自然發生，不只演奏會更好，音樂也會更好。這是很長時間的摸索，我也參考了史坦尼斯拉夫斯基（Konstantin Stasnislavsky, 1863-1938）的演技方法，將其用到鋼琴演奏。總之，要盡可能「無我」，放下我執。

焦：綜合您以上所言，我現在終於可以非常誠實地告訴您我的想法：您剛來台灣的時候，我相當喜歡，後來卻感到疑惑，覺得演奏總是放縱技巧但無法收斂。然而大概從四、五年前開始，您的演奏又提升到新的境界，像是畫家開發出不同技巧，用燦爛奪目的大色塊、大筆觸作畫，成爲獨具風格的藝術。

伽：感謝你的誠實。這些年來的改變，過程很自然，但也有我的努力。小時候我被教導「演奏要讓人驚豔」，而且被不斷教導要這樣做。但「讓人驚豔」只是音樂表現的一部分，甚至不見得是最好的方式。現在，這些束縛我的觀念都消失了。這和我的個人生活也有關，當我第一個女兒出生，在那一刻，我的世界觀就為之改變。以前覺得藝術家就是要以自己為中心，現在我完全以孩子為中心，我的演奏也就變得不自我，從展示技巧成就轉向自然呈現音樂。追求「無我」，並不意味演奏將失去特色。如果能和音樂合為一體，我個人的存在、個性、記憶、觀點，也會自然而然展現於演奏之中，不假外求。這也不是要壓制技巧表現。比方說普羅高菲夫《第七號鋼琴奏鳴曲》第三樂章，那是非常有劇場效果的音樂，就該在避免品味俗濫的前提下放手一搏，不能彈成學究式的規矩演奏。總而言之，和以前比，我現在更能享受音樂與人生。

焦：這十年多來您移居歐洲，住過莫斯科、阿姆斯特丹和柏林，這想必也帶來音樂上的啓發。

伽：雖然我生在烏克蘭，但我對俄國音樂與文化很有連結，那是我的文化的根。我在澳洲也和當地俄裔社群相熟，在莫斯科居住則加深了我對俄國文化的理解，也得以認識許多俄國學派名家。但我過去十年住在西歐，尤其在柏林住了八年，這讓我對德國作曲家有了相當不同的看法。藉由熟悉德文、認識歷史悠久的德國家族、觀察德國人的表現方式與行為模式，真的讓我更理解德國音樂。比方說，一旦你熟悉德文的分離動詞和語句構造，就會知道那無所不在、深植於語言裡的結構感與邏輯性。布拉姆斯是非常有文化的人，也有深得像海的龐大熱情，而一切都有規矩，都在控制之中。整體而言，德國作曲家無論寫出何其洶湧深邃的情感，背後都有結構與邏輯。比方說布拉姆斯《第一號鋼琴協奏曲》，如果我沒有住在柏林，很可能就會以演奏俄國音樂的方式來理解。它有激烈深刻的熱情，但表現方式和俄國音樂就是不同，雖有相似之處但不能一概而論，否則風格就是不對。反觀拉赫曼尼諾夫，情感常常沒有控制，表現是為了表現而存在。這不是說拉赫曼尼諾夫不好，而是說這兩者有不一樣的寫作策略，必須按照各自的理路去表現。

焦：對於布拉姆斯《帕格尼尼主題變奏曲》這樣的「戰馬」曲目呢？您現在會怎麼演奏？

伽：我得有點慚愧地承認，和它相處愈久，就愈覺得這是很深刻的音樂，實在應該彈得稍慢一點，帶出音樂的美，展現它豐富的層次、多聲部與對話。無論演奏速度快慢，它所蘊藏的澎湃情感都不會消失，但若要完整呈現結構美感，就不能過快。布拉姆斯畢竟是音樂建築大師，此曲能從第一個音看到最後一個音，變奏彼此緊緊聯繫、都有關係。它技巧實在困難，練它是很大的投資，但練成了也就能充分擴展技巧，非常實用。

焦：就情感控制這一項，您怎麼看舒曼的作品？

伽：舒曼很有趣，不能說沒有控制，只是很多時候的確寫在邊緣上。對我而言，他的音樂是在折磨中看到美麗，就像生產帶來的喜悅與痛苦。他的表達仍有結構，建築在穩固的基礎之上，裝飾也和整體相關。對了，由於我內人來自波蘭，柏林也有很大的波蘭社群，我們結識了許多波蘭人或波蘭裔朋友。我在聚會伴奏波蘭耶誕頌歌，觀察他們說話，這使我知道波蘭人如何溝通、思考、表現自己，也讓我更接近蕭邦。這些日常生活點點滴滴的累積，最後都化爲對蕭邦音樂的脈搏和心跳的理解。道理就在那邊，只要浸淫夠久，就會自然顯露。

焦：以此而言，您聽波蘭鋼琴家的演奏，是否也更有體會？

伽：正是！我比以前更愛魯賓斯坦的演奏，尤其是他的蕭邦。我更能感受其演奏的脈動、音與音之間的詩意與空間，還有貴族風範和民族自豪。我在柏林的波蘭友人中就有貴族後裔，他們的確展現某種不同的氣質，和魯賓斯坦的演奏呼應。霍夫曼的演奏也是如此，那麼自由與詩意，宛如義大利歌劇的歌唱式句法，難怪他是拉赫曼尼諾夫最欣賞的鋼琴家。

焦：您25歲的時候，就和阿胥肯納吉與雪梨交響樂團錄製了普羅高菲夫鋼琴協奏曲全集，眞是相當驚人的成就。可否請您先談談至今仍然很少演奏的第五號？

伽：我非常、非常欣賞第五號，這是被嚴重低估，也沒有被充分了解的偉大創作。很多人以爲這是新古典風格，帶著滑稽古怪的好玩作品。不，它的確古怪，但更是特別。它寫於1932年：那年蘇聯發生毀滅性的飢荒，好幾百萬人餓死，我的家鄉烏克蘭尤其悲慘。根據資料，許多家庭甚至得犧牲最小的孩子才能活命。普羅高菲夫對此並非無動於衷，他把這無法想像的慘事、不能喊出來的哭嚎、絕望的憎笑與沉默的苦痛，全寫進這首協奏曲。裡面有些段落，我完全能聽到他對這荒謬體制的控訴以及內心極其深沉的悲傷，總讓我脊椎發冷。普羅高菲夫是不會低頭的藝術家，音樂裡始終有傲骨精神和黑色幽默，到晚年依然如此。我覺得在他的音樂裡，所有的古怪諷刺，背後都是極深的情感，抒情、高貴、充滿決心，也有精密的控管與節制。不見得是爲美而寫，而是爲「不放棄追求美的希望」而寫。

焦：現在除了左手鋼琴家，大概只有演奏全集，才會演奏寫給左手的第四號。這也非常可惜。

伽：更何況它非常難，難到令人卻步！你眞的要有很好的技巧才能掌握它。對我而言，它是「非常有章法的混亂」。很內向，也充滿苦痛和諷刺，但也有美。第二樂章像是從他芭蕾舞中出來的最美手筆，我一開始不知道普羅高菲夫爲何這樣寫，但慢慢體會還是能理解。如果能認眞呈現它的獨特造型，音樂也會愈發精彩。

焦：第二號和第三號大概是您從小彈到大的作品了。

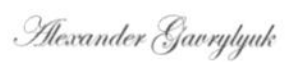

伽：的確。第三號是帶著電流與火花的音樂，但背後有憂傷的神思，像是銅板的兩面。一邊是機智、極端、諷刺，一邊是眞誠、憂傷、燦爛煙火下的生活眞實。第二號則像拉赫曼尼諾夫，感情深刻豐富，或許是我最喜歡的普羅高菲夫協奏曲。

焦：說到拉赫曼尼諾夫，您這幾年開始在連續兩場音樂會中，呈現他所有爲鋼琴和管弦樂團的合奏作品。當初怎麼想要進行如此壯舉？

伽：我自己沒有這樣的雄心壯志，這得感謝指揮大師賈維的邀請，我很高興能有這個機會跟他學習，而我們的合作也證明並實現了我長久以來對這些作品的觀點：拉赫曼尼諾夫是偉大鋼琴家，也是偉大作曲家。在這些作品中，鋼琴非常重要，但樂團同等重要，絕對不是伴奏。如果樂團只當伴奏，效果絕對不會好；鋼琴若想和樂團拚命、互相搏鬥，效果也會很差。唯有雙方合作，齊心爲音樂服務，才會有好成果。我和賈維排練的時候，他沒有要求樂團非得照某種方式演奏，甚至也沒細修，而要團員以他們天賦的音樂性自發表現，就像室內樂。我們排練的時候很中規中矩，正式演出就很有化學作用，那眞是令人滿足的藝術體驗！這些作品絕非鋼琴家的個人秀，而是許多演奏家在不斷對話交流中，共同創出精彩的非凡音樂。

焦：第一號是拉赫曼尼諾夫的作品一，也是您第一首學的拉赫曼尼諾夫協奏曲嗎？

伽：沒錯，我12歲就學它，那也是我第一次和樂團合奏。即使我們現在演奏的版本是1917年的修訂版，而非1891年的原版，我們還是能感受到洋溢其中的青春、夢想與能量，整體而言非常喜悅而燦爛，雖然也有些許憂傷與悲劇性素材。我覺得這是以葛利格《鋼琴協奏曲》爲範本寫出來的作品，但原創性還是很高，一聽就知道是拉赫曼尼諾夫。

焦：對於鼎鼎大名的第二號，您有什麼感想？

伽：或許就是因爲它太出名，我一直都沒學，直到贏得魯賓斯坦大賽後有邀演才學，還得在幾週內學好，在莫斯科演奏！但也因此，它對我從未失去新鮮感。它的開頭眞的忠實反映作曲家的心境：那是從三年不能作曲的心理困境中釋放，音樂自寂靜裡化身成鐘聲出現，帶來極其震撼的力量。那音樂充滿了憂傷和愛，又絕望又美麗，最後則是重生。難怪它那麼著名，因爲音樂完全由內心宣洩而出，是毫無隱藏的告白，只要是人，聽了應該都會有共鳴。這也是我說的，演奏它必須是團隊合作，否則第三樂章結尾不會得到昇華，作曲家也沒有讓鋼琴成爲唯一主角。

焦：即使對您這樣的技巧高手，要演奏第三號，仍然不容易吧？

伽：就技巧而言，它眞的最具挑戰性，被霍洛維茲彈了之後更令人望而生畏，展現了拉赫曼尼諾夫身爲偉大鋼琴家的身手。然而，想到它於1909年在紐約首演，我就覺得作曲家用它向新世界介紹自己的祖國。第一樂章第一主題的素材和東正教聖歌極爲相似，神聖莊嚴又高貴美麗，綿延不絕地將廣袤的俄羅斯大地展現在聽衆面前。既有俄國環境，也有作曲家的內心世界，透過主題在不同樂章反覆出現，拉赫曼尼諾夫將其交織成宏大的敍事史詩。此曲也有他對時事的感懷：第一樂章的長大版裝飾奏，眞像是世界終結，至少是他所熟知的世界的結束，預見帝俄即將崩毀。但對俄羅斯本身，他仍然充滿希望，樂曲才有那樣衝破障礙的輝煌結尾。

焦：您常有機會演奏第四號嗎？

伽：很可惜，也是很少。它可說是拉赫曼尼諾夫的「美國協奏曲」，受爵士樂影響很深，也有很難的節奏。它的想法很豐富，有好玩的一面，也有對這個世界和自己的失望，筆法相當複雜，鋼琴和樂團緊密交織，要演奏好並不容易。拉赫曼尼諾夫對它的結構始終不滿意，到1941年還做修改，但我想他不見得就達到他想要的。倒是阿胥肯納吉告訴我，他比較喜愛原始版本，覺得那更「眞實」，我對此則不置可否。

焦：我想我可以理解他的意思。修訂版寫得更簡潔明晰，素材運用更經濟，但原始版的樂念比較黑暗，彷彿吐露了內心最深處的祕密。或許正是如此，作曲家覺得說得太多了，才又修成現在的樣子。那《帕格尼尼主題狂想曲》呢？

伽：這是極爲聰明、幽默、眞誠、感人的作品，只能用天才之作來形容。不只機智，它還有一種自在感，不像之前作品總在尋找解決。著名的第十八變奏，大概是其中最具原創性的變奏——我只能再次讚嘆，這眞是天才之作！

焦：在演奏這五首作品數年之後，可否談談您的總心得？

伽：想到演奏或錄製這五首，大家的第一印象，能覺得這是鋼琴家「展現火力」的舞台。但我要強調，這五首剛好呈現了不同時期的拉赫曼尼諾夫，也有相當不一樣的性格，作曲家的人生可說濃縮於此。演奏它們需要技巧，更需要超越技巧，展現音樂的卓越品質與深刻想法。也因爲它們橫跨拉赫曼尼諾夫的不同階段，要掌握好它們，就必須全面認識他的作品，包括管弦樂、歌曲、合唱、歌劇和室內樂，這是無止境的學習。

焦：關於拉赫曼尼諾夫，最後想請教您對他《第二號鋼琴奏鳴曲》的看法。這是現在最熱門的比賽曲，您16歲在濱松大賽就有精彩演奏，如今快二十年過去，您又如何演奏它？

伽：以前我從自己出發，它是表現我內在的工具；現在我旨在呈現拉赫曼尼諾夫，努力挖掘它背後的想法。這樣說好像很老套，卻是我的眞心話。貫穿此曲的，是第一樂章第二主題，這個抒情旋律代表信念、無條件的愛與希望。它所召喚的是舊世界的美好與尊嚴、拉赫曼尼諾夫熟悉的貴族世家，以及之後徹底消失的俄羅斯。這和《第三號鋼琴協奏曲》很像，可以聽到最深處、最內在的拉赫曼尼諾夫。他外在不多言，內在則深刻有智慧，敏感有靈性。第二樂章像祈禱，剝除所有不必要的外在，只剩最核心的情感。如果要我形容俄國魂，那就是這個樂章了。

焦：接下來的問題希望您不要覺得冒犯：從您第二次到台灣，到您最近演奏的莫札特鋼琴協奏曲，我發現您對維也納古典作品感到相當自在，也有很好的品味。然而長久以來，俄國音樂家總被認爲不見得能表現好莫札特，您對此有何看法？

伽：以我的立場來說，當我有了孩子，我就更接近莫札特。那是純粹簡單的喜悅與憂傷，就像我們看到孩子的笑容、看到花朵綻放、看到相愛的人彼此凝視的眼光，就是這麼純粹簡單。很多人以爲演奏莫札特所需的技巧很簡單，事實正好相反；它比演奏多數浪漫派音樂都還要困難，因爲你完全暴露在聽衆面前，手指、心靈、頭腦，全都無法躲藏。很多時候在家練莫札特一切良好，到了音樂廳排練就處處是問題，因爲他的音樂容不得一絲膽怯緊張，必須練到完美無瑕，才能表達自由，而莫札特又最需要自由。演奏拉赫曼尼諾夫，你若怯場，還能躲在音樂裡，莫札特就完全不行。基本上，我不認爲過於浪漫的演奏風格適合莫札特，但許多我們熟知的俄國學派名家，只是以不同方式看待相同的美，多數仍在風格之內，並未逾越。當然也有像霍洛維茲這樣的例外，他的莫札特很不平常，可說是霍洛維茲多於莫札特，但這樣的不平常，本身就成爲一種藝術。我不認爲音樂只有某幾種表現方式，即使霍洛維茲的莫札特打破很多常規，卻美得驚人、令人信服，我們也該欣賞這樣的獨特藝術。

焦：您常演奏霍洛維茲的改編曲，不只在安可曲演奏，還放到正式節目中。這是因爲您是霍洛維茲比賽冠軍嗎？

伽：這和比賽無關，只和霍洛維茲有關。對於他留下如此精彩豐富的演奏遺產，我實在充滿感恩。他的演奏影響我很大，教我很多東西，尤其是自由。演奏這些改編曲，是我向這位偉大前輩致敬的方式。

焦：霍洛維茲不少改編，是加工李斯特的作品，比方說李斯特改編的聖桑《骷髏之舞》（*Danse Macabre*），以及李斯特自己的《第二號匈牙利狂想曲》和第十五號匈牙利狂想曲《拉科齊進行曲》（*Rákóczi March*）；後者中段不只是改編，根本是重寫。您怎麼比較這些作品？

伽：霍洛維茲的改編，多數在原作上加了幽默好玩的面向，好像在菜餚中用了很多辣椒與香料。同樣可以追溯到李斯特改編的，還有孟德爾頌的〈婚禮進行曲〉，我每次彈都能感受到它的效果與笑果。它們展現快樂、幽默、自由的另一種觀點，也是對鋼琴演奏的禮讚，當然可能也受了美國文化的影響。《拉科齊進行曲》的改編是個頗特別的例子：霍洛維茲的版本更關於情緒而非內容，像是某種感覺的捕捉，而他實在寫得很有魔性！

焦：您怎麼看霍洛維茲的技巧？我以前認爲他那種扁平觸鍵是其獨創的功夫，但我訪問了阿方納西耶夫之後，發現那其實仍有所本，可以追溯至霍洛維茲的老師布魯門費爾德。

伽：霍洛維茲的扁平手指其實很有道理，那是完全放鬆、開放的技巧。他的音樂非常自由，身體語言和手指姿勢也很自由，彼此合而爲一，沒有任何緊張。我們以前被要求，彈鋼琴手要撐好，像是握住一個蘋果，這是一種很好的方法，但不是唯一的方法。

焦：您的說法和阿方納西耶夫的描述完全相符，就是要「注意身體的放鬆與自由」。

伽：我也是在調整演奏方法的那幾年，做了很多嘗試之後，才發現霍洛維茲的演奏道理，雖然我沒有完全用這套方法。我還可以說，他之所以能彈出那麼豐富又美麗的音色，就在於他用整個身體演奏。這就像鋼琴的擊弦裝置：以前的鋼琴，從鍵盤到擊弦槌，中間的機關比較少，因此聲音很美，但不像現代鋼琴這麼大聲。鋼琴構造如此，人的身體亦然。霍洛維茲使用全身肌肉，能量穿透所有關節傳遞自如，聲音才會那麼美。鋼琴是非常敏銳的樂器，我曾和阿姆斯特丹一位非常優秀的鋼琴技師工作過五個小時，學到很多寶貴知識。比方說我踩左踏瓣，讓琴槌那排放開，然後放一張薄紙進去——就那麼薄的一張紙，看起來不可能造成任何影響的紙，鋼琴的聲音卻全變了！那差異之大讓我嚇到說不出話來，可見鋼琴可以發出多少種不同的聲音，彈奏方式的些微改變會造成多麼不同的結果！還有，琴弦之所以會彈斷，在於演奏時給了非常直接的能量，直接到琴弦無法震動。某種程度而言，這也是失誤，因爲琴弦充分震動才會有美好的聲音。愈知道鋼琴的機械構造，就愈能掌握住演奏的訣竅。我建議所有鋼琴家都該和鋼琴技師上幾堂課，好好認識自己的樂器。

焦：非常感謝您分享了這麼多！在訪問最後，您有沒有特別想和讀者分享的話？或者對未來的規劃？

伽：回顧這些年，我很高興自己能持續發展，也很感恩人生中所發生的事都相當正向。我演奏的作品，絕對比我要重要。最近我在讀修納斯（Eric Schoones）的著作《上山之路：音樂開悟之道的禪學》（*Walking up the Mountain Track: the Zen Way to Enlightened Musicianship*），說的也正是這個道理。我希望能朝自由、無我這個方向，繼續享受音樂與演奏。然而，若想達到這個目標，甚至還能進一步學習新知、吸收養分，最好的辦法就是和傑出音樂家一起演奏，從對方的觀點中學習，聆聽並互相分享。我的經驗告訴我，能夠不帶自我、不預設立場地交流意見，最有可能形成驚奇之事。我和楊森（Janine Jansen, 1978-）現在常合作，包括二重奏與三重奏，每次都能從中學到很多。當然和傑出樂團與指揮合作，也讓我有很多觸發，得到支持與靈感。此外，隨著演奏愈來愈忙，我要花更多心思在伴侶與孩子，維持事業與家庭之間的平衡。最後，我很感謝樊曼儂老師和她的團隊，這麼多年來的支持，以及台灣樂迷長年的鼓勵。每次到台灣演出，我都覺得很溫暖，就像回到家，希望能持續和大家見面，在音樂裡交流。

布列哈齊 1985-

RAFAŁ BLECHACZ

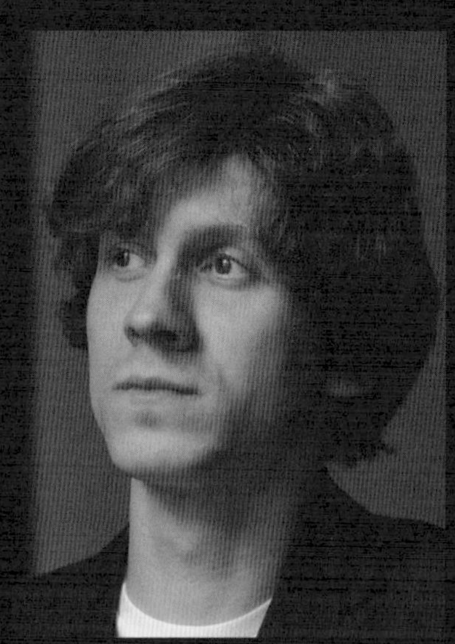

Photo credit: Marco Borggreve

1985年6月30日生於波蘭北方的納克爾（Nakło nad Notecią），布列哈齊先在家鄉學習管風琴，5歲跟波蘭斯基（Jacek Polański）學習鋼琴，後師事波波娃教授（Katarzyna Popowa-Zydroń, 1948-）。2003年他於濱松大賽獲得第二（冠軍從缺），2004年得到摩洛哥國際鋼琴比賽冠軍。2005年他贏得華沙蕭邦大賽冠軍，更囊括馬厝卡、波蘭舞曲、協奏曲、奏鳴曲等所有特別獎，從此展開國際演奏事業。他曾獲多項國際獎項肯定，包括2014年吉利摩獎。在演奏之外，布列哈齊對哲學亦有深入鑽研，以延伸討論英加登（Roman Ingarden, 1893-1970）的音樂哲學爲題，獲頒哥白尼大學（Nicolaus Copernicus University）哲學博士。

關鍵字 —— 管風琴、波蘭鋼琴學習、巴赫、莫札特、德布西、蕭邦（樂譜版本、詮釋傳統、《敘事曲》、波蘭文、波蘭民俗音樂、馬厝卡元素、《幻想—波蘭舞曲》、Zal、《E小調鋼琴協奏曲》）、齊瑪諾夫斯基、波蘭當代作曲家、詮釋的意義與其界線、古樂運動與其影響、蕭邦大賽、齊瑪曼

焦元溥（以下簡稱「焦」）：就我所知，您一開始其實是學管風琴。可否談談這段學習經驗以及後來改學鋼琴的過程？

布列哈齊（以下簡稱「布」）：我5、6歲的時候家人帶我去教堂做禮拜，我就被管風琴深深吸引。後來我跟教堂的管風琴師學習，學得很開心。當我讀到蕭邦當年也在教堂裡彈過管風琴，也正是在那裡聽到他初戀情人的演唱，更讓我覺得自己和管風琴有共鳴。

焦：演奏管風琴的經驗是否也幫助您演奏鋼琴？

布：演奏管風琴教我如何以手指彈出圓滑奏，以及所謂「手指踏瓣」

的技巧，這非常基礎也非常有用。比方說以現代鋼琴彈巴赫，你不能常常運用右踏瓣，這樣聲音不會很清楚，必須僅以手指彈出圓滑奏。顧爾德的演奏就是這樣，而他的確達到非常有趣的結果。管風琴可以用音栓改變音色，不同音域也可有相當不同的聲音，這可以給演奏者非常好的想像力，以期在鋼琴上也彈出豐富的色彩變化，並且思考該爲不同聲部設計怎樣的色彩。此外，無論演奏管風琴或大鍵琴，速度都無法太快，這也讓我從小培養出對巴赫作品比較緩和的基本速度。我也認爲，若要把巴赫不同聲部間的色彩與對應彈清楚，給聽衆足夠的空間消化，那麼速度也不宜太快。

焦：在波蘭一般如何學鋼琴，您自己的學習歷程又是如何？

布：一開始我彈很多徹爾尼、哈農和巴赫。在波蘭學琴幾乎都從這些開始，然後延伸到莫札特、海頓與貝多芬，最後進入浪漫派，重點當然是蕭邦。或許因爲蕭邦鋼琴大賽，波蘭的鋼琴教育極注重蕭邦。當然波蘭也眞有輝煌的蕭邦演奏傳統，從帕德瑞夫斯基、柯札斯基、魯賓斯坦一路傳承下來。我第一位老師是波蘭斯基，跟他學了很多巴赫。我從小就很喜愛多聲部的音樂。巴赫非常重要，這讓演奏者熟悉多聲部的音樂語言，也知道要爲每個聲部賦予不同色彩。巴赫的多聲部有種演說感，有其音樂修辭術的風格，我會說那是正向的憂傷，即使憂傷也都有積極的精神。我也要強調莫札特的重要性，先學莫札特再學蕭邦眞的很有益處，因爲蕭邦作品完全可見莫札特的古典形式，句法也有相通之處。把莫札特扎實學好，演奏蕭邦可謂事半功倍。同理，蕭邦作品有豐富的多聲部，尤其是晚期作品。把巴赫學好，自然也利於演奏蕭邦。

焦：後來您跟波波娃教授學習。

布：她爲我介紹德布西與拉威爾的音樂世界，以此訓練我對聲響與色彩的敏銳度。德布西與蕭邦的和聲語言並不相同，但聲音質感有時非常相似，因此了解德布西對演奏蕭邦也很有助益，特別是對蕭邦的晚期《夜曲》、晚期馬厝卡、《幻想—波蘭舞曲》等等。《B大調夜曲》（Op. 62-1）的最後一頁，就是非常印象派色彩的音樂。印象派曲目仍是我演奏中很重要的一環。特別在我買了一架很好的史坦威之後，我更能好好練習音色控制，也更需要以這類曲目琢磨色彩與音質，以及掌握微妙的光影變化。

焦：您喜歡誰的德布西詮釋？您會擔心自己的德布西不夠「法國」嗎？

布：我倒沒有這種擔心，因爲德布西和所有偉大作曲家一樣，不只是地域性作曲家，更是世界性作曲家。我非常喜愛柯爾托的德布西，但最愛的或許是米凱蘭傑利。齊瑪曼的《前奏曲》全集我也很喜歡，還有季雪金。其實季雪金的詮釋和我的可說是對反，但這種衝突可以幫助我更確定自己的觀點，也非常有益。

焦：蕭邦本來就是您喜愛的作曲家嗎？在成爲蕭邦大賽冠軍之後，演奏蕭邦會不會有更多壓力？

布：我覺得蕭邦的音樂和我的心靈與個性都很接近。他的音樂很特別，將詩意、美麗的旋律與變化多端、難以預期的和聲結合爲一，也有多種性格與情感，讓我能充分得到共鳴——不只是我，很多對古典音樂並不熟悉的人，也都認識蕭邦幾首著名作品，能辨認出他的風格。身爲蕭邦大賽的得主，我有責任要忠於這樣的風格。

焦：您用什麼版本的蕭邦樂譜呢？

布：我其實仍用帕德瑞夫斯基版而非波蘭國家版。後者現在已經建立起很穩固的名聲，也是蕭邦大賽推薦的版本，但我當初學蕭邦作品的時候是用帕德瑞夫斯基版，對它仍有感情。這兩個版本有很多不同，有些地方包括樂句走向與音符，可說是天差地別，而我還是想保持自己最初認識的蕭邦。不過我會比較這兩個版本的不同，像《英雄波蘭舞曲》的許多指法選擇，還有《二十四首前奏曲》的第九首，我就照波蘭國家版演奏。

焦：我倒是很高興聽到這樣的意見。波蘭國家版是很好的參考，但絕對不是唯一的參考。不過我想在波蘭，對於蕭邦詮釋一定有非常多傳統，比方說，波蘭音樂界也用具體的敍事詩來解釋蕭邦的《敍事曲》嗎？

布：還是會，像《第三號敍事曲》，一般就以《席維提揚卡》(*Switezianka*)，也就是「水精靈」的故事來解釋。這提供了對它的想像與理解，我覺得並無不妥，雖然我也清楚這不見得就是蕭邦心裡所想的，我們還是可以有更多想像。

焦：整體而言，您怎麼看蕭邦《敍事曲》與其可能的文學靈感？

布：波蘭那時的文學創作很豐富，蕭邦對米茲奇維契（Adam Mickiewicz, 1798-1855）和諾維德（Cypria Norwid, 1821-1883）作品都很熟悉，後者也被蕭邦影響，創造以蕭邦作品發想的詩歌。在蕭邦之後的作家許尼科維奇（Henryk Sienkiewicz, 1846-1916）也帶給我很多靈感，讓我更知道那個時代的文學氛圍。許多人認爲蕭邦《敍事曲》背後的故事來自米茲奇維契，尤其因爲他的作品在當時波蘭可謂家喻戶曉，但蕭邦本人並未如此說過，也不喜歡別人這樣推想，雖然他可能也不會反對如此揣測。可以確定的是蕭邦希望能專注在音樂與聲音，希望聆賞者能透過他的作品產生想像，而且是屬於自己的想像，而非依循文字來想像。作爲詮釋者，我也依循這個方式，最重要的就是尊重、了解作曲家的意圖。透過用心推敲每一個細節，這些細節就會充滿我的思考與感受，詮釋就會自然而然變得個人化。老實說，我彈蕭邦《敍事曲》的時候，並沒有想到米茲奇維契或《席維提揚卡》；我想的都是我的情感與我的人生經驗。同理，聽衆也可以用自己的情感和人生經驗來欣賞我的演奏。

焦：我在倫敦聽過芬蘭指揮大師凡斯卡（Osmo Vänskä, 1953-）的西貝流士交響曲全集，深受撼動。後來有幸在台北訪問他，問爲何他的詮釋會這麼感人？他說：「音樂會後常常有聽衆到後台對我說，他們在剛剛的西貝流士裡，看到了下雪的大地、冰凍的湖泊、寒冷的森林。聽衆有什麼想像，那當然是個人自由，可是我在西貝流士作品裡，眞的沒有看到這些。我看到的是他的快樂與悲傷，人生的痛苦和掙扎，我也有快樂與悲傷，也經歷過痛苦和掙扎，我透過西貝流士的作品，將這些深藏心中的情感，用音樂表達出來。」他這段話完全可以和您的想法呼應。

布：我非常同意凡斯卡的見解。詮釋要從自己的直覺與感受出發，這樣才有可能提出新穎的看法而非人云亦云，也才能和當代聽衆直接對話。

焦：有些人認爲蕭邦的音樂和波蘭文的語言性質有很大的關係，您自己的感覺呢？此外，您能夠從鋼琴家的蕭邦演奏中，聽得出來演奏者是否會說波蘭文嗎？

布：我想我是聽不出來的，哈哈。老實說，我沒有感覺到蕭邦音樂和波蘭語文有什麼明顯相似，但他的音樂確實和波蘭民俗音樂有很高的相關性。蕭邦年輕時也的確聽了很多波蘭民俗音樂，對各種波蘭傳統舞曲，馬厝爾、歐別列克（Oberk）、庫加維亞克（Kujawiak）和克拉科維亞克（Krakowiak）等等都有了解，這也都可以在他的音樂中聽見。不只是他寫的波蘭舞曲與馬厝卡舞曲，像《E小調協奏曲》的第三樂章就是克拉科維亞克，《F小調協奏曲》的第三樂章則是馬厝卡。

焦：對於身處波蘭文化以外的人，若想演奏好馬厝卡和波蘭舞曲，您有什麼建議？

布：如果在波蘭生活，對蕭邦的馬厝卡、波蘭舞曲，以及波蘭各種舞蹈，勢必會有一定了解，而這當然能夠幫助演奏者彈好蕭邦。但有些鋼琴家即使不是波蘭人，像是傅聰，一樣能掌握到馬厝卡與波蘭舞曲的精髓，所以重點仍在敏銳度，這才是進入作品邏輯和作曲家的情感，並以新穎方式重現的關鍵。有人認爲蕭邦之所以會寫作那麼多馬厝卡，在於他遠離家園，想在異鄉創造波蘭的情境。我們也知道當蕭邦心懷憂愁的時候，他常會譜寫馬厝卡，而這成爲他表達內心的獨特方式。音樂雖然抽象，卻能比文字表達更多。掌握爲何蕭邦要寫馬厝卡，如何以這個曲類說話，也是一個演奏好馬厝卡的要訣。

焦：您剛剛提到《F小調協奏曲》終樂章是馬厝卡；這很明顯，有些卻隱而不顯，比方說《第二號鋼琴奏鳴曲》的第二樂章。您怎麼看這樣屬於「隱藏版」的寫法？我們該如何察覺？

布：我不會直接說這個樂章就是馬厝卡，但其中確實有馬厝卡元素。所謂馬厝卡元素，在於三拍樂曲中第二拍和第三拍之間的微妙時值變化，而這個樂章正是如此。在蕭邦《詼諧曲》中也可找到如此段落，即使《詼諧曲》本身是一大拍。如果運用得當，這可以幫助演奏者創造更強的戲劇張力。

焦：我聽您現場演奏此曲，您似乎在第一樂章結束後刻意停頓較長的時間？

布：是的，因爲第一、二樂章有相似的戲劇張力，卻是不同的世界。但這間隔也不能太長。此曲第三、四樂章對我而言是一個樂章，要連在一起演奏。最後一個樂章像是一首前奏曲，宛如奇特的倒敘法，顛倒過來看這一切。

焦：可否也請您談談《幻想—波蘭舞曲》？

布：這大概也是我最喜歡的蕭邦作品，是蕭邦受苦、憂傷靈魂的證言，最後又是凱旋，精神勝利的凱旋。這部作品結構很特別，我會說它是幻想曲多過波蘭舞曲，也有很多類似即興的素材，都以片段形式出現。它的轉調手法也很特殊，和聲很美但也很痛苦。我完全理解有些鋼琴家不能理解它，但我能以我的方式理解，知道蕭邦爲何把這麼多片段素材組合成一部作品的用意。

焦：您對這首曲子的描述，讓我想到波蘭文Żal這個難以翻譯、有著多重意義的字。魯賓斯坦用這個字來形容蕭邦的音樂，您怎麼看呢？

布：這是非常具有代表性的波蘭字，的確和蕭邦的音樂非常接近，雖然他的音樂不只有Żal，而有多重情感層次與變化。這個字的第一個意思是「受苦」，繼而可說是「因受苦而得的憂傷」，是特殊的憂傷。許多馬厝卡與夜曲中的樂句，都讓我感受到這種憂傷的氣氛。

焦：您在第一張專輯就錄了齊瑪諾夫斯基的作品，可否也談談他？

布：他的作品在波蘭非常普及，很可惜在其他地方並非如此。身爲波蘭鋼琴家，我希望能把他的樂曲帶到全世界。話雖如此，他也有不少作品就連波蘭人都很陌生。比方說我爲DG錄製的他的《第一號鋼琴奏鳴曲》，很多人甚至認不出來那是齊瑪諾夫斯基。我現在正在學他的《第二號鋼琴奏鳴曲》，預計兩年後可以公開演奏。他的鋼琴曲很鋼琴化，有非常有趣與豐富的情感和力度對比。可見到許多之前鋼琴經典的影子，比方說第一號就有史克里亞賓和拉赫曼尼諾夫，尤其是終樂章的最後兩頁；第二號那些厚重和弦與八度則宛如布拉姆斯，但也有他高度原創性的風格。這是所有人都可以欣賞的作曲家，包括他最晚期的作品。

焦：從齊瑪諾夫斯基到今日的波蘭作曲家，您是否可以聽到他們的共通特色，辨認出這是波蘭作曲家？

布：他們最大的共同點仍然是使用波蘭民俗音樂素材。那些節奏、舞曲、氣氛不只影響蕭邦，也影響之後一代又一代的作曲家，到潘德瑞斯基和基拉爾（Wojciech Kilar, 1932-2013）都是如此，想想眞是驚人。我現在還沒有把心力放在波蘭當代作品，但我向你保證，未來你會看到我演奏愈來愈多這些創作。

焦：我知道您在攻讀哲學博士並已完成論文，可否談談您的研究？

布：我的博士論文寫音樂作品的識別以及詮釋的概念。第一章是音樂的邏輯，第二章是音樂的形而上學。我對英加登的哲學很有興趣，他寫了許多有關音樂識別與定義的討論，卻沒有討論詮釋，因此我的論文算是延伸他的討論，就詮釋進行哲學討論。我認爲如果沒有詮釋，作品沒有被演出，音樂作品其實不存在。因爲藝術家的演奏與詮釋，我們才能知道音樂作品的全部價值。另一方面，如果沒有聽衆，詮釋也不存在，詮釋是演奏者和聽者一起完成。

焦：就您個人的想法與經驗，您認爲什麼作品算是音樂作品？

布：音樂創作應該要能和你的感性與心靈說話，你必須能夠以心靈感受到音樂。如果這是讓人全然無感的作品，那能否稱得上是音樂，就有很大的討論空間了。當然有些作曲家與作品我還需要時間：雖然我知道其傑出與偉大，但我必須等自己更成熟，能經歷其中的冒險，才能提出我的詮釋。比方說我就從來沒有在音樂會中彈過拉赫曼尼諾夫，我在家常彈，但要公開演奏，還需要時間。

焦：如果沒有詮釋，音樂作品等於不存在，那詮釋是否合理也就是關鍵，但詮釋會不斷改變。

布：人生不斷在變，人也在變，因此詮釋也會變化，也因此有趣。比方說我今天覺得這首馬厝卡這個句子，該以某種彈性速度演奏，但其他天可能就感覺要以全然不同的彈性速度，或以較古典的方式來彈，這和心情、場館聲響、聽衆、鋼琴等等都有關係。演奏者無法預先計劃好一切，只用一種方式來演奏；或許，本來就不該計劃一切，應該要保留變化、自發性與自由。

焦：但我聽您的現場演奏，幾乎都修磨精整，好像都是深思熟慮之後的成品。

布：所以好的排練與鋼琴很重要。我花非常多時間練習，確保我的想法能確實執行，音樂會前也花充分的時間熟悉場地聲響，特別是和鋼琴技師討論我想要的效果。

焦：您如何看您這幾年來的詮釋變化？我聽了您在濱松大賽、蕭邦大賽以及DG發行的蕭邦《E小調鋼琴協奏曲》，發現不過短短數年，詮釋就有了很大的變化。愈到後來，您的演奏不只帶出詩意，更有英雄氣概的那一面。

布：的確如此。我在12歲左右開始學E小調的第一樂章，後來在1998年波蘭的學生比賽決賽中和樂團彈了這個樂章。我聽那時的詮釋，和後來的一比，更是天差地別。簡言之，我更知道蕭邦此曲的意義，知道快的樂段不該一味炫技（譜上也沒有要加快速度），可以用更多彈性速度，容許更多表現自由。雖然是充滿情感的小調作品，音樂裡也有喜悅，還有相當英武昂揚的氣質，以及不時出現的民俗素材。

焦：您的詮釋雖然改變，仍然都令人信服。對您而言，詮釋的界線在何處？

布：有些鋼琴家想要給予聽衆意外感，甚至給予驚嚇，但這些意外與驚嚇，不見得都合於蕭邦的精神。話雖如此，爭議性或不同的詮釋如果很有趣也很有說服力，能感受到藝術家誠心如此思考而非譁眾取寵，我也能接受與欣賞。比方說有次我在維也納聽席夫彈《郭德堡變奏曲》，有幾段變奏我實在很吃驚，不知道爲何他會用這種觀點解讀。然而，當他全部彈完，我發現我非常喜愛他的詮釋！也就是說，同樣的概念可以有很多種表現方式，但不是每一種表現方式都能令人信服。通常能取信於人的方式，是演奏者知道作曲家要表達什麼，進入作曲家的情感，然後以自己的情感與之對話，實現作曲家的想法。如果這一切都能眞誠，那成功的機會就很高，雖然演奏者還是要思考表現的方法。

焦：那麼您怎麼看古樂運動與其影響呢？您在準備巴赫專輯時，如何定位自己的巴赫演奏？

布：我知道有些人不能接受以當代樂器演奏巴赫，特別是用鋼琴演奏他的鍵盤作品，但我認爲這仍屬可行。如果演奏者能有好的巴洛克風格，掌握巴洛克時代樂器的音調，那麼可以利用當代樂器的長處，得到有趣的聲響和結果。當然這或多或少必須改變巴洛克式的演奏法，呈現不同於巴洛克傳統的結果，像是更多力度對比。但如果這仍能控制在巴洛克與作曲家的風格之內，比方說不要變成浪漫派風格，那應該都沒有問題。我向平諾克（Trevor Pinnock, 1946-）請教過這點，他說有些巴赫作品，他實在不認爲可以用史坦威演奏，但有些他覺得可以。像他這樣的古樂大師，都沒有死守著固定想法，我們又何必畫地自限？我的巴赫專輯中所收錄的作品，都是我演奏很久，也覺得非常接近我內心世界的作品。至少我認爲我在這些曲子裡找到了當代樂器與巴洛克傳統之間的平衡，並且能以我的觀點演奏。

焦：接下來的問題則出於我個人的好奇。齊瑪曼曾對我說過，他在2010年2月曾在大師班上聽過您的演奏，當時就覺得您非常有可能會贏得蕭邦大賽，但英文能力還有待加強。「不過八個月的時間」，他說：「從比賽結果看來，布列哈齊不但音樂進步了，連英文也說得很不錯了！」我很好奇您如何在這麼短的時間內，同時在語言與音樂上進步，您又如何準備比賽？

布：齊瑪曼把我想得太好了，哈哈。我的英文其實完全是得獎之後才進步的，因爲有很多記者會和訪問，但我又不想透過翻譯，只能靠自己。我在準備期間只專注於音樂，比賽時也不去注意任何相關訊息、不接受記者訪問，當然也很遺憾地沒去聽其他參賽者的演奏。但我需要讓自己全然專注，只剩下音樂和我，不受外界影響，無論是心理上或音樂詮釋上。事實證明這對我的練習與演出確實很有幫助，讓我保持良好的平衡，沒有被壓力所擊倒。

焦：可否說說您認識的齊瑪曼？

布：他是非常好的藝術家，也是非常好的人。我在贏得蕭邦大賽後，收到他寄來的一封信，除了恭喜，他也說身爲過來人，他知道接下來我需要什麼，而他願意提供協助。這正是我需要的！因爲我完全沒有這樣的經驗，要面對媒體，還要選擇經紀人。他給了我非常好的建議，讓我能和可靠的對象規劃演出。在我得獎兩年後，齊瑪曼邀請我到他家一週。我們一起聽音樂，不只鋼琴演奏，還有交響樂、歌劇、管風琴等等，也一起練習。我們討論了音樂、人生、詮釋以及曲目規劃，他也帶我去買CD，我特別記得他挑了幾版普契尼歌劇和蕭士塔高維契交響曲。他眞的給我很多幫助，我也從他身上學到很多。

焦：您怎麼看齊瑪曼的演奏藝術？

布：他彈的每首曲子，都有獨一無二的觀點，也有專屬於他的詮釋。雖然他的個人風格非常強大，卻又完全融入作曲家的風格。你聽到蕭邦、布拉姆斯、貝多芬、舒伯特、拉威爾、德布西，但你也同時聽到齊瑪曼。他的音樂很活，有很多自由揮灑的空間，卻都沒有違逆作曲家的意圖，還能帶來振聾發聵的新視野與見解。至於他的句法清晰度、聲音質感與色彩變化，那實在不用多說——那是唯有聽見才能相信，居然有人類能夠達到的成就。

焦：在訪問的最後，您有沒有特別想跟讀者分享的話？

布：我方才提到，音樂詮釋是演奏者和聆賞者一起完成。我有次在漢堡演奏蕭邦《A小調馬厝卡》(Op. 17-4)，彈完後全場觀眾竟然沒有鼓掌，一點聲音都沒有。那是我人生永遠不會忘記的經驗，也是我最最珍貴的回憶。那段寧靜成爲音樂的一部分，也是全場觀眾賦予的「詮釋」。每次我到亞洲演奏，我都可以從聽眾感受到特別集中的注意力，我知道聽眾的心和我在一起，聽眾也能深入鑑賞音樂，從巴洛克到當代作品皆然，這種「一起完成詮釋」的感覺也就更明顯。未來我會花更多時間在亞洲演奏，也期待和更多亞洲愛樂者一起「做音樂」。

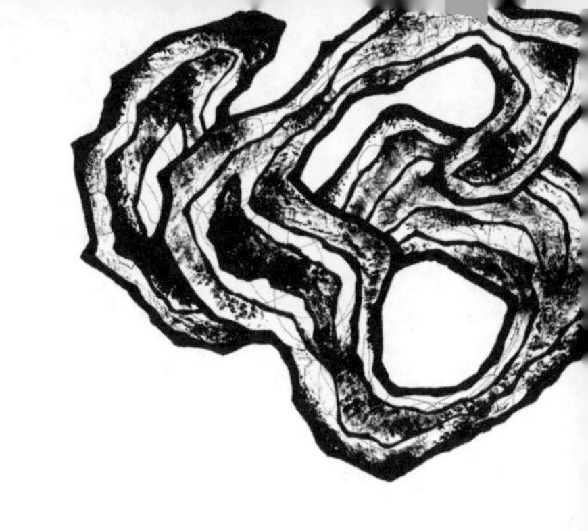

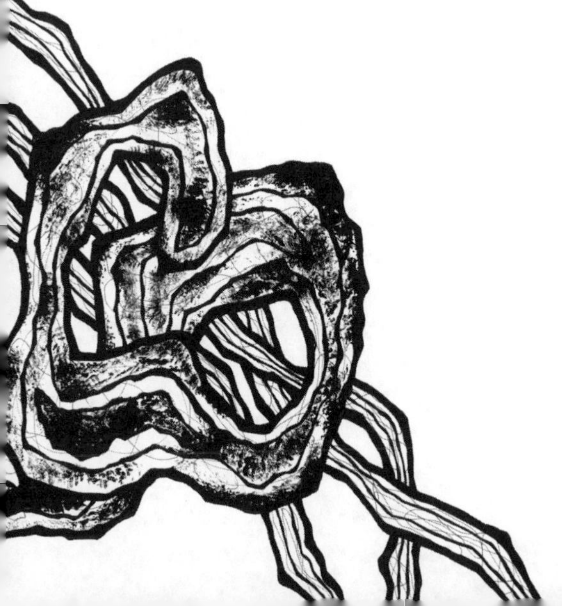

阿芙蒂耶娃 1985-

YULIANNA AVDEEVA

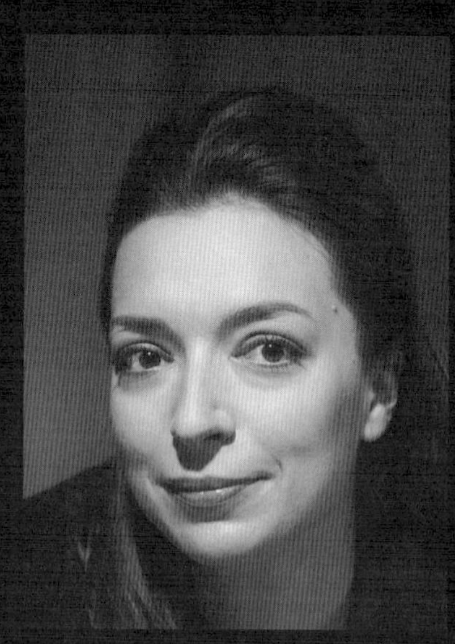

Photo credit: Christine Schneider

1985年7月3日生於莫斯科，阿芙蒂耶娃5歲開始學習鋼琴，進入格尼辛學校後跟伊凡諾娃（Elena Ivanova）學習，18歲至蘇黎世藝術大學跟薛巴可夫學習，後來擔任其助教。她曾於許多國際鋼琴比賽中獲獎，包括2006年日內瓦鋼琴大賽亞軍。2010年她於華沙蕭邦大賽獲得冠軍與奏鳴曲獎，自此開展國際演奏事業。阿芙蒂耶娃的演奏穩健扎實，詮釋嚴謹深刻，不只蕭邦爲其所長，在巴赫、莫札特、李斯特與俄國作品上亦有佳績，對歷史鋼琴演奏也有涉獵，是不斷精進並拓展演出曲目的當代名家。

關鍵字 —— 練習、2010年蕭邦鋼琴大賽、蕭邦（樂譜更動、晚期作品、諾昂、喬治桑、俄國學派傳統、馬厝卡、歷史鋼琴、詮釋）、曲目規劃、莫札特、李斯特（晚期作品、《B小調奏鳴曲》、《但丁奏鳴曲》）、普羅高菲夫（演奏、《第八號鋼琴奏鳴曲》）、舒伯特、準備新作、心態調整、魯普

焦元溥（以下簡稱「焦」）：我知道您的雙親雖然不是音樂家，但都是熱情樂迷，家裡有直立鋼琴和許多唱片。

阿芙蒂耶娃（以下簡稱「阿」）：是的，當他們發現我會在鋼琴上摸索出聽到的旋律，就把我帶去格尼辛，讓專家評鑑我是否有好耳朵。就這樣，我5歲開始學鋼琴，而我很幸運能成爲伊凡諾娃的學生，跟她學了13年。她是非常嚴格的老師，對技巧奠基和練琴方法都極其講究，更重要的是她能激發學生對音樂的愛。她充滿好奇，是熱情的音樂家，教學能結合音樂與技術，讓我理解作品中的訊息以及音樂的意義。練習必須和音樂訊息與想像有關，永遠不是只爲技術。這非常受用，很多時候曲子彈不好，問題不在手指，而是腦子裡沒有想法。我常發現一旦我心裡知道某段該如何，手指自然會配合彈出來。我也常

把譜放在面前，用自己的心和內在耳朵來「演奏」，之後才在鋼琴上彈，而我常能馬上做出心裡想彈的效果。如此練習有額外好處，就是不被習以爲常的聲響或技法限制，能開發出更多對技巧與音色的想像。

焦：您後來爲何決定到蘇黎世跟薛巴可夫學習，而非繼續待在莫斯科？

阿：我之前參加過他幾堂大師班，很受其教法吸引。我當時未曾聽聞這樣的音樂觀點，他也很有一套自己的讀譜方式，曲目更廣泛且不同。我想這會是很好的啓發，於是到蘇黎世跟他學習6年。這眞是我做過最好的決定之一，我得到太多不同於以往的想法，也有更豐富的生活經驗。此外2008年我也幸運入選成爲科莫湖音樂營的成員，跟傅聰、貝爾曼、史戴爾、巴許基洛夫等風格不同的名家學習。這是一段腦力激盪的過程，我從各名家身上都學到很多，彈了各種曲目也聽了各種觀點，到現在我有機會都還常向他們請益。

焦：您2009年從蘇黎世畢業，隔年就贏得蕭邦鋼琴大賽，最初怎麼決定想參加呢？

阿：其實倒不是什麼特別決定。我從小就常彈蕭邦，也一直學蕭邦，所以如有機會我當然想參加。比賽那三週，我非常誠實地說，眞是美好的經驗！這不是因爲我得了獎我才說那是美好經驗，在此之前，我從來沒有投注如此時間心力，單單專心於一位作曲家。我在比賽時想的並不是名次，而是如何把自己對蕭邦的理解，透過演奏表達給聽衆——而且是華沙的聽衆，全世界理應最熟悉蕭邦的聽衆。我在比賽時總是高興且期待爲他們演奏。在蕭邦200歲誕生年，能在蕭邦的故鄉，他成長、演奏的地方，全心全意爲懂蕭邦的聽衆演奏蕭邦，這眞是太美好！也因爲蕭邦200年，華沙開了許多新博物館，展出不少珍貴文物……

焦：所以在比賽進行中，您仍然去博物館參觀？

阿：是的，我看到好多手稿、蕭邦用過的鋼琴與家具，還有好多新出版品。當然，客觀而言，我無法說因爲看了哪一張手稿，我的詮釋就變得不同，或突然有了什麼新發現。但我的確得到許多靈感，覺得和蕭邦更親近了，演奏大概也因此變得不一樣吧！

焦：這種親近感會不會來自於見到蕭邦在譜上的修改？

阿：你說的是！當我看到蕭邦的塗改，或在學生譜上寫下的更動，比方說哪邊加了震音，哪邊又添了裝飾等等，這都給我很大的自由。蕭邦的作品古典工整，形式非常清楚，但演奏它又必須有卽興感。如果你只是照心裡計劃好的樣式演奏，那必然不會成功。如何掌握明確句法與結構但保有卽興變化，甚至每次演奏都不同，這確實不容易。當然我的演奏會隨心情、鋼琴、場館等等而不同，但這些來自蕭邦自己的更動，更給我精神上的自由——至少我們確定，蕭邦容許這些無關本質，但可能有關當時情緒或演奏表現的更動，無論那是否是爲了學生而改。

焦：我知道您也研究蕭邦當時的畫家與作家，可否談談您的心得？

阿：我去過諾昂的喬治桑故居兩次。那眞是個奇特的地方，好像喬治桑與蕭邦一家人沒有眞正離開過。在那裡你可以看到重現某次用餐的場景，餐桌上放了大仲馬、福樓拜、德拉克瓦的名牌，非常不同的藝術家。當蕭邦搬到巴黎，他很快被各類藝術家歡迎，也和他們往來。了解這些人的作品以及他們的生活方式，自然幫助我們理解那個時代，也能更理解蕭邦。如果我能回到過去，我眞希望能去那時的巴黎，了解他們都談些什麼——他們彼此會討論政治嗎？會交流藝術看法嗎？

焦：您怎麼看蕭邦在1832年之後的風格變化，特別是最晚期的他？

阿：我不覺得他的風格有何本質上的更改。他的作品是愈來愈對位化，音樂——我認爲——也愈來愈朝向天國，但那爲鋼琴所打造的歌唱句法仍然沒變。即使在最對位化的織體中，所有線條都在歌唱，而且是相當長的悠揚線條。

焦：我很少把性別放入討論，不過下面這個問題還眞想聽到來自女性的觀點——您怎麼看蕭邦和喬治桑？

阿：我感覺對蕭邦而言，和喬治桑分開是很艱難的事。喬治桑不只是蕭邦的照顧者，還是他的靈感來源。蕭邦在1847年之後寫得那麼少，我想不完全因爲身體不好，而是缺乏靈感，不能很好地表達自己。當我在諾昂，我感覺蕭邦在那邊很自在快樂，他也的確在那裡寫了很多作品。我眞希望他們的感情能夠走得更遠一些。

焦：您怎麼看俄國學派傳統，這是否影響您的蕭邦詮釋？

阿：現在難說還有什麼純粹的學派，但對我而言，我當然認爲蕭邦本質上是斯拉夫性格作曲家，只是也受到法國文化影響。他寫圓舞曲，更寫馬厝卡和波蘭舞曲。他的旋律語言可清楚聽見作曲家自己的說話語言——那旋律抑揚頓挫的方式以及和聲運用手法，皆非常斯拉夫性格。這也是爲何除了波蘭，來自俄羅斯或捷克等斯拉夫語系鋼琴家比較容易表現蕭邦，因爲這和我們所用的語言比較接近。

焦：語言上的接近能夠幫助您演奏蕭邦的馬厝卡舞曲嗎？

阿：哈哈，這就難說了。我愛蕭邦所有的馬厝卡，那眞是爲靈魂而寫的音樂，但每一首都不容易。蕭邦可將許多不同的情感與性格放到篇幅相當短小的馬厝卡之中，以致每個音都很重要。傳聽常說馬厝卡只能意會、不可言傳，換言之就是沒辦法教。我也認爲他演奏馬厝卡的方式眞是天下一絕，但從他鑽研馬厝卡的態度，對每個音都仔細推敲的精神，我們可以從中學到很多，這也帶給我很多靈感。有些馬厝卡我現在無法表現好，可是聽過傅聰彈，看過他詳究每一處的用心，把如此印象放在心裡，誰知道呢，或許有一天就水道渠成。

焦：對於蕭邦樂譜指示的解讀，您可曾遇到無法理解之處？

阿：有，而且還不少，而我解決的方式是回到蕭邦所用的樂器。無論是普列耶爾或艾拉德，這兩種鋼琴雖然很不同，但和現代鋼琴相比它們音量都小很多，聲音消逝速度也快很多，泛音卻更豐富。蕭邦一些力度或踏瓣，特別是混合多種和聲的長踏瓣，在現代鋼琴上聽來令人不解，但我在蕭邦當時的樂器上試驗，就知道那是創造不同色彩與效果的方法。一旦體會出蕭邦想要什麼效果，我就思考如何將其在現代鋼琴上實現，也就不再爲那些指示困惑。我不會想在現代鋼琴上模仿歷史鋼琴的聲音，而是用演奏歷史鋼琴的知識幫助我演奏現代鋼琴並探究作曲家的原意。不只是蕭邦，對海頓、莫札特、貝多芬、舒伯特等作曲家而言，演奏歷史鋼琴都給我很大的啓發。

焦：您怎麼看各種不同的蕭邦詮釋？

阿：我覺得樂曲就像陽光，鋼琴家則是玻璃。陽光雖同，透過不同玻璃透射或折射後的結果卻絕對各自不同。或許，這正是音樂藝術最奇妙也最特別之處。正因爲我們有不同觀點，大家才能探索蕭邦各個面向。這世上沒有什麼絕對正確或錯誤的蕭邦詮釋。能有多元觀點，我覺得最是可貴。

焦：話雖如此，您眞能接受「任何」蕭邦演奏？或說對您而言，什麼樣的蕭邦算是「越界」？

阿：我想，無論是何種詮釋，都必須回到作品本身，畢竟主角是陽光，不是玻璃。我們可以表現自己，也必須表現自己，但要透過蕭邦表現，不然我們自己作曲就好。我視自己爲音樂的翻譯者或傳信人，我的工作是傳達，在傳達之前，自然得窮盡一切所能探求作曲家的意思，包括「作品在說什麼」以及「爲什麼作曲家要寫這部作品」。音樂已經是高度抽象的語言，如果我們還不用心探索，就很可能錯誤翻譯或傳達失當。詮釋蕭邦的確困難，一如我剛剛所說，他的結構和句法皆古典節制，音樂卻自由開放；他的旋律自然歌唱，筆法卻盤根錯節。蕭邦在音樂裡訴說一切，毫不保留，卻也從不誇張，縱使有音音血淚的作品，表達方式卻高貴平衡。古典又浪漫，節制又自由，均衡又開放，蕭邦會難，還眞不是沒有道理！演奏蕭邦不能隱藏，只是要知道他的表現方法，抓到平衡一切的道理。要說我不欣賞的蕭邦，我想大概就是那種誇張、濫情，或全然輕飄飄而不見眞實感情，也不見實現樂曲指示的演奏吧！

焦：我很佩服您有這樣的胸襟和修養，但面對別人對您的批評，您又如何調適？

阿：有人喜愛我的詮釋，我很高興；有人不愛，我也接受。但我想就算品味不同，還是可以欣賞不同演奏的優點。比方說波哥雷里奇和鄧泰山都是了不起的鋼琴家，無論你喜愛哪一人多一些，你都可以欣賞另一人的演奏，並非一定要弄到水火不容。

焦：但您那屆比賽後出現不少謊言，比方說DG唱片和第二名溫德（Ingolf Wunder, 1985-）簽約，首張專輯的解說冊居然寫：「第二將會是第一……畢竟所有專家都同意，第一名該由溫德，而非阿芙蒂耶娃獲得。」——那年比賽我在現場，事實根本不是如此。我很憤怒唱片公司爲了宣傳而胡說八道。這您也不在意嗎？

阿：這既是唱片公司的宣傳，就不見得是溫德本人的意見。在自由社會裡人人都可表達意見，但也必須爲自己的意見負責。如果這樣的宣傳能滿足某些人的需求，就讓他們去吧，我並不會因此感到被冒犯或侮辱。我的意見只有一個，就是評審的分數和獎項是確定的，而我得了第一，這是不會更改的紀錄。至於大家的藝術如何發展，時間會是最好的證明。

焦：大家總想聽蕭邦大賽得主演奏蕭邦，也總好奇您們何時會演奏蕭邦以外的作曲家。您在大賽後半年就開出全新獨奏和協奏曲目，也開始演奏非蕭邦曲目，這眞的很了不起。

阿：關鍵在於我必須學會分配時間。比方說，每天用三小時練手邊要演奏的樂曲，另外花二小時學習或準備新曲目。但無論如何，我會排出三週空檔，完全專注於新作品。我愛蕭邦，但不只愛蕭邦。我對音樂充滿好奇，從巴洛克到當代音樂我都演奏。音樂創作是連續的發展與傳承，其中雖有「隔代遺傳」的例子，比方說巴赫、莫札特之於蕭邦，或史特拉汶斯基的「新古典」，但整體而言彼此之間都有影響。因此探索巴洛克可以讓我更了解蕭邦，認識當代創作也能幫助我理解貝多芬。愈是不設限，才愈有可能融會貫通，了解這二、三百年來音樂創作的整體面貌。蕭邦不會在我的曲目中缺席，畢竟大家期待我彈，我也還有好多蕭邦作品尚未充分探索。但除此之外，我沒辦法說我會特別演奏哪位作曲家。

焦：既然如此，我們先來談莫札特吧！您曾說在格尼辛學習時，老師們認爲莫札特和蕭邦是最困難的兩位作曲家，如果對他們沒有特殊的親近感，最好不要輕易演奏。您的蕭邦大家有目共睹，而我很好奇您如何發展您的莫札特詮釋？

阿：我對蕭邦的研究，以及找到屬於我的蕭邦語言的歷程，自然影響了我對莫札特還有巴赫——這兩位蕭邦最崇拜的作曲家——的學習與理解，這三家作品也確實能看出一貫脈絡，那就是對情感與形式的清晰表達以及聲響上的高級品味。我想演奏莫札特鋼琴作品最困難之處，在於一方面這可以非常困難，至少在他的時代是如此，有些甚至到今天都算難曲。然而另一方面，演奏它需要特別的靈魂狀態——必須非常純粹，太複雜或太人工都不行，要純然從內心而出。他的音樂裡七情六欲皆備，有歡笑也有落寞、恐懼與憂傷，而你必須純粹地表現，不能參雜任何他音樂裡沒有的東西。如此自然直接的表達，眞的最難，但卽使困難，我每個樂季都會演奏兩首莫札特協奏曲，因爲我希望自己常有機會能處於「純粹的靈魂狀態」。

焦：在蕭邦大賽後不久，您也把李斯特作品納入曲目，還演奏他最晚期的作品。我想這也和蕭邦有關吧！

阿：我非常景仰李斯特，總是以極大的熱情與喜愛來演奏。我認爲進入李斯特世界的鑰匙在於他的晚期作品。卽使是歌劇模擬曲如《阿伊達模擬曲》，他都捨棄炫技表現，直接讓情感說話，一如他此時許多形式、調性都很模糊，卻完全呈現情感的創作。此曲選材也很特別：前半是女祭司的歌調，後半是阿伊達和拉達梅斯的最後二重唱，哀傷而美麗，前後相連更有一種天地悠悠的宇宙蒼茫感，深刻而直指心靈，是我聽過最美的樂曲之一。《但丁奏鳴曲》非常受歡迎，但如果從後期觀點回過頭來看這首中期作品，特別以李斯特的神學思考，我覺得會咀嚼出更深層的意涵。我最近演奏李斯特《B小調奏鳴曲》，在它之前我排了《悲傷的鳳尾船》(*La Lugubre Gondola No.1*)、《暗星！》(*Unstern!*) 和《華格納—威尼斯》(*Richard Wagner - Venezia*)等三首晚期作品，由《華格納—威尼斯》的結尾不間斷地接到《B小調奏鳴曲》，我覺得效果非常好，音樂也能彼此連結，卽使《奏鳴曲》遠早在其他三曲之前完成。

焦：您會以歌德的《浮士德》來解釋《B小調奏鳴曲》嗎？或者從李斯特的《但丁交響曲》尋找詮釋《但丁奏鳴曲》的靈感？

阿：我傾向不把音樂作品和任一其他作品直接連接，因爲這限制了音樂。即使《浮士德》是那麼偉大的創作，我又是歌德迷，我都不願意因此限制了《B小調奏鳴曲》所能給我的想像。即使李斯特寫下「但丁讀後感」這樣的文字，我覺得《但丁奏鳴曲》的表現空間比《神曲》還要廣大，我的想像也不會只從《神曲》來。正因沒有文字，音樂能表現文字無法言說之處。演奏者可以不被文字限制，聆賞者也是。我從小就喜愛李斯特的交響詩，很著迷其管弦效果和句法，那聽起來和當時其他作品都不同，熟悉他的配器法也能幫助我表現他的鋼琴曲。不過我想《但丁交響曲》和《但丁奏鳴曲》表現出來的音樂非常不同，我不敢說有直接連結，即使它們來自同一靈感。我只能說這二曲呈現了李斯特作爲具有豐富人性情感與經驗的藝術家，所能展現的極高表現。《B小調奏鳴曲》也是如此——我這話可能會讓人驚訝，但我眞的覺得《但丁奏鳴曲》和《B小調奏鳴曲》一樣豐富。這二曲沒有高下，只是不同，而這又顯示李斯特的心靈是何其豐富。

焦：除了莫札特與李斯特，從您的演出曲目來看，您對普羅高菲夫似乎也有偏愛，可否談談他？

阿：他眞是我最喜愛的作曲家，而我深深著迷於他的旋律——很多人只看他把鋼琴當成打擊樂器運用的那一面，但事實上他是二十世紀最旋律性的作曲家，即使那旋律獨樹一幟。普羅高菲夫另一特色就是能在音樂中創造平行世界，可童稚純眞也可災難毀滅，這等功力總讓人嘆爲觀止。他對鋼琴有精湛理解，爲它寫出前所未有的新語彙。作爲鋼琴家，演奏普羅高菲夫總讓我非常享受。

焦：您如何看他自己的鋼琴演奏？

阿：他當然是非常好的鋼琴家，雖然錄音時他已不再持續表演，仍可聽到極佳功底。他的琴音很有意思，和他的音樂很配，有時有點乾，但一切都很濃縮完整，情感總是剛剛好、從不過多，表達簡潔；樂句方向非常清楚，相當古典。普羅高菲夫說過「旋律是鋼琴的靈魂」，那是最能表達的音樂要素。他的創作也幾乎都有抒情素材，特別是他的晚期作品，第五、六、七號交響曲等等。很多人認爲普羅高菲夫就是大聲，這對他實在不公允。

焦：您和紀新都曾排出蕭邦與普羅高菲夫《第八號鋼琴奏鳴曲》對照的獨奏會，或許正是您們都看到他旋律性的一面。可否談談您對此曲的想法？

阿：這是我心中最偉大的鋼琴作品之一。第一樂章呈示部極其抒情靜謐，充滿人性溫暖，一切都很美好。但發展部就是暴力與毀滅的化身，不知這世界會走向何方。再現部雖然重回先前的美好，但始終讓人起疑，彷彿眼前所見並不眞實，如此懷疑延續到第二樂章。這是相當特別的舞曲——普羅高菲夫說他喜愛寫芭蕾勝過歌劇，而他的確是舞曲大師，能透過這個形式說出複雜心事。我覺得這段音樂藏著深沉的諷刺：我現在見到的是夢還是眞？接下來又會發生什麼？普羅高菲夫告訴我們他對所處時代的懷疑，但沒有喪失希望。和第七號終樂章的天地毀滅不同，第八號的第三樂章對我而言充滿能量與信心，積極展望未來。此曲可說是作曲家對世界的認知，本身也是一個世界。此外，此曲和貝多芬第二十九號、舒伯特最後一首鋼琴奏鳴曲（D. 960）和莫札特最後一首鋼琴協奏曲（第二十七號）一樣，都以降B大調寫成。這個調性很明亮自信，因爲是降調所以也柔和，而這兩種特色混和出特別質感，讓作曲家可以創造出境界寬廣深刻的大型作品。不過回到你的問題，我研究過普羅高菲夫在美國的獨奏會曲目，發現他經常把蕭邦和自己的作品交錯演出，加上他改編的舒伯特圓舞曲。我覺得這實在是迷人的組合，對比但又有一以貫之的古典性格、旋律美與抒情質感。

焦：這也是您首張專輯收錄這三位作曲家的原因嗎？

阿：正是！我很高興把舒伯特《三首鋼琴作品》（D. 946）放在其中。我對它有所偏愛，覺得其中雖有不同情緒，但都看往同一方向。一半在人間，一半已在天堂，特別是第二首的降A大調中段，彷彿和所愛的一切告別，眞是不可思議的作品。

焦：您的演奏總是細膩且思考詳盡，請問您通常如何準備一首新作？曾經遇過什麼樣的困難？

阿：我常遇到的困難，就是無論如何練習，仍只在原地踏步，演奏就是達不到自己的設定。但我不能只是跟自己生氣，必須找出辦法解決。這過程雖然辛苦，但每當我克服關卡，又總是非常快樂，獲得能量與信心，讓我準備好迎接下一部作品。我沒辦法才學會一部作品就立刻上台，我必須和樂曲相處，讓音樂成爲自己生活的一部分，才能自在地以自己的理解，在舞台上詮釋給聽衆欣賞。學習作品時當然得錙銖必較，但要拿上舞台，我需要的是「內化」，讓所有細節成爲自發的表現。也就是說，這是一個「遺忘」的過程。作爲演奏者，研究時我必須見樹又見林，甚至連樹葉都要深究，但我的詮釋絕不能見樹不見林，只有細節而缺乏整體感。學習，但又必須遺忘，最後讓一切歸於自然。這眞的需要時間，而且是眞實的時間，不是在腦子裡把樂曲走了許多遍就能替代。

焦：但請容我冒昧問一個問題：您在蕭邦大賽後幾乎每年都來台灣，我也因此有機會常聽到您的演出。我覺得您在比賽後幾年的演奏雖然嚴謹，但嚴謹到有些拘束，最近兩三年才變得自由，演奏也進入另一層次。您自己的感覺如何呢？

阿：你的觀察沒錯。我想其中的轉捩點，在於我終於找出屬於我自己的舞台演奏方法。我當然要仔細思考，但思考必須在演奏之前和之後，而不是在演出之中。再者，演出時我必須要懂得「原諒」自己。我當然求好，但如果哪裡眞的沒彈好，就讓它過去吧，不能讓自己陷入負面情緒。以前哪怕只是百分之五沒彈好，我都會很不開心，但這只是讓自己損失能量罷了。現在我懂得調適，我的準備做得更好，演奏也變得自由。我也很慶幸我有一些很信任的人可以諮詢，他們會誠實告訴我他們聽我演奏的感想，因此我不至於迷惘。

焦：這真的很重要，否則只聽好話，演奏者很容易迷失。

阿：但也不能只聽壞話，關鍵在於話是否公正。我是很能自我批評的人，自我批評不是壞事，但批評過苛又落入自我否定，不相信自己能表現好音樂，變成你說的拘束。這和我成長環境的文化也有關係。老師總說像吉利爾斯、李希特、歐伊斯特拉赫、柯岡這樣的大演奏家，永遠不滿意自己的演奏。我們被教導成不能對自己的演奏感到高興，誰敢滿意自己的演奏，那等於是犯罪。如此態度不能說錯，但矯枉過正也不見得好，只是讓人不必要地不快樂。況且我到最近幾年才明白，在前蘇聯那樣的環境中，人真的不能對自己高興。我相信吉利爾斯和李希特一定也有彈得福至心靈，自己感到很開心的時候，但他們不能說，至少只能對至親好友說。不要驕傲自滿，但也別妄自菲薄。我知道我能達到什麼，也知道尚未達到什麼。了解這一點，我與自己和解，獲得內在的平和。現在我上台比以前要快樂多了，這對我的音樂也有正面影響。之前有次齊瑪曼來我的音樂會，他到後台第一句話就是「放輕鬆，不要擔心，你會很好的」，我就知道他了解我的問題。專注很好，但不要過分，演奏當下也要能享受音樂，否則演奏就成了苦役。我想他大概也經歷過這些，而這就是成熟藝術家的智慧吧！

焦：談到齊瑪曼，請您也談談喜歡的鋼琴家吧。

阿：我近幾年聽了齊瑪曼演奏舒伯特奏鳴曲、布拉姆斯第一和貝多芬《第四號鋼琴協奏曲》。唉，怎麼說呢，雖說完美沒有止境，但若要形容這樣的演奏，我只能想到一個字，就是「完美」。以前我覺得他有點距離感，但現在他有時會在演出中跟聽衆講解，那眞是親切。我也很佩服蘇可洛夫，他在鋼琴上做到的實在不可思議。就巴赫演奏而言，在古鋼琴上我最佩服史戴爾，現代鋼琴上最佩服普萊亞和席夫，後者更是彈什麼都好，海頓、莫札特、貝多芬、舒伯特、舒曼、布拉姆斯、巴爾托克等等無一不精。我也很崇拜魯普，雖說討論誰是某某派別的眞正傳人或代表，這聽起來很不合時宜也很危險，但我眞覺得就音色和表現手法來看，他是紐豪斯的眞正傳人。先別說那色彩極其豐富的琴音，他演奏最大聲大概就是到中強（mezzo forte），但其中可有千百種層次，還有弱到不可思議的弱音以及極爲廣大飽滿的音樂。更神奇的是他的演出每場都不一樣，卻都有道理。

焦：最後請談談您的新計畫。

阿：我的巴赫專輯即將發行，這也是我研究蕭邦的延伸，很期待大家的意見。最近有人邀請我演奏柴可夫斯基《第一號鋼琴協奏曲》，我很高興，因爲那是我和樂團合作的第一首大型協奏曲！那時我16歲，而當時的興奮之情一直延續到現在。我青少年時彈了好幾次，然後很多年沒彈，如今重回此曲，眞能以截然不同的眼光來審視一切習以爲常的細節。我不會標新立異，非得要提出什麼前所未見的觀點，但它實在是很豐富的創作，只要演奏者夠愛它，一定能夠找出屬於自己的獨特心得。除此之外，我有很多協奏曲邀約——當鋼琴家的好處，就是經典曲目太多，怎麼彈都彈不完，還有人邀我彈《藍色狂想曲》呢！我想演出一定會很有趣！

王羽佳 1987-

YUJA WANG

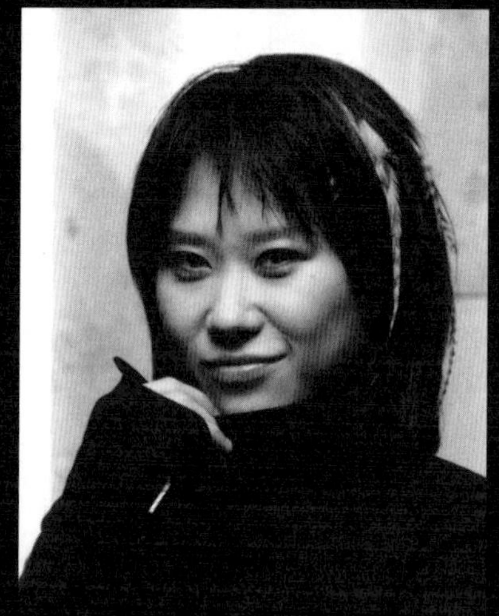

Photo credit: Michael Sándor

1987年2月10日生於北京，王羽佳6歲開始學習鋼琴，後於中央音樂學院跟淩遠學習。1999年，她至加拿大卡加立（Calgary）皇家山音樂學院跟隨陳宏寬學習，2002年至柯蒂斯音樂院跟葛拉夫曼學習。2003年她以貝多芬《第四號鋼琴協奏曲》在蘇黎世舉行歐洲首演，從此開展國際演出事業。2005年她獲吉利摩青年藝術家獎（Gilmore Young Artist Award），2006年與紐約愛樂日韓巡演，2009年和DG唱片簽約，並與阿巴多在琉森音樂節合作。今日王羽佳已和世界各大指揮與樂團皆合作演出，在繁忙演出行程中持續拓展曲目，2017年獲音樂美國（Musical America）年度藝術家。

關鍵字 —— 國外學習、葛拉夫曼、技巧、速度、曲目選擇、貝多芬《槌子鋼琴奏鳴曲》、普羅高菲夫、史克里亞賓、巴爾托克鋼琴協奏曲、語文學習、閱覽、魯普、柯奇許、阿巴多、MTT、評論、當代音樂、音樂會規矩、媒體、時尚、話題、亞洲與古典音樂、給學生與家長的建議

焦元溥（以下簡稱「焦」）：雖然很多人可能已經對您非常熟悉了，我還是想請您談談您的成長過程。聽說您兒時學了很多才藝，最後爲何專注於鋼琴與音樂？

王羽佳（以下簡稱「王」）：我眞的學了很多，包括書法。我爸媽是滿開明的父母，想說都接觸一下，給孩子各種薰陶。家父是打擊樂手，家母以前是舞團舞者，後來也教學，特別希望我也能走舞蹈的路。所以我小時候一早起床就得練功 ——唉呀，練功多辛苦呀！和這一比，坐著練鋼琴舒服多了。所以當我7歲上普通小學，大人問我選哪個愛好繼續發展，我就選了鋼琴。早上去小學，下午去音樂院。

焦：您學琴半年之後就上台演出了，爲何進步如此神速呢？

王：可見我多麼不想回去跳舞。

焦：您第一次來台演出，曲目包括蕭邦《升C小調圓舞曲》（Op. 64-2），聽說那也是您首次音樂會的曲目之一。

王：是的，我已經演奏它超過二十年了，它也因此對我有非常特別的意義。我每次彈都有不同心得，也回想起好多事。

焦：可否談談您在北京所受的鋼琴教育？

王：我的啓蒙老師羅征敏先生是家母任職的舞蹈劇團伴奏。他用很生動活潑的方式引導我，爲曲子編了很多故事。他發現我進步很快，建議我該接受專業訓練，於是我7歲那年就跟他的好友、中央音樂學院的凌遠老師學習。我那時還考了級，我學琴半年就考了一級，一年後直接考五級，再一年一起考了七級和八級。我本來用直立琴練，音樂院教授聽了我彈，就說我該換成三角鋼琴。我現在回到北京家裡，還是當年那架琴。

焦：我必須說我非常佩服您的父母。他們沒有剝削您的天分，也沒把您當成搖錢樹或宣傳品。

王：他們很善良單純，不會想到這些。再說他們自己也是藝術家，很清楚從事藝術工作的難處與辛苦，所以完全讓我順其自然。就他們所言，他們只是希望我能增加涵養，童年過得豐富，沒想把我培育成演奏家，我也沒想過自己未來會成爲職業演奏家。小時候彈琴完全是興趣，練琴時常做白日夢，想的是我以後要當數學家或科技研究人員。我到現在也都不想把彈琴看成工作，仍然把它看成是興趣與愛好。後來有贊助人願意資助我出國留學，我就考了加拿大卡加利的皇家山音樂學院；贊助人又說我最好能獨立，家長不要跟去，家母聽了也就讓我一個人去，於是我14歲就離開中國了。我在那裡跟陳宏寬老師學，

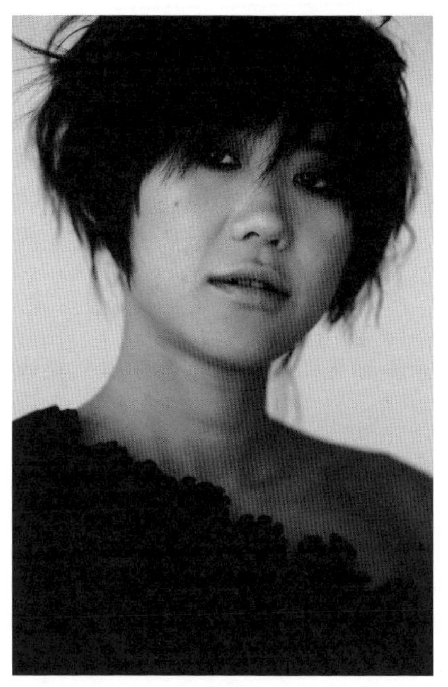
少女時代的王羽佳（照片提供：王羽佳）。

後來覺得天氣實在太冷，就去考柯蒂斯音樂院。當時沒想到能考上，誰知考完隔天我接到葛拉夫曼的電話，恭喜我錄取並且要跟他學習，我就決定搬到費城。

焦：和多數出國留學的孩子不同，您父母始終沒有跟到國外陪伴，而您也很早就開始獨立自主的生活。

王：這也是因緣際會。原先我是以交換學生身分去加拿大，想說就去幾個月而已；後來去念柯蒂斯，學校規定我15歲前必須要有監護人陪同，於是家母申請來美國，但那年遇到911事件，她簽證連續被拒三次，得兩年半後才能重新申請。等到簽證終於辦成，我已經17歲，不需要家長陪同了。剛去加拿大的時候會想家，也想老師，不知道是否眞要走音樂這條路，到柯蒂斯後就比較不會了。我很幸運能跟葛拉夫曼學習，他是卓越的音樂家，還是超級大好人，更是演奏家過來人，很能體會我那時的不安全感，在音樂教育之外給我很多溫暖關懷，葛拉夫曼夫人也非常照顧我。

焦：我到這幾年才眞正體會出葛拉夫曼教學的優點。他頭腦很好，知道學生的演奏何時會走樣，但不會強加意見，讓學生自由發展。

王：我第一次上課彈了布拉姆斯《第二號鋼琴協奏曲》和《帕格尼尼主題變奏曲》。他聽完沒說什麼，不像在中國老師會講很細或提出很實際的建議。他只要我從頭再彈一次，點了幾個大項，要我把譜子看清楚。其實每次上課他說的，都是要我把樂譜看清楚，讀出作曲家的用意。回頭來看，他可說是用潛移默化的方式帶領我研究音樂。如果我的演奏和他的想法不同，他會思考我的詮釋能否說服人；如果我的演奏還眞和他想的一樣，他又會警覺如此思路是否眞的合適。總之我跟葛拉夫曼每兩週上一次課，好像沒有重複過曲子，把所有他想聽的全彈完了。

焦：您很常彈琴給人聽，對象有名家大師也有朋友，這是在學校養成的習慣嗎？

王：是的，畢竟要能考進柯蒂斯，技術和頭腦都要好。我常彈給同學聽，問他們的想法，而我覺得這特別有用，因爲大家都年輕，說話很直接、不會客氣。我也彈很多室內樂，我進柯蒂斯之前參加了亞斯本音樂節，那時就喜歡和各類音樂家交流互動。劉孟捷是我們的重奏老師，我也常彈給他聽。每週四是討論課，從中獲益很多，包括反面學習——聽到我不喜歡的詮釋，我會思考爲何不喜歡，或如何避免這樣彈。總之柯蒂斯是非常高標準但不那麼競爭的學校，同學之間很能討論。

焦：葛拉夫曼說您在柯蒂斯，就算是蕭邦奏鳴曲也是一、二天內就能學會。您何時意識到自己有驚人的技巧天分呢？

王：其實我從來就不這樣覺得，總認爲我的技巧還不夠好；如果大家聽我的演奏，印象最深的是技巧，那就表示我音樂還不夠好。當然，初生之犢不畏虎，我小時候練了很多大家都說很難的曲子，像是〈鬼火練習曲〉。但把音彈下來對我而言實在不難，也不會對演奏感到害怕。現在大了，顧慮多了，倒不見得能像以前那樣彈了。

焦：那麼對您而言技巧是什麼？是否追求過技巧？

王：對我而言，技巧就是「心裡想什麼，手就能做到」，但重點是心裡先要有東西。從以前到現在，我都沒有特別去練技巧。事實上我比較大的問題反而是不會練琴，很難掌握要如何練或何時不練。我覺得練琴會讓人上癮，但我不確定這種癮是不是好事。小時候我聽波里尼彈蕭邦《練習曲》，那時的確想過：「啊！每個音都好扎實好漂亮！我要是能彈得像這樣就好了！」但我也沒有去模仿他。後來有段時間很著迷米凱蘭傑利和席夫那樣的音色，但很快就知道不能只追求音色。音樂、聲音、技巧，這三者必須合一，不可能分開。如果你聽到我哪段彈得特別凌厲炫目，那是我認爲那裡的音樂要求我做到這些，而不是我要刻意表現技巧。

焦：您彈給這麼多名家大師聽過，有些的確以教學的態度給您建議，您卻沒有變成伊索寓言裡拾滿七彩羽毛的烏鴉，不曾大幅改變演奏方式，維持一貫但持續發展的個人風格。這點我覺得非常有趣，也很難得。

王：我很感謝這些願意聽我演奏、給我意見的前輩，我希望透過學有專精的演奏家幫助我更具體地理解音樂，進而把每位作曲家和每種風格掌握好，倒沒去想過我自己的風格，我也不會去模仿別人的詮釋或彈法。我準備普羅高菲夫《第六號鋼琴奏鳴曲》的時候彈給紀新聽，他16歲在東京那次演出就讓我印象非常深刻，多年過去，他對此曲眞的有很精闢的見解，也給我很好的建議。我準備巴赫、莫札特或貝多芬時則彈給普萊亞聽，他也推薦我聽錄音，比方說藍朶芙絲卡和哈絲姬兒的莫札特。我覺得對樂曲花的時間愈多、愈認眞去探究，而且用自己的方式探究，那我的個人品味也會自然表現在演奏裡。就發展方向而言，我還眞沒想過自己想成爲誰。不過從以前到現在，大概有三位鋼琴家曾對我影響很深，那是霍洛維茲、拉赫曼尼諾夫和季弗拉……

焦：這三位都能彈出極爲驚人的演奏速度，而論及速度，您也足以名列古往今來最著名的快手。

王：我覺得是我手小，手指動作又比較大，所以大家才覺得我彈得很快……

焦：這您就不用客氣了，是眞的非常快。但您不是什麼都彈得快，不會刻意飆速，比方說蕭邦奏鳴曲就不是；但對某些曲目，例如普羅高菲夫《第二號鋼琴協奏曲》，某些段落或許是有史以來最快的演奏，但聽來又奇妙地沒有匆忙之感。可否談談您對速度的感受，以及如何決定速度？

王：我其實滿直觀，就以普二爲例，我14歲第一次聽到覺得特別震撼，這個印象在腦海中揮之不去，我也就往如此方向練，認爲它就該要彈得強而有力。不過我不太受錄音影響。我小時候一直到9、10歲，練琴都沒有聽錄音，全靠樂譜和自己的想像來彈。我聽力很好，很多曲子光用聽就能學起來，但也因此我學習時不會多聽，怕從此就先入爲主。

焦：您有沒有喜愛的音樂家？

王：鋼琴家我喜愛霍洛維茲、拉赫曼尼諾夫、索封尼斯基、柯爾托、許納伯、佛萊雪。我曾經跟佛萊雪上過兩次討論課，彈莫札特和舒伯特，非常喜歡他的教法。我最近和維也納愛樂合作莫札特，我問他們對誰的莫札特鋼琴協奏曲印象最深，樂團居然說了兩位美國人，賽爾金和佛萊雪！紀新、波哥雷里奇、普雷特涅夫、魯普等等我也非常欣賞，不過我每段時間喜歡的鋼琴家都不太一樣。至於其他音樂家，我非常喜愛伯恩斯坦。我和MTT（Michael Tilson Thomas, 1944-）那麼有默契，很大的原因就是我們都在伯恩斯坦的感召之下。我也喜歡小克萊伯、福特萬格勒和阿巴多，大概我很老派吧！我喜歡看卡拉揚指揮，而我希望我可以喜歡傑利畢達克，不過試了幾次都沒成功。說到卡拉揚，我最近聽了他指揮柏林愛樂演奏的蕭士塔高維契《第十號交響曲》，那聲音一出來我就震懾住了——怎麼能夠這麼厚實又燦爛？這給了我樂團聲響的新標竿。

焦：可否談談您的曲目選擇？我發現您一開始彈較多俄國曲目，後來德國曲目愈來愈多，但沒有刻意彈冷門作品，也沒想專攻哪一派，甚至也沒特別經營美國曲目。

王：因為家母跳芭蕾，我從小就很熟悉柴可夫斯基和普羅高菲夫等人的芭蕾舞劇，後來也愛彈他們的協奏曲。我彈我有感覺的曲子，比方說普羅高菲夫《第二號鋼琴協奏曲》，我對它很有想法，知道我想要它是什麼樣子，如此我才去彈。我練過布列茲《第二號鋼琴奏鳴曲》，但這就屬於目前我仍然沒有感覺的作品，我不會為了要顯示自己很聰明或很厲害而去彈。同樣是現代作品，李蓋提的《練習曲》我就很有共鳴。去年我開始彈梅湘的《圖蘭加里拉交響曲》，一開始沒怎麼聽懂，不過我知道這是需要和樂團一起體驗的創作，實際演出後也琢磨出興趣來。鋼琴曲目浩如煙海，每個人都在找亮點，或者開發還沒彈過的作品。我倒是反過來想，在所謂已經發現的曲子裡，仍然有很多尚未被發現的東西。所謂經典，就是經得起反覆琢磨，有無窮的詮釋可能，我不需要擔心自己的曲目不夠特別。

焦：不過您還是彈了一首以您的年紀（29歲）而言非常特別的曲目：貝多芬演奏技術最難、音樂相當不好理解的第二十九號鋼琴奏鳴曲《槌子鋼琴》。

王：其實最初的想法有點像賭氣。以前每次彈蕭邦和俄國曲目，簽名會的時候總有人問我何時要彈貝多芬。被問得煩了，我就想：「既然這麼想聽貝多芬，好吧，我就彈個五十分鐘的貝多芬給你們聽。」不過真的要彈《槌子鋼琴》當然不是賭氣。很多人覺得學曲子要循序漸進，我反而習慣先登高望遠。我在沒有彈多少李斯特大型作品之前就先學了《B 小調奏鳴曲》；同樣，貝多芬鋼琴奏鳴曲我之前只彈過第十三號，一下子就跳到《槌子鋼琴》。這不表示我沒有花時間研究他們的其他作品——爲了準備《槌子鋼琴》我也研究了貝多芬的晚期弦樂四重奏和《莊嚴彌撒》——而是我希望能先從高處俯瞰這個領域，再慢慢探索細項。和《槌子鋼琴》相處一年多，我眞的可以說我愈彈就愈感受到它的深邃與偉大，視野也變得不同。

焦：此曲第三樂章像是一個巨大的謎語，您怎麼處理？

王：我在彈之前遇到普萊亞，他正好也要彈這首。他說第三樂章是貝多芬和上帝的對話，有他的宗教觀，充滿懺悔與救贖，種種崇高但不容易理解的東西。這確實不容易，但我想我們不需要自己嚇自己，因爲它難就心生畏懼，最後動輒得咎。我覺得這個樂章有奇特的時空感，而這是演奏的關鍵。把和聲分析好了，誠懇用心地去彈，久了自然能把空間和時間掌握住，管住大項又處理細節。

焦：我聽到一種批評，說此曲第四樂章那幾乎無法演奏的三聲部賦格，應該要予人窒礙難行的感受。可是被您一彈，所有技巧問題都不存在了，音樂就少了應有的掙扎感。

王：但我內心很掙扎啊！不知爲何大家覺得我彈得很容易（笑）。不過我們應該把第三、四樂章放在一起看。第三樂章如果你眞聽進去了，至少對我而言，那是最最痛苦的音樂了。貝多芬這首完全體現了浪漫主義剛開始的個人主義，他對生命不服，必須要戰鬥到勝利。一直在掙扎，但仍然充滿積極正面的精神，所以每次彈完我都覺得自己也跟著精神昇華了。如果我讓大家聽完後也能有精神昇華之感，那無論是看起來困難或簡單，其實都不重要了。

焦：另一位和您有很大關係的作曲家是普羅高菲夫。雖然大家都知道他的《第二號鋼琴協奏曲》很難，但您可能是第一位把它彈成流行曲目的鋼琴家。您當年以他《第三號鋼琴協奏曲》和阿巴多合作，又以其《第六號鋼琴奏鳴曲》做爲卡內基大廳個人獨奏會首演的開場曲，而我知道您一直想演奏他的《第八號鋼琴奏鳴曲》，可否談談這位作曲家？

王：我第一次聽他的作品是《觸技曲》，那時就覺得自己在性格上很能理解他。我在柯蒂斯一天到晚跑圖書館聽音樂，聽了他的七首交響曲和歌劇《火焰天使》，尤其著迷後者的陰暗、狂野與魔性。在他所有特質之中，我最喜歡的是諷刺，那種非常淘氣、不顧世人眼光的睥睨態度。他非常有才，也知道自己有才，別人要是跟不上，他就特別會嘲笑；不只對人，他對政治也是如此。同樣面對政府，我就不明白爲什麼蕭士塔高維契會那麼壓抑。我喜歡普羅高菲夫那種笑看一切的諷刺——在川普當選那天，我就彈了一整晚的普羅高菲夫《第七號鋼琴奏鳴曲》。

焦：您的確把他的諷刺感掌握得很好，但又不失音樂的平衡。

王：因爲這也是他的重要特質。他的音樂像是高明棋士下棋，總有清楚脈絡，無論聽起來多現代，本質仍然相當古典。《第二號鋼琴協奏曲》雖然非常複雜，音多得嚇人，但結構相當明晰，樂句開始與結束都條理清楚。若能徹底分析、通透這首曲子，其實也就理解他絕大部分的音樂語言與創作心態，之後再去彈他其他作品就事半功倍了。

焦：另一位不得不談的作曲家是史克里亞賓。您彈了他各個時期、大大小小的諸多作品，似乎對他特別感興趣？

王：我最早從索封尼斯基的演奏中認識他，當然也聽過霍洛維茲的詮釋。我特別喜歡他早期與中期的創作，彈他晚期作品又格外感覺過癮，好像世界要走到終點——要創造就必須先有毀滅，而這毀滅又完全是爲了創造。拉威爾《圓舞曲》結尾也是這種感覺，而我總是爲此著迷。我喜歡普羅高菲夫的個性，史克里亞賓我則喜歡他的信念，他從蕭邦、華格納一路走來，最後創造出前無古人、後無來者的聲響世界，建立獨特的「聲音與色彩」系統。我不見得和他想得一樣，但如此堅定信念非常吸引我。就此而言，史克里亞賓其實也像貝多芬。

焦：您最近在彈巴爾托克三首鋼琴協奏曲，我記得您最早彈的是技巧最難的第二號。

王：對我而言它比普羅高菲夫第二或拉赫曼尼諾夫第三號都還要難，因爲它整個是在三度、六度、八度、九度上的對位，速度又很快，彈完這個就眞不覺得《槌子鋼琴》有那麼難了。我第一次聽他的作品是弦樂四重奏全集，當下很受震撼，覺得這眞是太經典了，可以把數學、比例和音樂結合得那麼好，理性與感性可以那麼調和，再加上民俗素材，實在太聰明了！後來發現李蓋提也是這樣——唉呀，匈牙利人是不是都這樣厲害啊？

焦：您第一次和台灣樂團合作，是和呂紹嘉與國家交響樂團彈第一號，這算是您的新曲子。

王：第一號是我最喜歡的，古典形式裡完全是《奇異的滿州人》那樣的野性，但它對指揮可是最難的，因爲動機環環相扣卻又出現在不同樂器，每個人都必須懸著心來演奏，稍一遲疑就會出錯或者喪失緊湊感。這其實是大型室內樂，鋼琴的音多是八度而非和弦，不是很能被觀眾聽到，不是傳統意義的協奏曲。但演奏它眞是挑戰，要求對形式的掌握還有很敏銳的聽力，我很高興能和呂紹嘉與國家交響樂團合作。

焦：在彈過比較多的巴爾托克作品後，您怎麼看這位作曲家？

王：我跟拉杜許上過課，他和我說了很多關於巴爾托克的演奏。他特別反對「打擊樂式」的巴爾托克。他的作品是節奏性強，但這不等於要用敲擊的方式演奏。巴爾托克自己的琴音相當抒情優美，觸鍵很柔和，還富有彈性速度。我聽了他和西格第合作的《克羅釆奏鳴曲》，這話確實不假。他琴音真的很美，我好像在聽許納伯演奏，又非常靈活自由。如此節奏彈性，加上作品中的「夜晚音樂」與民俗素材，讓我感覺他的音樂是有彎度的，不是直來直往硬碰硬。不過陳宏寬跟我說巴爾托克的手很小，《第二號鋼琴協奏曲》卻有那麼多九度，擺明了自虐虐人，根本就是虐待狂。我現在彈第一號這種把人逼到懸崖的曲子，更覺得……這話也確實不假！

焦：葛拉夫曼說您讀很多書、很愛參觀博物館和美術館，但「關於讀書或閱覽這類個人學習卻不多說，不曾以此爲標榜或炫耀」。我知道這話也確實不假，可否談談這方面的興趣與心得？

王：其實這是習慣成自然。我在飛機上不是看電影就是看書。我在中國的時候就很愛閱讀，到了加拿大則靠讀書來學英文，不管懂不懂，先把單字拿下來再說。那時寄宿家庭地下室有一面牆，全是CD和書，我就一本本看、一張張聽。我讀的第一本外文書是雨果的《悲慘世界》，還是未刪節英譯版，超級厚的一大本。

焦：這和您要彈貝多芬就挑《槌子鋼琴》下手一樣嘛！

王：被你一說好像還眞是這樣。後來我讀了伯恩斯坦的《青年音樂會》演說稿和《哈佛六講》，印象都很深刻。我持續在讀中文，最近看了莫言的《豐乳肥臀》和木心著作，以及李煒的《嫉俗》等等。有些時候閱讀是爲了準備曲子。比方說我彈貝多芬的時候不只讀他的傳記，也讀那個時代的詩，這樣更能體會他的信念與意境，也知道那一代人在想什麼。我不是爲了要獲得靈感而去讀書，但讀書眞的給我很多靈感。如果想當好的音樂家，我想不只要保持身體健康，也要保持靈魂健康，補充好的精神食糧。

焦：您也很在意自己的語言能力，我發現您的英文用字遣詞很有水準。這其實滿特別，因爲很多音樂家就算離開原生國家，也不見得會把外語說得很好，因爲音樂學習所用到的辭彙其實沒有很多。

王：我覺得這是我在外國社會站穩腳步的必要條件，尤其我不像我的歐洲朋友，他們幾乎都會說很多種語言，但我的外文只有英文，所以更是得學好，不然我有想法卻表達不出來，那該怎麼辦呢？要有想法，也要獲得表達想法的能力，這兩者互爲表裡，都很重要。我聽佛萊雪講音樂，他可以把複雜深刻的道理用極爲簡單生動的方式說明。淩遠老師也是如此，我跟她上課，她只要說寥寥幾句，甚至一個字，就能讓我了解。我希望我也能達到這樣。

焦：您的許多朋友都比您年長不少，可否談談他們？我知道您第一場重要演出就是替魯普代打，後來和他變成好朋友。

王：他非常可愛，說話很好笑。我第一次見到他，自我介紹我就是幫他代打的那個。「喔……所以你彈得和我一樣好囉！」——唉呀，這要我怎麼接話嘛！他又說我聽說你在柯蒂斯學習，但他不問「你跟誰學」（with whom）而是問「你跟誰作對」（against whom）？總之非常風趣。後來我去他在瑞士的家，一聊就是八小時，還一起看了伍迪．艾倫的電影。他在家什麼都彈，從巴赫彈到普羅高菲夫，要上台卻永遠很緊張。那時我彈布拉姆斯《第一號鋼琴協奏曲》給他聽，他則放了某個錄音給我，一邊聽一邊稱讚：「唉呀，你聽這層次……你聽這線條……你聽這聲音……你聽這感覺……啊，眞是彈得太好太好了！你知道這是誰彈的嗎？」我說我不知道，他說你使勁猜，我說我想破頭也猜不到。最後他說：「這是我22歲參加里茲大賽現場彈的。」看我愣在那邊，他又說：「沒關係，我再也彈不出來這樣的演奏了。」

焦：這眞是整人啊，哈哈！

王：就是說啊！不過那個演奏眞是好，深刻又有年輕人的衝勁和狂野，實在恰到好處。表演藝術每次演出都是獨一無二，大家實在要珍惜啊！另一位非常逗趣的是柯奇許，他是那樣了不起的鋼琴家前輩，但我們第一次見面時，他居然說他看了我很多在YouTube上的演奏，非常欣賞，早就期待和我一起演出，讓我受寵若驚。我們排練巴爾托克第二，有段結束後，他不懷好意地說：「喔，剛剛那個右手是升C。」——天啊，就這麼一個藏在一堆音裡面的不起眼錯誤，他也抓得出來！我們本來要錄巴爾托克鋼琴協奏曲全集，他說這三曲很久沒有一個「標準版」，而他願意和我一起完成，非常遺憾他突然過世。

焦：他也跟我說了。眞的很遺憾。也談談和您合作過的指揮大師吧？

王：說實話，以前根本沒想過，自己有一天會和許多小時候在唱片封面上見到的名家合作。等到眞合作了，除了兩位，我很驚訝地發現無論我們的年齡差距有多大，他們就是把我當成年輕的音樂家同行，彼此互相討論。我第一次和阿巴多合作，以為他會提出一堆意見要我改進，或希望我彈成他想要的樣子，沒想到他相當尊重我的意見，交流非常愉快。他滿害羞，排練時話很少卻直指核心，簡單幾句就點出演奏在平衡或結構上的問題，並且給予更精深的目標，很有經驗和智慧。至於MTT，他非常斯文，很會說話，表達非常精到。我17歲認識他，那時他聽我排練葛利格《鋼琴協奏曲》，非常喜歡，後來我們每年都合作。

焦：他說過他從來沒有見過一位像您這樣的明星，身邊居然沒有一堆跟班。

王：我想美國人若是讀多了愛默生，大概都特別欣賞獨立自主。總之我們變成很好的朋友，而他某方面其實像家長一樣照顧我，我常彈琴給他聽，特別像是《彼得洛希卡三樂章》這種和管弦樂有關的曲目，他能從更宏觀的格局來看。另外他對中國文化很有興趣，辦公室裡掛了一幅橫匾，上面題了「空茶」兩個字。

焦：空茶？

王：他叫MTT，念起來像是Empty Tea，翻譯成中文不就是「空茶」嗎？

焦：哈哈哈，這眞是夠特別了。您的演出非常多，一年常在一百場以上，您怎麼看這樣的忙碌生活？

王：我16歲就有經紀人並且開始演奏了。一開始是爲人代打，後來開始有自己的音樂會。最初很興奮，光是去機場都覺得開心，但隨著演出愈來愈多，發現我雖然到了很多地方，但去的只是機場、旅館和音樂廳後台——我連前門都不見得知道長什麼樣子——在所有地方都做一樣的事，就開始心生厭煩。忙碌生活讓時間與空間有點錯位：明明是好幾年前的合作，但想到和阿巴多的錄音，又似乎就在昨天。我說了好幾年要減少演出，但後來發現演出也是促進我精進的動力，所以只能說順其自然吧！

焦：一轉眼您已演奏十四年了，我很好奇您是否曾經焦慮，擔心自己只是曇花一現？

王：倒也沒有。這不是說我很驕傲，覺得自己最好，而是我想的就是音樂。如果我把心力放在音樂上，而不是其他有的沒的，作爲音樂家我始終很安心，其他事也就不那麼重要了。

焦：您以前非常在意別人的評論與意見，現在還是如此嗎？

王：現在不看了。我是很有好奇心的人，一開始都很有興趣知道別人的觀點，特別是YouTube剛出來的時候，我還眞一條條評論都看，見到不好的評論當然也不開心，但久了以後我發現很多評論根本沒道理，甚至連曲子都沒研究好。比方說有人批評我巴爾托克《第一號鋼琴協奏曲》第一樂章結尾「和樂團沒在一起，沒有同時結束」——唉，那個地方譜上就是錯開的。我們花了好多時間練習，才能「不在一起結束」。與其看這種意見，不如把時間用來多學新曲子。

焦：您顯然是二十一世紀上半的代表性鋼琴家之一。作爲古典音樂家，您希望爲這個領域帶來什麼發展或變化？

王：我沒有想過自己能帶來什麼變化，但我始終希望我能傳達音樂所帶給我的感動，把聽衆帶到另一個世界，讓大家知道現世雖然有很多荒謬，人生還是值得活的。此外，我想呼應諾曼（Andrew Norman, 1979-）在領「音樂美國」年度作曲家獎的時候說的「最偉大的作品還沒被寫出來」。我們不能光聽莫札特、貝多芬、蕭邦這些作曲家，不要只聽好聽的經典，就像我們讀書不能只讀過去的名作，或者只把閱讀當成消遣，也該讀一些不熟悉或有挑戰性的作品，卽使不喜歡也保持開放心胸。比方說，對我來講古典音樂從巴赫開始，但我最近常和打擊樂演奏家葛魯賓格（Martin Grubinger, 1983-）合作，他說對他而言，他的巴赫是巴爾托克的《爲雙鋼琴和打擊樂器的奏鳴曲》，而他每個樂季演奏的曲目多是當代作品。我雖然沒有彈很多當代音樂，但我一直關注這個領域，也鼓勵大家去聽。

焦：您認爲您這一代所面臨的問題是什麼？

王：我覺得所謂的「古典音樂會規矩」應該要與時俱進。我常去聽音樂會，但就像我剛剛說的，我是很好奇的人，常在歌劇換幕或曲子演完的時候，想到什麼就上網查什麼。但我只要一用手機，卽使沒有干擾到旁人，還是會有人來罵我，我都不知道他們去音樂廳是爲了要欣賞音樂還是爲了去守規矩。如果古典音樂會一直這樣，那當然對年輕人失去吸引力，我希望大家能好好思考某些規矩是否眞的必要。

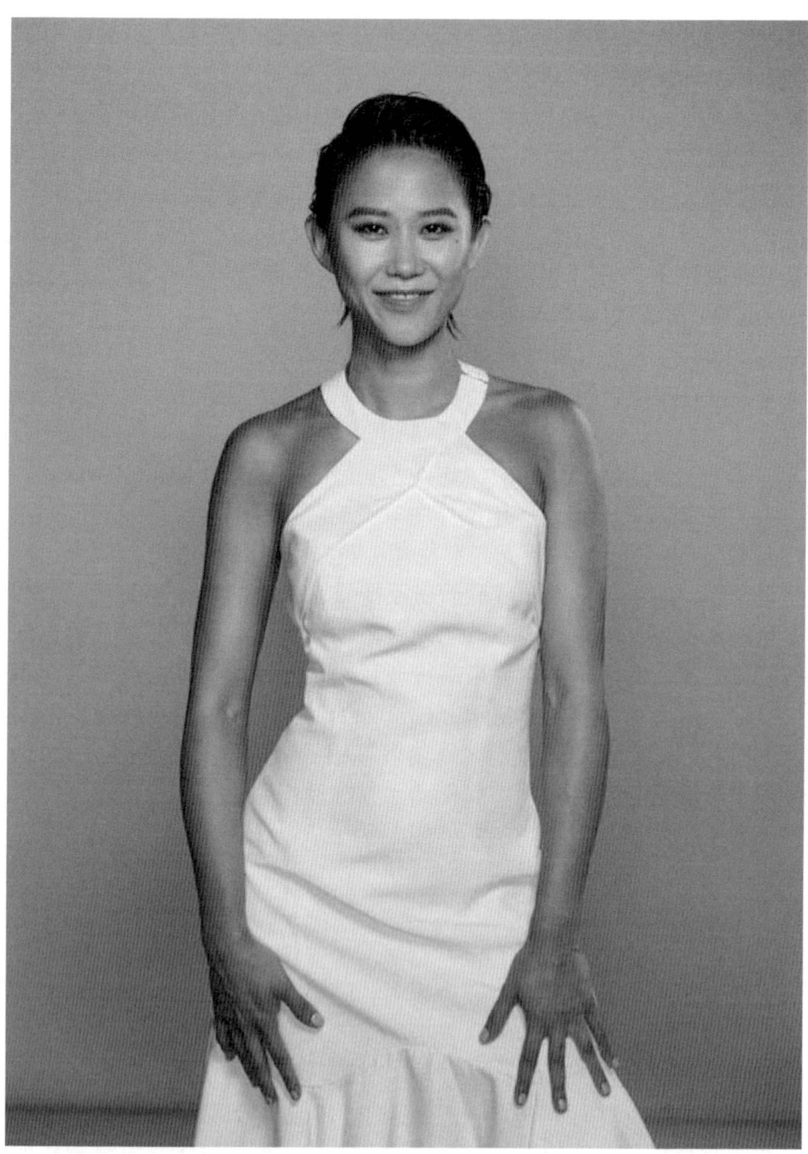

「無論我穿什麼衣服，影響我的就只有上台那一刻。」（照片提供：王羽佳）。

焦：不過我在想，這些「糾正」您的觀衆，可能多少也是看您好欺負吧？我覺得部分西方媒體也是如此。

王：我知道你要說什麼。「亞洲人、年紀輕、女性」，很多媒體還沒聽我彈，標籤就已經貼上了，認爲我不過就是技巧好，音樂大概不行，或老是問一些很會激怒人的問題，想來套我的話。不過我很早就意識到，無論我多麼小心，如何和他們玩策略，如果媒體眞要扭曲，他們還是能夠把我的話斷章取義成他們要的樣子。既然如此，就只能希望讀者有明辨是非的能力了。如果你看到的訪問問題實在愚蠢，就表示記者沒腦子，報導也就不必盡信了。

焦：另一件我想您已經被問煩的事，就是裙子。您怎麼看外界總是要問您服裝這件事？這是對女性音樂家的重視還是偏見，或兩者都是？

王：很多人認爲我愛時尚，總問我愛什麼牌子的衣服，老實說我眞的不知道，也沒有想研究。我可以很誠實地告訴你這一切的原由，那就是我個子小，骨架也不是西方人的樣子，買了禮服怎麼改都不見得合適，或是穿起來不舒服、感覺很拘束，讓我沒辦法在台上盡情揮灑。總之是裙子在穿我，而不是我在穿裙子。既然如此，我乾脆自己設計，我把想法跟裁縫師討論，或畫圖給他們看，讓他們幫我做我想要的衣服，如此而已。我沒想過自己在服裝上一點創意的選擇，最後會引起這麼多的討論。不過我的個性在這方面也滿倔強，外面愈愛說，我就愈不會讓他們影響我，無論我穿什麼衣服，影響我的就只有上台那一刻。一旦演奏開始，我就把自己交給音樂，根本沒去想自己穿什麼。

焦：您這裡其實隱約提到一點，就是現在的古典樂界愈來愈注重話題，但討論的多半和音樂沒有關係。

王：這其實很悲哀。今日的音樂家可能需要人打理公關事宜，有些經紀公司和唱片公司更熱愛做廣告。但無論公關和廣告做了什麼，重點應該是告訴大眾這位音樂家能在舞台上做到什麼，而不是都在說和音樂無關之事。大家都希望自己受歡迎，但究竟是爲何受歡迎？如果音樂家不是靠演奏受到歡迎，那如此的受歡迎究竟有什麼意義？另外我一直記得《論語》那句「不患無位，患所以立」。現在古典音樂界很喜歡噱頭，某某人和誰在哪裡演奏、有多少人觀看，但誰去進一步探究演出品質呢？很多人觀看的演奏，也可能是很差的演奏。如果大家心都不在音樂上，長此以往，對整個樂界勢必造成嚴重傷害。

焦：不過談回服裝，雖然我們應當注重音樂家的音樂表現，但外貌與服裝仍會影響到觀眾。

王：所以我巡迴演出《槌子鋼琴》的時候都穿長裙，也更正式一些。我還是會思考服裝和演奏之間的關係，但其實就是合用。比方說我現在巡演協奏曲，一趟出門得彈好幾首不同曲目，而我最多帶兩套禮服替換，服裝實在不是重點。

焦：最後我想請問，您覺得古典音樂的未來會在亞洲嗎？您對亞洲或中國的古典音樂發展與教育有何觀察和看法？有無特別想和學生與其家長分享的心得？

王：我相信古典音樂的未來會在亞洲。我在歐洲聽音樂會，聽眾年齡都很高，在亞洲則是很多年輕人，也見到許多家長帶孩子來聽。但孩子喜不喜歡、坐不坐得住，這我就不知道了。我覺得要順其自然，讓孩子能自動自發地學習，無論那是繪畫、跳舞還是學樂器。家長可以在吃飯的時候放些古典音樂給孩子聽，看看他們有沒有反應，不要試都沒試就強迫孩子學琴。我很喜歡你訪問席夫裡面的一段：他說某次庫爾塔克講解樂曲，突然說：「這段貝多芬在《第十五號弦樂四重奏》裡也用了類似手法，我想你一定知道吧？」那時十幾歲的席夫並不知道，於是下了課馬上去找樂譜，最後把貝多芬四重奏都讀完了。這就是有興趣並且自發學習。我小時候第一次聽貝多芬是福特萬格勒指揮的錄音，一聽就入迷，聽到把整首曲子都背下來了還在聽。就像你這麼愛寫作、愛訪問音樂家，好像都不會累，人只有做自己喜歡的事才能這樣。小孩若能找到興趣，那自然會學得很快，希望大家能爲了愛好而學，而不是爲了成名賺錢而學。

張昊辰 1990-

HAOCHEN ZHANG

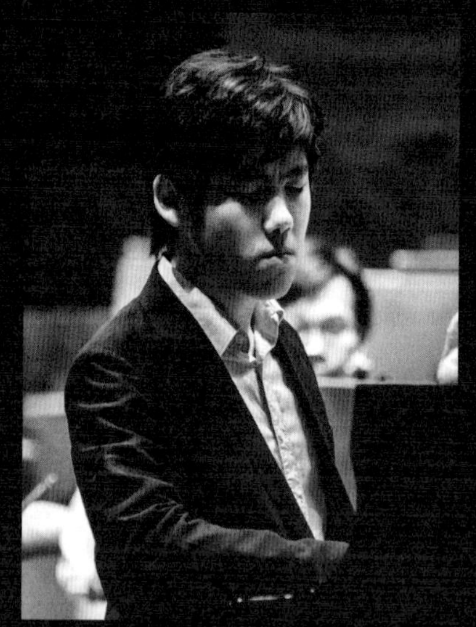

Photo credit: 林仁斌

1990年6月3日出生於上海。5歲即於上海音樂廳學辦獨奏會，6歲和上海交響樂團演奏莫札特《第二十一號鋼琴協奏曲》。他曾就讀上海音樂學院附屬小學，後至深圳跟但昭義學習，2005年至柯蒂斯音樂院跟葛拉夫曼學習。他於2002年獲得柴可夫斯基青少年音樂比賽鋼琴組冠軍，2007年獲中國國際鋼琴大賽冠軍，2009年更獲范・克萊本鋼琴大賽冠軍，國際聲名鵲起。張昊辰技巧精湛、音色優美，詮釋見解深刻細膩，又有寬廣曲目，是當今樂壇最出色的青年音樂家之一。2017年獲費雪事業獎（Avery Fisher Career Grant）。

關鍵字 —— 成為演奏家、國外學習、作品規律、技巧、自發性、范・克萊本大賽（2009）、曲目設計、古典音樂在二十一世紀、小眾、東亞鋼琴家在國際樂壇、古典音樂的普世性、正統、外來文化成為活水、中國／亞洲美學、陳其鋼《二黃》、東亞官儒文化、音樂學習建議、廣博涉獵

焦元溥（以下簡稱「焦」）：非常感謝您接受訪問。首先可否談談您學習鋼琴的緣起？聽說這和令堂學英文有關？

張昊辰（以下簡稱「張」）：是的，她那時正在學英文，愛好閱讀《讀者文摘》，有次她看到一篇報導，標題大致是「學習鋼琴是提高兒童智力的最佳捷徑」。我父母不是古典音樂迷，但家裡本來也就會播些交響樂，只是沒有什麼鋼琴曲。那篇文章認爲，鋼琴演奏對左右手的運動訓練幾乎相同。如果右手開發左大腦，左手開發右大腦，那就是均勻開發；這和別的樂器不太一樣。我屬於中國典型獨生子女的一代，是父母未來唯一的希望，因此孩子的智力發育格外重要。此外，我小時候性格比較孤僻，喜歡一個人玩，其他孩子在操場上運動，我會自己在角落跑步、轉圈。我媽就想，鋼琴有益於腦力開發，而孤僻的孩子可能腦海中有自己的抽象世界，音樂或許可以填補它，成爲腦

海中的玩伴？這就是我開始學琴的契機。

焦：但您是否很早就展現出音樂天分，例如聽到樂曲就很有反應呢？後來又如何學習？

張：我小時候中國剛引進卡拉OK，各種各樣的歌曲，多數還是台灣來的。我聽父母唱，回家路上就把他們唱過的歌曲又唱出來，這應該有音樂天賦吧。我不到4歲就開始學鋼琴，9歲考入上海音樂學院附小，11歲搬到深圳跟鋼琴教育家但昭義老師學了4年；15歲考進美國柯蒂斯音樂學院，後來基本上定居美國。

焦：您現在怎麼看在中國所受的鋼琴教育？

張：中國那時有非常嚴謹的一套技巧訓練方法，包括老師對樂譜的各種要求。雖然可能比較閉塞，但很有系統，會培養孩子對自己演奏的批判性。無論從音樂、技術、音色或基本功來說，我受到的教育都很關鍵，而我絕非特例。當然到了西方之後又開啓了新的天地，那是我找到自己個性的過程，但奠下堅實基礎無疑極爲重要。

焦：很久以前，我在網路上看到您13歲彈蕭邦《E小調鋼琴協奏曲》的錄影，非常驚訝，覺得影中人天生就註定要成爲鋼琴家。但令堂如果原以增進孩子的腦力爲學琴出發點，那不見得會特別指望您成爲鋼琴家。您才華過人，學其他科目大概也會有好成績。何時您覺得自己該專注於音樂，要以演奏家爲志業？

張：這要分幾個方面來說。我小時候學琴進度很快，學琴一年多就可背譜演奏巴赫《二聲部創意曲》全集以及莫札特和海頓的奏鳴曲，當時一位外國專家參觀幼稚園，一連聽了我近十首巴赫作品而大爲驚嘆，此事使園方和我的啓蒙老師產生了給我辦獨奏會的想法。那時我才5歲，完全不知道那是什麼，也沒有壓力。但即便如此童稚，開獨

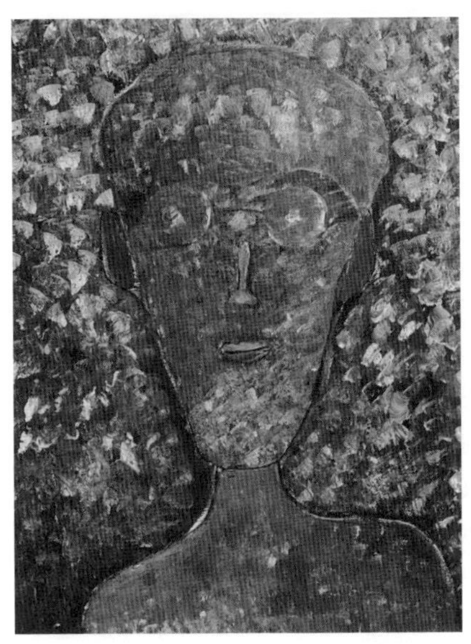
除了攝影，張昊辰也會作畫自娛，此爲其自畫像（Photo credit: 張昊辰）。

奏會之後我聽到許多讚譽，隱約覺得鋼琴雖然只是一個愛好，但似乎會成爲我人生中非常重要的一部分。考入上音附小之後，按理說這算進了音樂專業的門，但我還是頗感糾結，因爲我特別喜歡文化課，鋼琴像是空氣，雖然重要，卻不太能感覺到它的存在，對文化課才有火一樣的熱情。我很喜歡歷史，也愛讀科普書，天天抱著各種百科全書看，還想以後當科學家。然而我的專業老師特別鼓勵我往音樂深造，說程度這樣好，不學太可惜了，我也就懵懵懂懂地繼續學。音樂在我人生好像一個預設，就這樣發生了，這在我潛意識當中雖然一直存在，但我始終沒有自我認定要當音樂家。眞正有這樣的感覺，要當音樂家、藝術家，那是在進入柯蒂斯之後。

焦：爲何會有這樣的變化？

張：柯蒂斯是非常小的學校，不過160人，鋼琴課也就是20人上下，但學生來自世界各地，彈法相當不同，也都很有想法，讓我大開眼界。在國內，基本上一位老師的班上呈現的就是一個系統的教法。聽大師彈，雖然各家各派很不同，但對孩子來說那畢竟遙遠，刺激與影響比不過同齡人所呈現的不同，因爲那可以直接對照到自己身上。有了比較，我開始想我該怎麼彈，什麼是我和他們不一樣的，我對音樂能說什麼、能貢獻什麼。雖然不能說是成熟的意識，但「我是誰，我能做什麼」的自覺開始甦醒了。

焦：剛剛您提到小時候喜歡一個人玩，有享受獨處的方式。我想和其他樂器比起來，鋼琴家更需要有這種本事，要能享受孤獨，在琴房裡練琴。但這樣的個性到了柯蒂斯，是否也有改變？

張：我以前練琴經常「偷懶」。我常利用分手練習時看書，右手練，左手就捧著書，聽到我媽腳步聲臨門了，就把書藏到鋼琴後面。那時我對鋼琴還是保持著玩心，到了柯蒂斯才意識到「這是自己的事了」。另外，本來家母要陪我在美國念書，誰知再簽被拒，我突然得一個人生活。我在家很受寵，現在得學著自己打理一切，突然覺得我必須要成長了，那是從小孩心智到青少年、成人的第一步。恰巧我又跟葛拉夫曼學習，他的教學比較放鬆，給我很大的發展空間，他不會告訴學生一定得做什麼，很多時候我要自己想「我想做什麼」。他允許學生跟他爭論，允許有不同意他的空間，而這正適合那時期的我。小提琴家史坦曾說過：「沒有節制，獲得自由不會是眞正的自由。」我在中國受到非常系統式的嚴格教育，在需要發展獨立思考的關鍵時期，又到了葛拉夫曼門下，現在想想眞是幸運，也充滿感恩。

焦：您之前提過您學曲子愈來愈快，而且是有計畫地自我訓練。比如說您會想上次學類似作品花多少時間，這次可用更短時間學好。這是何時養成的習慣呢？

張：從我第二、三個月學琴就是這樣了。我不是爲了挑戰而挑戰的人，其實我可說自己頗懶頗被動，但可能性格孤僻使然，我從小就對抽象事物更有興趣。那麼多音符在譜子上，乍看亂七八糟，卻好像有莫名的規律。就像玩遊戲，這週我可能花幾小時把某曲子背下來，下週我感覺可以背得更快，但要怎樣更快？裡面是不是有更多的奧妙？以前有人問我有無視譜、讀譜或背譜的訣竅，我覺得最好的訣竅就是興趣，我不知道這有多少屬於天賦，但我知道天賦首先離不開興趣。如果這星期老師給的曲子我能背好，下週我能否多背一首？對我來講這純粹是好玩。

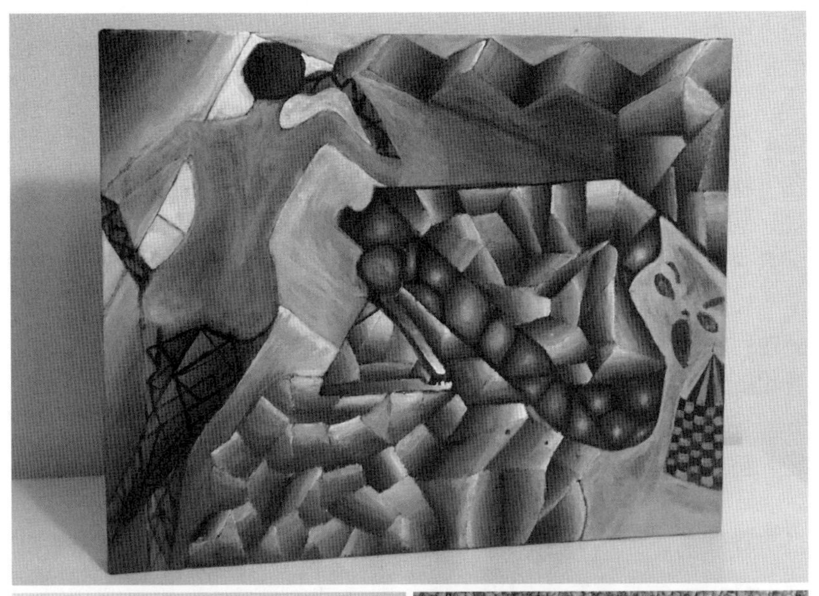

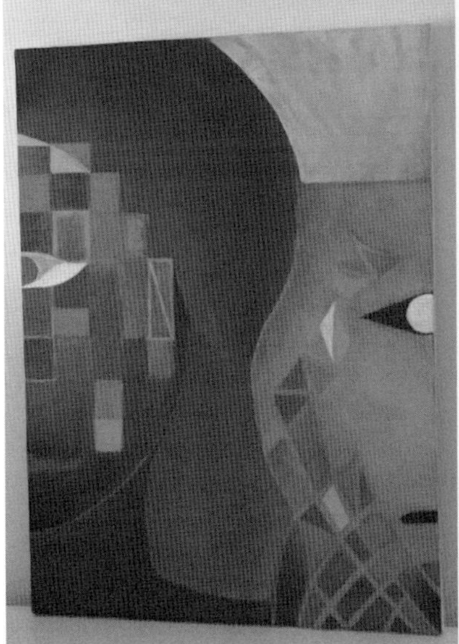

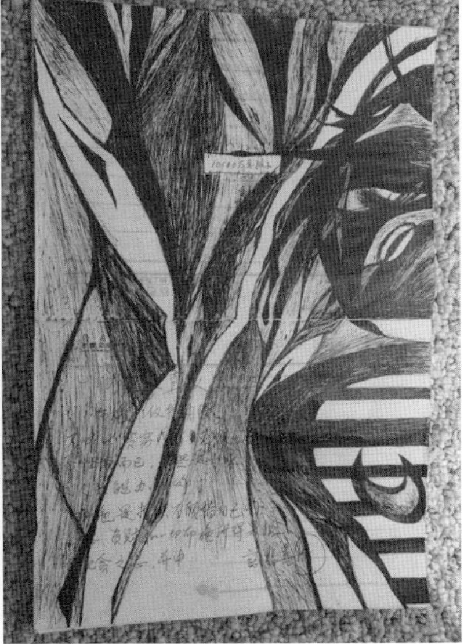

張昊辰的繪畫作品（Photo credit: 張昊辰）。

焦：如果作品的風格和語彙，與您之前研究的作品都不一樣，您該如何快速找到它的規律？

張：我覺得只要不是完全非調性的創作，或者說只要有調性因素存在，就可以從中找到規律，即使這規律各家不同。我正在學布列茲的《第一號鋼琴奏鳴曲》，這對我就很難，但我相信對所有人都很難，因爲它完全沒有任何調性的影射，徹底離開傳統，要背只能靠肌肉記憶。很多現代派作品，即使是荀貝格十二音列的創作，都還是有些許調性因素，可從中找到刺激你直覺、聽覺的記憶方法。人類的聽覺直覺和調性相連，只要有調性，就可找到背譜的規律。

焦：您有非常卓越的演奏技巧。您對技巧學習又是什麼想法呢？

張：我最初學曲子特別注重音樂性，彈琴主要靠樂感。但7、8歲開始，我跟上海音樂學院的吳子傑老師學習，開始比較嚴格的技巧訓練。跟但昭義老師學習，又是對細膩度與音質要求的飛躍。現在回想，和背譜一樣，除了先天條件，我認爲技巧能否學好，關鍵仍然在於興趣。技巧中必然有些小環節只適合自己，是老師無法傳授的，如何彈得更精確、更輕鬆，這要靠自己有意識、有興趣地去琢磨。這個天上無法掉餡餅，沒有什麼萬用方法能解決一切技巧問題，有些東西是你有多少興趣，付出多少心血，才會有多少收穫。

焦：您對技巧有任何個人目標或期許嗎？

張：我覺得技巧最高的要求，就是它怎麼服務於你的個人風格。如果看世上鋼琴大師，讓我們最能記住的，通常都是技巧和音樂完全結合爲一的。如果只是八度彈得特別響、三度跑得特別快，其實沒有眞正的表達力，因爲這不能突出演奏者的個性與風格。此外，我把技巧分爲硬技巧和軟技巧，前者是能多快、多響、多精準等等，後者則包含觸鍵的體系，音質、色彩的變化與控制。這都屬於形塑個人風格的關鍵要件。

焦：在技巧和藝術的表現上，您是否也受到前輩藝術家的啓發？

張：我到美國之後特別喜歡普萊亞和魯普，聽很多他們的錄音。到了19歲左右，我開始聽很多老錄音。我小時候聽拉赫曼尼諾夫的錄音，覺得音質很差就不想聽。但19歲以後再聽拉赫曼尼諾夫、柯爾托、費利德曼、莫伊塞維契，卻感受到一片新天地。我覺得從1960年代開始，鋼琴演奏愈來愈脫離個人化。現在一般聽到的，其實是相當遵循原譜的方式。原譜本身作爲文本，意義仍然重要，但若整體潮流如此，就陷入缺乏多元化的局面。那麼多人彈同一首曲子，但處理就是那幾種，對作曲家甚至鋼琴演奏創造性的看法，完全服務於原譜。譜面淩駕一切，個性、創造性、自由度等等都在下面。以前的鋼琴家可以極個性化地處理音樂，可以那麼不同，甚至可以彈那麼多錯音，不在乎精準度，但演奏中的音樂魅力，透露出那時代一種更自然、隨興的情懷，或者一種精神面貌，這是我應該發現卻一直沒有發現的世界。我們不可能去複製過去年代的演奏，但其演奏中的性格，需要現在的音樂家去學習並重視。現在的演奏多半像是呈現一個框架，把作品擺設出來，但隨興自發，或許才更像藝術該有的樣子。我喜歡的指揮家，例如福特萬格勒和孟根堡，以及大提琴家卡薩爾斯，都是這樣的藝術家。

焦：您19歲就得到范・克萊本大賽冠軍。一下子從學生變成獨奏家，要展開演奏事業，您那時覺得自己準備好了嗎？

張：由於個性懶，得到冠軍後我並沒有特別興奮，甚至覺得回費城好好上學不是很好嗎，幹嘛一年要彈70場這麼累？這種被推上舞台的感覺，我不覺得很自然。但眞正演出之後，也就慢慢適應，也發現演出仍舊是自己最愛的事。走到舞台上，看到自己的存在帶給別人很多收穫，尤其是我想傳達的被接收了，彼此心領神會，那是種特別幸福的感覺，也了解作爲音樂家眞正的意義。即使旅行奔波、行程規劃並不自由，但好的一面最終還是遠遠大於不好的一面。

焦：那您怎麼看參加比賽這件事呢？

張：比賽做爲促進學習的動力，當然很有益處，能幫助我認眞檢討需要改進的地方。比賽過程中聆聽別人的演奏，也能學到很多。然而比賽所強調的競爭性，把演奏當成運動，又是不好的一面。種種非音樂性，甚至會傷害音樂的情緒，像是競爭心、好強心，都會透過比賽暴露出來。然而克服這些心魔的途徑，又恰恰是音樂本身。如何在比賽中鍛鍊心志，對抗這些非音樂性的心態，就至爲重要，或許又是更大的考驗。

焦：很多年輕音樂家，即使事業發展良好，還是會患得患失：萬一明年沒有今年這麼多音樂會怎麼辦？下一樂季合作的樂團不知道如何？您是否曾擔心過這些？

張：一定程度的擔心肯定有。我雖然懶，但那是對生活中的實際瑣事；對我想做的事，我一點都不懶。如果今年演出沒有去年多，我可能會有點焦慮，但這心情馬上就會過去，因爲我可以花更多時間做我想做的事、學更多想學的曲子、讀我想讀的東西等等。唯一會讓我覺得遺憾的，就是沒辦法分享更多，把練琴心得分享給聽衆。演出機會少些、曝光率少些、經濟來源少些，這些對我來講影響倒不是很大。

焦：您有長期的曲目規劃嗎？可曾考慮選擇某些作曲家當成演奏主力，成爲個人的專屬標籤？

張：我還是希望多彈一些協奏曲，累積多一些隨時能拿出手的作品。至於獨奏會，我倒沒有特別宏偉的長遠規畫，也沒有要專攻某些作曲家，我知道自己每一個階段都會有不同的興趣和側重點，這是當下的自己都無法預測的（當然我對德奧音樂的熱愛從未改變）。我更重視的，是讓每場獨奏會曲目設計都呈現不同視角。雖說獨奏會的良窳，最終還是取決於演奏的品質，但某種程度上也取決於所提供的敘事角度。每首曲子是獨立的生命，但在演奏會中和其他樂曲串聯在一起，它們就變成一個更大的生命體的一部分。演奏者必須同時呈現兩者，個體要好，整體敘事角度也要好。曲子放在不同的脈絡或位置，絕對會體現出和你單獨聽它所不一樣的情境。演奏家是二次創造者，而二創應該有很多面向，包括曲目設計。

焦：可否就以您在BIS的第一張專輯，舒曼《兒時情景》、李斯特《第二號敘事曲》、楊納捷克《鋼琴奏鳴曲》和布拉姆斯《三首間奏曲》（Op. 117），來說明您的樂曲編排設計呢？

張：做爲第一張專輯，我希望它能展現我作爲藝術家的態度。我雖然彈很多炫技的典型浪漫派大曲目，但離我更近的，是具有內省風格、能引發哲思氣質的作品。當中的李斯特雖然有不可忽視的技巧性，放在這樣的脈絡裡，突顯的就不是炫技，而是其冥暗、潛流湧動的性質；如此張力到了楊納捷克，又化爲更內縮的戲劇性；最後的布拉姆斯，則帶出淡泊與悲涼的感受。四部作品相當不同，但放在一起能有拱型架構與統一的生命體。在如此設計下，我在專輯中的《兒時情景》彈得比較簡潔，像是成年人回看童年。但若在音樂會中搭配舒曼的《交響練習曲》，我就會側重於表現兒時的奇異心境，彈得更自由。

焦：我覺得您的設計都很有意思，像高超的大廚，帶來美妙又意想不到的感受。最重要的是您以聽覺與氛圍爲考量，而不是字面——有很多音樂會，只是把相同主題的作品放在一起，卻不考慮聽起來如何。這就像把所有紅色食材都放在一塊，卻不考慮嚐起來如何，草莓配上了辣椒。

張：樂曲安排不該形式化，流於一種套路。可以統一、可以對比，但都要服務音樂作品的性質，而不是僅看表面的「標題效應」。我覺得最好的狀況，可能是讓聽眾覺得：「咦？我沒想到曲子可以這樣搭，但這樣配起來，感覺非常好。」能相輔相成，聽到原本沒有的東西。

焦：古典音樂在二十一世紀受到很多挑戰。很多人覺得必須要求新求變，演奏家要懂得多角化經營，要主動培養樂迷。然而這種種經營，往往對培養藝術思考無益，甚至有害。您怎麼看這門藝術的發展？變與不變之間，我們該注重的是什麼？

張：在可預見的未來，我想古典音樂的演出樣貌必然會發生改變，一百年後的貝多芬演奏必然和現在的不一樣。但最後會發展成什麼樣子，要看古典音樂對於社會的意義。然而無論如何改變，就如過去兩百年的過程中，古典音樂的模式和型態，基本上沒有過分巨大的改變——雖然相比要求台上台下都要正式服裝的年代，也許是「被動地」進步了一些。某方面而言，這確實是一種保守，但另一方面，或許這種保守也代表它擁有珍貴的品質，需要且值得被保留。現在時代變動過快，還因爲過快而導致不清醒，偏偏當下潮流又崇尚、甚至追求不清醒，反智主義大行其道。大家沉浸於娛樂，不願去沉澱思考，許多藝術創作也隨波逐流。古典音樂雖然也難免受這樣的影響，但究其根本，是演奏經久流傳的藝術品，捍衛那些不妥協於時代的審美追求。這是很動人的力量，就像土石流沖過，但有一塊石頭仍然屹立不搖，那塊石頭就是古典音樂。換句話說，如果一個時代因爲走得、變得太快而導致不清醒，那不走、不變的事物，或許正代表著對清醒的訴求。

焦：但很多人認爲古典音樂既是小眾，所以不需要重視，也不該投注那麼多資源。

張：我們應該看小眾之所以小眾的本質。以詩歌爲例，新詩在中國曾經大眾過，在80年代火了好一段時間：那時文革剛結束，所有人都開始寫詩，詩人甚至變成明星，北島的知名度不會輸給鄧麗君。但那是非常時期，全民迷詩也畢竟不是正常的現象，之後詩歌又回到小眾。但無論大眾或小眾，詩歌本身的價值不會改變，並不因爲變回小眾而減損。對我而言，詩歌和古典音樂的本質因爲在當代無法被輕易消費而更顯珍貴，這個性質使其小眾，但也因此更需要我們珍惜與重視。

焦：近二十年來，東亞鋼琴家在國際大賽上斬獲良多，各種大賽都出現東亞冠軍得主，東亞音樂家也成爲國際樂壇的新主力，宛如當年蘇聯／俄國鋼琴家帶給西方世界的震撼。您怎麼看這樣的發展？

張：某種程度上，我們和昔日的蘇聯／俄國鋼琴家相似，尤其以演奏技術精良出名。但東亞音樂家作爲一個群體的興起，和蘇聯音樂家其實不能相提並論，因爲這是全新的事件，可能還是世界藝術史上的首例。俄國學派音樂家無論技巧如何，若是演奏俄國作品，還恰恰以此爲演奏主力，那是「本土音樂家去演奏本土作品」，而這個「本土」其實屬於「西方」的一部分。我相信西方聽眾並沒有覺得蘇聯／俄國音樂家是「和西方無關的人去演奏西方音樂」。只有這近二十年來，我們看到原本和西方文化沒有深刻交集的國度，出來一整代的音樂家以一個潮流出現於國際樂壇，甚至包括中國這樣開放甚晚的國度。之前雖然也有亞洲音樂家能在國際樂壇占有一席之地，但那是零星出現，現在則是一代人。無論東方音樂家技巧好或不好，其演奏對西方而言，都是「非本土的東西進入本土」，我覺得這非常有意義，因爲它恰恰是該有的事件。藝術，特別是音樂，做爲抽象性語言，本身就有打開國度、超越種族、跨過壁壘的特性，但這只是理論，從來沒有眞正實踐過。常說音樂是「人類共同語言」，但怎麼共同呢？美國人唱京劇和崑曲嗎？俄國人演奏阿拉伯音樂嗎？沒有，我們只是從欣賞層面來講，歐洲人可以欣賞非洲、阿拉伯的音樂，中國人也可以欣賞西方古典音樂。因此，我們這代人背負著一個使命：不只要向世界證明我們可以演奏好古典音樂，更要證明音樂做爲一門表演藝術眞的能夠跨領域。畢竟這裡一直有個悖論：一方面，西方對全世界宣揚他們的價值觀，認爲那是「普世性」，包括他們的藝術，但做爲西方中心主義來說……

焦：這個「普世性」轉了半天，其實還是在西方。

張：正是，還是在西方。面對「外人」演奏他們的音樂，常常因爲西方中心主義，又會走到一個遮罩的角度——不，你還是不對，還是沒有懂我們文化的精髓。但問題是，貝多芬到底是普世的，還是只適合德國人的？如果精髓只有德國人或西方人能懂，那怎能說是普世的？我們這一代現在有這樣的歷史契機，可以證明西方音樂的精髓是文化之間共通的精髓，音樂眞的是普世性的藝術。

焦：我現在有兩個比喻，您覺得何者比較像您的觀點，或兩個都不像：以演奏貝多芬的奏鳴曲爲例，您是以來自中國或亞洲的人去學德文，然後用德文把這個故事說出來；還是說我們看貝多芬的奏鳴曲，是看德國人用德文寫了一個故事，而我們現在用中文把德文故事翻譯出來？

張：如果你拿翻譯的情境做比喻，我覺得兩者可以兼有。文學恰恰有音樂所沒有的問題，就是翻譯。德國人看不懂中文作品，中國人看不懂德文作品，這就需要翻譯。我若要把德文譯成中文，我肯定要眞正了解德文，不然會出現很多漏譯或誤譯，尤其是關乎民族精髓的東西。貝多芬的音樂，再怎麼抽象或普世，仍然不能脫離時代，如果他不是在十八世紀末、十九世紀初的德國與奧地利，就不可能寫出那樣的作品。如果把舒曼放到1840年的清朝，他也不會是我們知道的舒曼。所以音樂當中有些最靈魂的東西還是民族性、地域性的，每個音怎麼寫下去的，都離不開養育它的語境，任何藝術形式都是如此。

焦：這又回到民族性與普世性的討論，也有「正統」與否的討論。

張：又比如詩歌和音樂一樣，某種程度上最具抽象性，也就最模稜兩可，可以有多種解讀的可能。加上翻譯因素，就更有趣。一首詩翻譯成外文，讓該語言的使用者讀出美好的感受，原文卻不見得如此。翻譯可能比原文更好，或翻出原文中看不到的東西，所以我們無法否定翻譯的價值，翻譯作品也是文學作品。回到音樂來說，即便我們承認貝多芬的民族性，認爲德奧音樂家演奏的貝多芬「最純正」，但如果三百年來人類彈貝多芬都是這樣「純正」，我反而會說古典音樂眞是沒戲了。如果某種固定的「純正」一直持續不變，古典音樂就不會是一門具有自動更新能力的藝術。若要我選擇，我會站在普世性和跨領域的一方。以此脈絡延伸，音樂可不可以、該不該「被翻譯」？只有德國人才能彈好德國作品？或非德國人要跟德國人彈得一樣才行？還是說，你能以中國人的角度與文化修養去闡述貝多芬？古典音樂之前沒有遇到「翻譯」問題，它從來就待在本土的情境裡。現在這樣的新潮流出現，當然會有保守的一方，覺得應該維護正統。但反過來說，中國人彈貝多芬，可以完全用「中國彈法」，不用了解德國文化嗎？當然不行，就像翻譯德文必須先懂德文。如果德國人彈貝多芬都是某種樣子，那我們應該要先找出其中道理何在，這肯定有深層原因，不可能只是表面一句話。作爲演奏者，我認爲這是應盡的責任。但在了解之後，演奏者完全有權力拒絕沿用如此方式。就如懂了德文之後，翻譯是否一定要待在德文語境呢？未必，我覺得我們可以用中文的語境試著詮釋。但就我個人而言，以我作爲藝術家的道德準則，我仍會參考原有的語境。

焦：剛剛您提到翻譯可能比原作更好，我想提另一點，就是翻譯文學對本地文學也會形成助益。以我所經歷的時代，卡爾維諾（Italo Calvino, 1923-1985）和村上春樹作品被引介至台灣之後，確實引發本地的學習潮流，之後更轉化出新的力量。

張：是的，又比如中國詩歌在90年代至二十一世紀初，出現太多西化式詩歌，作品深受西方影響。有人批判，說中國作品應該堅守中國特色，但德國漢學家顧彬（Wolfgang Kubin, 1945-）認爲，在文化語境相當龐雜的現代，「要成爲地域作家，先要成爲國際作家」。他的意思是，如果要爲本土說出新的話，就要從國際吸取營養。比方說十九世紀後期的美國詩人，諸如龐德（Ezra Pound, 1885-1972），讀了《詩經》、李白、莊子、老子、孔子等等的英文翻譯，繼而把東方意象用於英文，給美國詩帶來新的活力，形成新的流派（意象派）。傳統老樹要能發新枝，必須要有新土壤。如果貝多芬只是德國的，永遠被框在德國，最後勢必枯萎。現今非歐美的音樂家作爲一種潮流，或許正能爲古典音樂注入活水。當然，這前提是我們夠好夠認眞。

焦：您會在音樂詮釋中帶入屬於中國或亞洲的美學嗎？

張：我沒有主動追求，但我的演奏中一定有我身處的文化背景。我的個性有內向、委婉的一面，也一定有我在中國南方成長的成分；我若在美國長大，個性即使內向，也必然和現在不同。但我們說中華文化，究竟是怎樣的中華文化呢？中華文化有很多面向，至少其俗雅文化分得很開、氣質很不同。俗文化像是一張張臉譜，很重腔調，忠奸善惡要截然分明。這在音樂學院也可看到，一些孩子彈歡快的曲子就擠眉弄眼表現歡快，悲傷的作品就愁眉苦臉表現悲傷，都是臉譜。但雅文化完全不同，它不講究面向，追求天人合一。這兩者差別非常大，歐洲文化似乎沒有看到這樣大的斷層。當我們說某人受到中華文化的薰陶，必須仔細想想是怎樣的中華文化。

焦：不知道您未來是否計劃演奏更多的中國作曲家作品。就我所聞，我很喜歡您演奏的陳其鋼《二黃》，非常細膩深刻的詮釋。

張：我很喜歡《二黃》，但我可能更喜歡《逝去的時光》。《二黃》有很深的情懷，若知道作曲家過去生活過的年代與生活狀態，就更能感受到它非常地域化的精神氣質。陳老師從小在京劇班子長大，目睹京劇文化的消失，必然有所感慨。然而這消失的原因之一，又和西方古典音樂的衝擊或侵蝕有關，也就是和陳老師的專業有關。《二黃》又透過古典音樂這個載體，表達對京劇和過去時光的懷念以及內心的失落惆悵。這種矛盾衝擊，完全能在音樂裡聽到，是很獨特的心境。

焦：您對中國作曲家有什麼期待與期許嗎？

張：現今中國在國際上出名的作曲家，集中在70年代末至80年代初上大學的這批，90年後出生的仍在努力，希望他們能有好成績。在中國，古典音樂的演奏很蓬勃，但創作上能持續的人並不多。現在社會愈來愈娛樂化，作曲科系學生畢業後大可往電影、電視劇配樂或流行產業發展，獲利很快也可能很高，遠比往嚴肅音樂發展要有利。不過，演奏這方面我覺得也是未知。中國古典音樂市場尚未飽和，一切都在飛速發展，因此變數很大，但變數也是契機。當然也看到很多怪象，例如把古典音樂庸俗化的娛樂節目，或老師瘋狂增高學費等等。然而現象雖亂，亂裡有很多活力，所以我也不知道未來會是什麼樣子。比較可喜的是眞正的樂迷在飛速成長。以前音樂會來的人主要是琴童和家長；因爲孩子學，所以帶去聽，是有目的性的欣賞。現在的聽衆主力是自己喜愛音樂的人，爲了音樂或喜愛的演奏家來聽……

焦：聽您這樣說，我感到很欣慰。相比之下，台灣的古典音樂市場眞是非常成熟，成熟到音樂學生和家長都不去聽音樂會的神妙境界了。

張：不過我相信這裡面仍然有不少趕潮流的人。畢竟現在流行「高大上」(高端、大氣、上檔次)，很多人可能因爲古典音樂很好、很高級，所以才來聽，多少沾一點文化檔次。有愛樂者，也有趕潮流的人，最終偏到哪一條路上，這個很難說。說不定三十年之後流行別的「高大上」，大家又不聽古典音樂了。我當然希望大家能夠眞正認識古典音樂這門藝術，能長久、深入的欣賞。

焦：爲什麼我們對古典音樂會有「高大上」的感覺呢？這可能不是來

自廣告宣傳，背後應該有更深厚的文化因素。畢竟在美國，一般人可能覺得古典音樂高級但「不好懂」，大家也追求有錢，而不是「高大上」。

張：這和教育有關。美國盛行實用主義，重視人能帶來什麼實際的東西、能賺多少錢，是創業者心理，沒有像亞洲這麼注重智性發展。東亞的傳統是官儒文化，講究學業成績、強調智力成就，中國、韓國、日本都是如此。學習與欣賞古典音樂屬於智性的一環，也反映東亞對複雜精妙事物的崇拜。正是因爲演奏經典樂曲是很難獲得的能力，所以東亞對此有興趣。古典音樂在整個東亞能掀起熱潮，這不僅是偶然，更是必然。

焦：相較於日本已經相當成熟的古典音樂學習環境，中國的情況有點微妙。鋼琴學習可說是熱潮：有人說中國現在有2500萬人在學琴，有人說有4000萬人。無論何者正確，都非常驚人。我的確認爲古典音樂和東亞看重智性的文化頗能契合，但投入如此巨大的資源於樂器學習，還發生在現今這個時代，這應該還有其他原因？

張：就我出生（1990年）這代的家長來說，他們基本上是文革後的一輩，沒有機會實現夢想。但那夢想是什麼呢？那時不會以當律師、銀行家爲夢想，在社會主義制度下對追求金錢也沒有概念，他們的夢想就是藝術，寫詩、彈琴、京劇之類。等到孩子出生，又是一胎化，更要讓獨生子女實現自己的夢想。當然我也不能否認，這裡面也有些不屬於智性層面的因素存在。文革時期是集體主義，棒打出頭鳥，出人頭地是恥辱，最好大家都一樣，或者大家都比我好，才健康正確。當被壓抑的願望被喚醒，舞台恰恰最能實現內心的憧憬，演奏、表演畢竟有掌聲和光環。這就是爲何這時期很多爸媽雖然當建築師、律師，但讓小孩學鋼琴、學藝術，還花大量資源讓孩子學，即使這日後很難賺錢。但再過十年，對2000年之後的家長，由於中國鋼琴家在國際樂壇崛起，獲得相當大的成功，這又必然激發出新的學習熱潮。就像美國本來就很風行游泳，但菲爾普斯（Michael Phelps, 1985-）在奧運破紀錄奪金之後，也又帶動學習一樣。雖說是跟風，背後也有道理，只是不見得是理智、邏輯的道理，而是大衆心理使然。

焦：您有廣大的樂迷，是很多琴童的偶像。不知道您對學琴的孩子，有沒有什麼建議？

張：所謂「琴童」是指業餘愛好學習的孩子。琴童學習不太可能離開家長，尤其練琴需要紀律，所以對琴童說就等於對家長說，但這得因地制宜。如果對中國家長，我通常說：「不要逼孩子，不要抹滅孩子對音樂和鋼琴的興趣。」如果對美國家長，我通常說：「你實在應該要孩子多練琴。如果孩子未來想走鋼琴專業，想考音樂學院，一天練半小時實在不可能足夠。」樂器演奏和體育運動並不一樣，但也有一定的關係。想要獲得技術，就需要訓練，要吃一定的苦，不可能只是開開心心、嘻嘻哈哈地學。這實在沒有別的辦法。我想關鍵在於「度」的平衡，如何積極學習但避免競爭性，在不破壞興趣的前提下施以紀律的壓力。但我想解決之道或許就在豐富生活。很多家長讓孩子學琴，但家裡從不欣賞音樂，對演奏的作品和其作者一無所知，只在乎考級。在這種環境下，除非孩子對音樂天生有領悟力、對學習有熱忱、能自行探索，否則實在很難學好。反之，如果孩子能接觸豐富的音樂、認識各種文學與藝術、參觀博物館，其演奏所表達出來的，就是所見所聞所思的生活濃縮，當然會很不一樣。

焦：如果有讀者從本書第一篇訪問看下來，看到這第106篇、第108位鋼琴家、第109位受訪者，相信再不理解的也都能理解，學鋼琴不只是學鋼琴，學音樂也不只是學音樂。不少人認爲學音樂就不用讀書，只要練琴，殊不知事實正好相反。文化素養愈豐厚，也才愈可能在音樂這條路上走出自己的一片天。在訪問最後，也是全書鋼琴家訪問最後，可否請您說說您的讀書心得，如何豐厚自己的文化土壤？

張：我很愛音樂，但我也愛音樂以外的事物。我很佩服某些能專注於極少數作曲家，甚至極少數作品的演奏家。但對我而言，如果一輩子只是這樣，很難不無聊。每當我跳轉領域，做和音樂與練琴無關的事，再回到鋼琴演奏，我會覺得很新鮮，對音樂也不會有倦怠感，更覺得多了養分。在任何資料都可輕易查到的網路時代，讀書多並沒有什麼，要讀得精、讀得妙才行。讀書不是只要獲得資訊，把大腦當成儲存器，而是要轉化資訊成為自己的感觸。我從小就比較喜歡想，常給自己題目思考，想通什麼就好像大腦做了精神按摩一樣。廣博涉獵幫助我建立藝術觀，但這並非直接，而是潛移默化的功用。不是說我早上看了小津安二郎的電影，對他低機位鏡頭的運用很著迷，下午練琴我就把它用到哪個樂曲。我也不相信以功利目的來閱讀與親近藝術，最後能夠有好成果。畢竟在技巧與音樂之外，關乎演奏精湛與否的還有氣質。氣質無法教，也無法學，但需要養分。如果你希望一棵樹能成為參天巨木，首先要將它種在森林，而非植入盆景。廣博涉獵就是森林，能讓思考與藝術觀成長茁壯，你所汲取的最後也將影響你成為怎樣的人。

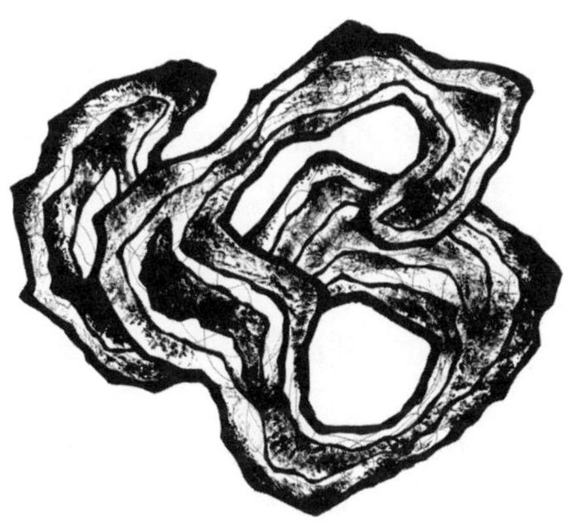

後記

專訪焦元溥

焦元溥問（以下簡稱「問」）： 你在2007年出版了《遊藝黑白》初版，爲何在2019年推出更新版？

焦元溥答（以下簡稱「答」）： 當然是這些年來又有機會訪問許多鋼琴家，覺得不和大家分享內容，實在可惜。最初計畫是在2017年十週年時出新版，不料訪問人數太多，自己又太忙，等到眞正把訪問稿寫完，已是2018年8月的事了。

問： 如此說來，再過十年或十二年，我們是否又會看到新版本了呢？

答： 如無意外，我不會再出新版了。我求好心切，又貪婪成性，只要有機會再見到訪問過的鋼琴家，聽聞精彩的想法，就會持續加進先前訪問，導致訪問永遠寫不完。此外，我還有其他寫作計畫，有些相當困難，需要花費大量時間研究思考。我沒辦法每十年就放下手邊工作，回頭修訪問。或許，就讓鋼琴家訪問計畫停在自己40歲這一年吧。

問： 這次爲何會收錄到108位呢？你是想寫鋼琴《水滸傳》嗎？

答： 我不知道我的受訪者中有沒有宋江，但肯定沒有孫二娘。原本只想訪問到88位，但莫名其妙就來到108位。我倒是喜歡以篇數來算：新版有106篇訪問，106也是貝多芬《槌子鋼琴奏鳴曲》的作品編號。

準備這個新版本，大概也可比擬鋼琴家準備《槌子鋼琴》。眞要算108，我心裡想的是布拉姆斯《第三號小提琴與鋼琴奏鳴曲》的作品編號，這的確是極爲接近我心的作品。

問：我對新版《遊藝黑白》的編排很感興趣。爲何前兩冊雖然都以歐洲、法國、俄國、美國（洲）、亞洲爲章節，順序卻不一樣？

答：編排順序和訪問內容有關。有些訪問理論上要放在前面，以便爲之後的訪問提供背景知識。有些訪問適合放在後面，更能發揮對照作用。

問：所以你心裡還是有閱讀順序的？

答：是的。讀者當然可以隨意挑選訪問讀，但一如序言所提，若能按順序閱讀，應該會獲得更多，特別是很多先前訪問的內容，會成爲之後訪問的題目。究竟後輩如何看前輩的觀點，不同世代的想法會有多少差異與呼應？照本書編排一路讀完，一定能看出更多有趣內容，甚至發現隱藏的祕密。

問：隱藏的祕密！那究竟是什麼？

答：都說是隱藏的祕密了，自然不能告訴你。

問：我還有一點好奇：這些鋼琴家撥冗受訪，知無不言。在親自面對並認識他們之後，我想你評論時下筆一定客氣三分。你怕不怕讀者看出你文章中的觀點變遷？

答：我們都看過太多標準前後不一，或旨在幫師長朋友護航的「評論」。的確，在訪問過那麼多鋼琴家，甚至建立起私人情誼後，評論自是不易。我在準備出版《經典CD縱橫觀》時，也一度想過要「修飾」對某些鋼琴家的批評，但我最後仍未修改。原因在於如果我還能獲得受訪者的尊重，正是我有自己的知識和觀點。如果好評變得廉價，我不覺得鋼琴家會因此更欣賞我。我不是以「樂迷」身分訪問鋼琴家，而是以「尊敬」但非「膜拜」的態度面對受訪者。保持警醒批判，訪問才有意義。評論與訪問兩者都需要專業，我在其間摸索學習多年，盡力達到對自己的要求，盡可能誠實。更何況許多鋼琴家常「悔其少作」，根本不喜歡自己的某些錄音。盲目稱讚，絕對馬屁拍到馬腿上。有時我和鋼琴家討論其錄音中的「疑點」，發現他們也覺得當年想法錯誤或不周全，很高興能透過訪問呈現他們的新觀點。理性但嚴格地批評，反而是成爲他們知音的最好方法。

問：所以這些訪問也影響你的評論。

答：當然，因爲它們教給我太多。我根據這些訪問修正了許多先前的觀點，也提出不少新想法。不過對我影響最大的，就是我現在可以抒發心得、寫作品研究和介紹，但已完全不寫音樂評論。畢竟，「不鄉愿」談何容易，我盡可能不在公開領域表露私人情誼。如果公私不能兩全，爲了避免公開批評朋友，特別是我對朋友的演奏又特別嚴苛，我寧可保持沉默。我大概從2003年起就不再寫有關鋼琴的音樂會與錄音評論，最後更不寫所有音樂評論；在我沒有準備好或找到平衡點之前，我不會改變這個決定。

問：從2018年8月到2019年8月，經過一年多的編校，新版本總算要在2019年付梓，你有沒有什麼特別想說的話？

答：想說的就是感謝吧！感謝所有的受訪者，願意成爲本書的主角。感謝國家交響樂團、台北市立交響樂團、國立台灣交響樂團、國家兩廳院、新象、藝之美、傳大、鵬博、亞藝、鴻宇、台中古典音樂台、Bravo FM91.3、大師藝術等單位的協助，《典藏投資雜誌》、《MUZIK古典樂刊》、《PAR表演藝術雜誌》、《古典音樂雜誌》、《聯合報·

副刊》的刊登，以及邱瑗、樊曼儂、徐鵬博、周敦仁、陳盈心、陳冠宇、蔡岳儒、森岡葉、藤卷暢子、板垣千佳子、呂榮華、高源、蔣蘭倩、張騰元、黃淑琳、柯輝、張克新、高浩涵、梁秀玲、劉廣琴、鍾耀星、譚嘉陵、譚文雅、林盈志、柯裕棻、梶本眞秀、林君文、朱麗、簡秀枝、王健、王耀慶、杜文惠、孫瑞岑、尹璐、梁文道、胡晴舫、馬家輝、盧曉嵐、彭倩文、賈堅一、陳巍嶺、朱德嘉、趙爭、Daniel Leech-Wilkinson、Steven Isserlis、Andrea Nemecz、Dennis Chang、Jan Vogler和Tracy Lees等等前輩與朋友的支持與幫助，顏名秀教授的製譜，以及所有提供照片、爲本書增色的攝影師。

感謝林懷民老師與李松季先生。他們是新版本最早的讀者，給予很多珍貴意見和鼓勵，讓幾經撞牆的寫作仍然得以進行。感謝楊照的支持和「壓力」：他慷慨地不收稿費，爲本書2007年版作序，希望新版本還能配得上他的美言。感謝張艾嘉、幾米、呂紹嘉的推薦，這幾年有幸或多或少和他們合作並學習，收穫很大，這也相當程度地反映在訪問裡。

感謝家人與諸多朋友的鼓勵與討論，安溥和佩琦的設計。感謝太郎、小白、Pinky、小乖、大鳥、小鳥、白鳥等等的陪伴，這十二年來勞苦功高的編輯芳瑜、汝枋、淑容、詩揚、金倫、英哲、王萌，發行人林載爵與劉瑞琳的支持，以及每一位購買《遊藝黑白》的讀者。

問：最後，在知識與人情之外，這些訪問對你還有什麼影響？

答：嗯，我有時會自問自答，希望藉由這種自我討論或辯論來思考一些問題。

問：所以？

答：所以這就是爲何讀者現在會看到這篇後記的原因……

《遊藝黑白》第四冊鋼琴家訪談紀錄表

章次	鋼琴家	訪談時間 / 地點
第一章	Frank Braley	2018年5月 / Paris
	Alexandre Tharaud	2010年3月 / 台北 2018年5月 / Paris
	Boris Berezovsky	2013年4月 / 台北 2016年5月 / 台北
	Piotr Anderszewski	2018年3月 / 台北
	Leif Ove Andsnes	2005年5月 / New York
	陳毓襄 Gwhyneth Chen	2006年10月 / 台北 2011年7月 / 電話
	Lars Vogt	2004年8月 / Cologne
	橫山幸雄 Yukio Yokoyama	2016年12月 / Tokyo 2017年5月 / Tokyo 2019年6月 / 台北
	劉孟捷 Meng-Chieh Liu	2014年1月 / 台北
	Evgeny Kissin	2005年5月 / Paris 2006年3月 / 台北 2010年3月 / 電郵
	Till Fellner	2016年4月 / Boston
	Nikolai Lugansky	2005年5月 / Paris
	Paul Lewis	2013年10月 / 台北
	Alexander Melnikov	2017年2月 / 電話 2017年3月 / 台北

	Konstantin Lifschitz	2013年4月 / 台北 2016年10月 / 台北
第二章	安寧 Ning An	2002年1月 / 台北 2007年3月 / 電話 2016年6月 / 廣州 2017年6月 / 台北
	簡佩盈 Gloria Chien	2002年1月 / 台北 2007年3月 / 電話 2018年7月 / 電話
	Severin von Eckardstein	2016年12月 / 台北
	陳薩 Sa Chen	2017年8月 / 電話 2017年12月 / 北京
	Alexander Kobrin	2016年12月 / 台北 2018年9月 / 電話
	李嘉齡 Ka Ling Colleen Lee	2018年3月 / 香港
	Bertrand Chamayou	2016年10月 / 台北
	嚴俊傑 Chun-Chieh Yen	2002年1月 / 台北 2007年1月 / 台北 2018年8月 / 台北
	Alexander Gavrylyuk	2017年10月 / 台北
	Rafał Blechacz	2017年10月 / 台北 2018年1月 / 電話
	Yulianna Avdeeva	2014年9月 / 台北 2017年5月 / 台北
	王羽佳 Yuja Wang	2017年1月 / 台北
	張昊辰 Haochen Zhang	2018年5月 / 台北

索引

六劃

七劃

八劃

九劃

十劃

十一劃

十六劃

十八劃

十九劃

二十劃

二十一劃

二十二劃

譯名原文對照表

（僅列出現於不同章節的譯名）

三劃

于伯（Jean Hubeau, 1917-1992）
凡格洛娃（Isabelle Vengerova, 1877-1956）

四劃

丹第（Vincent d'Indy, 1851-1931）
卞和暻（Wha-Kyung Byun）
孔德拉辛（Kirill Kondrashin, 1914-1981）
尤金娜（Maria Yudina, 1899-1970）
巴伯（Samuel Barber, 1910-1981）
巴克豪斯（Wilhelm Backhaus, 1884-1969）
巴拉其列夫（Mily Balakirev, 1837-1910）
巴倫波因（Daniel Barenboim, 1942-）
巴許基洛娃（Elena Bashkirova, 1958-）
巴斯特納克（Boris Pasternak, 1890-1960）
巴絲維琦（Grazyna Bacewicz, 1909-1969）
巴爾托克（Béla Bartók, 1881-1945）

五劃

卡多夏（Pál Kadosa, 1903-1983）
卡佩爾（William Kapell, 1922-1953）
卡岡（Oleg Kagan, 1946-1990）
卡拉絲（Maria Callas, 1923-1977）
卡特（Elliott Carter, 1908-2012）
卡博絲（Ilona Kabos, 1902-1973）
卡普斯汀（Nikolai Kapustin, 1937-）
卡欽（Julius Kathchen, 1926-1969）
卡默林（Karl-Heinz Kämmerling, 1930-2012）
卡薩爾斯（Pablo Casals, 1876-1973）
卡薩德許（Robert Casadesus, 1899-1972）
古提瑞茲（Horacio Gutiérrez, 1948-）
古諾絲塔耶娃（Vera Gornostaeva, 1929-2015）
史卡拉第（Domenico Scarlatti, 1685-1757）
史托克豪森（Karlheinz Stockhausen, 1928-2007）
史托科夫斯基（Leopold Stokowski, 1882-1977）
史托爾曼（Eduard Steuermann, 1892-1964）
史克里亞賓（Alexander Scriabin, 1872-1915）
史坦（Isaac Stern, 1920-2001）
史特拉汶斯基（Igor Stravinsky, 1882-1971）
史達德倫（Peter Stadlen, 1910-1996）
尼可拉耶夫（Leonid Nikolayev, 1878-1942）
布修蕾麗（Monique de la Bruchollerie, 1915-1972）
布倫德爾（Alfred Brendel, 1931-）

六劃

七劃

克利普斯（Josef Krips, 1902-1974）
克里斯托福里（Bartolomeo Cristofori, 1655-1732）
克拉拉・舒曼（Clara Schumann, 1819-1896）
克拉芙琴柯（Tatiana Kravchenko, 1916-2003）
克林德沃斯（Karl Klindworth, 1830-1916）
克倫貝勒（Otto Klemperer, 1885-1973）
克絲特娜（Tatiana Kestner）
克萊伯，小（Carlos Kleiber, 1930-2004）
克萊曼（Gidon Kremer, 1947-）
克澤拉絲（Alice Kezeradze, 1937-1996）
李希特（Sviatoslav Richter, 1915-1997）
李帕第（Dinu Lipatti, 1917-1950）
李蓋提（György Ligeti, 1923-2006）
杜卡（Paul Dukas, 1865-1935）
杜拉第（Antal Dorati, 1906-1988）
杜提耶（Henri Dutilleux , 1916-2013）
杜赫納尼（Ernö Dohnányi, 1877-1960）
沃康斯基（Andrei Volkonsky, 1933-2008）
沃斯克森斯基（Mikhal Voskresensky, 1935-）
貝克特（Samuel Beckett, 1906-1989）
貝里歐（Luciano Berio, 1925-2003）
貝爾格（Alban Berg, 1885-1935）
L. 貝爾曼（Lazar Berman, 1930-2005）
辛波絲嘉（Wislawa Szymborska, 1923-2012）
里爾（John Lill, 1944-）
里爾克（Rainer Maria Rilke, 1875-1926）

八劃

佩卓夫（Nikolai Petrov, 1943-2011）
佩爾曼（Nathan Perelman, 1906-2002）
周立偉（André Jolivet, 1905-1974）
妮可萊耶娃（Tatiana Nikolayeva, 1924-1993）
妲蕾（Jeanne-Marie Darré, 1905-1999）
孟根堡（Willem Mengelberg, 1871-1951）
孟許（Charles Munch, 1891-1968）
季弗拉（Georges Cziffra, 1921-1994）
季雪金（Walter Gieseking, 1895-1956）
尚・保羅（Jean Paul, 1763-1825）
帕德瑞夫斯基（Ignacy Jan Paderewski, 1860-1941）
所羅門（Solomon Cutner, 1902-1988）
拉杜許（Ferenc Rados, 1934-）
拉圖（Simon Rattle, 1955-）
拉蒙德（Frederic Lamond, 1868-1948）
拉赫曼尼諾夫（Sergei Rachmaninoff, 1873-1943）
拉摩（Jean-Philippe Rameau, 1683-1764）
拉蘿佳（Alicia de Larrocha, 1923-2009）
易沙意（Eugène Ysaÿe, 1858-1931）

九劃

十劃

哥雅（Francisco Goya, 1746-1828）
埃斯特哈齊（Esterhazy）家族
夏卡爾（Marc Chagall, 1887-1985）
夏布里耶（Emmanuel Chabrier, 1841-1894）
孫百揚（Anaida Sumbatyan, 1905-1985）
席伯曼（Gottfried Silbermann, 1683-1753）
庫修（Maria Curcio, 1918-2009）
庫普蘭（François Couperin, 1668-1733）
庫爾塔克（György Kurtág, 1926-）
恩奈斯可（George Enescu, 1881-1955）
柴麗克蔓（Tatiana Zelikman）
格琳堡（Maria Grinberg, 1908-1978）
海飛茲（Jascha Heifetz, 1901-1987）
海涅（Heinrich Heine, 1797-1856）
海絲（Dame Myra Hess, 1890-1965）
涂林納（Joaquín Turina, 1882-1949）
班傑明（George Benjamin, 1960-）
納特（Yves Nat, 1890-1956）
納謝德金（Alexey Nasedkin, 1942-2014）
紐豪斯（Heinrich Neuhaus, 1888-1964）
紐豪斯，小（Stanislav Neuhaus, 1927-1980）
索封尼斯基（Vladimir Sofronitsky, 1901-1961）
荀貝格（Arnold Schoenberg, 1874-1951）
馬卡洛夫（Nikita Magaloff, 1912-1992）
馬里寧（Evgeny Malinin, 1930-2001）
馬庫絲（Adele Marcus, 1906-1995）
馬賽羅斯（William Masselos, 1920-1992）
高大宜（Zoltán Kodály, 1882-1967）

十一劃

勒庫（Guillaume Lekeu, 1870-1894）
培列姆特（Vlado Perlemuter, 1904-2002）
基塔年科（Dmitri Kitajenko, 1940-）
康丁斯基（Wassily Kandinsky, 1866-1944）
康果爾德（Erich Wolfgang Korngold, 1897-1957）
康特（Anna Pavlovna Kantor, 1923-）
康塔斯基兄弟（Aloys and Alfons Kontarsky, 1931-2017, 1932-2010）
曼紐因（Yehudi Menuhin, 1916-1999）
梅列（Dominique Merlet, 1938-）
梅耶（Marcelle Meyer, 1897-1958）
梅特納（Nikolai Medtner, 1880-1951）
梅納德（Albéric Magnard, 1865-1914）
梅湘（Olivier Messiaen, 1908-1992）
梅塔（Zubin Mehta, 1936-）
畢爾森（Malcolm Bilson, 1935-）
畢羅（Hans von Bülow, 1830-1894）

十二劃

歐伯林（Lev Oborin, 1907-1974）
歐漢納（Maurice Ohana, 1913-1992）
潘德瑞斯基（Krzysztof Penderecki, 1933-）
魯普（Radu Lupu, 1945-）
魯賓斯坦，尼可萊（Nikolai Rubinstein, 1835-1881）
魯賓斯坦，安東（Anton Rubinstein, 1829-1894）
魯賓斯坦，亞瑟（Arthur Rubinstein, 1887-1982）

十六劃
盧托斯拉夫斯基（Witold Lutosławski, 1913-1994）
穆拉汶斯基（Evgeny Mravinsky, 1903-1988）
蕭士塔高維契（Dmitri Shostakovich, 1906-1975）
蕭提（Georg Solti, 1912-1997）
蕭滋（Robert Scholz, 1902-1986）
蕭頌（Ernest Chausson, 1855-1899）
蕭爾（Lev Schorr）
諾瓦絲（Guiomar Novaes, 1894-1979）
諾靈頓（Roger Norrington, 1934-）
賴格拉夫（Hans Leygraf, 1920-2011）
霍夫曼，文學家（E. T. A. Hoffman, 1776-1822）
霍夫曼，鋼琴家（Josef Hofmann, 1876-1957）
霍洛維茲（Vladimir Horowitz, 1903-1989）
霍霄夫斯基（Mieczyslaw Horszowski, 1892-1993）

十七劃
戴維斯，柯林（Colin Davis, 1927-2013）
蕾鳳璞（Yvonne Lefébure, 1898-1986）
薇莎拉絲，安娜塔西雅（Anastasia Virsaladze, 1883-1968）
薛伯克（György Sebök, 1922-1999）
薛德林（Rodion Shchedrin, 1932-）
賽南柯爾（Étienne Pivert de Senancour, 1770-1846）
賽爾（George Szell, 1897-1970）
賽爾金（Rudolf Serkin, 1903-1991）
賽德勒候佛（Bruno Seidlhofer, 1905-1982）

十八劃
薩夫辛斯基（Samary Savshinsky, 1896-1968）
薩方諾夫（Vasily Safonov, 1852-1918）
薩茲（Alexander Satz, 1937-2007）
薩瑪蘿芙（Olga Samaroff, 1880-1948）
藍朵芙絲卡（Wanda Landowska, 1879-1959）
魏本（Anton Webern, 1883-1945）
魏拉－羅伯士（Heitor Villa-Lobos, 1887-1959）
魏德曼（Jörg Widmann, 1973-）

十九劃
羅津斯基（Artur Rodziński, 1892-1958）

羅傑史特汶斯基（Gennady Rozhdestvensky, 1931-2018）
羅斯卓波維奇（Mstislav Rostropovich, 1927-2007）
羅斯拉維耶斯（Nikolay Roslavets, 1881-1944）
羅森（Charles Rosen, 1927-2012）
羅森濤（Moriz Rosenthal, 1862-1946）
譚涅夫（Sergei Taneyev, 1856-1915）

二十劃
蘇可洛夫（Grigory Sokolov, 1950-）

二十一劃
顧白杜琳娜（Sofia Gubaidulina, 1931-）
顧爾達（Friedrich Gulda, 1930-2000）
顧爾德（Glenn Gould, 1932-1982）

二十三劃
蘿麗歐（Yvonne Loriod, 1924-2010）

鋼琴廠牌：

史特萊雪（Streicher）
布呂特納（Brüthner）
艾拉德（Érard）
貝森朶夫（Bösendorfer）
貝赫斯坦（Bechstein）
普列耶爾（Pleyel）
葛拉夫（Conrad Graf）
嘉芙（Gaveau）

名詞與樂曲名（選列）

申克分析法（Schenkerian analysis）
原意版（Urtext）
當代樂集（Ensemble InterContemporian）
循環曲式（cyclic form）
巴赫《善調律》鍵盤曲集（*Das wohltemperierte Klavier*；*The Well-Tempered Clavier, BWV 846–893*）
　在本書以《前奏與賦格》代稱。
貝多芬：第二十九號鋼琴奏鳴曲《槌子鋼琴》（Hammerklavier）
《杜姆卡》（Dumka）
拉威爾《水戲》（Jeux d’eau）
莎替《吉姆諾佩迪》（Gymnopédie）
普朗克《田園重奏曲》（Concert champêtre）
舒曼《性情曲》（Humoreske, Op. 20）
蕭頌《重奏曲》（Concert for Violin, Piano, and String Quartet, Op. 21）
魏拉－羅伯士《粗野之詩》（Rudepoêma）

焦點

遊藝黑白：世界鋼琴家訪問錄四

2019年9月二版 定價：單冊新臺幣650元
一套四冊新臺幣2600元
有著作權・翻印必究
Printed in Taiwan.

著者	焦元溥
叢書主編	林芳瑜
特約編輯	倪汝枋
內文排版	立全電腦排版公司
設計統籌	安溥
繪圖	安溥
封面設計	好春設計
	陳佩琦
編輯主任	陳逸華

出版者	聯經出版事業股份有限公司
地址	新北市汐止區大同路一段369號1樓
編輯部地址	新北市汐止區大同路一段369號1樓
叢書主編電話	(02)86925588轉5318
台北聯經書房	台北市新生南路三段94號
電話	(02)23620308
台中分公司	台中市北區崇德路一段198號
暨門市電話	(04)22312023
台中電子信箱	linking2@ms42.hinet.net
郵政劃撥帳戶第	0100559-3號
郵撥電話	(02)23620308
印刷者	文聯彩色製版印刷有限公司
總經銷	聯合發行股份有限公司
發行所	新北市新店區寶橋路235巷6弄6號2樓
電話	(02)29178022

總編輯	胡金倫
總經理	陳芝宇
社長	羅國俊
發行人	林載爵

行政院新聞局出版事業登記證局版臺業字第0130號

本書如有缺頁，破損，倒裝請寄回台北聯經書房更換。
ISBN 978-957-08-5364-3 (平裝)
ISBN 978-957-08-5365-0 (一套平裝)
聯經網址：www.linkingbooks.com.tw
電子信箱：linking@udngroup.com

國家圖書館出版品預行編目資料

遊藝黑白：世界鋼琴家訪問錄/焦元溥著．二版．新北市．聯經．
2019年9月（民108年）．第一冊504面、第二冊504面、第三冊472面、
第四冊480面．14.8×21公分（焦點）
ISBN 978-957-08-5361-2（第一冊：平裝）
ISBN 978-957-08-5362-9（第二冊：平裝）
ISBN 978-957-08-5363-6（第三冊：平裝）
ISBN 978-957-08-5364-3（第四冊：平裝）
ISBN 978-957-08-5365-0（一套：平裝）

1.音樂家 2.鋼琴 3.訪談

910.99 108012174